2024年受験用 鹿児島県

高校入試問題集

私立編 I

2024

鹿児島市内5校の入試問題掲載

- 鹿児島高校
- 鹿児島純心女子高校
- 鹿児島実業高校
- 樟南高校
- 鹿児島情報高校

解答用紙集

2024年受験用

鹿児島県高校入試問題集　私立編Ⅰ

解答用紙集　目次

鹿児島高校

令和五年度

国語　解答用紙

1

1　ア　イ　え　ウ　エ　り　オ

2　A　B

3

4　i　ii

5

6

7

2

1　ア　イ　ウ　エ　オ

2

3

4

5

6

7

3

1　2　3　4　5

6　7　8　画目　9　10

4

1　2　誰が　何を　3

4

5　6　7　8

○印	志望学科・コース
	普通科
	英数科特進コース
	英数科英数コース
	情報ビジネス科

受験番号
番

23012601

合計
点

鹿児島高校　　令和５年度　　**数　学　解答用紙**

1

(1)	(2)	(3)	(4)	(5)

(6)	(7)	(8)	(9)	(10)
$x=$ 　　, $y=$	度	$y=$		$x=$

2

(1) ①	(1) ②	(4)
cm^3	cm^2	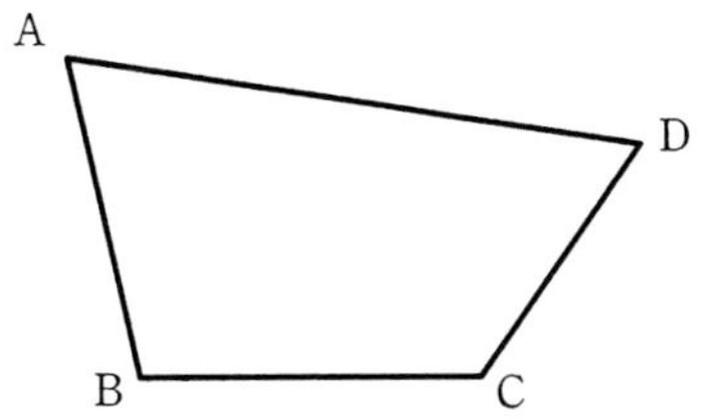
(2) ①	(2) ②	
(　　　) 階の (　　　)		
(3) ①	(3) ②	
m	午前 (　　　) 時 (　　　) 分	

3

(1)	(2)	(3) (i)	(3) (ii)

4

(1)	(2)	(3) (ア)	(3) (イ)
	$y=$	： 　：	

5

(1)	(2)	(3)	(4)

○印	志望学科・コース	受験番号
	普通科	番
	英数科特進コース	
	英数科英数コース	
	情報ビジネス科	

23012602

合計
点

鹿児島高校　令和５年度　英　語　解答用紙

1

1	2	3	4	5

2

	2番目	4番目		2番目	4番目		2番目	4番目
1			2			3		
4			5					

3

1	2	3	4	5

4

問１　①

問２　②　　　　　　　7

問３　③

問４　④　(　　　　　　　　　)

問５　a　　　　b

問６

問７	①	h	②	t	③	t
	④	c	⑤	t		

5

問１　①

問２　a　　　　b　　　　c　　　：

問３　②

問４　③

問５　④　"If (__________ __________ __________), I would leave earlier.

問６

問７　　　　　(順不同)

○印	志望学科・コース	受験番号
	普　通　科	番
	英数科特進コース	
	英数科英数コース	
	情報ビジネス科	

23012603

合　計
点

鹿児島高校　令和５年度　社　会　解答用紙

1

Ⅰ	1	川	2		3	組み合わせ		家畜名
	4		5		6	記号		作物名
Ⅱ	1	時間　分	2		3		4	現象
	5							
Ⅲ	1		2					

2

Ⅰ	1		2	(1)		(2)		
	3	(1)		(2)				
	4	→ → →		5		6		
Ⅱ	1							
	2	(1)	X					
			Y	10				
		(2)						
	3	(1)		(2)		4		5

3

1		2	(1)		(2)		3
4	A		B		5		
6							
7	(1)		(2)		(3)		
8	(1)		(2)		9		

○印	志望学科・コース	受 験 番 号
	普　通　科	番
	英 数 科 特 進 コ ー ス	
	英 数 科 英 数 コ ー ス	

23012604

合　計
点

鹿児島高校　令和５年度　**理　科　解答用紙**

1

Ⅰ

1		2					
3	(1)		(2)		4		

Ⅱ

1	(i)		(ii)		(iii)		2		
3	A		B		C				

2

Ⅰ

1	A		B		C		
2		3		4		5	

Ⅱ

1	化石		記号		
2			3		

3

Ⅰ

1		2		3						
4	物質A	名称		化学式		物質B	名称		化学式	

Ⅱ

1	%	2		3		4	cm^3

4

Ⅰ

1		2		3	ア	イ	

Ⅱ

1	(1)	N	(2)	秒	2	倍	
3	(1)	倍	(2)	倍			

○印	志望学科・コース	受験番号
	普　通　科	番
	英数科特進コース	
	英数科英数コース	

23012605

合　計
点

令和五年度　鹿児島純心女子高等学校入学学力検査問題　国語　解答用紙

1
1 (1) (2) (3) ぶ (4) (5) (6) え
2 画

2
1
2
3 Ⅰ Ⅱ Ⅲ
4
5 相手を尊重するとは
6

3
1
2
3
4
5 Ⅰ Ⅱ Ⅲ Ⅳ

4
1
2
3 Ⅰ Ⅱ Ⅲ
4
5

5
1
2
3
4
5
6
7
8

受験番号

得　点

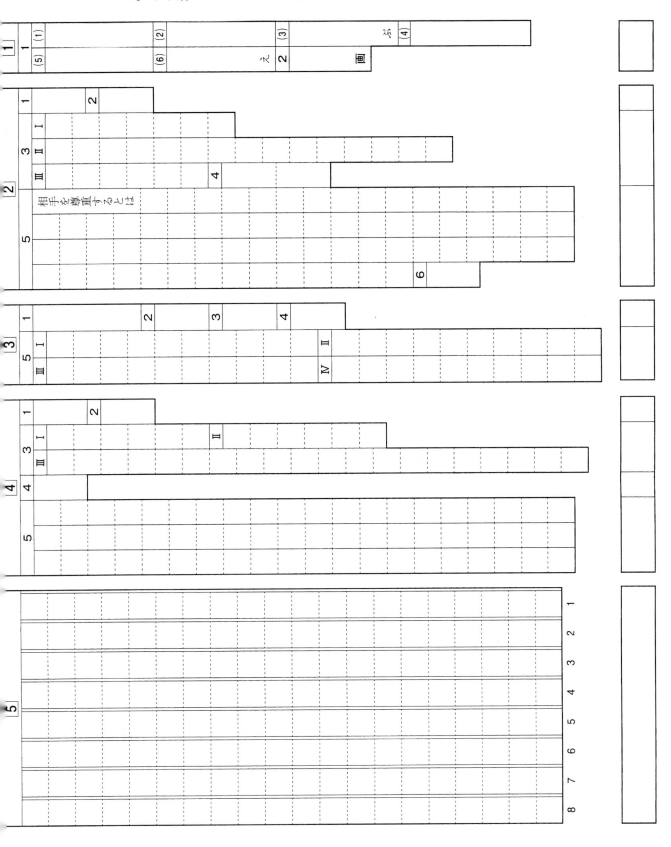

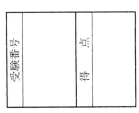

令和５年度　鹿児島純心女子高等学校　入学学力検査問題

数学　解答用紙

1

(1)		(2)		(3)	
(4)		(5)			

2

(1)		(2)		(3)	, ,
(4)	$a=$ $b=$	(5)	度		
(6)					

3

(1)	$a=$ $b=$ $c=$	(2)	分	(3)	人

4

(1)		(2)		(3)	(i) (ii)

5

(1)	$a=$ $b=$	(2)		(3)	

6

(1)	cm	(2)	cm	(3)	cm

受験番号	得　点

令和５年度　鹿児島純心女子高等学校　入学学力検査問題
英　語　解　答　用　紙

1	1		
	2		
	3		
	4	→ →	
	5		
	6	(1)	
		(2)	
	7		

2	1	①	
		②	
	2	①	
		②	
		③	
	3	①	
		②	
		③	
	4	You should go by (plane , train , bus) because 25 35	

3	I	1		
		2		
	II	1		
		2	①	
			②	
			③	
	III			

4	1								
	2								
	3	A		B		C		D	
	4								
	5	10 15							
	6								

受験番号	得　点

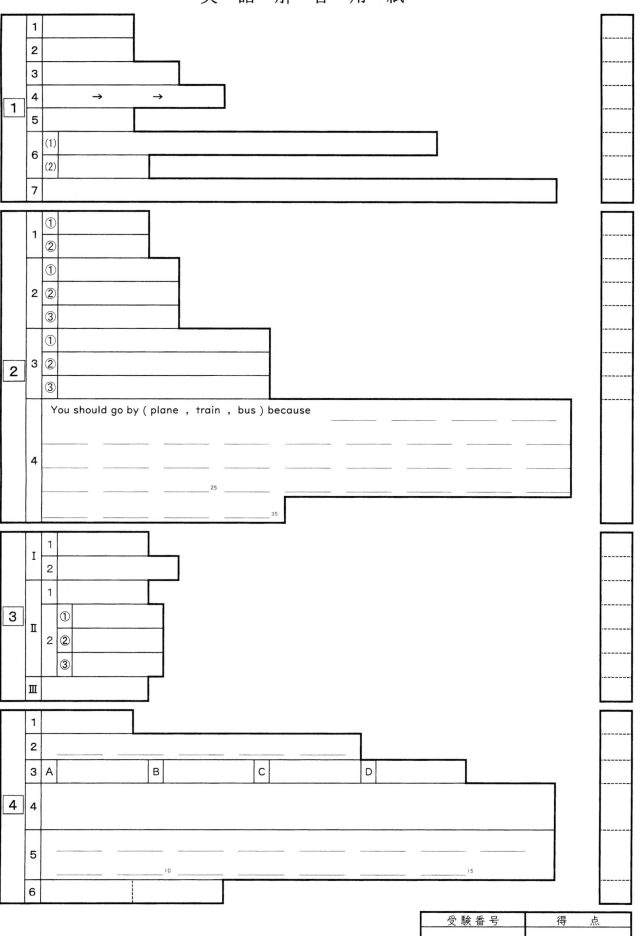

令和5年度　鹿児島純心女子高等学校　入学学力検査問題
社会科解答用紙

採点欄

1	Ⅰ	1	気候	2		
		3	①	②		
		4		5	①	②
		6	①	②		
			③			
	Ⅱ	1	市	2	ア	イ
		3	① 県	説明		
		4	(1) 市	(2)		
		5				
	Ⅲ	1		2		

2	Ⅰ	1	①	②		
		2	あ	い	3	
		4	⇒　⇒　⇒	5		
		6	(1) 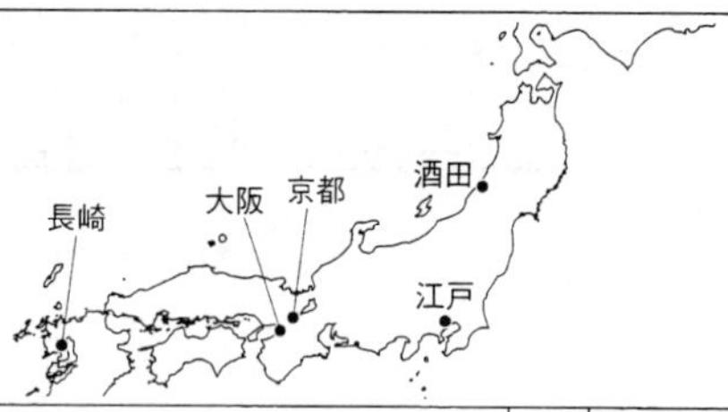	(2) 人物名		
				説明		
	Ⅱ	1		2	3	
		4				
		5	(1)	(2)	6	⇒　⇒
	Ⅲ	1		2		

3	Ⅰ	1		2	
		3			
		4		5	
	Ⅱ	1		2	
		3		4	
	Ⅲ				

受験番号	得　　点

令和５年度　鹿児島純心女子高等学校　入学学力検査問題
理科　解答用紙

1

Ⅰ	1	
Ⅰ	2	3
Ⅰ	4	5
Ⅱ	1	
Ⅱ	2	
Ⅱ	3　→　→　→	
Ⅱ	4	5　丸形　しわ形

2

Ⅰ	1	
Ⅰ	2	3
Ⅰ	4	
Ⅰ	5　g	
Ⅱ	1　性	2
Ⅱ	3	4　名称
Ⅱ	4　特徴	
Ⅱ	5　cm^3	

3

Ⅰ	1	2　J
Ⅰ	3　①　N	③
Ⅰ	3　②	

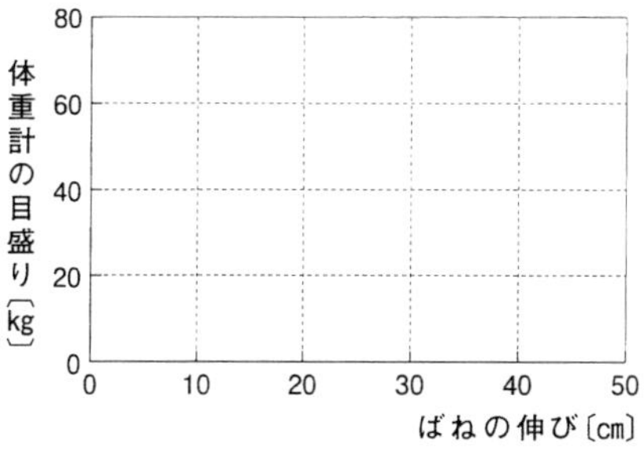

Ⅱ	1	2　cm
Ⅱ		3
Ⅱ	4	
Ⅱ	5	

4

Ⅰ	1	2
Ⅰ	3	4
Ⅰ	5	
Ⅱ	1	2
Ⅱ	3　g	4　%
Ⅱ	5　g	

5

1	①	②
2	①	
2	②　銅　：　酸素　＝　　：	
2	③	
3	①　cm/s	②
4	①　岩石	
4	①　反応	
4	②	

受験番号		合計得点	

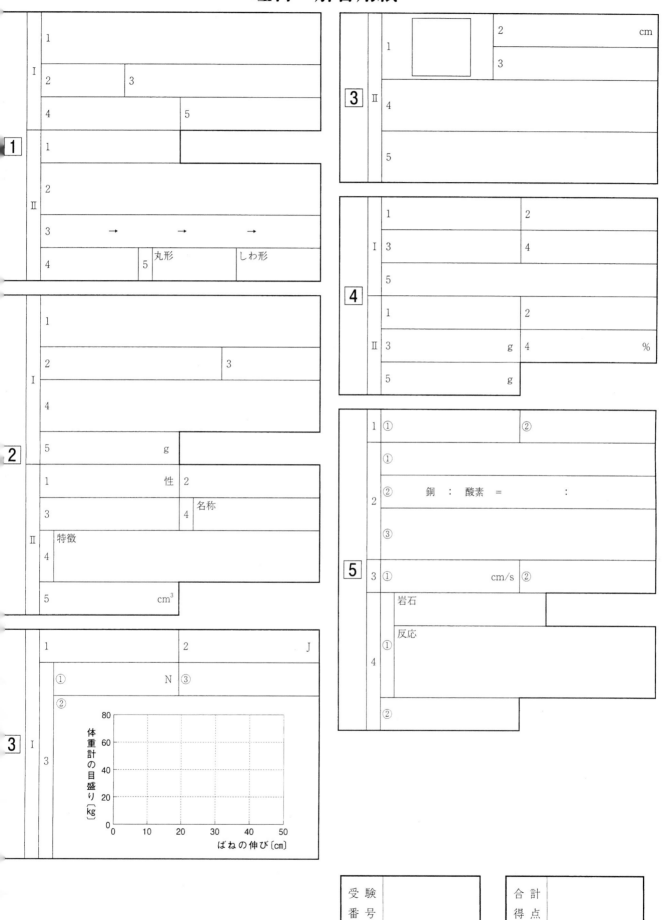

令和5年度 鹿児島実業高等学校 入学試験

国語解答用紙

受験番号　　番

得点

1

1 a b c d e

2 3 4 5

6 ～

7 8

2

1 a b

2 (1) Ⅰ Ⅱ (2) Ⅲ

3 4 5

6 (1) Ⅰ Ⅱ (2)

3

1 a b

2 (1) (2)

3

4 A B 5

4

1 a b c d

2 3 4 5

6 Ⅰ Ⅱ

鹿児島実業高等学校
令和５年度入学試験

数学解答用紙

1	(1)	
	(2)	
	(3)	
	(4)	
	(5)	
	(6)	
	(7)	

2	(1)	$x=$ ， $y=$
	(2)	∠AOB=
	(3)	$n=$
	(4)	：
	(5)	
	(6)	個
	(7)	km

3	(1)	(ア)	
		(イ)	
		(ウ)	
	(2)	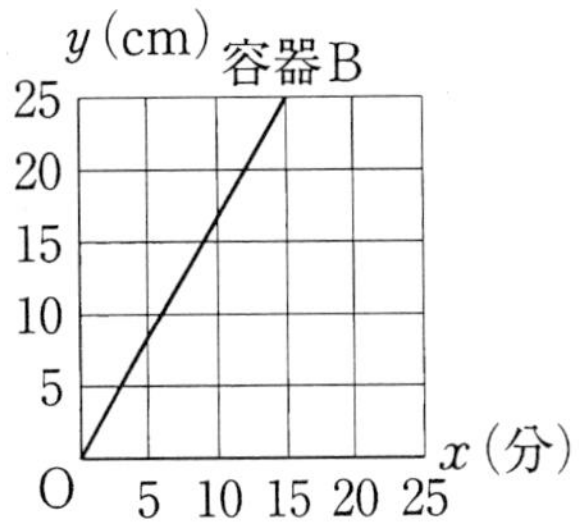	
	(3)	分　秒後	

4	(1)	$a=$
	(2)	
	(3)	P（　，　）
	(4)	

5	(1)	
	(2)	
	(3)	：
	(4)	

受験番号	番	得点	

鹿児島実業高等学校
令和5年度入学試験

英語解答用紙

1	1		2		3		
	4	→ →					
	5	(1)		(2)			
	6						1

2	1		2		3		4		5		2

3	1	3番目	7番目	2	3番目	7番目	3	3番目	7番目
	4	3番目	7番目						
									3

4	①		②		4

5	1	①		②		③		
	2	(1)		(2)		(3)		
		(4) ④		⑤		⑥		5

6	1	→ →
	2	40
	3	
	4	
	5	
	6	
	7	I hope ... with my vegetables.
		6

受験番号	番	得点	

鹿児島実業高等学校
令和5年度入学試験

社会解答用紙

1

問1 | 問2 | 問3 ℃ | 問4

問5 言語 | 系統名 系 | 問6 語

問7 | 問8 | 問9

小計

2

問1 山地 | 問2 ① ②

問3 ③ ④ | 問4 | 問5

問6 | 問7 現象 | 問8 記号

小計

3

問1 | 問2 ア イ

問3 ア イ | 問4 | 問5

問6 | 問7 | 問8 人物名 時期

小計

4

問1 (1) (2)

問2 ア イ | 問3 ア イ

小計

5

問1 | 問2 制度 | 問3

問4 (1) (2)

問5 | 問6 | 問7 | 問8

小計

問9 | 問10 | 問11 | 問12

問13 A党 B党 C党 | 問14

問15 | 問16

小計

受験番号							番	得点	

鹿児島実業高等学校
令和5年度入学試験

理科解答用紙

1

問1	入射角		屈折角	
問2	km			
問3	a		b	
問4				
問5				
問6				
問7				
問8				

1 点

2

I	問1				
I	問2				
I	問3				
I	問4				
II	問1				
II	問2				
II	問3	a		b	
II	問4				

2 点

3

I	問1	a		b	
I	問2				
I	問3				
I	問4				
I	問5				

3－I 点

II	問1				
II	問2				
II	問3	hPa			
II	問4	(1)	%	(2)	g

3－II 点

4

I	問1				
I	問2	(1)		(2)	
I	問3	g/cm^3			
I	問4				
II	問1				
II	問2				
II	問3				
II	問4				

4 点

5

I	問1	a	
I	問1	b	
I	問2		
I	問3	倍	
II	問1		
II	問2	〔　　〕	
II	問3		
II	問4		
II	問5		

5 点

受験番号	番	得点	

南高校
令和五年度

国語解答用紙

問	得点
一	
二	
三	
四	
合計	

受検場	受検番号

一

問一 a b c d

問二 A B

問三 I II

問四

問五

問六

問七

二

問一 a b c d

問二 A B C D

問三 (1) (2)

問四

問五

問六

問七

三

問一

問二 ② ⑥

問三

問四 1 2

問五

問六

問七

四

問一

問二

問三

問四

問五 (1) A B

(2)

(3) II III IV

樟南高校　令和５年度　**数学解答用紙**

1

(1)	
(2)	
(3)	
(4)	
(5)	
(6)	
(7)	
(8)	

2

(1)	$x =$
(2)	
(3)	$x =$ ， $y =$
(4)	$x =$
(5)	円
(6)	
(7)	$y =$
(8)	$\angle x =$
(9)	

受検場	受検番号

3

(1)	$a =$
(2)	
(3)	
(4)	：

4

(1)	cm
(2)	cm
(3)	：
(4)	cm^2

5

(1)	
(2)	
(3)	

問題	得点
1	
2	
3	
4	
5	

得点	

樟南高校　　令和5年度

英 語 解 答 用 紙

〔得　点〕

1

1	2	3	4	5

1	

2

	3番目	5番目
1		
2		
3		
4		
5		

2	

3

1	

2	

3	

4	

5	

3	

4

【A】

問1	問2	問3

【B】

問1	問2	問3

4	

5

1	2	3	4	5

5	

6

問 1　　問 2　　問 3

問 4　　問 5

問 6

														15
				20				24						

問 7

3番目	5番目

問 8　(　　　　　)(　　　　　)

6	

7

問 1

問 2

問 3　3　　5

問 4　(　　　　　)(　　　　　)(　　　　　)

問 5　They are very happy when (　　　　　).

問 6

7	

受　検　場	受　検　番　号

得　点　合　計

樟南高校

令和５年度　**社 会 解 答 用 紙**

1

問１	問２	問３	問４	問５	問６ (1)

問６ (2)	問７	問８	問９	問10	問11

2

問１	問２	問３	問４	問５

3

問１	問２	問３	問４

問５	問６	問７

問８	問９	問10

4

問１			問２	問３
1	2	3		

問４	問５

5

問１		問２	問３	問４	問５	問６	問７
1	2						

6

問１	問２	問３	問４	問５	問６	問７

問８

受検場	受検番号

得点	1	2	3	4	5	6	合　計

樟南高校

令和5年度　**理 科 解 答 用 紙**

1

(1)				(2)				(3)
イ		エ		イネ		スギナ		

(4)	(5)

2

(1)	(2)	(3)	(4)	(5)
		赤：ピンク：白＝　　：　　：		

3

(1)	(2)

(3)
顕微鏡

(4)	(5)

(6)

(注)
上を北とする

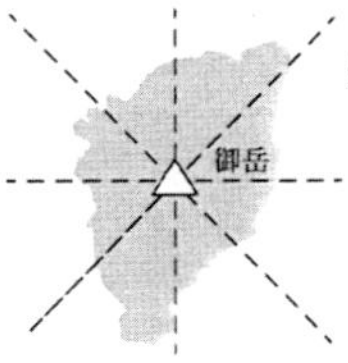

4

(1)	(2)	(3)	(4)	(5)
				約　　　倍

5

(1)	(2)	(3)
	g	%

(4)	(5)
	g

(6)

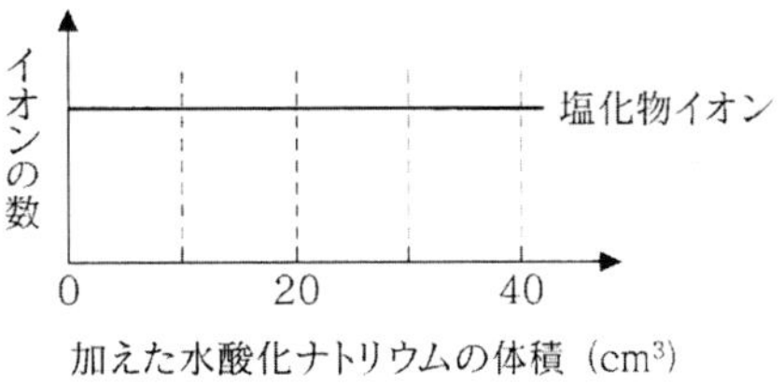

6

(1)	(2)

(3)	(4)

(5)	(6)

7

(1)

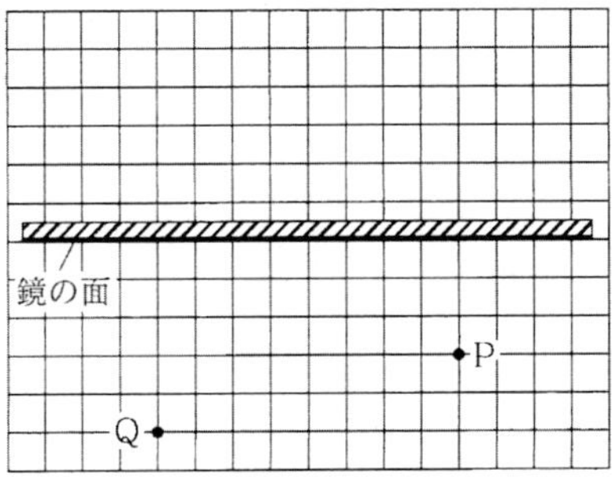

(2)	(3)

(4)

弦	が						

(5)

①		②	

8

(1)	(2)	(3)	(4)	(5)	(6)
回路	A		J		

受検場	受検番号

得点

国語　令和五年度　入学者選抜学力試験　解答用紙

鹿児島情報高等学校

※　この欄は記入しないでください。

得点	
1	
2	
3	
4	
総点	

受験番号
科
No.

1

問1　ア　イ　（み）　問2　問3

問4　1　2　3

問5　問6

問7　20　40　50

問8

2

問1　ア　イ　問2　問3

問4　問5

問6　1　2　3

問7　20　40　45

問8

3

問1　ア　イ　問2

問3　問4

問5　問6

4

問1　問2　問3　画目

問4　問5　問6

問7

令和5年度　入学者選抜学力試験　解答用紙

数　　学　　鹿児島情報高等学校

受験番号	科	No.	

※　この欄は記入しないでください。

得点	1		2	3	4	5	総点	
	1	2〜7						

解　　答

1 の解答欄		
1	(1)	
	(2)	
	(3)	
	(4)	
	(5)	
	(6)	$x=$
2		
3		$x=$
4		
5		cm
6		度
7		cm^3

2 の解答欄		
1		冊
2		冊
3	ア	(人)
	イ	(人)
	ウ	(組)

3 の解答欄		
1	ア	
	イ	
	ウ	
2	中学生	人
	高校生	人

4 の解答欄	
1	
2	$y=$
3	（　　,　　）
4	
5	

5 の解答欄	
1	
2	cm
3	:
4	倍

令和５年度入学者選抜学力試験　解答用紙

英　　語　　鹿児島情報高等学校

受験番号	科	No.							

※この欄には記入しないでください。

得点	1	2	3	4	5	6	7	総点

解　答

1 【聞き取りテスト】

1	Q1		Q2		2	Q1		Q2		3	Q1		Q2	

2

3

1	(1)		(2)		(3)		(4)		(5)	
2	(1)		(2)		(3)		(4)		(5)	

4

①		②		③		④		⑤	

5

1	①		②		2	③	
3	④						

6

1	
2	けん玉を（　　　　　　）だと思った職員の誤解が最終的に解けたから。
3	

7

1		2			
3					
4		5		6	

1
2
3
4
5
6
7

中学校　3年　　組　　番

氏名

高校入試問題集　私立編Ⅰ

はじめに

「本格的に受験勉強を始めたいけれど,何から手を付ければいいのかわからない」と思っていませんか？あなたは自分がこれから挑戦する「入試」をきちんとわかっていますか？自分の行きたい高校がどんな問題構成でどんな問題が出ているのか，それをしっかり知っておくことで，自分が何を勉強していくべきなのかもわかってくるはずです！さあ，高校入試問題集で私立の入試をマスターしましょう！

いろいろな疑問と本書の使い方

私立の「〇〇高校」ってどんな問題が出たの？

鹿児島市内５校の入試問題を収録！

私立高校の入試問題は，学校ごとに特徴があるんですよ！だからといって，自分が行きたい私立高校の入試だけ勉強するなんてもったいない！自分が受験を考えている高校はもちろん，その他の高校の入試問題にチャレンジしましょう。**様々な出題傾向にチャレンジして繰り返し練習することで，自分が受ける高校でどんな問題が出ても本番では落ち着いて試験に臨めます。**

高校の特色は？受験の日程は？授業料は？どんな制服？

このページでまるわかり！各学校の学校紹介ページ！

７校それぞれの学校紹介ページ。志望校の情報はいろいろ知りたいですよね。募集要項や，学校の特色，卒業後の進路など**気になる学校情報が満載**です。入試問題と合わせて，気になる高校の基本情報をチェックしましょう。

答え合わせも自分でできるの？

丁寧で見やすい解答解説で安心！

「あ～，解き終わった～！」で終わっていませんか？問題は解いた後が肝心。大切なのは復習です。**各学校，各教科の詳しく丁寧な解答解説はあなたの強い味方。**毎回の復習をサポートします。聞き取りテストの放送内容も解説の中に掲載していますよ。解答用紙は使いやすい別冊仕様で，答え合わせも簡単です。

過去問でしょ？過去問だから来年は出ないんでしょ？

実際の入試問題を解いてみることに意味があります！

単元別や分野別などの問題集だけでは入試に向けてバランスの良い勉強はできません。**実際の入試問題を解いてみて，自分はどこが苦手なのか，何を勉強する必要があるのかを確認することはとても大切なんです。**そこから入試の傾向に合わせた対策をとりましょう！

2024年受験用

鹿児島県高校入試問題集　私立編Ⅰ

目　次

※「鹿児島実業高校」,「鹿児島情報高校」の聞き取りテストは，英語のページにある二次元コードをスマートフォン等で読み取って再生することが可能です。

※「問題」や「正答例と解説」に関するお知らせは，こちらの二次元コードをご確認ください。

鹿児島高等学校

理事長　津曲貞利
学校長　須田勝弘
所在地　〒890-0042　鹿児島市薬師一丁目21番9号
電話　(099)２５５-３２１１
ＦＡＸ　(099)２５８-００８０
ホームページ　http://www.kagoshima-h.ed.jp
交通　鹿児島中央駅より徒歩で13分
「鹿児島高校前」バス停より徒歩で1分
「城西公園前」バス停より徒歩で2分

百th 一日一日青春をつむいで100周年 ― 鹿児島とともに歩み100年　鹿児島とともに次の100年 ―

▶令和６年度　募集要項

	学科・コース	定員	入試科目	出願期間	入試日	合格発表	受験料	入学金	授業料
一般入試	英数科　特進・英数コース	120	国数英社理　面接	【出願登録】令和５年 12月１日㈮ ～ 12月20日㈬	令和６年 1月26日㈮	令和６年 1月31日㈬	10,000円	100,000円	月額48,000円（就学支援金が33,000円の場合、納入金額は15,000円になります）
	普通科　選抜・一般コース	270	国数英　面接						
	情報ビジネス科	120							
推薦入試	英数科　特進・英数コース	定員の20%程度	数学と英語の総合問題　面接	【出願書類提出】令和６年 1月４日㈭ ～ 1月６日㈯	令和６年 1月15日㈪	令和６年 1月17日㈬	10,000円	免除	
	普通科　選抜・一般コース 情報ビジネス科		作文　面接						

▶本校の特色

◆１人１人の個性が輝く３学科

英数科（特進コース）…東大・京大・九大や医学部系の国公立大、早稲田・慶應など難関私立大への進学を目標とするコースです。

英数科（英数コース）…鹿児島大を中心とする国公立大、難関私立大への進学が目標のコースです。２、３年進級時に特進コースへの転コースも可能です。　※両コースとも部活動可能です。

普通科（選抜・一般コース）…9割を超す生徒が進学。鹿児島大をはじめとする国立大、県内、九州圏内を中心とした大学や短大に進学。看護系の専門学校などにも多数進学。自分にあった進路が実現できます。「未来探究」の授業では大学や専門学校の授業が受けられ、進路選択に役立っています。

情報ビジネス科…社会で活躍するスペシャリストになるための基礎を学び、就職にも進学にも対応できる学科。簿記・電卓・情報処理などの資格取得を目指します。また、同一学園の鹿児島国際大をはじめとして大学進学・専門学校などへの道も大きく開かれています。

◆全国クラスの部活動

21の運動部と17の文化部が活動しています。中でも、陸上競技部・男子ソフトテニス部・バドミントン部・サッカー部・硬式野球部・女子バスケットボール部・駅伝部・フェンシング部は強化指定部となっており、毎年多くの部活動が全国大会に出場し、数々の実績を残しています。その他にも、水泳部や音楽部など、全国大会常連の部活動が多数。ほとんどの部活動を「部活動等奨学金制度」の対象とするなど、全力でサポートしています。

◆校外活動も応援

校外での体育・文化活動に取り組む生徒も奨学金制度によって応援しています。ヴァイオリン、津軽三味線、SDGsなど、多くの生徒が幅広い分野で活躍中。国体に出場した生徒や世界大会を目指す生徒など、多くの実績を残しており、生徒の個性や活動を学校全体で応援しています。

▶進路実績　※令和４年度実績

◆誇れる進学実績

九州大学(医学部医学科)／鹿児島大学(医学部医学科)／熊本大学(薬学部)／安田女子大学（薬学部）／福山大学（薬学部）／福岡大学（薬学部）／東京藝術大学／横浜国立大学／埼玉大学／京都教育大学／広島大学／山口大学／高知工科大学／福岡教育大学／福岡女子大学／長崎大学／熊本大学／慶應義塾大学／上智大学／立教大学／中央大学／明治大学／青山学院大学／日本大学／立命館大学／関西外国語大学／関西大学／西南学院大学 他

◆就職率14年連続100%

鹿児島銀行／鹿児島相互信用金庫／南国殖産／岩崎産業／山形屋／京セラ鹿児島川内工場／南国交通／鹿児島空港産業／SHIROYAMA HOTEL kagoshima／独立行政法人 国立印刷局 王子工場／宮崎銀行／日本郵便 九州支社／西日本旅客鉄道（JR西日本）他

▶奨学金制度について

◆学業・部活動等奨学金制度（返済不要）　令和６年度予定

種類	入学金	奨学金支給額	
		月　額	年　額
ＳＳ	全額免除	48,000円	576,000円
Ｓ	全額免除	38,100円	457,200円
Ａ	半額免除	26,100円	313,200円
Ｂ	半額免除	16,100円	193,200円
Ｃ	半額免除	6,100円	73,200円

その他、兄弟姉妹奨学金制度、トップランナー補助制度など本校独自の奨学金制度があります。（返済不要）

※奨学金支給金額は、授業料から就学支援金等を差し引いた金額が上限。

※ＳＳは10,000円別途支給。

ICT教育への環境も整備しています

毎年多くの部活動が全国大会に出場！

校外活動に取り組む生徒も多数

体育祭など、学校行事も多数

8　この『浮世物語』は、江戸時代の作品であるが、同じ時代のものを次から一つ選び、記号で答えよ。

ア　平家物語　　イ　徒然草

ウ　おくのほそ道　　エ　古今和歌集

4 次の文章を読んで、あとの１～８の問いに答えなさい。

「今はむかし、ある大名きはめて良き名馬をもとめて、『我が一大事の先途《せんど》《頼りになるのは》見るべき物はこの馬なり』とて①秘蔵せられ《大切になされ》、馬の飼料《かひれう》とて、米・豆潤沢《じゅんたく》《たっぷりと》にあてがはれしに、馬飼《むまかひ》の者、それを皆耗《へ》ぎて《奪い取って》おのれが徳とし、馬にはわづかに草の糜《かゆ》《粥を》とも与へて飼ひ置きぬ。②案のごとく天下乱れて戦《いくさ》に及ぶ。『馬を秘蔵せしはこのたびの事なり』とて、かの《例の》大名くだんの馬にめされしに《お乗りになると》、③馬の漢《かん》《力》もことのほかに鈍く、沛艾《はね》《跳ね躍る様子》をどる勢もなし。大名大《おほ》いに怒《いか》りて、『かかる用にも立たぬ馬とは思ひもよらず、いたはりて《大事に》飼はせけることよ』とて、鞭《むち》にてさんざんに打ちければ、この【　　】、人のごとく物いうて、『いかに殿もよく聞き給へ。馬飼さらに食《じき》を惜しみて、腹に飽くほど与へたる事なし。さるままに《だから》力も弱く、こころも勇まず、道も行かれず』とつげ侍《はべ》り」と、④古き人の語られし。

（『浮世物語』による）

1 〰〰線部「与へて飼ひ」を現代仮名遣いに直し、すべてひらがなで書け。

2 ――線部①「秘蔵せられ」は、誰が何を「秘蔵せられ」たのか。それぞれ本文中から一語で抜き出して答えよ。

3 ――線部②「案のごとく」の意味として、最も適当なものを次から選び記号で答えよ。

ア 予想どおり　　イ 予定どおり
ウ 計画どおり　　エ 作戦どおり

4 ――線部③「馬の漢もことのほかに鈍く、沛艾をどる勢もなし」とあるがなぜか。この原因を、馬飼を主語にして、現代語で二十字以内で答えよ。

5 本文を二つの場面に分けるとすると、前半はどこで終わるか。終わりの三字を抜き出して答えよ。（句読点は含まない。）

6 【　　】に入る適当な語を本文中から漢字一字で抜き出して答えよ。

7 ――線部④「古き人の語られし」とあるが、古き人は何を語りたかったのか。最も適当なものを次から選び、記号で答えよ。

ア 平凡なものは才能があっても、発揮の仕方が分からないと力が出ない。
イ すぐれた結果を得るためには、才能のあるものの存在が必要である。
ウ 能力の不足するものには、いくら待遇をよくしてもよい結果は出ない。
エ すぐれた才能を発揮するには、それにふさわしい待遇が必要である。

3 ――線部②「もってこい」の正しい意味を次から一つ選び、記号で答えよ。

ア もっとも適している。
イ 送る相手に喜ばれる。
ウ 持ち運ぶことができる。
エ 相手をひどく怒らせる。

4 ――線部③「まったく」について、副詞の種類を次から一つ選び、記号で答えよ。

ア 状態　イ 程度　ウ 呼応　エ 反語

5 本文中の【　】に入る最も適当な語を次から選び、記号で答えよ。

ア つまり　イ やはり　ウ あるいは　エ しかも

6 次のア〜エの漢字は行書体で書いたものである。楷書で書いたときに――線部④「派」と総画数が同じになるものを次から一つ選び、記号で答えよ。

ア 承　イ 祖　ウ 板　エ 間

7 ――線部⑤「偶然」の対義語を漢字で答えよ。

8 ――線部⑥「典」の太線部は何画目に書くか。漢数字で答えよ。

典

9 ――線部⑦「見えなくするが」の文節の関係として最も適当なものを次から選び、記号で答えよ。

ア 主語・述語の関係
イ 修飾・被修飾の関係
ウ 並立の関係
エ 補助の関係

10 ――線部⑧「発」の部首名をひらがなで答えよ。

3 次の文章を読んで、あとの１～10の問いに答えなさい。

明治のはじめ、日本は固有の文化はすべて価値なしと考えた。わけのわからない人間だけでなく、国中が外国のもの、舶来のものはすぐれている。在来のものはガラクタであると、①知識人も一般も思いこんだ。

そんなとき、フランスへ陶器を輸出することになった。陶器をそのままでは破損するおそれがあるので、詰めものを入れた。適当なものがアないので、古い浮世絵を丸めて入れた。浮世絵は紙くず同然、タダみたいだったらしいから、陶器を送るときの詰めものにすれば、②もってこいである、と考えたのであろう。

買い入れたフランス側がおどろいた。陶器ではなく、詰めものにされている浮世絵である。

ヨーロッパの人が③まったく知らない美の世界である。【　　】、すばらしい。荷物そっちのけで、詰めものに用いられた浮世絵が評判になったという。浮世絵の注文もあったにちがいない。

フランスの印象派④は、写楽(注)をはじめ日本の浮世絵によって生まれた新風だとされているが、きっかけは、こういう⑤偶然であったのである。

日本では見る人もなく、捨てるには、上紙がもったいイないというので、くず紙扱いをされていたものが、まったく違った文化の人からすると、美の⑥典型のようになったというのは、おもしろい。

鎖国を解いて、外国に学ぼうとした明治の日本にとって、浮世絵は古い文化である。おもしろくもなければ、美しくもない。そのように思われたのは是非もなウい。焼きすてられなかっただけ幸運であった。

まったく別世界にいる人たちは、そういう偏見から自由である。偏見は見えているものを⑦見えなくするが、局外者は花は花・紅に見えるのである。本場で認めエないものを見つける。りっぱな⑧発見である、としてよい。

（外山滋比古『消えるコトバ消えないコトバ』による）

(注)　写楽＝江戸時代の浮世絵師。

1　――線部ア～エ「ない」の文法的な意味が同じであるものをすべて選び、記号で答えよ。

2　――線部①「知識人」の熟語の構成として同じものを次から一つ選び、記号で答えよ。

ア　市町村　　イ　魅力的　　ウ　戦力外　　エ　再出発

3 ——線部②について、担任の先生が「何度も自身の顔をぬぐった」のはなぜか。理由として最も適当なものを次から選び、記号で答えよ。

ア 夏休みの登校日という暑さに加え、今まで隠しておいてほしいと頼まれていた那由多の個人情報を、クラス全体に公表してしまう緊張感のため、汗を流しているから。

イ 夏休みの登校日という暑さに加え、那由多の事情を公表することで、これからクラスで起きるであろう人間関係のトラブルを予想し、心配して汗を流しているから。

ウ 那由多が、看護をがんばったのに父親を失い、転校していかなければならないことに対して、担任の教師として何もしてやれない無力感に、涙をこらえられなかったから。

エ 那由多が、看護をがんばったのに父親を失い、転校していかなければならないことに対して、娘を持つ父親としてその心情に共鳴し、涙をこらえられなかったから。

4 ——線部③「あたしたちが悪者になってるっぽい」という発言は加奈子のどんな気持ちの表れか。最も適当なものを次から選び、記号で答えよ。

ア 那由多をあわれむべきだと思う気持ち。

イ 那由多をやっと理解できたという気持ち。

ウ 那由多に後ろめたいという気持ち。

エ 那由多に改めて怒りをおぼえる気持ち。

5 ——線部④「すんでのところで」の意味を答えよ。

6 ——線部⑤「わたしを悪者にする」とはどう思うことか。五十字以内で説明せよ。

7 ——線部⑥「やれば、できるじゃん」に**あてはまらない**ものを次から選び、記号で答えよ。

ア 美月に自分の考えを言うこと。

イ 那由多に心の中で謝ること。

ウ 加奈子を相手にしないこと。

エ 恐怖心に負けないこと。

加奈子の手を払い、今度こそ、その場を離れた。歩きながら、「大丈夫、大丈夫」と小さく自分に言い聞かせる。心臓はコドウを早め、足はみっともなく震えている。気を緩めるとその場にへたりこんでしまいそうだった。本当は、泣き出しそうなほど怖かった。

⑥「やれば、できるじゃん」

自分に言って、笑う。那由多もこんな風にひとつひとつ乗り越えたのだろうか。そうであるならば、わたしだってきっと、頑張れる。

校舎を出て、空を仰ぐ。綿あめみたいな入道雲が、ソーダ色の空にふわふわと浮いていた。空を舞う鳥が、まるで綿あめを啄《ついば》んでいるようだ。

「テンダネスのソーダパフェ、食べたいなあ」

晴れ晴れとした気分で、梓は言った。

（町田そのこ著『コンビニ兄弟テンダネス門司港こがね村店』（新潮文庫刊）による）

（注）美智代 ＝ 梓の母。

1 ══線部ア〜オで使われているのと同じ漢字を含む語を、それぞれ──線部のカタカナから選び、漢字で答えよ。

ア 彼はコンジョウがある。　ジャクネン層。
　彼とはオンシン不通だ。　カチ観の違い。

イ 洋服キジを選ぶ。　ゼンリョウな市民。
　ゴゴの授業。　コクミンの権利。

ウ 地域のトクショク。　ドウトクの時間。
　ノウリに浮かぶ。　商品をノウニュウする。

エ ダイク仕事。　やさしいクチョウで話す。
　彼はジンカク者だ。　内部でカクサクする。

オ 小説のドウニュウ部。　電気をドウリョクにする。
　コキョウをなつかしむ。　ブンコ本。

2 ──線部①「心はだんだんと凪いでくる」とはどういうことか。最も適当なものを次から選び、記号で答えよ。

ア 気持ちがだんだん沈んでくる。

イ 気持ちがだんだん熱くなってくる。

ウ 気持ちがだんだん落ち着いてくる。

エ 気持ちがだんだん明るくなってくる。

さんとふたりでずっと頑張っていた。俺はクラスのみんなにそのことを言って理解してもらおうと彼女に言ったんだが、同情されると弱くなってしまうから、と」

髪を切ったのは看護の邪魔だったから。頑《かたく》なに体操服を着ていたのは、いつでも体を動かせるように。布川はこれまで黙っていたことを静かに語り、その途中で②何度も自身の顔をぬぐった。生徒たちは黙って俯く。梓の前方の席の加奈子だけが、離れた席の美月を窺《うかが》うようにそわそわしている。

梓は教室の中にいる自分を遠くに感じながら、泣き出しそうになるのをぐっと堪えていた。もう会えないだろう那由多に向かって思う。ごめんね。辛さを増やすばかりで助けてあげられなくてごめん。会って、直接謝りたいよ。それすらできないことが、寂しいよ。

「知ってたの？」

放課後、帰ろうとした梓を、呼び止めたのは美月たちだった。集団で梓を囲む顔は厳しく、息苦しさを覚える。

「何の用？」

「だからさあ、田口さんのこと知ってたのって訊《き》いてるの。知ってたんなら、それを教えてくれてもよかったんじゃない？」

美月ではなく、加奈子が不満げに言う。③あたしたちが悪者になってるっぽいんだけど、どうも**ウ**ナットクいかないんだよね。田口さんのことは可哀相《かわいそう》だと思うけど、そんなの事情を言われなきゃ分かんないし、言わずに察しろっていうのも乱暴じゃん？

梓は加奈子を無視して、加奈子の横に立つ美月に顔を向けた。美月は何も言わずに睨《にら》みつけてきて、その視線を受け止める。

「美月、ずっと仲良くしてくれてありがとう。美月のお蔭《かげ》で楽しいこといっぱいあった。でも、こういうことをする美月は嫌だった。美月が許せなくても、そのひとにとっては譲れないものだったりするの。理解とやさしさを持ってほ…」

最後まで口にする前に、梓は美月に頬をぶたれた。大きな音がして、加奈子がにやりと片方の**エ**コウカクを持ち上げるのが見えた。梓はそれでも、美月を見た。

「そうやって、気に食わないことがあるとすぐに怒るクセも直したほうがいいよ。もっと大きな怒りとか暴力でやり返される日が来ると思う」

もう一度手を振ろうとした美月が、④すんでのところで止めた。顔を歪《ゆが》めて、ゆっくりと手を降ろすのを、梓は見つめる。

「じゃあね、美月」

美月と加奈子の間を抜けて梓が去ろうとすると、加奈子に肩を掴《つか》まれた。

「待ちなよ。まだ話終わってないんだけど」

「⑤わたしを悪者にすることであんたたちの罪悪感がきれいさっぱり消えるって言うのなら、好きにしなよ」

2 次の文章を読んで、あとの1～7の問いに答えなさい。

> 中学生の梓《あずさ》は、幼なじみの美月と同じクラスである。梓は、クラスで孤立し欠席がちな那由多《なゆた》と、コンビニ「テンダネス」で一緒に甘いものを食べ、親しく話すようになるが、それを美月とそのグループに見られ、責められる。

学校に行くと、あからさまな無視が始まった。それに加え、那由多がされていたように遠巻きに悪口をぶつけられた。前日まで一緒に行動していた子たちが手のひらを返したように、嘲るような笑みを向けてくる。「前からムカついてたんだよね」と加奈子が大声で言い、美月はそれを止めずに見ている。あまりの変化にショックを受けたけれど、覚悟もできていた。那由多はずっと、これを経験していたのだ。しかも、余命僅かな父親を看護するという辛《つら》さを抱えながら。わたしがどうして、**ア**ヨワネを吐けるだろう。孤立した教室で、梓は俯《うつむ》くことなく前を向いた。①那由多のことを思うと心はだんだんと凪《な》いでくる。そして、梓はずっと悩まされていた腹痛がなくなっていることに気づいた。きっともう、痛むことはない。わたしは、大丈夫だ。

那由多の状況が分からないまま、夏休みに突入した。学校には行かなくていいけれど、塾で美月たちに会うので状況は変わらない。（注）美智代は美月から『梓から一方的に友達を辞めると言われた』と聞かされたらしく、機嫌が悪い。美月、泣いてたよ。ずっと梓のこと大事にしてきたのに裏切られたって。しかも、美月の目を盗んで間食してたんだってね。あんたどうしてそんな酷《ひど》いことができるの。美智代にはどう説明したらいいのか分からないから何も言えなくて、だから家でも**イ**イゴコチが悪い。それでも梓は毎日をきちんと過ごしていた。

火曜日だけでなく他の曜日もテンダネスに顔を出してみたけれど、那由多には会えない。髭《ひげ》の男――ツギと名乗った――や赤じいには何度か会い、挨拶を交わすまでの仲になった。しかしふたりとも、那由多の近況は知らないようだった。那由多はどうしてるんだろう。大丈夫だろうか。

那由多の状況が分かったのは、八月の登校日のことだった。

「田口は、ご家庭の事情で転校した」

夏休みの隙間にある浮島のような教室はふわふわしていて、そこかしこではしゃいだ声がしていた。しかし、担任の布川の言葉で重さを取り戻したように静まりかえった。

「病気のお父さんの看護をずっと頑張っていて、そのお父さんが先月お亡《な》くなりになってな。お母さんのご実家のある長崎へ、引っ越して行ったんだ」

布川は小学生の娘がいる父親だ。特別感じることがあるのか、目のふちを赤くして続ける。

「後悔したくないから全力でお父さんの病気と向き合いたいということで、お母

1　＝＝線部ア〜オのカタカナは漢字に、漢字はひらがなに直せ。

2　本文中の［A］・［B］に入る適当な語を次から選び、それぞれ記号で答えよ。

ア　では　　イ　だが　　ウ　それとも
エ　たとえば　　オ　つまり　　カ　そして

3　【　】に入る適当な語を本文中から三字で抜き出して答えよ。

4　――線部①「甘えの心理が人と人を取り結ぶ」とあるが、これはどういうことか。次の文の（ i ）・（ ii ）を補って答えよ。ただし（ i ）は四字で、（ ii ）は二十字以内で、それぞれ本文中から抜き出せ。（句読点は含む。）

日本社会における（ i ）は、（　ii　）結ばれているということ。

5　――線部②「同じ根っこから生じている」といえるのはなぜか。最も適当なものを次から選び、記号で答えよ。

ア　「すねる」「ひがむ」「ひねくれる」「恨む」といった心理は、人間の本能から生じているから。
イ　「甘え」も「恨み」といった心理も、他者との相互理解を期待する気持ちから生じているから。
ウ　「すねる」「ひがむ」「ひねくれる」「恨む」といった心理は、被害者意識から生じているから。
エ　「甘え」や「恨み」といった心理は、共に心理的な自立を求める気持ちから生じているから。

6　――線部③「それ」の内容を簡潔に述べている部分を、――線部③以降の本文中から二十五字前後で抜き出して答えよ。

7　――線部④「人間存在の個別性を念頭において」とあるが、「人間存在の個別性を念頭におく」とはどういうことか。本文中の言葉を使って、三十五字以内で説明せよ。

　このように甘えが思うように通じないとき、すねたりひがんだり恨んだりするわけだが、そこには被害感情がある。

　お互いに依存し合い、甘えを介してつながっている日本人の人間関係では、甘えが阻止されたときに、欲求不満による攻撃性が生じる。甘えが拒絶されたことによって生じる怒り反応。それが甘え型の攻撃性である。

　そこには、甘えと一見正反対の恨みが生じたりするが、じつはそれらは②同じ根っこから生じているのである。

　「わざわざ言わなくてもきっとわかってくれる」「こっちのことを気にかけてくれているはず」と期待しているのに、そうした期待が裏切られ、甘えの欲求が阻止されたときに、欲求不満による攻撃性が生じるのである。

　「なんで汲《く》み取ってくれないんだ」「わかってくれたっていいじゃない」「わざわざ言わないとわからないなんて冷たすぎる」といった反応が、甘え型の攻撃性の(注)発露ということになる。

　こうした心理は、日本社会で自己形成してきた人ならだれもがもっているものだが、③それが強すぎると、関係が深まりかけたところで欲求不満がエ募り、甘え型攻撃性が猛威を振るい、せっかくの関係の進展を阻害することになりかねない。

　わかってほしいという気持ちはだれもがもつものだし、親しい相手に対して、わかってくれるはずといった期待を抱くのも自然なことだ。しかし、相手が心の中で何を思っているか、何を感じているかなど、なかなかわかるものでもない。ゆえに、相手としては、甘え型攻撃性ですねたりふてくされたりされてもどうオタイショしたらよいかわからず、それが度を超すとめんどうくさくなり、「わけわからない」「勝手にイライラするなよ」と攻撃的な気持ちが沸いてきて、お互いにイライラしてしまう。

　「わかってほしい」「わかってくれるはず」といった期待が強いほど、そうした期待が裏切られがちな現実に傷つき、さみしさに押し潰されそうになる。

　結局のところ、他の人の心の中を、相手が期待しているほどに汲み取るのは不可能なのである。ゆえに、親密な絆を築いていくには、④人間存在の個別性を念頭において、強すぎる甘えを克服することが必要となる。

（榎本博明『「さみしさ」の力』による）

（注）止揚 ＝ 否定を通じてより高い次元へと導くこと。ここでは、やわらげるという意味。
発露 ＝ あらわして隠さないこと。

令和五年度　鹿児島高校入試問題　国語

（解答…192Ｐ）

1 次の文章を読んで、あとの１～７の問いに答えなさい。

自立していく上で大切なこととして、甘えの克服がある。

もっとも日本の社会においては、甘えが人間関係の基本になっているので、甘えを完全に克服するのは不可能だし、そうする必要もない。良好かつ健全な人間関係を築く上においても、甘えが果たす役割は小さくない。

親や友だちに対して、「なんでわかってくれないの?」「わかってくれたっていいじゃないか」と思い、イライラすることはないだろうか。そこには「当然わかってくれるだろう」「きっとわかってもらえるはず」といった期待がある。

甘え理論を(ア)テイショウした精神分析学者の土居健郎は、甘えの心理的原型は乳児期に求められ、「甘えの心理は、人間存在に本来つきものの分離の事実を否定し、分離の痛みを止揚(注)しようとすることであると定義することができる。」（土居健郎『「甘え」の構造』弘文堂）という。

[A]、親子といえどもけっして一心同体ではなく、切り離された別々の個体だという厳然とした事実を受け入れがたく、【　　　】の幻想にすがろうとする心理が、甘えの基礎になっているというわけだ。

いわば甘えというのは、個と個が分離しているという冷たい現実を受け入れたくないという思いから心理的一体感を求めることである。

心理的に一体なのだから、「わざわざ口に出して言わなくても、きっとわかってくれるはず」といった思いが心の片隅にある。それが甘えの心理ということになる。

自己主張を軸に対人関係を結ぶ欧米人と違って、僕たち日本人は相手の期待に(イ)応えたい、相手の期待を裏切りたくないという思いを軸に対人関係を結ぶ。それと同時に、相手もこちらの期待を裏切らないはずといった期待がある。その意味では、日本社会においては①甘えの心理が人と人を取り結ぶと言ってよいだろう。

[B]、そうした期待が空振りに終わると、「裏切られた思い」に駆られ、落胆すると同時に、攻撃的な気持ちが沸いてくる。

土居によれば、甘えたい気持ちがそのままに受け入れられないとき、「すねる」「ひがむ」「ひねくれる」「恨む」といった心理が生じ、そこに被害者意識が含まれる。

素直に甘えさせてくれないから「すねる」わけだが、すねながら甘えているとも言える。その結果として、「ふてくされる」「やけくそになる」というようなことになる。

自分が不当な扱いを受けたと(ウ)キョッカイするとき「ひがむ」わけだが、それは自分の甘えの当てが外れたことによる。

甘えないで相手に背を向けるのが「ひねくれる」だが、それは自分の甘えの期待に応えてくれなかったと感じることによる。

甘えが拒絶されたということで相手に敵意を向けるのが「恨む」である。

令和５年度　鹿児島高校入試問題　数　学

（解答…193Ｐ）

1　次の各問いに答えなさい。

(1)　$6 \times 4 - 18 \div 3$ を計算せよ。

(2)　$\dfrac{3}{4} + \dfrac{1}{2} - \dfrac{3}{8}$ を計算せよ。

(3)　$\dfrac{6}{\sqrt{3}} + \sqrt{27} - \sqrt{48}$ を計算せよ。

(4)　$(ab^2)^3 \times a^2b \div (ab)^2$ を計算せよ。

(5)　$4x^2 - 9y^2$ を因数分解せよ。

(6)　連立方程式 $\begin{cases} 3x - 2y = 8 \\ 2x + 3y = 1 \end{cases}$ を解け。

(7)　右の正十二角形において，$\angle x$ の大きさを求めよ。

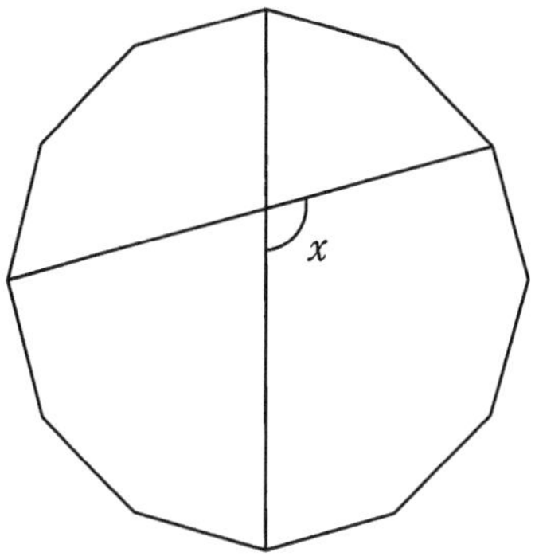

(8)　y は x に反比例し，$x = 2$ のとき $y = 6$ である。このとき，y を x の式で表せ。

(9)　大小２個のさいころを投げたとき，目の数の和が素数となる確率を求めよ。

(10)　原価 x 円の商品を 150 個仕入れた。原価の 30％増しの値段をつけて販売したところ 60 個しか売れなかった。そこで，残りの 90 個は原価の 25％増しの値段に変えて販売したところ完売した。全体の利益が 4860 円となるとき，x の値を求めよ。ただし，収入の合計から仕入れ値の合計をひいたものを全体の利益とし，消費税は考えないものとする。

（計　算　欄）

2 次の各問いに答えなさい。

(1) 右の図は，底面の半径が４cm，母線の長さが 12 cmの円すいである。
この円すいについて，次の各問いに答えよ。ただし，円周率をπとする。

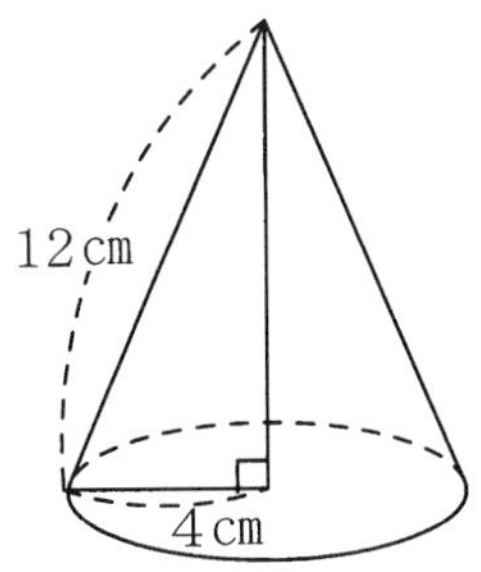

① 体積を求めよ。

② 表面積を求めよ。

(2) 次の【操作】をくり返して，ビルの各階の東西南北に自然数が書かれたカードを１から小さい順に置いていく。ただし，カード1は１階の北に置く。

【操作】

Ⅰ．同じ階の北→東→南→西に自然数の書かれたカードを小さい順に１枚ずつ置いていく。
Ⅱ．西までカードを置いた後，そのまま西から１階上にあがり，その階の西→南→東→北に，つづきのカードを小さい順に１枚ずつ置いて，北から１階上にあがる。

右の図は，３階の途中までカードを置いたものである。
このとき，次の各問いに答えよ。

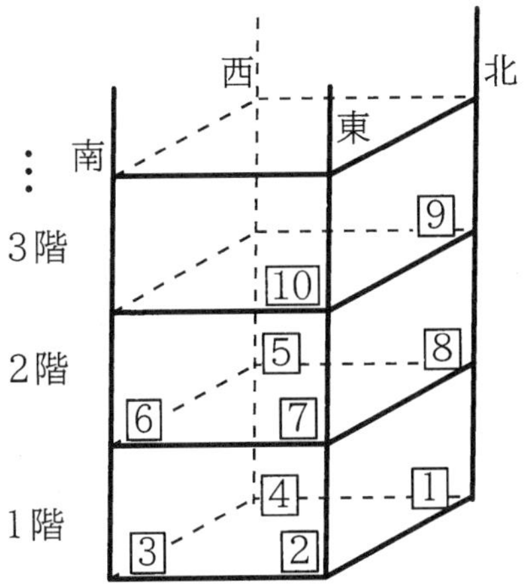

① カード20は何階の東西南北のどの位置にあるかを答えよ。

② 55階の北の位置に置いたカードの数字を答えよ。

(3) 次の図のように，ある島を１周する道路がある。この道路を太郎さんと花子さんが，お互いに逆向きにそれぞれある一定の速さで進み１周する。午前８時に太郎さんは地点Ａから時計回りに，花子さんは地点Ｂから反時計回りに出発し，午前８時20分に２人はすれちがった。花子さんは午前８時56分に地点Ａを通過し，午前９時21分に島を１周して地点Ｂに到着した。このとき，次の各問いに答えよ。

① 花子さんの進む速さを分速 x mとするとき，
島１周の長さは何mか。x を用いて表せ。

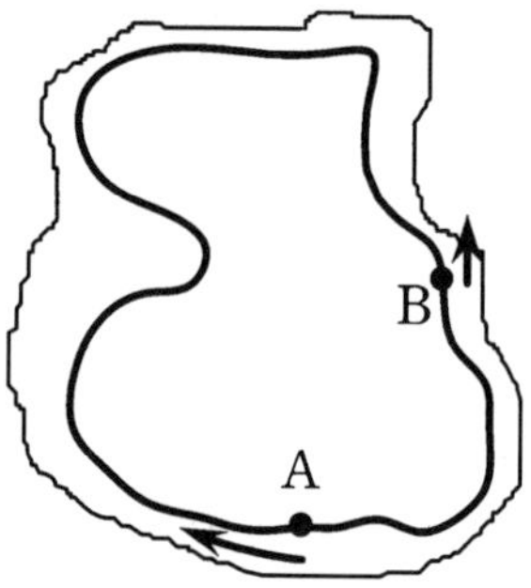

② 太郎さんが島を１周して地点Ａに到着したのは，午前何時何分か求めよ。

(4) 下の図のような四角形ABCDがある。点Ｐは辺AD上にあり，辺ABと辺DCまでの距離が等しい点である。このような点Ｐを定規とコンパスを用いて作図せよ。ただし，作図に用いた線は残しておくこと。

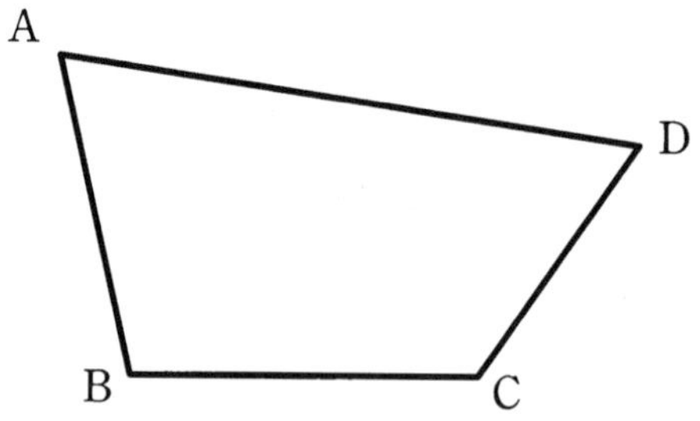

3 30 人のクラスで数学の試験を 3 回行った。次の各問いに答えなさい。

下の図 A，B は 3 回の試験からある 2 回を選び，得点の分布のようすを箱ひげ図に表したものである。

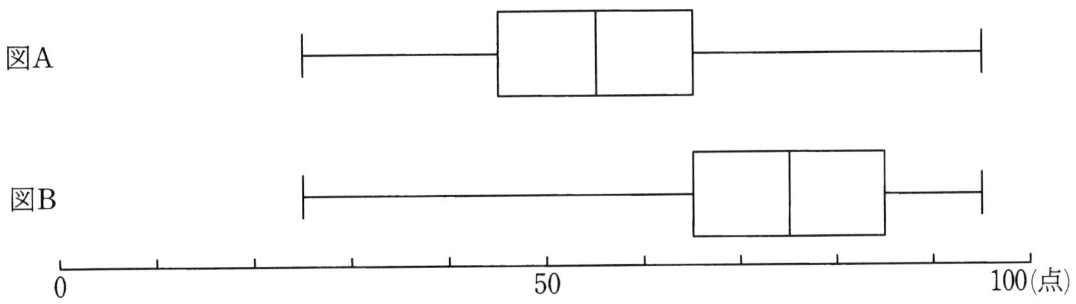

(1) A と B の箱ひげ図をみて生徒から下記の①～③の意見が出た。

次の**ア**～**ク**のうちから最も適当なものを一つ選び記号で答えよ。

> ① A の中央値と B の中央値は 30 点以上離れている。
> ② クラスの 15 人以上が，A では 41 点以上 70 点以下の点数をとっている。
> ③ 81 点以上の点数をとった生徒は A より B の方が少ない。

ア ①のみ正しい　**イ** ②のみ正しい　**ウ** ③のみ正しい

エ ①と②のみ正しい　**オ** ①と③のみ正しい　**カ** ②と③のみ正しい

キ すべて正しい　**ク** すべて誤りである

3 回の数学の試験の得点のデータが次のようになっていた。

階級(点)	度数(人) 1回目	度数(人) 2回目	度数(人) 3回目
0点以上10点以下	0	0	0
11点以上20点以下	0	0	0
21点以上30点以下	1	2	1
31点以上40点以下	6	1	1
41点以上50点以下	6	1	0
51点以上60点以下	5	4	2
61点以上70点以下	7	8	4
71点以上80点以下	2	10	8
81点以上90点以下	2	2	9
91点以上100点以下	1	2	5
計	30	30	30

(2) (1)の箱ひげ図A，Bはそれぞれ何回目の試験を表しているか，次の**ア**～**カ**のうちから最も適当なものを一つ選び記号で答えよ。

ア A：1回目，B：2回目　**イ** A：1回目，B：3回目
ウ A：2回目，B：1回目　**エ** A：2回目，B：3回目
オ A：3回目，B：1回目　**カ** A：3回目，B：2回目

(3) 箱ひげ図A，Bに該当しない試験について考える。

（ｉ）中央値が含まれる階級はどれか。次の**ア**～**オ**のうちから最も適当なものを一つ選び記号で答えよ。

ア 31点以上40点以下　**イ** 41点以上50点以下
ウ 51点以上60点以下　**エ** 61点以上70点以下
オ 71点以上80点以下

（ⅱ）試験の得点が次のように間違っていた。

51点以上60点以下のうち2人が61点以上70点以下であった。
71点以上80点以下のうち2人が61点以上70点以下であった。

このとき，下記の①～③について，次の**ア**～**ク**のうちから最も適当なものを一つ選び記号で答えよ。

① クラスの15人以上が，41点以上70点以下の点数をとっている。
② 中央値はBの中央値と30点以上離れている。
③ 51点以上70点以下の点数をとった生徒はAの試験より多い。

ア ①のみ正しい　**イ** ②のみ正しい　**ウ** ③のみ正しい
エ ①と②のみ正しい　**オ** ①と③のみ正しい　**カ** ②と③のみ正しい
キ すべて正しい　**ク** すべて誤りである

4 右の図のように，放物線 $y=-x^2$ 上に２点Ａ，Ｂがある。点Ａの x 座標は３，点Ｂの座標は(1，－1)であり，直線 l は点Ｂを通り，x 軸に平行である。また，直線 l と放物線の交点のうち，点Ｂでないものを点Ｃとする。このとき，次の各問いに答えなさい。

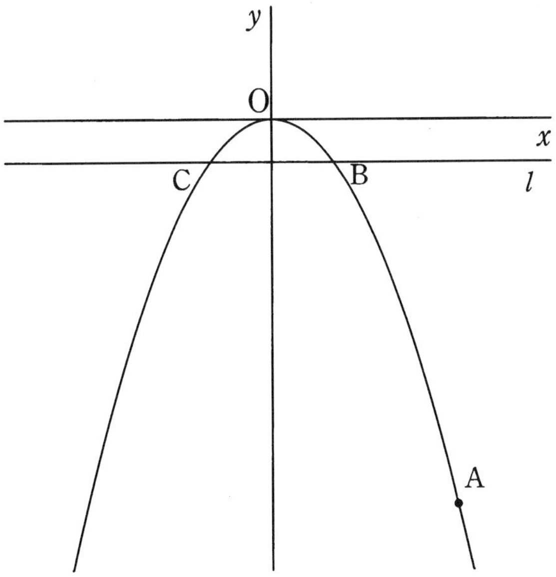

(1) 点Ａの y 座標を求めよ。

(2) ２点Ａ，Ｃを通る直線の式を求めよ。

(3) 直線ACと x 軸，y 軸との交点をそれぞれ点Ｄ，Ｅとする。

（ア） 面積比△BDC：△BCE：△BEAを最も簡単な整数の比で表せ。

（イ） △BDCを直線ADを軸として１回転してできる立体の体積を求めよ。ただし，円周率を π とする。

5 右の図１のように五角形 ABCDE を底面とし，高さが１の五角柱がある。AB＝4，BC＝5，CD＝6，DE＝8，EA＝9，∠AED＝∠BAE＝∠CDE＝90°とする。このとき，次の問いに答えなさい。

(1) 線分 IE の長さを求めよ。

図１

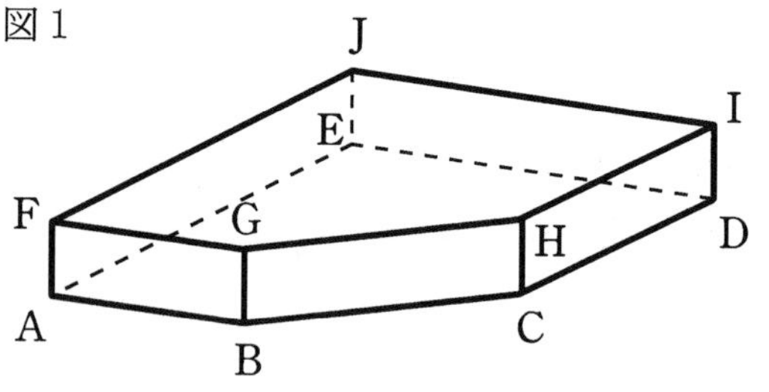

(2) 五角柱の体積を求めよ。

(3) ３点 C，I，E を結んでできる三角形の面積を求めよ。

(4) 線分 ED 上に EK＝1 となる点 K をとる。図２のように辺 GH 上に点 P を，辺 IJ 上に点 Q をとり，BP＋PQ＋QK が最小となるようにするとき，BP＋PQ＋QK の長さを求めよ。

図２

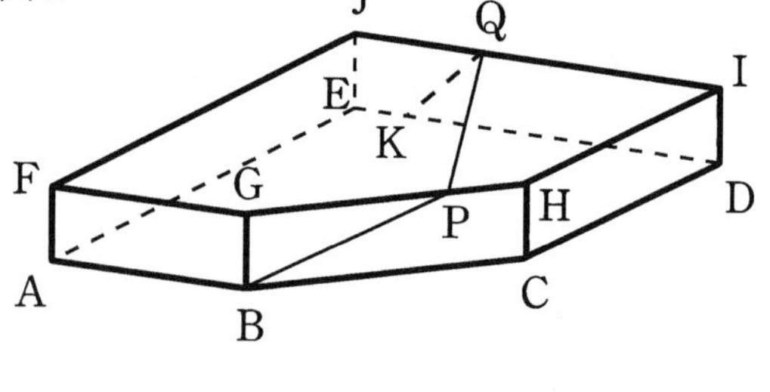

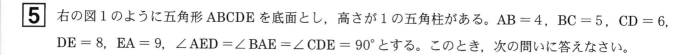

令和５年度　鹿児島高校入試問題　英　語

（解答…195Ｐ）

1　次の各文の（　　）に入る最も適当なものを，それぞれ**ア**～**エ**から１つ選び，その記号を書きなさい。

1　David (　　) to play the piano when he was five.

ア　like　　**イ**　likes　　**ウ**　liked　　**エ**　has liked

2　I have three cats, and I love (　　) all.

ア　they　　**イ**　their　　**ウ**　them　　**エ**　theirs

3　This flower is (　　) beautiful than that one.

ア　much　　**イ**　more　　**ウ**　most　　**エ**　best

4　His songs are (　　) all over the world.

ア　sing　　**イ**　sung　　**ウ**　sang　　**エ**　singing

5　I wanted to buy a new soccer ball, (　　) I decided to save money.

ア　for　　**イ**　because　　**ウ**　but　　**エ**　or

2　次の各組の対話で，（　　）内の語（句）を意味が通るように並べかえたとき，**２番目**と**４番目**にくる語（句）の記号をそれぞれ書きなさい。ただし，文頭にくる語（句）も小文字にしてあります。

1　A：(**ア**　day　**イ**　is　**ウ**　what　**エ**　today　**オ**　it)?

B：It's Thursday.

2　A：(**ア**　this picture　**イ**　at　**ウ**　in　**エ**　look　**オ**　the man).　Do you know him?

B：He's Otani Shohei, right?

3　A：Do you know anything about this city?

B：Yes.　(**ア**　it　**イ**　famous　**ウ**　hot springs　**エ**　is　**オ**　for).

4　A：Hi, Ken.　(**ア**　the　**イ**　sent　**ウ**　you　**エ**　me　**オ**　picture) was beautiful!

B：I'm glad to hear that.　Thanks!

5　A：Would (**ア**　to　**イ**　you　**ウ**　show　**エ**　like　**オ**　me) you the place?

B：That would be helpful.

3 次の案内(information)を読み，各問いに対する最も適当な答えを，それぞれア～エから１つ選び，その記号を答えなさい。

Let's play BROOMBALL
At Home Ice Arena!

Cost: $ 30(1 hour)　　$ 35(1.5 hours)

Broomball is hockey with a broom and a ball. It's a safe and fun group activity played on an ice floor in normal shoes. Broomball can be played by 30 players at one time. Our Home Ice Arena will give you all the things you'll need to make your broomball event fun! Broomball is played on Saturday and Sunday.

Broomball Safety Rules:

- You MUST always wear a helmet. Our Home Ice Arena has helmets, but you can bring your own. Other safety items are recommended but not prepared at our Home Ice Arena.
- You can't slide when you are playing.
- You can't throw the broom at the ball or to the floor.
- You can't kick the ball, but you may use your foot to stop the ball.
- You can't catch and throw the ball or bring the broom up.
- You must keep the broom below the waist at all times.

For Payment:

You have to pay at Home Ice Arena when you make a reservation, and the money you paid for the reservation cannot be returned; change of your date is OK if you change it 14 days before your date. To change your date, you will have to pay $5.

1　What is the cheapest cost for renting the arena for four hours?
　ア　$90　　イ　$100　　ウ　$105　　エ　$120

2　When can you usually play broomball at the Ice Arena?
　ア　Everyday　　イ　Holidays　　ウ　Weekdays　　エ　Weekends

3　Which is true about the rules of broomball?
　ア　You can bring the broom up.
　イ　You can touch the ball with your foot.
　ウ　You can make the floor clean with your broom.
　エ　You can hit the ball over your head with your broom.

4　When do you need to pay for the arena?
　ア　On the scheduled date.　　イ　Two weeks before the date.
　ウ　When you reserve the arena.　　エ　During the broomball game.

5　Which is NOT true about the information?
　ア　The schedule can't be changed for free.
　イ　Players need to wear special shoes to play games.
　ウ　You don't have to bring your own helmet to the Ice Arena.
　エ　Changing your date is possible if it is two weeks before your date.

4 次の対話を読み，各問いに答えなさい。

*Nate the Great, a great *detective, was eating breakfast when the cellphone rang. RING RING.*

Nate : Hello, this is Nate the Great.
Emily : Hi, Nate. It's me, Emily. I need your help.
Nate : (①)
Emily : I painted a picture of my dog, Fang. It's important to me, but I can't find it.
Nate : When was the last time you saw it?
Emily : I put it outside to *dry, but it isn't there anymore. Can you help me?
Nate : Of course, but I haven't seen your picture yet. Can you show me it?
Emily : I thought you would say that, so I sent you my picture by e-mail. I painted my dog from the front.

Nate looked at the picture.

Nate : Well, there are two strange things about your picture. First, why is your dog's face square? Second, why does the dog have three ears? I think that dogs usually have two ears.
Emily : I am not good at painting dog faces. It is easy for me to paint like this. The middle is not an ear. It is a tail. I painted *the dog lying down, so you felt it's a little strange.
Nate : I got it. I'll go to your house after breakfast.

After finishing breakfast, he walked to Emily's house. When Nate arrived, Emily opened the door, and Fang, Emily's big dog, greeted him too. They went to her room.

Nate saw yellow curtains, a yellow bed, a yellow desk, and a yellow chair. The detective found one thing. His friend loved the color yellow. Still, he did not find the picture in the room, so Nate looked out at the garden through the window. He got an idea.

Nate : Hey Emily, does Fang often make holes?
Emily : Hmm. Well, yes, he does.
Nate : Does he put things in the holes in the ground?
Emily : Sometimes.
Nate : Then, ②I think we should look outside.
Emily : Do you think he put my picture in a hole in the ground? Fang wouldn't do that! Why would you say such a thing?
Nate : Don't be (③), Emily. We should still look.

The two went outside. They looked for the picture in the garden, but the picture wasn't there.

Emily : I told you he wouldn't do that. He is an important member of my family.
Nate : Alright, I believe you.
Emily : But if it wasn't Fang, where did my picture go?
Nate : I don't know. It's very strange. Do you have any ideas?
Emily : In fact, when my brother Oliver saw my picture, he said he liked my picture. He really wanted it. Maybe Oliver took it to his room.
Nate : Then, we should go back inside and look for your picture in his room.

The two went inside and entered Oliver's room. There were four paintings: a red car, a red tree, a red house, and an orange castle with three towers.

Nate : Emily, ④I found (your / was / where / picture) as soon as I entered the room.
Emily : What? Where?
Nate : Right here.
Emily : What do you mean? This is a castle, and it's orange. This isn't my picture, Nate.
Nate : I think the color is strange.
Emily : Why? Orange is great for a castle.

Nate　: But everything else is red. Why would Oliver paint an orange castle?
Emily : Hmmm... I don't know.
Nate　: I think he used your picture to make it. You see, Oliver changed your picture and painted with red. When he used your picture, the paint was still wet, so the red and the yellow became orange. See! The ears and the tail became the three towers, the nose is the gate, and the face became the wall.
Emily : Oh! I think you're right. I am so angry at Oliver. I'll have to make a new picture now. Well, I'm still happy we found it, so thank you for helping me, Nate.
Nate　: Don't worry about it. I'm Nate the Great, a great detective. I'm always happy to help.

Nate said goodbye to Emily and Fang, and then he walked back home for lunch. Nate was proud of himself.

(注) detective : 探偵　　dry : 乾《かわ》かす　　the dog lying down : 伏《ふ》せている犬

問1　本文中の（ ① ）に入る英語を**ア**～**エ**から選び，その記号を書け。

ア　Sorry, I'm busy now.　　**イ**　What's the problem?
ウ　Why don't you help me?　　**エ**　You did a great job.

問2　下線部②のような発言をした理由となるように，（　　　）に**7字以内**の日本語を補充し，次の日本語を完成させよ。

Nate は，Fang が絵を（　　　　　　　　　　）と思ったから。

問3　本文中の（ ③ ）に入れるのに適切な Emily の感情を表す語を本文から抜き出し，英語1語で答えよ。

問4　下線部④の（　　　）内の語を文脈に合うように，並べ替えよ。

問5　Nate が絵を見つけた時の推理となるように（ a ），（ b ）に入る最も適当な語を本文から抜き出し，それぞれ答えよ。

Emily painted a picture by using (a), but Oliver changed the picture by using (b).

問6　Emily が描いた絵が Oliver の部屋で見つかった時，どのような絵に変わっていたか。次の**ア**～**エ**の中から選び，その記号を書け。

ア　　　**イ**　　　**ウ**　　　**エ**

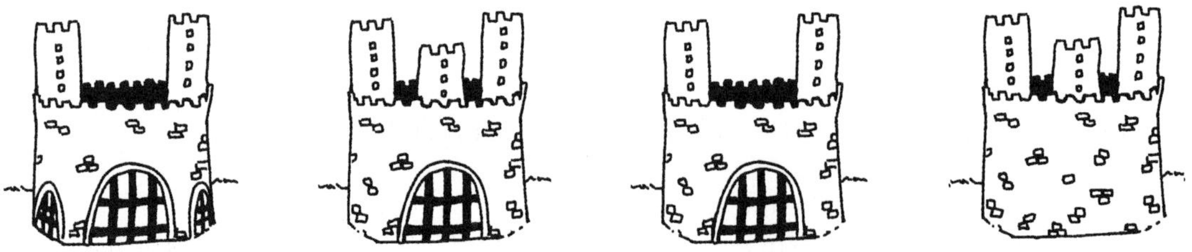

問7　次の英文は，後日，Emily が Nate にあてたメールである。本文の内容に合うように，①～⑤の（　　　）に入る最も適当な英語1語をそれぞれ書け。ただし，与えられた文字に続けて答えよ。

Hi Nate,
Last week, you ①(h　　　) me find my picture. I was sad that the painting was ②(t　　　) by Oliver. I was sad to learn what happened, and I wanted to ③(t　　　) you that you are a good detective. Also, I painted another picture yesterday, but Oliver painted over my picture with his favorite ④(c　　　) again! I want you to see that. Please come to my house soon. Anyway, ⑤(t　　　) you again for your help.
See you soon,
Emily

5 次の英文を読み，各問いに答えなさい。

During my first year of high school, I was always 15 to 20 minutes late. In the past, my teacher, Mr. Kelly, was strict. "You're late again, Lucas! How many times have I told you *to be on time?" He always *yelled. [ア] I worked hard, so I thought it was not a big problem.

One day, I planned to visit a festival with my friends. We were going to meet at 8 o'clock. I really wanted to arrive at 8 o'clock. But it was going to rain, so I didn't know what to wear. Also, my mother needed my help. I didn't arrive until 8:15. When I arrived, I couldn't find my friends anywhere. So, I called my friend Hannah. She replied, "We'll arrive at (①). You're always late, so we told you to come 30 minutes earlier than us!" I was really *embarrassed. However, when Hannah and my other friend Alex arrived at the festival, we all laughed about it. [イ]

About a month later, my parents asked me to *pick up my little sister, Melissa, from soccer practice at the park next to my town. Melissa was only 6 years old, so she couldn't come home alone. And, my parents had to meet my grandmother on that day. I had school until 3:10. So, I planned to leave at 3:25 and arrive at the park at 4:40. That was twenty minutes before her practice ended.

I had to catch the 3:50 train because the next train left at 4:50. It took 15 minutes to get to the train station from school on foot, and I left on time. However, on my way to the station, I realized something. [ウ] I had to go back to school because I left a textbook at school. I thought I could be on time for the train. But I couldn't find the textbook quickly, and I missed the train.

So, I had to take the next train. After I got off the train, I ran to the park from the station near the park. When I arrived at the park, ②Melissa (　　　　　　　) there. I left my smartphone, so I couldn't call my mother. I looked for Melissa around the park, but I couldn't find her. I was so worried. Because I wanted to call my mother, I decided to go home.

When I got home, my *parents' car was there. My parents and Melissa were at home. I was (③) to see them.

"Lucas! Why did you come so late?" My mother looked so angry.

"Your father and I visited your grandmother this morning. We were able to come back earlier, so we went to the park to pick up you and Melissa. I wanted to come back home together, but I couldn't see you then. So, just the three of us came home."

"I'm sorry, Mom. I missed the train. I tried to call you, but I left my smartphone at home." I replied.

She said, ④"If (　　　　　　　　　), I would leave earlier. But you never do that, so you're always late. It makes trouble for other people. You should learn from your mistakes."

I thought she was strict at first. Later, however, I thought about it more deeply. Then, I decided to try it. My mother's advice was kind.

Now, as a university student, I always arrive on time. [エ] When I think about it, Mr. Kelly and my mother were kind to teach me that important thing.

Thank you, Mom and Mr. Kelly.

（注）to be on time：間に合うように　　yell：大声をあげる　　embarrassed：恥ずかしい
pick up：迎えに行く　　parents'：両親の

問1　本文中の（　①　）に入る時刻を**ア**～**エ**から選び，その記号を書け。

ア　7:30　　**イ**　8:15　　**ウ**　8:30　　**エ**　8:45

問2　Lucasが妹を迎えに行く前に書いたメモである。（　a　），（　b　）には適当な英語1語を，（　c　）には適当な時刻を入れよ。

MEMO	3:10	School ends
	3:25	Leave（　a　）
	3:40	Arrive at the station
	3:50	Get（　b　）the train
	（　c　）	Soccer practice is over
		After that, go back home together!

問3　文脈に合うように，下線部②の（　　　）に**2語**入れ，英文を完成させよ。

問4　本文中の（　③　）に入る語を**ア**～**エ**から選び，その記号を書け。

ア　surprising　　**イ**　surprised　　**ウ**　boring　　**エ**　bored

問5　文脈に合うように，下線部④の（　　　）に**3語**入れ，英文を完成させよ。

問6　次の英文は，本文中の［ア］～［エ］のどの場所に入れるのが適当か。1つ選び，その記号を書け。

Though it's not easy, I feel better than before.

問7　本文の内容に合うものを**ア**～**オ**から**2つ**選び，その記号を書け。

ア　Lucas was often late for school because he had to pick up Melissa.
イ　Lucas was asked to pick up Melissa from soccer practice.
ウ　Lucas went back home with his parents.
エ　Lucas is always late for classes at the university.
オ　Lucas changed because of his mother's advice.

令和５年度　鹿児島高校入試問題　社　会

（解答…198Ｐ）

1　次のⅠ～Ⅲの問いに答えなさい。答えを選ぶ問いについては一つ選び，その記号を書きなさい。

Ⅰ　次の略地図を見て，１～６の問いに答えよ。

１　略地図中のＸ川の名称を答えよ。

２　略地図中のＡ国～Ｅ国のうち，１か国だけ他の国と主要な言語の違う国がある。その国と主要な言語の組み合わせとして，最も適当なものはどれか。

	国	言語
ア	アルゼンチン	スペイン語
イ	アルゼンチン	ポルトガル語
ウ	ブラジル	スペイン語
エ	ブラジル	ポルトガル語

３　**資料１**は略地図中のＢ国でみられる高山の土地利用を示している。**資料１**中のａとｂにあてはまる農作物の正しい組み合わせとして，最も適当なものはどれか。また，この地域で放牧され，毛を刈り取り，衣服の原料に利用される**資料２**の家畜名を答えよ。

資料１

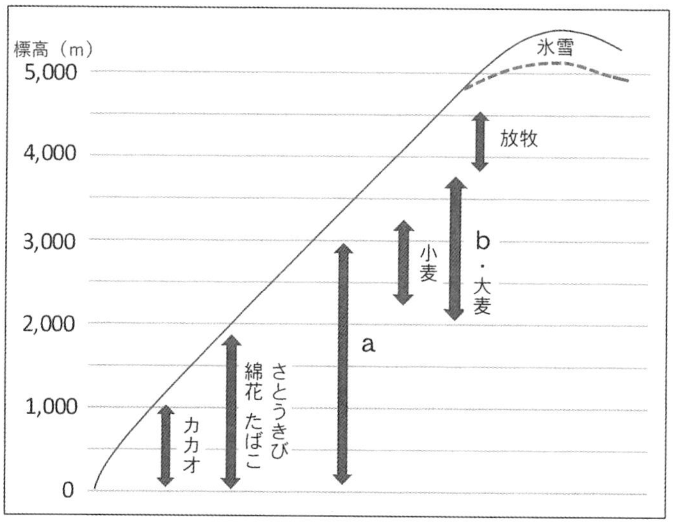

	a	b
ア	じゃがいも	とうもろこし
イ	じゃがいも	コーヒー
ウ	とうもろこし	じゃがいも
エ	とうもろこし	コーヒー
オ	コーヒー	とうもろこし
カ	コーヒー	じゃがいも

資料２

（『新編フォトグラフィア地理図説』東京法令出版より）

4　**資料3**は世界におけるある農産物の生産量であり，略地図中のA国とC国はその世界的な産地である。この農産物と［ Y ］にあてはまる国名の組み合わせとして，最も適当なものはどれか。

資料3

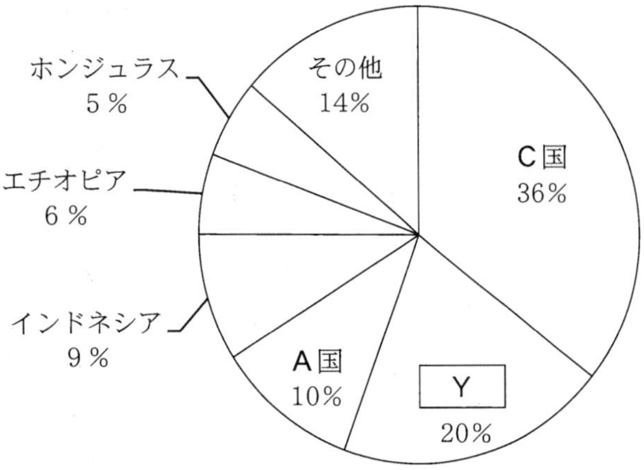

統計年次は2019年（『データブック　オブ・ザ・ワールド2022』二宮書店より作成）

	農産物	Y
ア	コーヒー豆	ベトナム
イ	茶	ベトナム
ウ	コーヒー豆	ケニア
エ	茶	ケニア

5　略地図中のD国の特色について説明した文のうち，**誤っているもの**はどれか。

ア　銅鉱の産出量が世界1位であり，世界の総産出量の約3割を占める。

イ　D国の沖合にはプレートが沈み込む境界があるため，地震が多く発生する。

ウ　20世紀の初めから多くの日本人が移民として渡り，その子孫が日系人として様々な分野で活躍している。

エ　南部の海岸には氷河の侵食によって形成されたフィヨルドがみられる。

6　**資料4**は略地図中のC国とE国の輸出額と主な輸出品目である。E国にあたるのは**ア**，**イ**のどちらか答えよ。また，［ Z ］にあてはまる作物名を答えよ。

資料4

ア		イ	
総額　2,099億ドル		総額　549億ドル	
［ Z ］	13.7%	［ Z ］油かす	13.7%
鉄鉱石	12.3%	とうもろこし	11.0%
原油	9.4%	［ Z ］油	6.6%
肉類	8.1%	自動車	5.0%
機械類	5.5%	牛肉	4.9%

統計年次は2020年
（『データブック　オブ・ザ・ワールド2022』　二宮書店より作成）

Ⅱ　次の略地図を見て，１～５の問いに答えよ。

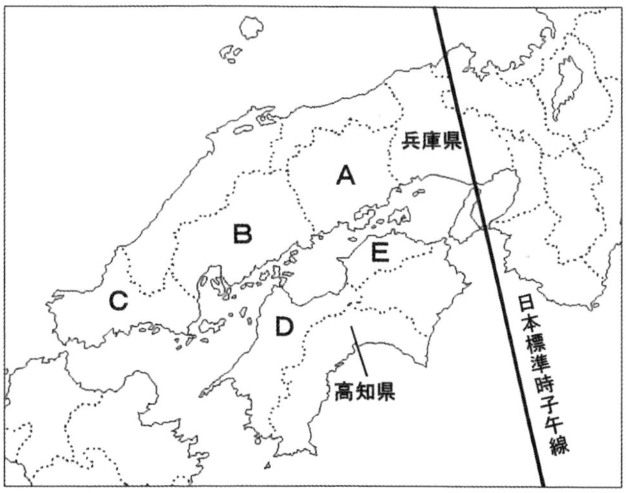

1　略地図中の**日本標準時子午線**は**兵庫県**を通る。日本を２月 10 日 20 時に出発した旅客機がロサンゼルス（西経 120 度）に２月 10 日 12 時 30 分に到着した。実際の飛行時間は何時間何分か。

2　次の文のうち，略地図中のＡ県について説明したものとして，最も適当なものはどれか。

ア　平地の少ないこの県では，山の斜面を切り開いた段々畑でのみかんの生産がさかんであり，生産量は全国２位である。

イ　夏の降水量が少ない気候を利用して，ぶどうやももの生産がさかんであり，マスカットや白桃の生産は全国１位である。

ウ　鉄鋼や造船，自動車関連の工場や企業が集積している。また複雑な海岸線に囲まれたおだやかな海域を利用して，かきの養殖がさかんである。

エ　カルスト地形がみられ，セメント工場が集積している。また瀬戸内海沿岸沿いでは石油化学コンビナートが発達している。

3　**資料１**は讃岐平野の一部を示した地形図である。この地形図がみられる県は略地図中のＡ～Ｅのうちどれか。

資料１

（国土地理院（電子国土 web）より）

4　1980 年代後半，本州と四国をつなぐ３つの橋が次々と完成し，交通網が整備された一方で，四国地方では人口減少や商業が落ち込むようすがみられた。このように都市間が交通網で結ばれた結果，人々が大都市へ吸い寄せられて移動する現象を何というか。

5　**高知県**では気候の特色を生かして，夏野菜であるピーマンの生産がさかんである。**資料２**は高知県と，日本有数のピーマンの産地である茨城県の東京都中央卸売市場への月ごとの出荷量と，ピーマンの入荷の平均価格を表したものである。このグラフから，高知県の出荷の特徴について説明せよ。ただし，説明には「**平均価格**」ということばを使い，高知県で行われている栽培の方法についても触れること。

資料２　東京都中央卸売市場に入荷される高知県と茨城県のピーマンの出荷量と平均価格

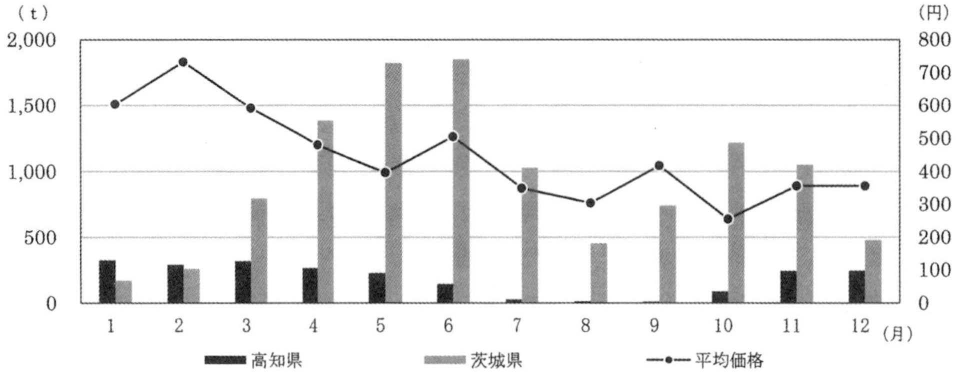

統計年次は 2021 年～ 2022 年（東京都中央卸売市場ホームページ「市場統計情報」より作成）

Ⅲ　次の写真は広島市の衛星写真である。１，２の問いに答えよ。

（2008 年　国土地理院（電子国土 web）より作成）

1　写真のような地形の成り立ちについて，最も適当なものはどれか。

ア　海岸の沿岸流によって土砂が運ばれて形成された。

イ　河川の河口が浸水して形成された。

ウ　河川によって運搬された細かい土砂が堆積して形成された。

エ　海面が低下して，浅い海底が地表に現れて平野となった。

2　**資料１**は写真の地域が過去の台風の際に受けたある自然災害の被害地域を図示したものである。**資料２**はその自然災害を案内用図記号で表したものである。この地域が台風の際に受けた自然災害は何か。

資料２

資料１

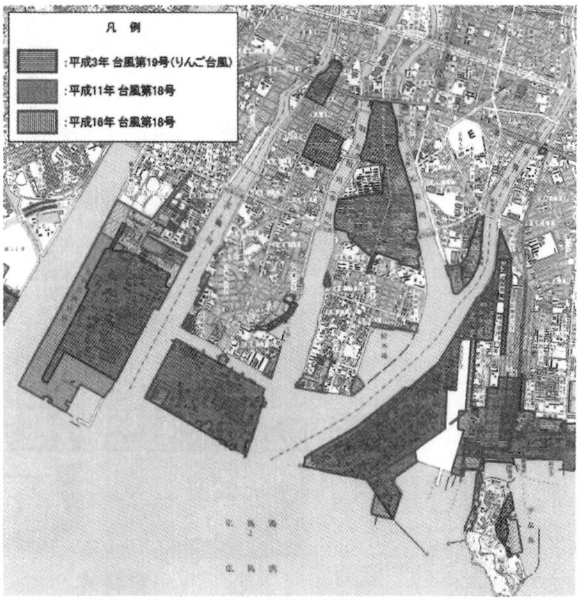

（広島市「わがまちハザードマップ」ホームページより）

2 次のⅠ・Ⅱの問いに答えなさい。答えを選ぶ問いについては一つ選び，その記号を書きなさい。

Ⅰ　次の衣服についての文章を読んで，1～6の問いに答えよ。

私たち日本人の多くは普段洋装を選ぶが，七五三や成人式，結婚式などのハレの日には和装を選ぶこともある。日本人の衣服にはどのような変化があったのだろうか。

『魏志』倭人伝によると，日本人は弥生時代には衣服を身につけていたようである（**資料1**）。その後，ⓐ古墳，飛鳥，奈良時代になると中国の服制にならって，衣服やその色で身分を区別するようになった（**資料2**）。着物の「右前の着衣」も奈良時代に定着したと言われている。

それらの衣服が発展して完成したのがⓑ平安時代の貴族が着用していた束帯《そくたい》や十二単《じゅうにひとえ》で，これらが現代の着物の原型である（**資料3**）。ⓒ鎌倉時代以降は平安時代よりも重ねる着物の枚数は減り，室町時代以降は着物の下着であった小袖《こそで》を着物として着用するようになった（**資料4**）。

ⓓ江戸時代の幕藩体制が終わり，明治維新による文明開化がおきたことで，衣服にも変化が見られた。男性皇族の対外的な服装や軍服から洋装が取り入れられ，1871年には郵便，翌年に鉄道業界の制服にも採用された。ⓔ1878年には「束帯《そくたい》などの和装は祭服とし，洋装を正装とする」という法律も出された。帰国した岩倉使節団の女子留学生たちも洋装で様々な場において活躍した（**資料5**）。

庶民にも洋装が浸透し始めたのは大正時代である。ⓕ1923年におきた関東大震災で着物を着用していた女性の被害が多かったことや，1924年頃から平塚らいてう，市川房枝らが婦人参政権獲得運動を行うなど女性の社会進出が進んだこともあり，衣服の洋装化が進んだ。

このように日本人の衣服も，歴史の中で変化してきた。衣服は，その時代の背景や出来事を映し出す鏡であると言えよう。

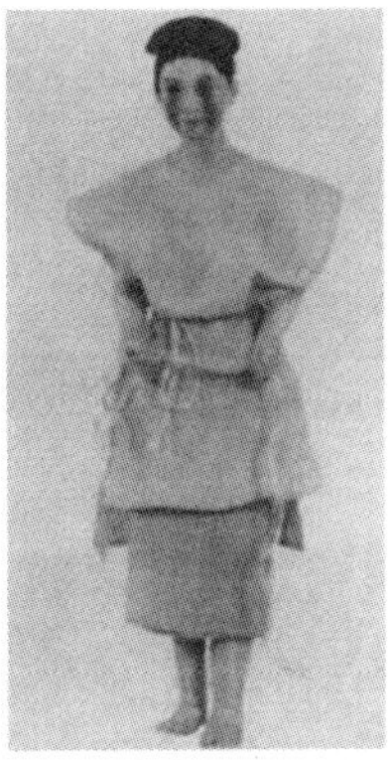

資料1

資料2

資料3

資料4

資料5

1　下線部ⓐの出来事として，**誤っているもの**はどれか。

ア　藤原頼通が平等院鳳凰堂を建立した。　**イ**　蘇我氏が物部氏を滅ぼした。

ウ　中大兄皇子が百済へ救援軍を送った。　**エ**　聖徳太子が法隆寺を建立した。

2　下線部ⓑと同時期の世界の出来事に関する(1)，(2)の問いに答えよ。

(1)　10 世紀前半に新羅を滅ぼし，朝鮮半島を統一した王朝は何か。

(2)　ヨーロッパでローマ教皇の呼びかけにより結成された聖地エルサレム奪還のための組織は何か。

3　下線部ⓒに関して，(1)，(2)の問いに答えよ。

(1)　元寇がおきた時の鎌倉幕府の執権は誰か。

(2)　鎌倉幕府が困窮した御家人を救済しようとした**資料 6** の法令を何というか。

資料 6

> 領地の質入れや売買は，御家人の生活が苦しくなるもとなので，今後は禁止する。
> …御家人以外の武士や庶民が御家人から買った土地については，売買後の年数に関わりなく，返さなければならない。

4　下線部ⓓの頃におきた出来事である次の文を年代の**古い順**に並べ替えよ。

ア　リンカン大統領が奴隷解放宣言を発表した。

イ　ロシアの使節ラクスマンが蝦夷地の根室に来航した。

ウ　フランス革命が始まった。

エ　清とイギリスの間で，アヘン戦争がおこった。

5　下線部ⓔに暗殺された大久保利通に関する文として適当なものはどれか。

ア　岩倉使節団の全権大使であった。　**イ**　征韓論を唱え，朝鮮に自らおもむいた。

ウ　殖産興業の政策を推進した。　**エ**　西南戦争をおこした。

6　下線部ⓕの 2 年後に東京，大阪，名古屋から全国に普及し，新聞と並ぶ情報源となったものは何か。**資料 7** を参考にして答えよ。

資料 7

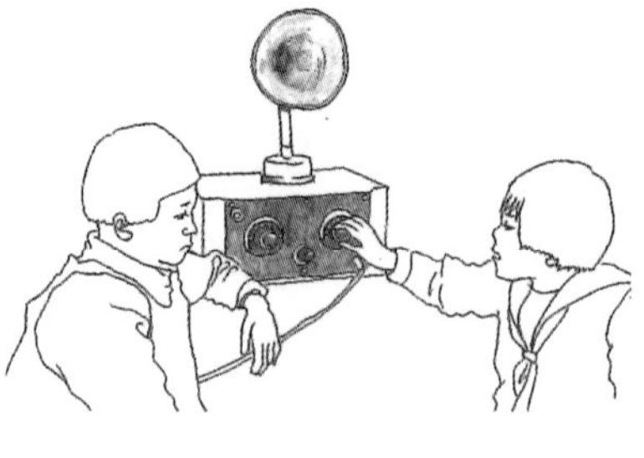

Ⅱ　次のココ・シャネルについての文章を読んで，１～５の問いについて答えよ。

1883年，20世紀最高のデザイナーの一人としてあげられるココ・シャネルはフランスに誕生した。幼い頃は修道院の施設で育ち，お針子の職業訓練を受けていた。その成果もあり，ⓐ27歳のときに帽子店をフランスのパリに開店し，その後衣服のデザインも始めた。それまでの女性の衣服は，ウエストを絞ってコルセットをつけ，大量の布を使って大きく膨らませたスカートが特徴で，女性の体を締め付けるものであった（**資料１**）。しかし，彼女が1914年に発表したジャージー素材のドレスは，伸縮性がありウエストラインのないものであった。ⓑ第一次世界大戦中は女性が男性に代わって軍需工場で働いたり，トラックの運転手をしたりするなど，働きに出るようになった。それまでのドレスと異なり，一人で着ることのできるシャネルの衣服は，働く女性のための衣服としても流行した（**資料２**）。また，ジャージー素材はもともと男性用下着に使われる素材で安価であったため，戦後の生活資材不足も相まってさらに大流行したのである。

ⓒ第二次世界大戦のぼっ発を機にシャネルはファッション界から姿を消していた。そして，第二次世界大戦後のファッション界で流行したのは，ニュールックであった（**資料３**）。これは，シャネルが一番嫌った女性の体を締め付ける衣服であった。そしてシャネルは1954年，71歳にしてファッション界へ戻ってきたのである。彼女がこの時発表したシャネルスーツはパリでは酷評されたもののアメリカでは大好評であった。ⓓケネディ大統領夫人がシャネルスーツを着用して公務にあたったこともあり，彼女の「女性らしさを残しつつ動きやすい」衣服が大ヒットしたのである（**資料４**）。

シャネルは，女性の社会的地位が低いことが当然の時代に，女性一人でファッションを通してゼロから社会的地位を得た人物である。「私は日曜日が嫌い。だって誰も働かないんだもの。」という言葉を残しているように，彼女は常に働く女性のことを考え働いてきた。そんな彼女は ⓔ1971年１月10日の日曜日に亡くなったという。

資料１

資料２

資料３

資料４

1　下線部ⓐの２年後，孫文が臨時大総統となり，アジア初の共和国の建国が宣言された。その国名を答えよ。

2　下線部ⓑに関して，⑴，⑵の問いに答えよ。

⑴　1920年に国際連盟が発足するが，その影響力は大きくなかった。次にその理由を説明した文章がある。［　X　］と［　Y　］に適することばを補い，これを完成させよ。ただし，［　X　］には国名を，［　Y　］には理由の背景を明らかにしながら**10字以上15字以内**で答えること。

設立当初は敗戦国やロシアの加盟が認められていなかったことや，紛争解決の手段が限られていたこともあり，世界の平和と国際協調が実現できなかった。また，国際連盟設立を呼びかけた［　X　］が［　Y　］ことも大きな要因である。

(2) 第一次世界大戦によって日本経済は好況となり，**資料5**のような人物が登場するようになった。この好景気を何と呼んだか。

資料5

3 下線部ⓒにおけるドイツの動きを**表**にまとめた。(1)，(2)の問いに答えよ。

表

年	ドイツの動き
1938	オーストリア・チェコスロバキアの一部を併合
1939	ソ連と［Z］を締結 ポーランドへ侵攻
1940	デンマーク・ノルウェーへ侵攻 オランダ・ベルギーへ侵攻 フランスへ侵攻，パリ占領
1941	ソ連へ侵攻

(1) **表**中の［Z］に適当な語句を答えよ。

(2) ドイツの侵攻を受けたヨーロッパ各国では，武力による抵抗運動が行われた。この運動は何か。

4 下線部ⓓの在任中におきた出来事として，最も適当なものはどれか。

ア 朝鮮戦争　**イ** 湾岸戦争　**ウ** キューバ危機　**エ** 石油危機

5 下線部ⓔ以降におきた出来事である次の文を**古い順**に並べ替えたとき，**2番目**になるものはどれか。

ア 阪神・淡路大震災が発生した。
イ アメリカで同時多発テロが発生した。
ウ 沖縄返還協定により，沖縄が日本に復帰した。
エ マルタ会談が開催され，冷戦の終結が宣言された。

3 下の表は，授業で模擬全国知事会をおこない，各都道府県から出された意見や報告をまとめた一部である。これを見て，1～9の問いに答えなさい。答えを選ぶ問いについては一つ選び，その記号を書きなさい。

○○県 選挙権とⓐ被選挙権の見直しを要望	★★県 ⓔ企業の誘致とⓕ雇用の拡大
△△府 安定したⓑ自主財源	◎◎県 身近なⓖ法律教育
■■県 ⓒエシカル消費の推進	□□県 ⓗ流通の合理化
◇◇県 社会保障制度の充実とⓓ少子高齢社会への対応	●●府 住民が中心となりⓘ地方自治の活性

1 下線部ⓐに関して，現在の都道府県知事，市区町村長それぞれの被選挙権を得られる年齢の組み合わせとして，最も適当なものはどれか。

	都道府県知事（被選挙権年齢）	市区町村長（被選挙権年齢）
ア	25 歳	18 歳
イ	25 歳	30 歳
ウ	30 歳	25 歳
エ	30 歳	30 歳

2 下線部ⓑに関して，(1)，(2)の問いに答えよ。

(1) 地方公共団体の財政の歳入として，割合が最も大きいものはどれか。

ア 地方交付税　　イ 国庫支出金　　ウ 地方債　　エ 地方税

(2) 出身都道府県や応援したい地方自治体に個人で寄附を行い，税金の免除や返礼品を受けられる制度を何というか。

3 下線部ⓒに**該当しない**のはどれか。

ア オンブズマン制度　　イ 地産地消　　ウ 被災地支援　　エ 食品ロスの削減

4 下線部ⓓに関して，次の文の［A］，［B］にあてはまる**数字**をそれぞれ答えよ。

> 日本は，少子高齢化への対応として，介護保険制度と後期高齢者医療制度を導入しています。介護保険制度では，［A］歳以上の加入が義務付けられています。また，後期高齢者医療制度は，［B］歳以上の高齢者が，他の世代とは別の医療保険に加入する制度です。

5 下線部ⓔに関する説明として，最も適当なものはどれか。

ア 会社法の改正により，新たに合同会社を設立することはできなくなった。

イ 農業や個人商店は，私企業に含まれない。

ウ 漁業協同組合や農業協同組合は，私企業の一種である。

エ 行政改革の一環として，国際協力機構（JICA）や造幣局は公企業から私企業となった。

6　下線部ⓕの制度の一つであるワーク・シェアリングを「**就業者**」「**一人あたり**」ということばを使い，**35字以内**で説明せよ。

7　下線部ⓖに関して，(1)～(3)の問いに答えよ。

(1)　司法制度改革の一つとして，誰もが身近な法律相談を受けられるよう全国に設けられたものは何か。

(2)　**資料1**は日本，ドイツ，アメリカ，3か国の人口10万人当たりの法曹人口比較である。［①］～［③］の中で**日本**にあてはまるものはどれか。

(3)　**資料1**の［④］にあてはまることばを**漢字**で答えよ。

資料1　法曹人口比較

	［①］(2017年)	［②］(2016年)	［③］(2017年)
裁判官	10.0人	25.1人	3.1人
［④］官	10.1人	6.7人	2.2人
弁護士	385.4人	200.6人	31.7人

(『裁判所データブック2018年』より)

8　下線部ⓗに関して，(1)，(2)の問いに答えよ。

(1)　商品の販売と同時に商品名，数量，金額などをバーコードで読み取り，その情報を多角的に分析して経営管理活動に役立てることができるシステムを何というか。

(2)　**資料2**は商品を販売する小売業の売り上げ推移である。(　X　)～(　Z　)に該当する小売業名の組み合わせとして，最も適当なものはどれか。

資料2　小売業の売り上げ推移

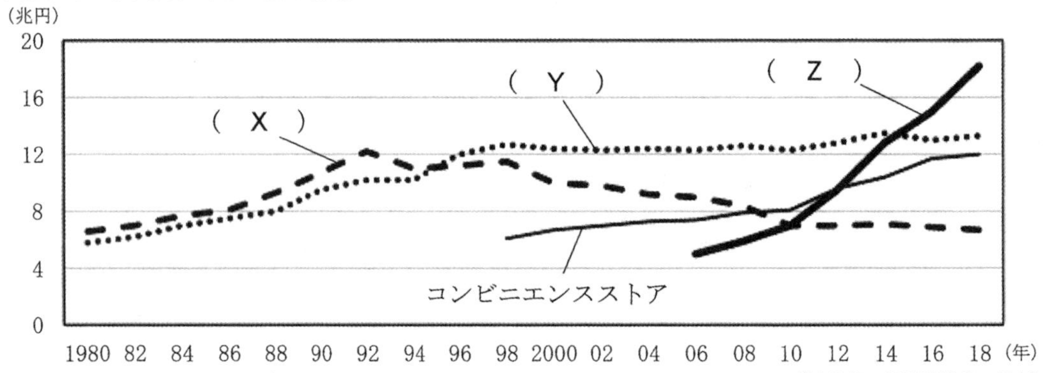

(2019年　経済産業省　ほか)

	X	Y	Z
ア	百貨店	スーパーマーケット	オンラインショッピング
イ	百貨店	オンラインショッピング	スーパーマーケット
ウ	スーパーマーケット	百貨店	オンラインショッピング
エ	スーパーマーケット	オンラインショッピング	百貨店
オ	オンラインショッピング	百貨店	スーパーマーケット
カ	オンラインショッピング	スーパーマーケット	百貨店

9　下線部ⓘに関して，次の文の［　　］にあてはまることばを**漢字2字**で答えよ。

「地方自治は民主主義の最良の［　　］であり，その成功の最良の保証人である」
(イギリスの法学者・政治家　ジェームズ・ブライス)

令和５年度　鹿児島高校入試問題　理　科

（解答…200Ｐ）

1　次のⅠ・Ⅱについて，以下の問いに答えなさい。

Ⅰ　私たちはいろいろなものをある基準をもとに分類し，名前を付けて区別する。

生物の場合は，動物か植物かそれ以外か，植物ならコケ植物かシダ植物か種子植物か，さらに種子植物でも被子植物か裸子植物か，被子植物はさらに詳しく①単子葉類か双子葉類か，というように生物の進化をもとにして階層的な分類がされている。

このような分類を初めて行ったのは分類学の父と言われる（　A　）という科学者である。彼は世界共通の生物の名前のつけ方である「二名法」を確立した。

1　文中の（　A　）にあてはまる「二名法」を確立した分類学の父と言われる科学者を下から選べ。
　メンデル　　フック　　ダーウィン　　リンネ

2　生物の行う生殖方法には大きく分けて２つの方法がある。子どもが親の染色体をそのまま受け継ぐ生殖方法を何というか。

3　植物を分類するとき，コケ植物とシダ植物は種子をつくらない植物のグループに属する。

(1)　次の文中の（　B　）に適する語句を答えよ。
「コケ植物とシダ植物は子孫を残すために（　B　）をつくる。（　B　）は湿った場所に落ちると発芽し，成長する。」

(2)　コケ植物とシダ植物のからだのつくりの違いとして，正しいものを次の**ア**～**カ**から１つ選び，記号で答えよ。

ア　コケ植物は，葉，茎，根の区別ができるが，シダ植物は区別ができない。
イ　シダ植物は，葉，茎，根の区別ができるが，コケ植物は区別ができない。
ウ　コケ植物は，葉と茎の区別はできないが，根は区別できる。シダ植物は葉，茎，根の区別ができる。
エ　シダ植物は，葉と茎の区別はできないが，根は区別できる。コケ植物は葉，茎，根の区別ができる。
オ　コケ植物は，茎と根の区別はできないが，葉は区別できる。シダ植物は葉，茎，根の区別ができる。
カ　シダ植物は，茎と根の区別はできないが，葉は区別できる。コケ植物は葉，茎，根の区別ができる。

4　下線部①について，単子葉類と双子葉類の特徴として正しいものを次の**ア**～**ク**から**すべて**選び，記号で答えよ。

ア　双子葉類の子葉は１枚で，茎の維管束は全体に散らばっている。
イ　単子葉類の子葉は１枚で，茎の維管束は輪の形で周辺部に並んでいる。
ウ　双子葉類の子葉は２枚で，胚珠は子房に包まれている。
エ　単子葉類の子葉は２枚で，胚珠はむき出しになっている。
オ　双子葉類の葉脈は平行脈で，根は主根と側根がある。
カ　単子葉類の葉脈は平行脈で，ひげ根をもつ。
キ　双子葉類の葉脈は網目状脈で，ひげ根をもつ。
ク　単子葉類の葉脈は網目状脈で，根は主根と側根がある。

Ⅱ　動物は進化の過程で背骨をもつセキツイ動物のグループと①背骨をもたない無セキツイ動物のグループに分かれた。やがて，②水中で生活していた動物の中から陸上生活をする仲間も現れた。その後さらに，③いろいろな環境に適したからだの構造やしくみを持つ子孫が生き残り，長い年月をかけて現在のような多様な種になった。

身近な無セキツイ動物を観察して，その特徴を記録した下のような生物カードを作った。そして，図鑑とインターネットを利用してその生物の名前を調べた。

生物カード１	クロオオアリ
見つけた場所：花壇のレンガのふち 大きさ：約 10 mm 特徴： ・からだは光沢がある黒色をしている。 ・からだは頭部，胸部，腹部に分かれている。 ・頭部に触覚がある。 ・あしが３対，６本ある。	

生物カード２	アサリ
見つけた場所：海辺の砂浜 大きさ：約 20 mm 特徴： ・しま模様のある硬い殻をもつ。 ・乳白色の外とう膜があり，内臓を包んでいる。 ・移動のためのあしがある。	

1　下線部①について，無セキツイ動物はさまざまな種類があり，おおまかに（ⅰ）クロオオアリが属するグループ，（ⅱ）アサリが属するグループ，（ⅲ）その他のグループ に分けられる。次のａ～ｅの無セキツイ動物を，（ⅰ）～（ⅲ）のグループにすべて分け，記号で答えよ。

ａ　ミジンコ　　ｂ　マダコ　　ｃ　ミミズ　　ｄ　ヤリイカ　　ｅ　ミスジマイマイ

2　下線部②について，化石などの特徴から，最初に陸上生活をするようになったセキツイ動物は両生類で，次に，より陸上生活に適した特徴をもつハチュウ類が出現したことがわかっている。両生類とハチュウ類の記述として正しいものを，次の**ア**～**ク**から**すべて**選び，記号で答えよ。

ア　両生類は，殻のある卵を水中にうむ。
イ　ハチュウ類は，殻のある卵を水中にうむ。
ウ　両生類は，殻のない卵を陸上にうむ。
エ　ハチュウ類は，殻のない卵を陸上にうむ。
オ　両生類は，えら呼吸と皮膚呼吸を同時に行う時期がある。
カ　ハチュウ類は，肺呼吸とえら呼吸を同時に行う時期がある。
キ　両生類は，体温をほぼ一定に保つしくみをもつ恒温動物である。
ク　ハチュウ類は，環境の温度変化に伴って体温が変化する変温動物である。

3　次の文章は，下線部③について具体例を示したものである。（　Ａ　）～（　Ｃ　）に適する語句を答えよ。

セキツイ動物は５つのグループに分類される。

コウモリは鳥類とホニュウ類の両方の特徴をもっており，どちらのグループに分類すればいいか迷ってしまう。コウモリのからだのつくりは，進化の過程で現在の生活環境に適応するために変化したと思われるが，子が母親の体内である程度育ってからうまれる（　Ａ　）という方法で子孫を残すので，コウモリは（　Ｂ　）のグループに分類される。

（　Ｂ　）の中にはコウモリのように２つのグループの特徴を備えているものが他にも見られる。例えば，（　Ｃ　）は，からだが流線型でヒレのような構造を備え，後ろあしの骨が痕跡的に残っている。（　Ｃ　）のからだのつくりも進化の過程で現在の生活環境に適応するために変化したと思われる。

2 次のⅠ・Ⅱについて，以下の問いに答えなさい。

Ⅰ　11 月のある日に鹿児島のある地点で，金星の観察を行ったところ，金星は**図 1** の☆の位置に見えた。また天体望遠鏡を使って金星の観察を行い，そのままスケッチしたものが**図 2** である。

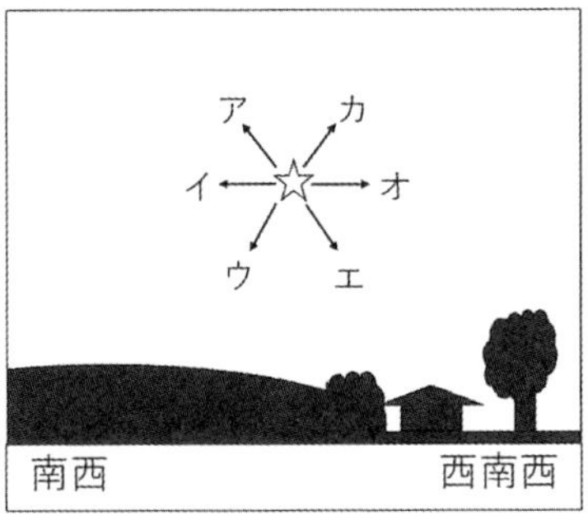

図 1

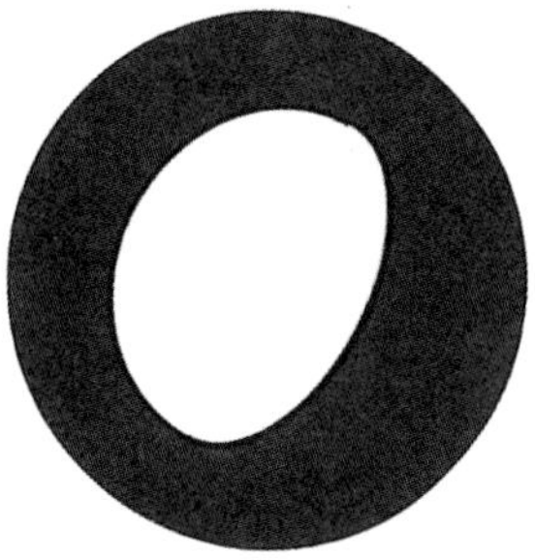

図 2

1　金星について調べ，以下のようにまとめた。文中の（　A　），（　B　）に適する数字，語句を答えよ。Cは，｛　｝内から適する方を選べ。

・金星は太陽から（　A　）番目に近い惑星である。

・金星は地球や火星と同じように，小型で密度が大きい（　B　）型惑星に分類される。

・金星の自転の向きは地球と C｛同じ・反対｝向きである。

2　**図 1** の金星は，この日の何時頃に観察されたと考えられるか。次の**ア**～**エ**から最も適当なものを 1 つ選び，記号で答えよ。

ア　午前 2 時　　**イ**　午前 5 時　　**ウ**　午後 6 時　　**エ**　午後 11 時

3　**図 1** の金星は時間が経つにつれ，どの向きに移動していくか。**図 1** 中の**ア**～**カ**のうち，最も適当なものを 1 つ選び，記号で答えよ。

4　**図 3** は，静止させた状態にある地球を北極の上方から見た，太陽・金星・地球の位置関係を模式的に表したものである。**図 2** の見え方から**図 1** の金星は，**図 3** のどこの位置にあると考えられるか。①～⑤から最も適当なものを 1 つ選び，番号で答えよ。

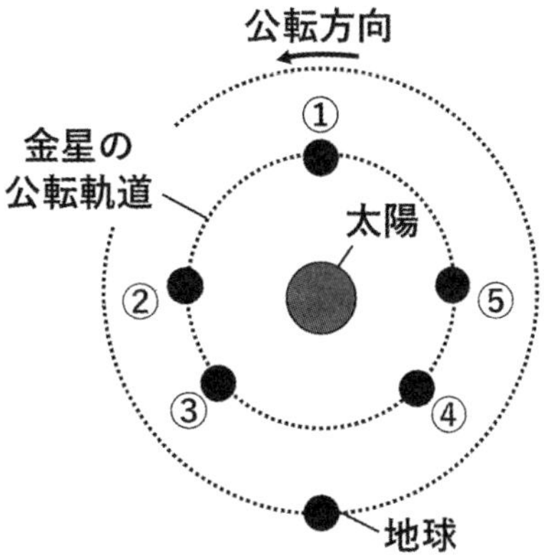

図 3

5　1か月後，同じ場所で同じ倍率の天体望遠鏡を用いて再び金星を観察することにした。このとき，金星の見かけの大きさと満ち欠けのようすは，**図2**と比べてどのように変化して見えるか。次の文中の（　X　），（　Y　）に適する語句の組み合わせとして適するものを，次の**ア**～**ケ**から1つ選び，記号で答えよ。

「金星の見かけの大きさは（　X　），満ち欠けのようすは輝いている部分の割合が（　Y　）。」

	X	Y		X	Y
ア	大きくなり	大きくなる	**イ**	大きくなり	小さくなる
ウ	大きくなり	同じである	**エ**	小さくなり	大きくなる
オ	小さくなり	小さくなる	**カ**	小さくなり	同じである
キ	変わらず	大きくなる	**ク**	変わらず	小さくなる
ケ	変わらず	同じである			

Ⅱ　地層や化石からは，さまざまなことを読み取ることができる。

1　化石には，堆積した当時の環境を知る手がかりとなるものがある。このような化石を何というか。またそのような化石として用いられるものを，次の**ア**～**オ**から2つ選び，記号で答えよ。

ア　フズリナ　　**イ**　スギ　　**ウ**　シジミ　　**エ**　アンモナイト　　**オ**　ナウマンゾウ

2　石灰岩とチャートについて説明したものとして最も適当なものを，次の**ア**～**オ**から2つ選び，記号で答えよ。

ア　石灰岩とチャートにうすい塩酸をかけると，チャートだけ二酸化炭素が発生する。
イ　石灰岩とチャートにうすい塩酸をかけると，どちらも二酸化炭素が発生する。
ウ　石灰岩は貝殻やサンゴが堆積してできた岩石である。
エ　チャートは砂や泥をほとんど含んでおらず，大陸から離れた海でできる。
オ　チャートは陸上の寒冷な地域に生息する小さな生物の死がいが堆積してできたものである。

3　地層や化石から推測できることとして**ア**～**カ**の各文のうち，正しいものを**すべて**選び，記号で答えよ。

ア　サンゴの化石を含む地層がある場合，地層が堆積した当時，冷たくて浅い海であったことが推測できる。
イ　凝灰岩からなる地層がある場合，その地層ができた当時，火山の噴火活動があったことが推測できる。
ウ　地層の逆転がない地域において，下から順にれき岩の層，泥岩の層，れき岩の層が堆積している場合，この地域では陸から離れた海だった場所が，陸上まで隆起し，再び陸から離れた海へと環境が変化した可能性がある。
エ　地層の逆転がない地域において，下から順に泥岩の層，れき岩の層，砂岩の層が堆積している場合，この地域では陸から離れた海だった場所が，陸上まで隆起し，再び陸から少し離れた海へと環境が変化した可能性がある。
オ　サンヨウチュウの化石を含む地層がある場合，その地層が形成されたのはアンモナイトが繁栄していた時代より前であると推測できる。
カ　ビカリアの化石を含む地層がある場合，その地層が形成されたのは新生代であるということが推測できる。

3 次のⅠ・Ⅱについて，以下の問いに答えなさい。

Ⅰ　鉄粉と硫黄の粉末の混合物を加熱したときの変化を観察する**【実験1】**を行った。

【実験1】

① 鉄粉 7.0 g と硫黄の粉末 4.0 g を乳鉢でよく混ぜ合わせ均一にした。

② 試験管 a に①の半分を入れ，残りを試験管 b に入れた。

③ 試験管 b の口を上側に向け，加熱して完全に反応させた。

④ 変化が終わったら，試験管 b を空気中で冷ました。

試験管 a の内容物を物質 A，反応後の試験管 b の内容物を物質 B とする。

1 **【実験1】**の③における反応を化学反応式で書け。

2 **【実験1】**の③で加熱を行うときの注意点として適切でないものを，次の**ア**～**エ**から１つ選び，記号で答えよ。

ア 試験管の口を脱脂綿でゆるくふたをする。
イ 全体が加熱されるように，試験管の底を加熱する。
ウ 反応が始まったら，反応が終わっていなくても加熱を止める。
エ 加熱をするときは十分に換気する。

3 物質 A と物質 B の性質を調べるため，以下の**操作①**・**操作②**を行った。この操作の結果について正しいものを，次の**ア**～**カ**から２つ選び，記号で答えよ。

操作① 試験管 a と試験管 b にそれぞれ磁石を近づけた。

操作② 試験管 b に細長い電極を２本入れ，電池と豆電球を直列につないで電気を通すかどうかを調べた。

ア 物質 A は磁石にあまり引きつけられず，物質 B は磁石に引きつけられた。
イ 物質 B は磁石にあまり引きつけられず，物質 A は磁石に引きつけられた。
ウ 物質 A，物質 B ともに磁石に引きつけられた。
エ 物質 A，物質 B ともに磁石にあまり引きつけられなかった。
オ 物質 B は電気を通した。
カ 物質 B は電気を通さなかった。

4 物質 A と物質 B にそれぞれうすい塩酸を加えた。このとき発生する気体の名称と化学式をそれぞれ答えよ。

Ⅱ　純水に固体の水酸化ナトリウムを溶かした水溶液に，電流を流して観察する**【実験２】**を行った。

【実験２】

① 純水 100 g に固体の水酸化ナトリウム 5.0 g を完全に溶かした。

② この溶液をステンレス電極を２本入れたＨ型管にすき間ができないように入れ，電源装置につなぎ**図１**のような装置をつくった。

③ **図１**の装置で，電源装置から流す電流の大きさを 0.3 A，0.6 A，0.9 A，1.2 A と変えて，同じ時間電流を流し，それぞれの電極から発生した気体の体積を測定した。実験の間，圧力と温度は変化しなかった。

④ 電極ａと電極ｂからそれぞれ発生した気体の体積を**表１**にまとめた。

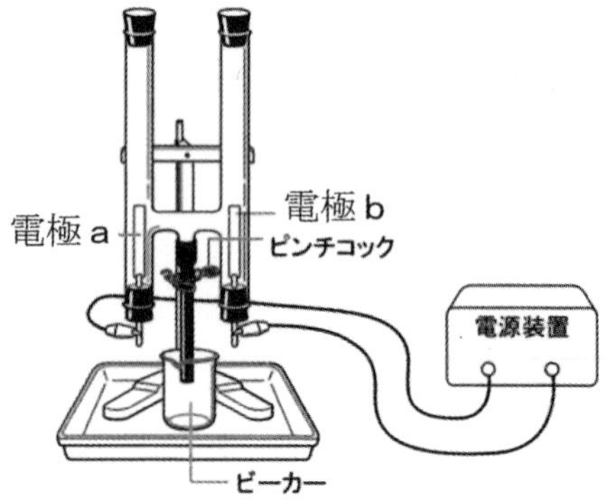

図１

表１

電流（A）	0.3	0.6	0.9	1.2
電極ａから発生した気体の体積(cm^3)	1.3	2.6	3.9	5.2
電極ｂから発生した気体の体積(cm^3)	2.6	5.2	7.8	10.4

１　**【実験２】**の①において，この水酸化ナトリウム水溶液の質量パーセント濃度は何％か。四捨五入して小数第１位まで答えよ。

２　**表１**の結果より電極ａと電極ｂのうち，**陽極**はどちらか。ａかｂの記号で答えよ。

３　**【実験２】**で，**陽極**から発生した気体の性質として正しいものを，次の**ア**～**オ**から１つ選び，記号で答えよ。

ア　石灰水に通すと白く濁る。

イ　空気よりも軽く，水に溶けやすい。

ウ　火のついたマッチ棒を近づけると，気体が音をたてて燃える。

エ　黄緑色の気体で，水に溶けやすい。

オ　燃えているスチールウールを中に入れると，スチールウールは激しく燃える。

４　**【実験２】**と同じ条件で 2.5 A の電流を流したとき，**陰極**から発生する気体は何 cm^3 になるか。四捨五入して小数第１位まで答えよ。

4 次のⅠ・Ⅱについて，以下の問いに答えなさい。

Ⅰ　透明な水槽の中に水を入れて，光の進み方を調べる実験を行った。ただし，水槽の厚さは無視できるものとする。

1　**図1**のように水中に入れた物体を，水槽の左上から見たところ，実際の位置よりも浅く見えた。光の道筋として正しいものを，**図1**の①～④から１つ選び，番号で答えよ。

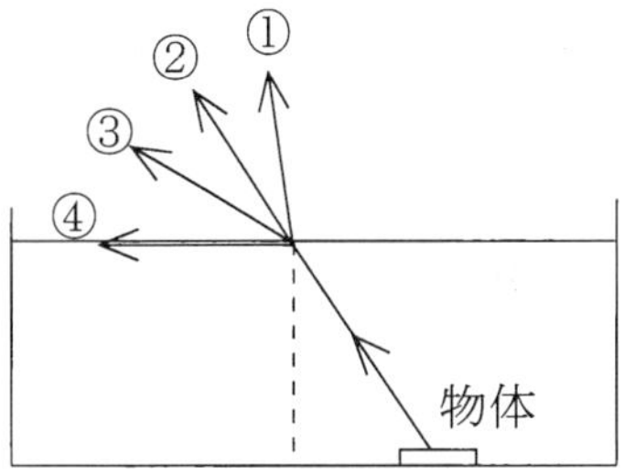

図１

2　**図2**のように，物体の真上の水面に，光を通さない円板を浮かべた。**表1**は，円板の半径 r を変えたときの，円板のふちを通る光の入射角 x と，水面より上の位置から物体が見えるか見えないかを表している。**表1**のように半径 37.5 cm の円板のときに，どの位置からも物体が見えなくなった。このとき起こっている現象は何か。

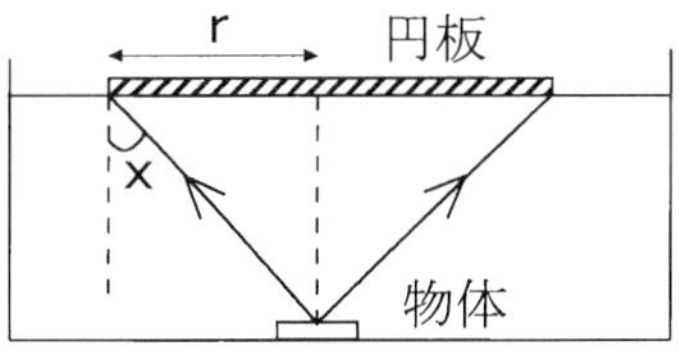

図２

表1

円板の半径 r	33.0 cm	34.5 cm	36.0 cm	37.5 cm
入射角 x	46 °	47 °	48 °	49 °
物体が見えるか	見える	見える	見える	見えない

3　**図3**のように水槽の右下の点Aから光を入射させる。点Aで屈折した光は点Bに達する。点Bにおいて，前問2の現象が起こるための条件はどうなるか。次の文の（　ア　），（　イ　）に適する数字，語句を答えよ。

「点Aにおける入射角を（　ア　）°より（　イ　）する。」

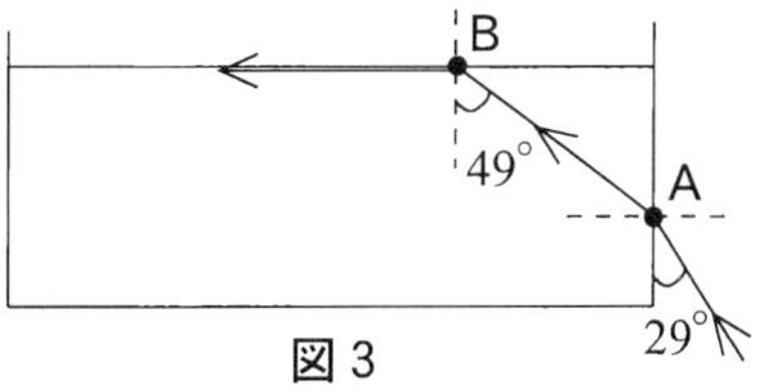

図３

Ⅱ　質量 1.2 kg のおもりと動滑車，定滑車を用いて実験を行った。ひもと動滑車の質量と，ひもの摩擦は無視できるものとする。また，質量 100 g の物体にはたらく重力の大きさを 1 N とする。

1　**図 4** はおもりをひもにとりつけて，0.72 W の仕事率でゆっくりと真上に 30 cm 引き上げたときのようすを示したものである。

(1)　おもりを引く力は何Nか。

(2)　かかった時間は何秒か。

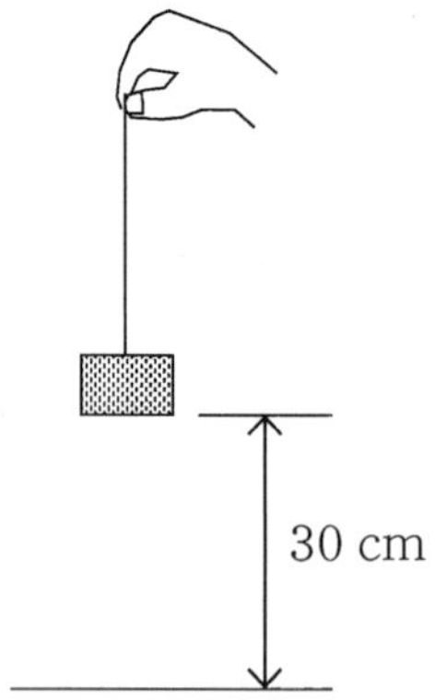

図 4

2　**図 5** のように，動滑車を 1 個用いて，おもりを 15 秒間で 30 cm 引き上げた。手がした仕事は，**図 4** のときの何倍か。

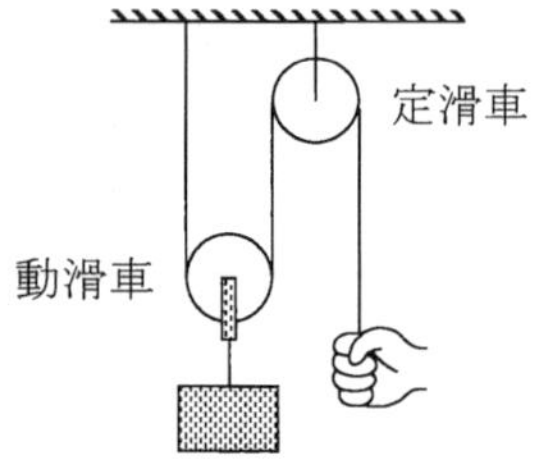

図 5

3　**図 6**，**図 7** のように動滑車を 3 個用いておもりをゆっくりと 30 cm 引き上げた。

(1)　**図 6** のとき，引き上げる力は，**図 4** のときの何倍か。ただし，動滑車を連結している棒の質量は無視できるものとする。

(2)　**図 7** のとき，ひもを引く距離は，**図 4** のときの何倍か。

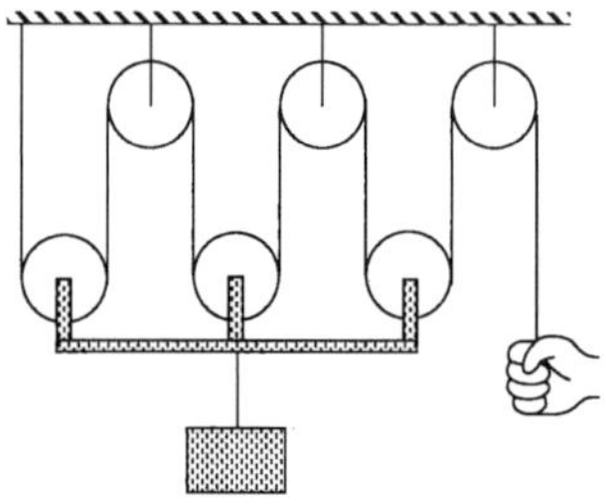

図 6

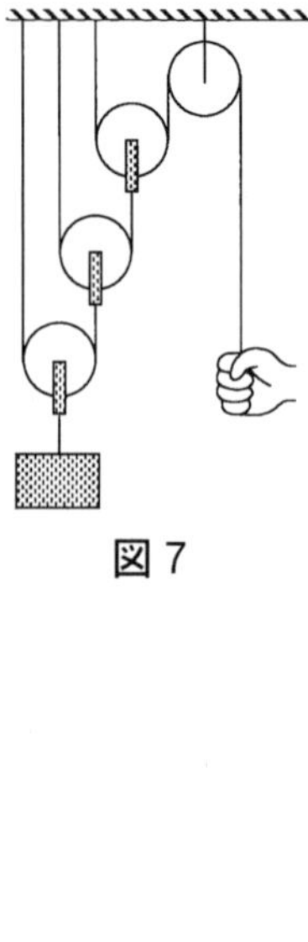

図 7

鹿児島純心女子高等学校

理事長　松下栄子
学校長　久松久美子
所在地　〒890-8522 鹿児島市唐湊4丁目22番2号
電話　(099) 254-4121
FAX　(099) 252-7688
ホームページ　http://www.k-junshin.ed.jp/
交通　JR「郡元駅」・市電「純心学園前」下車
鹿児島交通26番線「唐湊住宅前」下車
鹿児島交通15-2,18番線「純心女子学園前」下車

教育方針　*無限の可能性を秘めた女性《ひと》たちへ――*
知・徳・体のバランスのとれた純心教育

受験情報（予定）受験会場　一般入試：本校・姶良・霧島・薩摩川内・鹿屋・種子島・屋久島・奄美・徳之島・沖永良部
推薦入試：本校のみ

学科		募集コース	入試科目	出願期間	入試日	合格発表	受験料	入学金	授業料	寮費
普通科 定員200名	一般入試	S特進コース 選抜コース 英語コース	国数英理社	【インターネット出願】 2023年 12月1日(金)～ 12月26日(火)	2024年 1月22日(月)	2024年 1月29日(月)	10,000円	100,000円	月額48,000円 (就学支援金控除前の金額です)	入寮費 55,000円 寮費(月額) 24,500円 食費(月額) 25,000円
		本科コース	5教科または 国数英3教科							
	推薦入試	S特進コース 選抜コース 英語コース 本科コース	面接 作文	【出願書類提出期間】 2024年 1月4日(木)～ 1月10日(水)	2024年 1月15日(月)	2024年 1月17日(水)				

＜合格へのアドバイス＞
本校の入試問題は，鹿児島県の公立高校とほぼ同じ難易度で作成します。希望のコースに応じて合格のラインが異なります。得点によって奨学生を選考しますので，授業を大切にし，中学校の学習内容をきちんと学習しておいてください。
＜学校説明会＞ 7月30日(日)・8月19日(土)・10月22日(日) にキャンパス見学会を開催します。
＜土曜オープンスクール＞ 土曜日に授業見学と個別相談会を実施します。(第1・第3土曜を除く) お電話でお申し込みください。

主な合格状況
【国公立大学】
東京大・大阪大・九州大・鹿児島大(医学部医学科・歯学部 他)・熊本大(医学部保健学科 他)・東京藝術大学・お茶の水女子大・山口東京理科大（薬）・広島大・高知大・鳥取大・鹿屋体育大・琉球大・宮崎大・長崎大・佐賀大・大分大・奈良女子大・名古屋市立大・宮崎公立大・長崎県立大・北九州市立大・兵庫県立大・都留文科大・名桜大　他
【私立大学】
聖マリアンナ医科大（医学部）・川崎医科大・東海大（医学部他)・兵庫医科大(医学部)・早稲田大・上智大・明治大・青山学院大・立教大・中央大・法政大・津田塾大・日本女子・聖心女子大・学習院女子大・白百合女子大・関西大学・関西学院大学・立命館大・西南学院大学・福岡大・立命館アジア太平洋大・鹿児島純心女子大学　他
【短期大学】
鹿児島県立短大・上智短大・鹿児島純心女子短大　他
【留学】
ドニプロ医科大
その他多数合格～詳細は本校ホームページで

【校風・特色】
◇カトリックの精神に基づき，聖母マリアを理想と仰ぎ，気品のある教養豊かな女性の育成を目指しています。一人ひとりを大切にし，素質を十分に伸ばします。
◇ミッションスクール独自の行事が多く，行事ごとに生徒の自主性や協調性など多くのことを学ぶことができます。
◇女子だけののびやかな学校で，中学から短大・大学まで一貫した教育方針で教育を行っています。
【これからの社会のニーズに応えるための新しい学び＝つながる・学びプログラム】
◇変化する社会には「知識だけでなく，自ら考え表現できる人」が求められます。これからの社会のニーズに応え，進化した新しい学びを実践していきます。

【特色あるコース】
◇S特進コース：新しい時代を創造していくリーダーを育成。医歯薬学部を含めた難関国公立大学（文系・理系）を目指す。
◇選抜コース：課題解決能力，実行力，創造力のある女性を育成。国公立大学への進学を目指す。
◇英語コース：世界で貢献できる女性を育成。難関私立大学を目指す。
◇本科コース：自分らしい生き方を力強く切り拓く女性を育成。指定校推薦などで姉妹校やその他大学への進学を目指す。

純夏祭（純心の文化祭）

ニュージーランド英語研修旅行

体育祭

PBL（課題解決型学習）フェスタ

5 鹿児島純心女子高校の英語コースでは、ニュージーランド研修で現地の人々に日本の伝統的なものを紹介してきましたが、今年はすべてのコースがオンラインで紹介することになりました。次は、各コースの代表が提案した意見です。あとの(1)~(6)の条件に従って、作文を書きなさい。

A 英語コース
日本の伝統芸能の中から、何か取り上げようと思います。伝統芸能を通して、日本人の心のあり方やものの考え方を伝えることができると思います。

B 本科コース
日本の伝統的な衣服を取り上げることにしました。気候や海外の文化の影響などを紹介します。

C 選抜コース
日本各地に伝わる伝統的な食べ物を紹介します。おいしい食べ物なら、誰でも興味関心が高いはずです。

D S特進コース
日本の伝統的な建築を紹介しようと思います。風土や各時代の文化の影響も含めて、プレゼンします。

条件

(1) A~Dのいずれかの提案をふまえて書くこと。
(2) 二段落で構成すること。
(3) 第一段落には、あなたが紹介したいと思う具体的なものをあげ、そう考えた根拠を書くこと。
(4) 第二段落には、第一段落であげたものをオンラインでアピールするために、どのような工夫をするかを具体的に書くこと。
(5) 六行以上八行以下で書くこと。
(6) 原稿用紙の正しい使い方に従って、文字、仮名遣いも正確に書くこと。

4 ――線部③の兄妹の気持ちを説明したものとして、最も適当なものを次から選び、記号で答えよ。

ア 母親が突然とんでもないことを言い出したことへの戸惑いを隠そうとしている。

イ 母親が自分の夢についてはっきりと口に出したことに対して喜びを感じている。

ウ 母親がそれまで隠していた思いをようやく打ち明けてくれたことに満足している。

エ 母親が本音を言えたのは自分たちのおかげだということが分かって照れている。

5 ――線部④とあるが、このように感じたのはなぜか。六十字以内で説明せよ。

5 は次のページにあります。

が、③すぐに兄妹で顔を見合わせ、にやりと笑い合う。菜月は自分が口にした言葉に胸が高鳴り、しばらく呆然《ぼうぜん》としてしまった。そんな菜月の顔を見上げ、

「ママ、保育園の先生！　いいねっ！」

美音が口を大きく開き、はっきりと言葉を出す。発声を恥ずかしがって訓練以外の場所では喋《しゃべ》ってくれエない美音のかわいらしい声が大きく響く。

「うん、いいと思う。お母さんが先生って、なんかぴったりな気がする」

俊介に言われると、また泣きたくなった。

自分を見つめる子どもたちの目を見返しながら、ふと思う。十七歳の時になにもかも諦《あきら》めた気になっていたけれど、本当にそうだったのだろうか、と。あれから自分はなにも手にしてこなかったわけではない。家族を懸命に守ってきた。④かつて未来を手放したこの手に、いまは大切なものがたくさん入っている。そんなことを、いまこの年齢になってようやく気づいた。

「ママも、お兄ちゃんも、ヨーイドン！」

となぜか美音がかけっこの合図を口にする。腹の底から出ている美音の声に心が震える。

「ヨーイドン！」

菜月も美音を真似《まね》て、大きな声で口にした。

俊介と美音が、身を捩《よじ》って嬉《うれ》しそうに笑っている。

大切なものを手の中に握りしめながらヨーイドン、私はまた走り出した。

（藤岡陽子「金の角持つ子どもたち」による）

（注）京ちゃん＝保育園に通う園児。
高矢先生＝保育園の先生。

1　═線部**ア**～**エ**の中から、品詞が他と異なるものを一つ選び、記号で答えよ。

2　──線部①における俊介の様子を説明したものとして、最も適当なものを次から選び、記号で答えよ。

ア　自分のために涙を流す母親の姿に罪悪感を抱く様子。
イ　何もかも諦めているような母親に怒りを覚える様子。
ウ　母親の人生を応援する気持ちを伝えようとする様子。
エ　新しい生き方を探しはじめた母親を誇りに思う様子。

3　次の文は、──線部②「急に口をつぐんだ菜月」について説明したものである。［Ⅰ］と［Ⅱ］には、本文中から最も適当な六字の言葉をそれぞれ抜き出して書き、［Ⅲ］には、二十字以内の言葉を考えて補い、文を完成させよ。

手を握ってきた美音の手のひらの感触から［Ⅰ］が蘇り、［Ⅱ］について思いをめぐらし、［Ⅲ］を真剣に考え始めている。

「うん？」
　目尻の涙を小指で拭《ぬぐ》う菜月の顔を、俊介がじっと見てきた。笑顔は消えている。
「十七歳から働いてたんだね。おれ知らなかった」
「……うん。……言ってなかったしね」
「あのさお母さん、いまからでも遅くないんじゃない？」
「なにが」
　意味がわからず聞き返すと、①俊介の口元がきゅっと引き締まる。
「お母さんさぁ、いまから夢を持てばいいじゃん。お母さんのやりたいこと、なんかアないの？」
「お母さんの……やりたいこと？」
　私のやりたいこと……。
　夢……？
　次の誕生日で三十八歳になる自分が夢を持つなんてことができるのだろうかと、俊介の顔をぼんやりと見つめる。
　もしチャンスがあるならどんな仕事をしたいか——。
　そういえば二十代の頃まではそんなことを考えたような気もする。でももう昔のことすぎて忘れてしまった。忘れたことが少し悲しい。
　俊介と目を合わせたまま無言でいると、パンッと手のひらを打つ音がした。振り返れば不機嫌な顔をした美音がドアのそばに立っている。
　（ママっ、お腹すいたっ）
　唇を尖《とが》らせる美音に「ごめんごめん、すぐ準備するね」と笑いかけると、美音が菜月の手をつかんでぎゅっと強く握ってきた。その手のひらの感触が昼間の出来事を思い出させる。泣きじゃくる(注)京ちゃんの、柔らかくて小さな手の温かさが蘇《よみがえ》ってきた。煎餅《せんべい》のようにパリパリに乾いた子どもたちのパンツ。風にはためく小さな青いTシャツ。日に焼けた(注)高矢《たかや》先生の横顔。空を仰いで悲しげに泣く京ちゃんの姿。晴れた青空の下で目にした眩《まばゆ》い光が、まぶたの裏に浮かんできた。
私の新しい世界——。
　②急に口をつぐんだ菜月を見上げ、
（ママどうしたの）
と美音が聞いてきた。俊介も眉《まゆ》を下げてこっちを見ている。その不安げな子どもたちの顔に、菜月は笑顔を返す。
　入学式からの数日間、美音は髪をまっすぐに下ろして登校していた。耳に付けた補聴器をクラスメイトに見られイないよう隠すためだ。でもいまは髪を束ねることも三つ編みにすることも怖《おそ》れずに学校に通っている。俊介の部屋からは毎朝五時になるときまって目覚まし時計のベルがなる。遅れを取り戻すため、俊介だけに特別に出された宿題をこなすためだ。早起きが大の苦手だった息子が、自分の力で起きている。
　春を迎えてからの一か月間、頑張る子どもたちを見ていると、自分もまだやれることがあるんじゃないかと思えてきた。自分の可能性を語れるのは自分しかいウない。そんな当たり前のことを子どもたちが教えてくれる。
　俊介が開けた中学受験という新しい扉は、菜月が想像もしなかった別の場所へと続いていた。
「あのね俊介、美音。お母さん、いまからお勉強して、保育園の先生になろうかな。お母さんが高校生の時にね、とてもいい先生に出会ったの。お母さんが高校をやめなくちゃいけなくなった時、その先生が最後まで応援してくれて……。お母さん、その時に、先生ってすごいなって思ったんだ。先生っていいな、って……」
　突然なにを言い出すのだという顔で子どもたちは菜月を見ていた

5　次は、本文をもとに話し合っている先生と生徒との会話である。［Ⅰ］～［Ⅳ］に適当な言葉を補って会話を完成させよ。ただし、［Ⅰ］には本文中から最も適当な十字の言葉を抜き出して書き、［Ⅱ］・［Ⅲ］・［Ⅳ］にはそれぞれ十字以内でふさわしい内容を考えて現代語で答えること。

先生　「式神を使う様子を見せてください、と願い出た若い僧たちのことを、晴明はどのように評価しましたか。」

生徒A　「晴明の発言の中に『［Ⅰ］』とあるので、あまりよく思っていないようです。」

先生　「では、晴明がなぜ彼らのことをそのように思ったのかを話し合ってみましょう。」

生徒B　「最初、晴明は［Ⅱ］を知らないので、むやみに式神を使うことを『よしなし』と断っているよ。」

生徒C　「だけど、僧たちは庭に蛙が出てきたのを見て、『殺し給へ』と頼んでいるね。」

生徒A　「そこで晴明は実際にやって見せたけれど、それを見て僧たちの［Ⅲ］よね。」

生徒B　「恐ろしいと思ったんだね。」

生徒C　「晴明は僧たちに、［Ⅳ］ことは罪だということを教えたかったんじゃないかな。」

先生　「なるほど、Cさんの解釈も面白いですね。」

4　次の文章を読んで、あとの**1**～**5**の問いに答えなさい。

> 菜月《なつき》は両親を助けるために高校を中退して就職、その後結婚した。現在は夫と息子の俊介《しゅんすけ》、難聴を抱える娘の美音《みおん》との四人暮らしである。そんな中、俊介が難関中学の受験を決意し、菜月は息子の塾のために保育園の補助員としてパートで働き始める。仕事は充実していたが、ある日、夫の母親の光枝《みつえ》から俊介の中学受験やパート勤めを非難され、菜月は初めて義母に反論する。以下はそれに続く場面である。

「お母さん」
俊介が椅子《いす》ごとくるりと振り返り、呼び止めてくる。
「なに？」
平静を装い、首を傾《かし》げる。
「おばあちゃん帰った？」
「うん、いまさっきね」
「なんかいろいろ言われてたね」
「……聞こえてたの」
「あたりまえじゃん。お母さんの声、大きすぎだし」
その言い方に、思わずふっと笑ってしまった。菜月が光枝にあんな口を利くのは初めてで、俊介もさぞ驚いたことだろう。
「おばあちゃん、怒らせちゃった」
菜月が投げやりに言うと、
「いいじゃん。お母さんはまちがってなかったし」
と今度は俊介が小さく笑った。二人で目を合わせて笑っているうちに、理由もなくまた涙が出てきて、でも心は晴れてすっきりしている。
「お母さんはさぁ」

3

次の文章を読んで、あとの1～5の問いに答えなさい。

この晴明、ある時、広沢の僧正の御房(住居)に参りて、物申し承りける(話し合いをしていた)間、若き僧どもの晴明に①いふやう、「②(注)式神を使ひ給ふなるは、たちまちに人をば殺し給ふや」と③いひければ、「④やすくはえ殺さじ。力を入れて殺してん(殺せるでしょう)」といふ。「さて虫なんどをば、少しの事せんに(虫などは、少しの事をすれば)、必ず殺しつべし。さて生くるやうを知らねば、罪を得つべければ(罪をつくることになるので、)、さやうの事よしなし(つまらない)」といふ程に、庭に蛙《かへる》の出で来て、五つ六つばかり躍りて、⑤池の方ざまへ行きけるを、「あれ一つ、さらば殺し給へ。試みん」と僧のいひければ、「罪を作り給ふ御坊かな(お坊さんたちだなあ)。されども試み給へば、殺して見せ奉らん(お目にかけよう)」とて、草の葉を摘み切りて、物を誦《よ》むやうにして、蛙の方へ投げやりければ、その草の葉の、蛙の上にかかりければ、蛙真平にひしげて死にたりけり。これを見て、僧どもの色変りて、恐ろしと思ひけり。

（「宇治拾遺物語」による）

（注）　式神＝不思議な技をなすという鬼神。

1　――線部①「いふやう」を現代仮名遣いに直して書け。

2　――線部②とはどういうことか。最も適当なものを次から選び、記号で答えよ。

ア　晴明が式神を思い通りに操っていると聞いているということ。
イ　晴明が式神として大罪を犯していると聞いているということ。
ウ　晴明が式神となって罪を償っていると聞いているということ。
エ　晴明が式神の使者として動いていると聞いているということ。

3　――線部③と⑤の主語の組み合わせとして正しいものを次から選び、記号で答えよ。

ア（③僧ども　⑤晴明　）　イ（③晴明　⑤蛙　）
ウ（③晴明　⑤僧ども）　エ（③僧ども　⑤蛙　）

4　――線部④「やすくはえ殺さじ」の解釈として最も適当なものを次から選び、記号で答えよ。

ア　簡単に人を殺すことさえできます。
イ　簡単に人を殺すことはできません。
ウ　簡単に人を殺すはずがありません。
エ　簡単に人を殺したくはありません。

1 本文中の［a］・［b］にあてはまる語の組み合わせとして、最も適当なものを次から選び、記号で答えよ。

ア（a　さらに　b　一方　）　**イ**（a　また　b　たとえ　）

ウ（a　つまり　b　あるいは）　**エ**（a　しかも　b　すなわち）

2 次の一文は本文中の【A】～【D】のどこに入れるのが最も適当か、記号で答えよ。

> そうやって、たとえば女性の権利が認められてきたわけです。

3 次の文は、――線部①「代議制民主主義の手続きはずいぶんマシなものではあります」について説明したものである。［Ⅰ］には最も適当な七字の言葉を、［Ⅱ］には最も適当な十五字の言葉を、［Ⅲ］には最も適当な六字の言葉を本文中から抜き出して書け。

> 法律における代議制民主主義の手続きは、過去の［Ⅰ］に比べると、［Ⅱ］が参加している点で、［Ⅲ］があるのも確かである。

4 ――線部②とあるが、「こうした言葉」にあてはまるものとして適当なものを次から二つ選び、記号で答えよ。

ア どんな場合でも他人の意見を尊重することが必要である。

イ どんな場面でも通用する正しさというものは存在しない。

ウ どんな人でもその人なりの正しさを主張する権利がある。

エ どんな時代でも一方的に決められたルールは無視できる。

オ どんなに話し合っても正しいことが決まるわけではない。

5 ――線部③とあるが、筆者がこのように述べているのはなぜか。次の「丸呑み」の説明を参考にして、「相手を尊重するとは」に続く形で七十字以内で説明せよ。

> 丸呑み…かまないでのみこむこと。転じて、よく理解しないまま取り入れたり、覚えたりすること。

6 次の**ア～エ**は、四人の中学生が、ＳＤＧｓの取り組みの例として考えたものです。～～線部の「正しさ」にあてはまるものを次から一つ選び、記号で答えよ。

ア 地域の河川の水質を改善するためにチームで清掃活動を行う。

イ 電力の不足を補うために各テレビ局が番組の照明を暗くする。

ウ 地球温暖化に配慮したエアコンの使い方を家族皆で話し合う。

エ ジェンダー平等実現のための活動についてアンケートをとる。

く人たちは、たとえば私が何も悪いことをしていないのに（注）ガス室に送られそうなとき、決して助けてくれないだろうなと思うからです。【C】

どんなに話し合っても、国民全員が、さらには人類全員が合意することはないかもしれません。たとえいま生きている人たち全員が合意したとしても、まだ生まれていない人は合意していません。その意味では、「絶対正しいことなんてない」のかもしれません。しかし、「より正しい正しさ」はあります。一方的に決めたルールを暴力によって強制するよりは、話し合ってお互いに納得して決めていく方が正しいですし、これまで正しいと思われていたことに対して、その不正を告発する人たちの声が聞き入れられ、改正されたときには、より正しいものになっているでしょう。【D】

もちろん、「不正の告発」それ自体が不正なものである場合もあるでしょう。自分が悪いのに、それを認めずに他人のせいにする人もいます。そうしたとき、③相手を尊重するとは、単に相手の言い分を丸《まる》呑《の》みすることではありません。納得できないことを言っているのに「人それぞれ」といってきちんと反論しないのは、相手を尊重するどころかバカにすることです。まずは相手の言い分をよく聞き、それがもっともだと思えば従い、おかしいと思えば指摘し、相手の再度の言い分を聞く。それを繰り返すことで、お互いに納得のできる合意点を作り上げていく。これが、正しさを作っていくための正しい手続きというべきでしょう。そうした手続きによって、より正しい正しさを実現するよう努力していくことが大切です。

私が「人それぞれ」という言葉にこだわるのは、そうした努力をしないで済ませる態度を助長するからです。もちろん、趣味や好みなど、他人と同じにしなくてもとくに問題ないようなことについては「人それぞれ」でけっこうなのですが、そうでないこと、他人を巻き込むことについては「人それぞれ」で済ませるわけにはいきません。他人と合意を作っていかなければならないことについて、「人それぞれ」などといって十分に話し合う努力をしないでいると、社会は分断されてしまいます。分断された社会で何かを決めようとすれば、結局のところ暴力に頼るしかなくなってしまいます。

（中略）

人間は、他の多くの動物とは異なって、正しいことと不正なことを感じる感情の仕組みを持っており、それが道徳的な善悪の起源にあります。助け合いや利他的な行動への好みや喜び、利益を独占する行為や暴力的な強制への嫌悪や怒りが、人間に独特の「道徳という領域」を開くのです。

そうした感情の仕組みは、生物学的・遺伝的な要素として人間という生物種に組み込まれているようです。そこで、進化倫理学では、人間が不正に対して怒りを感じたり、他人に親切にすることに喜びを感じたりする感性を持っていることについて、（注）互恵や間接互恵によって説明します。しかし、そうした感情は、各個人がてんでに感じているだけでは道徳的な正しさや不正ではありません。「個人が正しいと感じること」と「正しいこと」、「個人が不正だと感じること」と「不正」とは、それぞれ別のことです。正しさとは、どのようにふるまうことが道徳的に正しいのかについての共通了解のことなのです。

（山口裕之『「みんな違ってみんないい」のか？ 相対主義と普遍主義の問題』による）

（注）
ガス室＝第二次世界大戦中にナチスドイツが、多くのユダヤ人をガス室に送り、殺したことをふまえた表現。
互恵＝ここでは、互いに助け合うことの意。

令和五年度　鹿児島純心女子高校入試問題　国　語

（解答…201P）

1　次の１・２の問いに答えなさい。

1　次の――線部のカタカナは漢字に直し、漢字は仮名に直して書け。

(1)　動物アイゴの精神。
(2)　アマツブが傘に当たる。
(3)　海に向かってサケぶ。
(4)　前任者のやり方を踏襲する。
(5)　小豆を煮る。
(6)　飢えや貧困の解消を目指す。

2　次の行書で書かれた漢字を楷書で書いたときの総画数を答えよ。

2　次の文章を読んで、あとの１～６の問いに答えなさい。

現在のほとんどの国では代議制民主主義が採用されています。この制度では、議員が普通選挙で選ばれる限りは、法律に従う立場の人たちの代表者が法律を制定していることになります。その点で、代議制民主主義には一定の正当性があるといってよいでしょう。

それに、議会での議論は公開されていますから、議員以外の一般市民はその様子を見聞きして、納得できるものかどうかを判断することができます。そして、納得できない主張をした議員を次の選挙で落選させることもできます。

江戸時代の日本やその他の多くの国において、かつて法律は、権力者が一方的に定めてそれに従うことを暴力で強制するものでした。あまりに人々の立場を無視した法律は大きな反感を買うでしょうから、それなりに配慮したかもしれませんが、その場合でも人々の意見を直接聞いたわけではなく、権力者側が勝手に推測しただけだったでしょう。そしてそもそも、そうした権力者の権力自体が、支配される側の人々の合意によって正当化されたものではなく、暴力（武力）によって獲得されたものです。【A】

そうしたあからさまに暴力的な手続きよりは、①代議制民主主義の手続きはずいぶんマシなものではあります。しかしやはり、代表されていない立場の人たちも多数います。それどころか、議会においてさえ、代表者全員が納得して合意するまで話し合われないままに、強行採決によって可決されることがままあります。そのようにして定められた法律を無造作に「正しい」と見なすことは、合意していないままに従わされる人たちへの暴力を無造作に肯定することになります。【B】

もちろん、自分が納得しない法律には従わなくてよいということにはなりません。しかし、納得できない法律は批判し、その改正を求めていくことはできます。［ a ］、ある法律が含んでいる暴力に自分自身では気づけなくても、それに苦しめられている人の声を聞いて気づくこともあります。そうして気づいてしまったときには、［ b ］他国のことや昔のことであったとしても、「正しさ」を問い返し、「より正しい正しさ」を実現するように努力していくべきでしょう。

（中略）

「正しさは人それぞれ」と並んで最近よく聞く言葉に、「絶対正しいことなんてない」とか「何が正しいかなんて誰にも決められない」などというのがあります。これらの言葉を言う人たちは、どうやら「ちょっと気の利いた、よいことを言っている」と思っているようなのですが、②私はこうした言葉を聞くたびに背筋が寒くなります。こうした言葉は、より正しいことを求めていく努力をはじめから放棄する態度を示しているように思われるからです。そして、こうした言葉を吐

令和５年度　鹿児島純心女子高校入試問題　数　学

（解答…203Ｐ）

1　次の計算をせよ。

(1)　$-8+3\times(-2)$

(2)　$(-5xy^2)^2\div10y^3\times(-2x)$

(3)　$\dfrac{2x-y}{5}-\dfrac{x+3y}{2}$

(4)　$(x-3)^2+(x-3)(2x+1)$

(5)　$-\sqrt{12}+\sqrt{75}-\sqrt{48}$

2 次の各問いに答えよ。

(1) $2x^2-2x-180$ を因数分解せよ。

(2) 方程式 $2x-9=\dfrac{4x-5}{3}$ を解け。

(3) $\sqrt{(-6)^2}$，$2\sqrt{7}$，$\dfrac{8}{\sqrt{2}}$ を小さい順に並べよ。

(4)　1次関数 $y=-2x+8$ において，x の変域が $a \leqq x \leqq 5$ のとき，y の変域は $b \leqq y \leqq 2$ となる。このとき，a，b の値を求めよ。

(5)　右の図において，$\overset{\frown}{\mathrm{AB}}=\overset{\frown}{\mathrm{BC}}=\dfrac{1}{2}\overset{\frown}{\mathrm{CD}}$，$\angle \mathrm{AEB}=20^\circ$，$\angle \mathrm{EBC}=\angle \mathrm{EDC}=90^\circ$ とするとき，$\angle \mathrm{BCD}$ の大きさを求めよ。

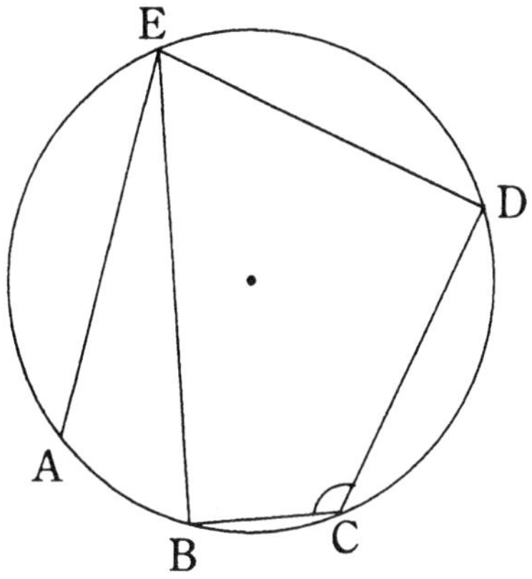

(6)　底面の半径が r cm，高さが h cm の円すいの体積を V_1 cm^3 とする。この円すいの底面の半径を $\dfrac{1}{3}$ 倍にし，さらに高さを3倍にした円すいの体積を V_2 cm^3 とする。このとき，$V_1=V_2$ は成り立つか，成り立たないか。理由をつけて答えよ。

3　J中学校のあるクラスの生徒40人のうち，欠席者5人を除く35人の通学時間について調査し，右の度数分布表を作った。次の問いに答えよ。ただし，度数分布表から平均値を求めるときは，次の式を用いる。

$$(\text{平均値})=\frac{(\text{階級値})\times(\text{度数})\text{の合計}}{(\text{度数の合計})}$$

階級(分)	度数(人)	階級値×度数
0 ～ 10	4	20
10 ～ 20	a	75
20 ～ 30	b	c
30 ～ 40	9	315
40 ～ 50	9	405
計	35	

(注)　たとえば，20 ～ 30 の区間は，20分以上30分未満の階級を表す。

(1)　a，b，c の値をそれぞれ求めよ。

(2)　35人の通学時間の平均値を求めよ。

(3)　後日，欠席者5人の通学時間を調べたところ，5人とも10分以上30分未満であった。この5人を含めた40人の通学時間を改めて度数分布表にまとめ，40人の通学時間の平均値を求めると，ちょうど28分になった。この5人のうち，通学時間が10分以上20分未満の生徒の人数を求めよ。

4　2つのさいころA，Bを同時に1回投げ，さいころAの出た目の数を a，さいころBの出た目の数を b とする。次の問いに答えよ。

(1)　a と b の積が偶数となる確率を求めよ。

(2)　$2a \leqq b$ となる確率を求めよ。

(3)　2次方程式 $x^2-ax+b=0$ ……①について，

（i）　$a=3$ のとき，①が整数の解をもつような b の値を求めよ。

（ii）　①が整数の解をもつ確率を求めよ。

5　右の図において，関数 $y=ax^2$ ……①のグラフ上に2点 P$(2,\ -2)$，Q$(4,\ b)$ がある。次の問いに答えよ。

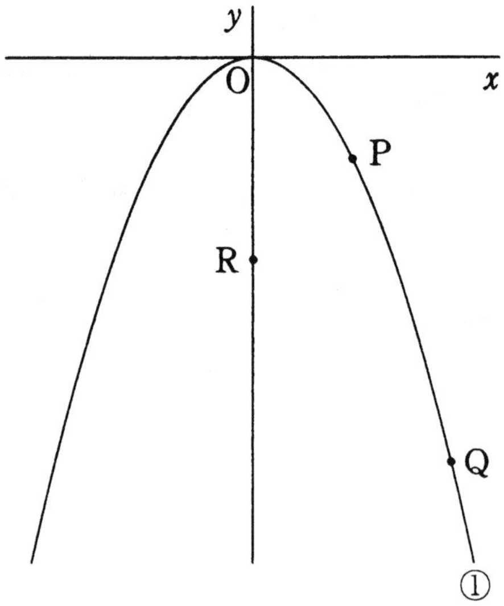

(1)　a，b の値を求めよ。

(2)　y 軸上に点 R をとる。PR＋RQ が最小となるとき，点 R の座標を求めよ。

(3)　(2)のとき，∠PRQ の二等分線と①の交点のうち，x 座標が正である点を S とする。このとき，S の座標を求めよ。

6　AB＝4 cm，BC＝3 cm，∠B＝90° の直角三角形 ABC がある。右の図は △ABC を点 B が辺 AC 上の点に重なるように折って，もとにもどした図である。そのとき，点 B が重なった辺 AC 上の点を P とし，折り目を線分 QR とする。次の問いに答えよ。ただし，点 Q は辺 AB 上，点 R は辺 BC 上の点である。

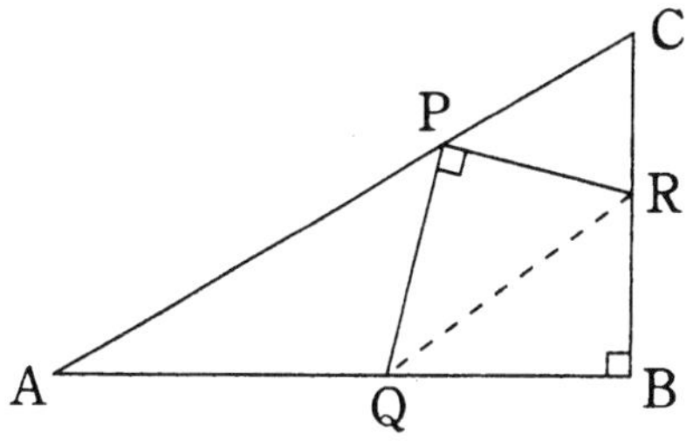

(1)　AC の長さを求めよ。

(2)　CR＝1 cm とする。点 R から辺 AC に垂線を引き，AC との交点を H とするとき，CH の長さを求めよ。

(3)　(2) のとき，PH の長さを求めよ。

令和５年度　鹿児島純心女子高校入試問題　英　語

(解答…204Ｐ)

1 **聞き取りテスト**　放送による指示に従って，次の**１～７**の問いに答えなさい。英語は**１**から**４**は１回だけ放送します。**５**以降は２回ずつ放送します。メモをとってもかまいません。

1　これから，中学3年生の Jiro と，中学校に転入してきたばかりの Erick との職員室前で交わされた対話を放送します。Ms. Matsuda を示すものを，下の**ア～エ**の中から一つ選び，その記号を書きなさい。

2　これから，留学生の Ryan がある男性に道を尋ねている場面を放送します。Ryan はこの後どのように行ったら目的地へたどり着けますか。最も適当なものを下の**ア～エ**の中から一つ選び，その記号を書きなさい。

ア　二つめの信号を右に曲がって，4分歩く　　**イ**　二つめの信号を左に曲がって，4分歩く
ウ　二つめの信号を右に曲がって，5分歩く　　**エ**　二つめの信号を左に曲がって，5分歩く

3　これから，Kaito と留学生の David の修学旅行前日の対話を放送します。下の英文は，その夜 Kaito が Kaito の母親と話した内容です。対話を聞いて（　　　）に適切な英語１語を書きなさい。

Kaito　：Mom, my friend David has no idea how to go to Chuo Station for the school trip tomorrow.　Can you take him to Chuo Station with me?
Mother：Of course.　What time should we pick him up?
Kaito　：At seven (　　　　　).

4　あなたは，今からオンラインで VR（バーチャルリアリティ）旅行の体験をします。下の**ア～ウ**を放送された順に並べかえ，その記号を書きなさい。

5　あなたは ABC Amusement Park（ABC 遊園地）で次のアナウンスを聞きました。アナウンスの説明にないものを下の**ア～エ**の中から一つ選び，その記号を書きなさい。

ア　マスクの着用　**イ**　消毒液の使用　**ウ**　園内を走らないこと　**エ**　遊園地のガイドブック

6　あなたは，英会話クラブで行われる募金活動について，先生の説明を聞こうとしています。説明の後に，その内容について英語で二つの質問をします。
(1) 質問を聞いて，その答えを英語で書きなさい。
(2) 質問を聞いて，その答えとして最も適当なものを下の**ア～エ**の中から一つ選び，その記号を書きなさい。

ア　To gather at the station.　　**イ**　To wear your school uniform.
ウ　To bring your own water bottle.　　**エ**　To ask people to give some money.

7　これから，Paul と Hikaru との対話を放送します。その中で，Paul が Hikaru に質問をしています。Hikaru に代わってあなたの答えを英文で書きなさい。2文以上になってもかまいません。書く時間は 30 秒間です。

2 次の**1**～**4**の問いに答えなさい。

1　留学生の Kate と Yuri が Yuri の誕生日会について話している。下の①，②の英文が入る最も適当な場所を対話文中の〈 **ア** 〉～〈 **エ** 〉の中からそれぞれ一つ選び，その記号を書け。

① What time will it start?　② Will you come to my party?

Kate : Hello, Yuri.　I heard you were looking for me.
Yuri : I have something to tell you.
Kate : OK.　What is it?
Yuri : I'm going to have my birthday party this Sunday.　〈 **ア** 〉
Kate : I would love to, but can I ask you a question?
Yuri : Sure.　〈 **イ** 〉
Kate : How many people will come?
Yuri : I want to invite ten people to the party.
Kate : I see.　May I come to your house with my friend Saki?　〈 **ウ** 〉
Yuri : OK.　Please bring her.　My mother will bake a cake for us.
Kate : That sounds good.　〈 **エ** 〉
Yuri : It starts at 3:00 p.m.　See you then.
Kate : I am looking forward to it.　Bye.

2　次は Aki の母親と Aki との車内での対話である。（ ① ）～（ ③ ）に下の ［　　］ 内の［説明］が示す英語1語をそれぞれ書け。

Mother : Oh, no!　All the cars are moving very slowly.
Aki : Look!　There's a car （ ① ） in front of us.
Mother : Will we be in time for your tennis （ ② ）?
Aki : No.　I'll get out here and （ ③ ） to the station.

［説明］ ① something bad that happens without planning it
② something you do every day to become better at it
③ to move your legs faster than walking

3　次は Kanae の祖母と Kanae との電話での対話である。①～③について，[例]を参考にしながら，（　）内の語に必要な1～2語を加えて，英文を完成させよ。ただし，（　）内の語は必要に応じて形を変えてもよい。また，文頭に来る語は，最初の文字を大文字にすること。

［例］ A: Your cats are very cute.
B: Thank you.　(like) very much.　　（答）I like them

Grandma : Hello, Kanae.　① (call) me this afternoon?
Kanae : Hi, Grandma.　Yes, I wanted to visit you if you were home.　I had tests today and finished school early.
Grandma : Sorry.　When you called me, I was at the hula dance* lesson.　Guess what I did there after dancing today.
Kanae : I don't know.　What?
Grandma : I went on a VR tour to Hawaii.　I felt like I was really in Hawaii.　It was so exciting.　Have you ever tried a VR tour before?
Kanae : Never, but I would like to try when I get the chance.
Grandma : You will like it.　Now I ② (interest) in Hawaii very much, and my dream is ③ (go) there and meet many people who also do hula dance.
Kanae : That sounds fantastic.　I want to go there with you.
Grandma : Sure.　Let's go there together someday.

注　hula dance　フラダンス

4　留学生の Lucy があなたにメールで相談している。下の移動比較表を参考に，あなたが Lucy にすすめたい交通手段を○で囲み，その理由を二つ，合わせて25～35語の英語で書け。英文は 2 文以上になってもかまわない。

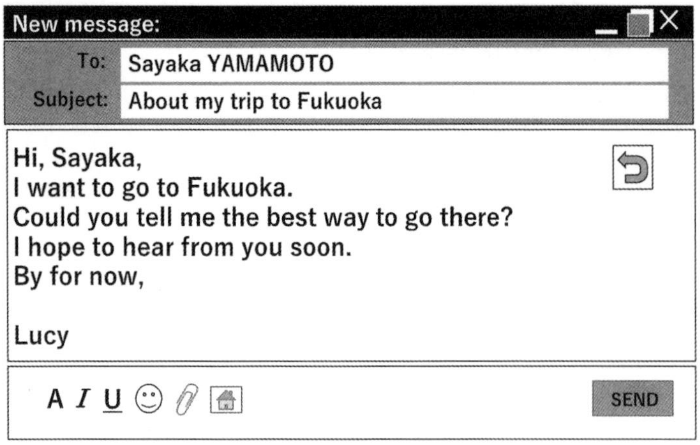
New message:
To: Sayaka YAMAMOTO
Subject: About my trip to Fukuoka
Hi, Sayaka,
I want to go to Fukuoka.
Could you tell me the best way to go there?
I hope to hear from you soon.
By for now,
Lucy
A I U
SEND

鹿児島 - 福岡　移動比較

	飛行機	電車	バス
料金	15,000 円	11,000 円	4,500 円
所要時間	50 分	1 時間30分	4 時間

3　次のⅠ～Ⅲの問いに答えなさい。

Ⅰ　次の英文は，中学生の Miki が，鹿児島県で開催された和牛オリンピックについて英語の授業で行った発表である。英文を読み，あとの問いに答えよ。

In October 2022, the 12th Wagyu Olympics were held in Kagoshima Prefecture. This event is the most important for black cattle* farmers in Japan. Even the Japanese Prime Minister* came to see it.

438 cattle from all over Japan were brought to Kagoshima for this event. The Wagyu Olympics are held every five years. The last event was in Miyagi Prefecture in 2017, and the next one will be in Hokkaido in 2027. Over 300,000 people came to see the event in Kagoshima.

Kagoshima is very famous for its black cattle. About 20% of all the black cattle in Japan are raised* in Kagoshima. Many people say the beef from black cattle is the most delicious in the world. There were 9 prizes, and Kagoshima won 6 of them.

Thanks to this event, a lot of people are saying that wagyu beef from Kagoshima is the best in Japan. I hope that <u>Kagoshima wagyu beef is becoming more and more famous around the world.</u> I am going to eat a lot of Kagoshima wagyu beef tonight.

注　cattle 牛　　Prime Minister 総理大臣　　raise ～を育てる

1　英文の内容に合っているものを下から一つ選び，記号で答えよ。

ア　和牛オリンピックに30万頭の和牛が出品された。

イ　第11回和牛オリンピックは北海道で行われた。

ウ　全国の黒毛和牛の約5分の1は鹿児島で飼育されている。

2　Miki は右のグラフを使って下線部の内容を説明した。グラフの説明をした次の文の［　　］に適切な動詞1語を補って英文を完成させよ。

The amount of wagyu beef that Japan exported* between 2012 and 2018 ［　　］.

注　export ～を輸出する

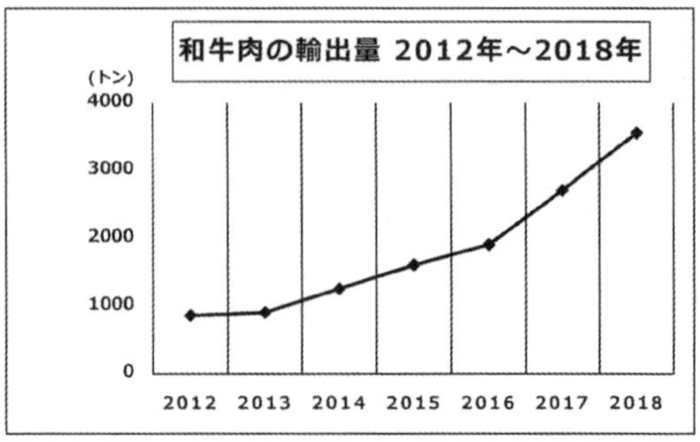
和牛肉の輸出量 2012年～2018年
(トン)
4000
3000
2000
1000
0
2012
2013
2014
2015
2016
2017
2018

財務省「貿易統計」を参考に作成

Ⅱ　Mary は，週末に訪れる霧島国立公園キャンプ場（Kirishima National Park Campsite）のホームページを見ながら同じクラスの Aki と話をしている。次の対話を読み，あとの問いに答えよ。

Kirishima National Park Campsite

Reservation* and Fees*
1) You do not need a reservation to visit or enter Kirishima National Park Campsite, but you need a reservation for lodging* and camping if you plan to stay the night in the park.
2) The parking fee is 1,000 yen per* car.
3) The entrance fee is 500 yen per person.
4) If you stay the night, you need to reserve a bungalow or use your own tent.

Lodging　Bungalow*: 12,000 yen per night　/　Your own tent : 1,000 yen per night

Information
1) 50 parking spaces
2) BBQ* set : 500 yen　/　Wood for BBQ : 500 yen
3) Pet Friendly : Please bring a leash*.
4) No Fireworks

Contact　Phone　099-254-4121 (9:00 AM-5:00 PM)

Closed　Mondays

注　reservation 予約　fee 料金　lodging 宿泊　per ～につき
　　bungalow バンガロー　BBQ バーベキュー　leash 動物の散歩用ひも

Mary : Which campsite shall we go to this weekend?
Aki : Look at this website. Kirishima is famous for beautiful flowers in spring. How about staying in Kirishima National Park Campsite for one night?
Mary : That's a good idea. However, we can't walk to Kirishima, so we will need to travel by train and bus.
Aki : Maybe my sister Yuki will go with us. She has (　①　).
Mary : OK, that's great. We can use my tent and BBQ set, but we have to buy wood for the BBQ. We must pay (　A　) yen in total*. Oh no, we can't do (　②　).
Aki : That's too bad. By the way, I will bring my dog.
Mary : You need to prepare (　③　) for him. I'm looking forward to staying in Kirishima.

注　in total 合計で

1　(　A　)に入る最も適当なものを下の**ア～エ**の中から一つ選び，その記号を書け。
ア 1,000　**イ** 3,000　**ウ** 4,000　**エ** 13,000

2　(　①　)～(　③　)に入る最も適当なものを下の**ア～エ**の中からそれぞれ一つ選び，その記号を書け。
ア a leash　**イ** a car　**ウ** a bicycle　**エ** fireworks

Ⅲ　次のスピーチを読み，質問に対する最も適当な答えを**ア～エ**の中から一つ選び，その記号を書け。

My parents promised to buy me a smartphone if I pass the entrance exams. I am really excited about that so I am studying hard. However, a news article I read on the Internet last week surprised me and made me think. It was about people who have stopped using their smartphones. Instead, some people have started to use an old style cell phone* which they can only use to call someone or send a message. Other people don't have a telephone and they only use emails on their computers to communicate with people.

One lady with two small children said she decided to give up using her smartphone after she took her children to a park. Why? One day she was looking around while her children were playing, and she saw all the mothers were looking at their smartphones. She started to think that smartphones take parents' time away from their children.

One man said he is happier and can do more work than before because he stopped using his smartphone. He was shocked to find out how much time he was spending on his smartphone.

I want a smartphone because I think they are useful. However, when my parents buy me a smartphone, I want to remember this article. It is convenient to use smartphones for communication, shopping and so on, but at the same time, they should be used carefully. We can use a smartphone but we should not be used by one.

注　cell phone 携帯電話

Question: What is the main point of this speech?
ア　We should all stop using a smartphone and change to a simple old style phone.
イ　We should be careful how we use our smartphones.
ウ　We should study hard with smartphones.
エ　We should remember that having a smartphone makes everyone happier.

4 次の英文を読み，あとの１～６の問いに答えなさい。

Yumi is a high school student in a small town and is enjoying her school life with her music club members. Yumi's parents are farmers and grow vegetables and tankan oranges*.

One morning, her teacher said to her class, "I would like to introduce Kaori to you. She is a new student from Tokyo. Now she lives with her grandparents. She knows nothing about our school, so please be kind to her." Kaori looked very nervous. Yumi wanted to help her.

At lunch time Yumi spoke to her. Kaori looked happy to be spoken to, but when Yumi asked about her life in Tokyo, Kaori's face suddenly became sad. ① Yumi said to herself, "Maybe something bad happened to her in Tokyo." She wanted to be friends with Kaori, so she said, "Are you interested in music? Why don't you come to my music club after school?" Kaori agreed.

When they went to the club, some girls were enjoying practicing their musical instruments together. Kaori was very fascinated* by the beautiful sounds.

A few days later, Yumi said to Kaori and her friends, "My parents are growing tankan oranges and it's time to harvest* them. I am going to help my parents pick the tankan oranges next Sunday. Will you come and join us?" They said, "That sounds interesting!"

When they visited Yumi's house, her father first told them what to do, and then all the people began to work. While working, Yumi's mother said, "Are you enjoying yourself, Kaori?" "Yes, I am," said Kaori. "Oh, that's good. I myself feel relaxed in such beautiful nature and enjoy harvesting something we have carefully grown," said Yumi's mother. Yumi said to Kaori, "I like working together. It makes us closer. It's just like creating music with my friends." Kaori was encouraged by their talk and ② decided to tell them about herself. She said, "I didn't feel comfortable in Tokyo. It doesn't have much nature and is crowded with busy people who don't seem interested in each other. My school was big and my life there was not happy. I wanted to live with kinder people like my grandparents in a place full of nature and study at a small school. I decided to move* to this town and change schools for ③ these reasons. Now I feel so happy to be here with all of you."

The next day Kaori joined the club. She said she wanted to play the flute. As she was a beginner, her music teacher and club members taught her how to play it.

She practiced every day and found how much fun it was to play music in beautiful harmony*. Little by little, she became a good flute player.

One day, the music club members were asked to play music in a small outdoor concert. They got so excited. Two months later, when they played music in the concert, ④ listeners gave them warm applause*. All the members smiled at each other and felt so happy.

Now, Kaori lives a comfortable life in her new town with friendly people.

注 tankan orange(s)　タンカン（柑橘類の一種）　fascinated　魅了されて
harvest　～を収穫する　move　引っ越す　harmony　ハーモニー　applause　拍手喝采

1　次のア～ウの絵は，本文中のある場面を表している。本文の内容に合わないものを一つ選び，その記号を書け。

2　下線部①に関して，Yumi はなぜそのように思ったのか。その答えとなるように，次の英文の空所に入る最も適当な英語を本文中から５語以内で抜き出して英文を完成させよ。

It's because (　　　　　　　　　　).

3　下線部②の理由をまとめると次のようになる。空所 A～D に入る適切な言葉を，それぞれ本文に即して日本語で簡潔に書け。

Kaori が自分のことを話す決心をしたのは，Yumi の母親の「(A)の中ではリラックスできるし，大切に育てたものを収穫するのは楽しい」という言葉と，Yumi の「友達と(B)を創るのと同じように一緒に働くと，皆がより(C)なった気がして楽しい」という言葉に(D)されたから。

4　下線部③の内容のうち一つを日本語で答えよ。

5　聴衆の一人がコンサート後に Kaori たちに近づいてきて，ある言葉をかけた。下線部④からその人が言ったであろう言葉を想像し，15 語以内の英語で書け。2文以上になってもかまわない。

6　本文の内容に合っているものを下のア～オの中から二つ選び，その記号を書け。

ア　Kaori once lived with her grandparents who grew vegetables near their house.
イ　Kaori got interested in the music club when she first heard their beautiful sound.
ウ　Yumi wanted Kaori to play the flute because she knew how well Kaori could play it.
エ　Yumi and Kaori were satisfied to be able to sing songs together at an outdoor concert.
オ　The concert was successful and all of the music club members were very happy.

令和５年度　鹿児島純心女子高校入試問題　社　会

（解答…207Ｐ）

1　次のⅠ～Ⅲの問いに答えなさい。答えを選ぶ問いについては一つ選び，その記号を書きなさい。

Ⅰ　2022年，平川動物公園は開業50年を迎えた。家族で遊びに行ったアマネさんは，友人に紹介するために，簡単な**図**を作った。次の**図**中の各地域に関連する**1**～**6**の問いに答えよ。

図

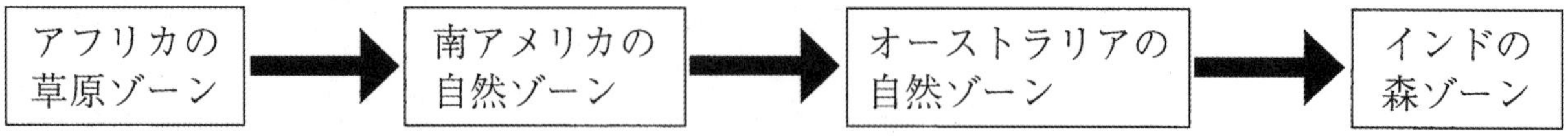

1　次の**ア**～**エ**は，世界の気候区分についての説明文である。このうち，アフリカの草原ゾーンにいるキリンやシマウマなどが生息している気候の説明文として最も適当なものはどれか。また，その気候をあとの語群から選べ。

ア　冬に降水量が多く，夏は乾燥するため，ブドウやオリーブなどが栽培されている。

イ　年間の降水量が数十㎜と非常に少なく，ほとんど植物はみられない。

ウ　降水量の非常に多い雨季と，非常に少ない乾季があり，まばらな低木と丈の長い草原が広がる。

エ　冬と夏の気温差が非常に大きく，マツやモミなどの針葉樹林が広がっている。

<　砂漠気候　　地中海性気候　　冷帯（亜寒帯）気候　　サバナ気候　>

2　アフリカの地図を見ていたアマネさんは，次の**地図**にある「象牙《ぞうげ》海岸」という場所に気付いた。これは，この地域から象牙が多く輸出されていたことに由来する。右下の**表**は，「象牙海岸」が広がるコートジボワールとガーナで，世界の半分以上の生産量を占める農作物を示している。この農作物を，あとの語群から選べ。

地図

表　＜ある農作物の生産に占める割合＞

国名	割合（%）
コートジボワール	39.0
ガーナ	14.5
インドネシア	14.0
ナイジェリア	6.3

二宮書店『地理統計要覧　2022年版』より。

<　カカオ豆　　小麦　　コーヒー豆　　さとうきび　>

3　南アメリカのアマゾン地域には固有の動植物が多く生息しているが，右下の**グラフ１**のように森林消失面積は非常に大きい。この原因について述べた次の文章を読み，（　①　）に適する語句を答え，（　　②　　）に適する文を**「ダム」**・**「需要」**・**「水力」**の３語を**必ず用いて**答えよ。

> アマゾンの森林消失の原因は多様である。外来者による焼畑の影響も大きいが，企業的農業の影響も大きい。飼料となる大豆栽培や，エネルギー源として（　①　）燃料となるサトウキビの栽培が，他の地域からアマゾン地域に侵入してきた。
>
> また，（　　　②　　　）ことも，アマゾン地域において森林が消失する大きな原因になっている。

グラフ１　＜アマゾン地域の森林面積＞

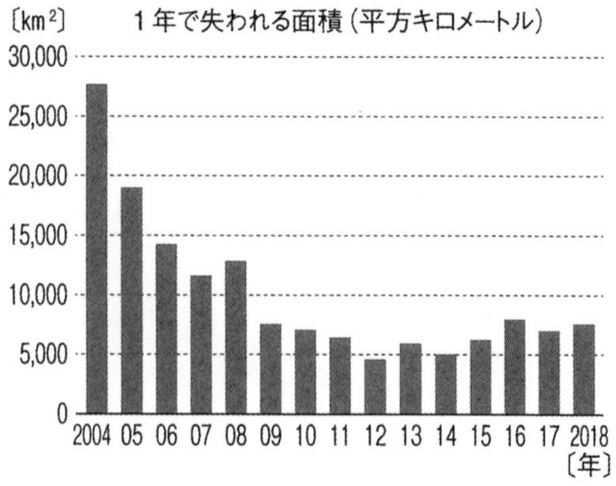

https://www.bbc.com/japanese/55140827 より引用。

4 次の（ ① ）・（ ② ）に適する山脈の正しい組み合わせとして，最も適当なものはどれか。

南アメリカの（ ① ）山脈には，アルパカやリャマ（ラマ）などの家畜が多く飼育されている。近年これらの家畜がスイスなどの（ ② ）山脈の国々に輸出されており，観光や毛の販売などで農家の収入源となっている。

ア―①アルプス ②ロッキー　　**イ**―①アルプス ②アンデス
ウ―①ロッキー ②アンデス　　**エ**―①ロッキー ②アルプス
オ―①アンデス ②アルプス　　**カ**―①アンデス ②ロッキー

5 オーストラリアでコアラの生息数が減少している原因が，干ばつ・森林火災の増加やそれに伴う生息環境の破壊にあることを知ったアマネさんは，貿易について調べ，オーストラリアの主な輸出品が鉄鉱石や石炭などの鉱産資源であることを学んだ。次の**グラフ２**中の①・②に適する国をそれぞれ答えよ。ただし，①はオーストラリアを植民地としていた国で，②は21世紀の「世界の工場」と呼ばれる国である。

グラフ２　<オーストラリアの輸出相手国の割合の変化>

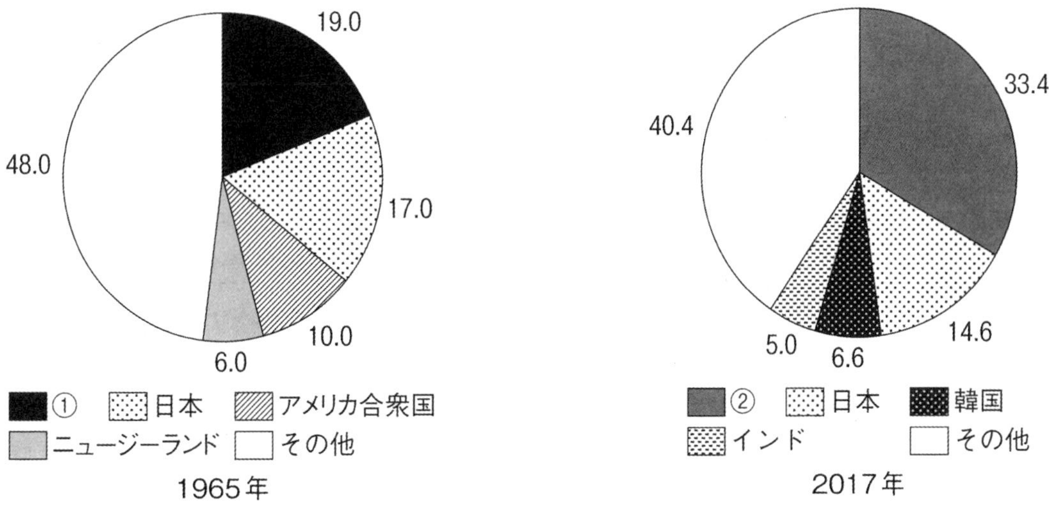

『世界国勢図会』2019／20年版より。

6 アマネさんは，社会の授業でインドの宗教と動物の関係を学んだ。次の**資料**は，アマネさんが授業で作ったものである。これを見て，**資料**中の（ ① ）に適する宗教と（ ② ）および（ ③ ）に適する文を，それぞれ答えよ。

資料

世界における上位国（バターは2018年，ほかは2019年）

牛の頭数	
1	ブラジル
2	インド
3	アメリカ
4	中国
5	エチオピア

牛肉の生産	
1	アメリカ
2	ブラジル
3	中国
4	アルゼンチン
5	オーストラリア

バターの生産	
1	インド
2	パキスタン
3	アメリカ
4	ニュージーランド
5	ドイツ

左の３つの表のうち，牛肉の生産だけインドが上位に入っていない。この理由について私は仮説を立てた。まず，インドでは（ ① ）を信仰する人が多い。この宗教では（ ② ）ことが禁止されている。しかし，（ ③ ）ことはできるため，インドにおけるバターの生産量は世界第１位となっているのではないだろうか。

二宮書店『地理統計要覧　2022年版』より。

Ⅱ　動物園に興味をもったアマネさんは，日本で入園者数の多い動物園を調べ，次の**表**にまとめた。これに関連する**１**～**５**の問いに答えよ。

表

順位	動物園の名称	所在都道府県	入園者数
1	東京都恩賜《おんし》上野動物園	東京都	3,479,990人
2	【　Ａ　】市東山動植物園	Ｂ愛知県	2,340,989人
3	天王寺動物園	Ｃ大阪府	1,485,780人
4	Ｄ旭川《あさひかわ》市旭山動物園	北海道	1,391,428人

dobutsubiyori.com/zooranking2020/より。入園者数は2019年。

１　【　Ａ　】に適する，愛知県の県庁所在都市名を答えよ。

２　次の①～③は，アマネさんが調べて作成した東京，大阪，旭川のいずれかの雨温図である。これらについて説明した下の文章を読み，文章中の（　**ア**　）・（　**イ**　）に適する都市名をそれぞれ答えよ。

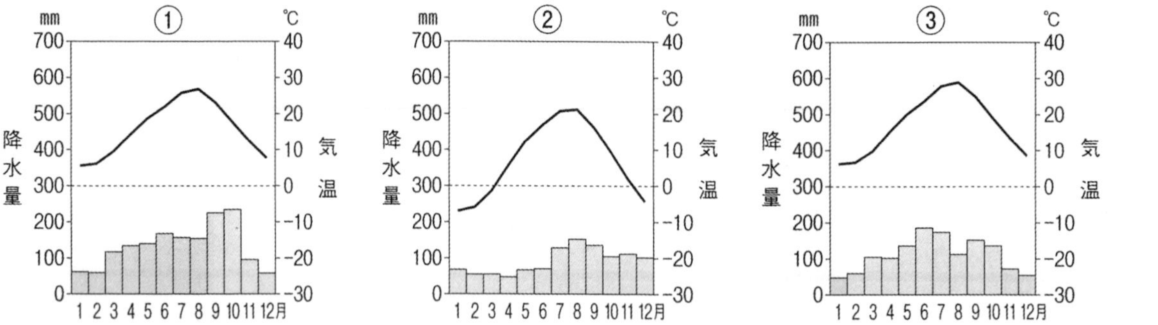

年平均気温：15.8℃　年降水量：1598.2㎜　　年平均気温：7.1℃　年降水量：1104.5㎜　　年平均気温：17.1℃　年降水量：1338.3㎜

https://ktgis.net/service/uonzu/index.htmlを利用して作成。

①～③がどの都市なのか考えたとき，まず年平均気温を比較すると，最も低い②が（　**ア**　）だと考えられる。次に①と③を比べると，平均気温はあまり変わらないが，③の降水量は①より250㎜も少ない。これは，③が周囲を山地に囲まれており，年間を通して降水量が少ない気候であることが原因である。このことは，小麦粉を使った料理が有名であるなど，③の食文化にも影響しているのではないだろうか。よって，③は（　**イ**　）だと考えられる。

３　下線部**Ｂ**に関連して，右の**グラフ１**中の①・②は愛知県か群馬県のいずれかである。①に該当する県はどちらか，その県の栽培方法の特徴をふまえて説明せよ。

グラフ１＜東京都中央卸売市場でのキャベツの入荷量＞

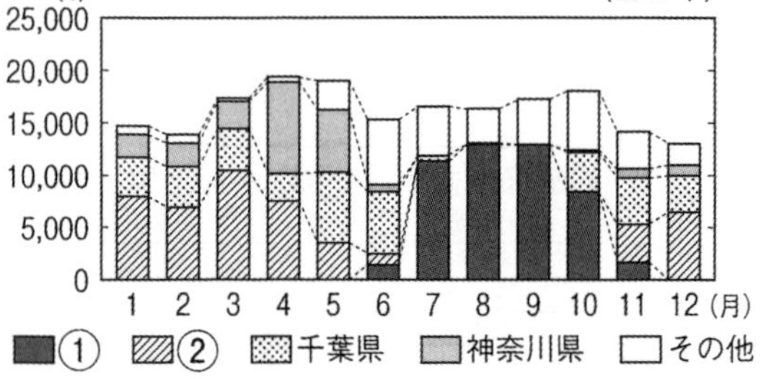

東京都中央卸売市場資料をもとに作成。

４　下線部**Ｃ**に関連して，アマネさんは次の**表１・２**を作成した。これらを見て，次ページの(1)・(2)に答えよ。

表１

都府県	人口最大の都市（人口）
東京都	東京23区（911万人）
大阪府	大阪市（259万人）
愛知県	【　Ａ　】市（221万人）

表１・２とも二宮書店『地理統計要覧　2022年版』をもとに作成。

表２

ア（約34兆円）	金属（20.8%），機械（37.8%），化学（23.4%），食品（11%），その他（７%）
イ（約26兆円）	金属（8.7%），機械（49.6%），化学（22.6%），食品（11%），その他（8.1%）
ウ（約59兆円）	金属（9.5%），機械（69.3%），化学（12%），食品（4.6%），その他（4.6%）

⑴　**表１**は，各都府県の人口最大都市と人口を示している。アマネさんは，東京23区と大阪市の間に，365万人の人口をもつ関東地方の都市が抜けていることに気付いた。日本有数の貿易港をもつ，この都市はどこか。

⑵　**表２**の**ア**～**ウ**は京浜・中京・阪神の各工業地帯と製造品出荷額，およびその構成を示している。このうち，阪神工業地帯に該当するものとして，最も適当なものはどれか。

５　下線部**Ｄ**に関連して，アマネさんは旭川市を訪れる外国人観光客について調べ，次の**グラフ２**にまとめた。これを見て，あとの文章の（　　　　　　　　　　　）に適する文を，タイと旭川の気候などの自然環境の違いをふまえて書け。

グラフ２　＜国別外国人宿泊数の推移＞

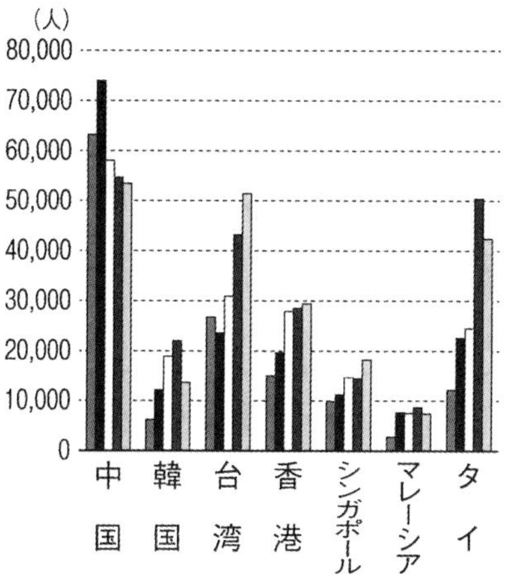

グラフ２から，令和元年に観光客が最も多いのは中国からで，次に台湾であることが分かる。また韓国や香港など東アジアだけでなく，タイ，マレーシア，シンガポールなどの東南アジア諸国も増加している。特に平成27年以降，タイから来る観光客が大きく増加している。これは，（　　　　　　　　　　　　）ことが主な理由として考えられる。

各国とも，左から平成27年～令和元年のデータである。
旭川市ホームページより引用。

Ⅲ　旭山動物園に興味をもったアマネさんは，動物園の近くの地図をインターネットで探した。次の**地図**を見て，**１**・**２**の問いに答えよ。

地図

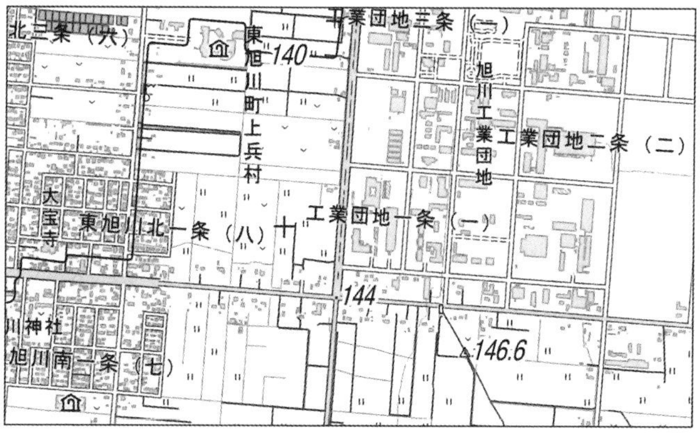

１　次の文中の（　①　）・（　②　）に適する語句の組み合わせとして，最も適当なものはどれか。

> **地図**中に，「工業団地一条」などの地名が見えるのは，広い北海道を開拓するために，開拓の歴史をもつ（　①　）から人を招き，この国のタウンシップ制という制度をまねたからです。また，移住してきた士族などからなる（　②　）は開拓の中心を担い，非常時には武器をとって防備にあたりました。

ア　①ドイツ　　②開拓使　　　**イ**　①ドイツ　　②屯田兵
ウ　①アメリカ合衆国　　②開拓使　　　**エ**　①アメリカ合衆国　　②屯田兵

２　次の**ア**～**エ**のうち，右上の地図を見て分かることとして，**適当でないもの**はどれか。
ア　**地図**中には，老人ホームが２つと，三角点が１つそれぞれ見られる。
イ　**地図**中の北東側にある「旭川工業団地」は，標高が150mよりも高くなっている。
ウ　**地図**中の平地には水田と畑が広がっており，面積は畑よりも水田のほうが広くなっている。
エ　**地図**中の範囲の標高は，南東方向から北西方向へゆるやかに下がっている。

2 次のⅠ～Ⅲの問いに答えなさい。答えを選ぶ問いについては一つ選び，その記号を書きなさい。

Ⅰ　ヨウコさんは，今から170年前にペリーが浦賀（現在の神奈川県横須賀市久里浜）に来航したことを知り，日本各地の港について調べて表にまとめた。この表を見て，**1**～**6**の問いに答えよ。

港の名称	説明
博多《はかた》 （福岡県福岡市）	室町幕府３代将軍［　①　］が開始した日明貿易（勘合貿易）で栄えた。ⓐこの貿易で大量にもたらされた銅銭は，日本社会に広まり，経済や流通に大きな影響を与えた。
十三湊《とさみなと》 （青森県五所川原《ごしょがわら》市）	津軽《つがる》の豪族安藤氏の拠点で，蝦夷地のアイヌの人々と交易を行った。ⓑしだいに蝦夷地への進出を強めた和人《わじん》（本州の人々）に対し，アイヌの人々が反乱を起こすこともあった。
浦賀《うらが》 （神奈川県横須賀《よこすか》市）	1853年にペリーが来航したことで知られるが，それ以前から外国船は来航していた。ペリーは翌年に再来日して，日米［　②　］条約を結び，ⓒ鎖国政策はくずれた。
坊津《ぼうのつ》 （鹿児島県南さつま市）	古代から海上交通の要地として栄え，遣唐使船の寄港《きこう》地でもあった。奈良時代に，苦難のすえに来日した［　ⓓ　］が，この地に来航したことでも知られる。
酒田《さかた》 （山形県酒田市）	江戸時代に整備された西廻《にしまわ》り航路の起点港。ⓔ西廻り航路では，北前船《きたまえぶね》などが北国の産物を，「天下の台所」とよばれた都市に運んだ。

1　［　①　］にあてはまる人名，［　②　］にあてはまる語句を漢字で書け。

2　ⓐについて，下の図は，室町時代の経済・流通に関する一場面を示したものである。図中の空欄**あ**・**い**に適当な語句や文を記入せよ。

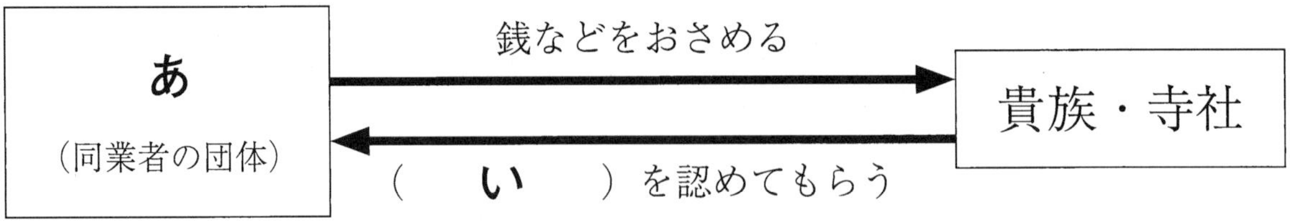

3　ⓑについて，17世紀後半に松前藩に対する大規模なアイヌの反乱が起こったが，この反乱の指導者は誰か。

4　ⓒについて，鎖国期間中の日本の出来事を述べた下の**ア**～**エ**の文を，年代が古い順に正しく並べかえよ。

ア　老中の田沼意次が，長崎での貿易を活発にするために海産物の輸出をうながし，蝦夷《えぞ》地開拓を計画した。

イ　相次ぐ外国船の接近に対して，幕府は外国船打払令を出して，外国船を追い払う方針を決めた。

ウ　徳川吉宗の将軍就任を祝賀するために，朝鮮から使節が派遣された。

エ　新井白石は，長崎での貿易を制限して，金・銀の海外流出をおさえようとした。

5　ⓓについて述べた文として，最も適当なものはどれか。

ア　墨一色で自然を描く，水墨画の名作を多く残した

イ　僧尼が守るべき生活の規律などを，日本に伝えた。

ウ　橋をつくるなどの社会事業を進めながら，民衆の間に仏教を広めた。

エ　唐から天台宗を日本にもたらし，比叡《ひえい》山延暦寺を建てた。

6　ⓔについて，以下の問いに答えよ。

(1)　酒田から「天下の台所」と呼ばれた都市にいたる，西廻り航路の航路図を，解答欄の地図中に矢印で記せ。

(2)　右の**史料**は，19世紀に「天下の台所」と呼ばれた都市で反乱を起こした人物が出した＊檄文《げきぶん》である。この反乱を起こした人物名を答えよ。また，この反乱が起きた背景について，檄文の内容を参考にしながら説明せよ。

＊自分の主張を述べて同意を求め，行動への決起を促す文書

史料

天下の民が生活に困窮するようでは、その国は滅びる。政治をする資格のない人間が国を治めれば、国に大きな災害が起こるとは、昔からよくいわれていたことだ。…

民衆が苦しんでいるにも関わらず、政治家や役人どもは私利私欲のために勝手な政治をし、自分たちだけ何不足なく暮している。…

このたびの飢饉という天罰を目の前にしながら、これに対しておそれ慎むもうとせず、餓死していく貧人をみても救おうとせず、自分たちだけはぜいたくな暮らしをしている。…

私たちは、もう我慢することはできない。やむなく天下のためを思い、有志とともに民を苦しめている諸役人を攻め討ち、さらにおごりたかぶる悪徳町人・金持ちを成敗する。…

（史料は一部改編・省略した部分がある）

Ⅱ　ヒナコさんは，2023年が関東大震災から100年の節目にあたることをきっかけに，その復興の指揮をとった後藤新平《ごとうしんぺい》について調べてまとめた。これを見て，**1**～**6**の問いに答えよ。

> 後藤新平は，1857年に現在の岩手県奥州《おうしゅう》市に生まれた。後藤はⓐ医学の道に進み，愛知県で医師をしていた時に，岐阜で暴漢に襲われて負傷した［　①　］の手当てを行っている。その後，官僚になった後藤は，1897年からⓑ台湾総督府《たいわんそうとくふ》民政局長《みんせいきょくちょう》として，台湾の経済改革と生活環境整備を進めた。そして，1906年にはⓒ南満州鉄道株式会社《みなみまんしゅうてつどうかぶしきがいしゃ》（満鉄）の初代総裁となり，満州経営でも力を発揮した。また，1923年に起きた関東大震災で首都東京が壊滅状態になると，後藤は内務大臣兼帝都復興院《ていとふっこういん》総裁として，震災復興計画を立案し，東京の復興に尽力した。さらに後藤は，1925年に東京放送局（ＮＨＫの前身）の初代総裁として，日本初の［　ⓓ　］仮放送で挨拶を行っている。このように，後藤新平は様々な活動を通じて多くの功績を残した。

後藤新平（1857～1929）
国立国会図書館「近代日本人の肖像」（https://www.ndl.go.jp/portrait/）より

1　［　①　］は自由民権運動の中心人物として知られ，この襲撃の時に「○○死すとも自由は死せず」と言ったことが有名である。この人物名を書け。　＊○○にはこの人物の名字が入る

2　ⓐについて，下の説明文はある医師についてのものである。この医師の名と，文中の［　　］に当てはまる語句の組み合わせとして，最も適当なものはどれか。

> 細菌学で優れた功績を残し，ノーベル賞の候補にもあがった。しかし，［　　］の研究中に自らも感染し，命を落とした。

ア　北里柴三郎・天然痘　　　**イ**　北里柴三郎・黄熱病
ウ　野口英世・天然痘　　　**エ**　野口英世・黄熱病

3　ⓑについて，日本が台湾を領有した頃に，列強による中国分割は一層進んだ。右の地図中①～④の地域と，その支配国の組み合わせとして，**適当でないもの**はどれか。

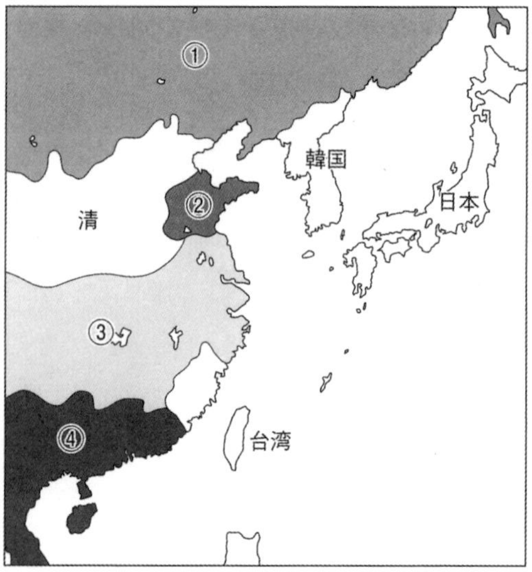

ア　①－ロシア　　　**イ**　②－アメリカ
ウ　③－イギリス　　**エ**　④－フランス

4　ⓒについて，南満州鉄道株式会社（満鉄）に関する下の文の［　　　　　　］に適する文を補い，これを完成させよ。ただし**アメリカ**，**満州**の２語を使用すること。

> 日露戦争に勝利した日本は，南満州鉄道株式会社（満鉄）を設立し，沿線地域の炭鉱開発や製鉄所建設，都市建設などを進めていった。そのため日本は，［　　　　　　　　］することになった。

5　［ ⓓ ］について，以下の問いに答えよ。

(1)　［ ⓓ ］に該当する語句は何か。

(2)　［ ⓓ ］放送が開始された時期に関する写真として，**適当でないもの**はどれか。

ア

＜街中を歩くモガ＞

イ

＜疎開地に行く子どもたち＞

ウ

＜大衆雑誌『キング』の創刊＞

エ

＜建設されたばかりの阪神甲子園球場＞

6　次の**ア**～**エ**のうち，後藤新平の存命中の出来事を**３つ**選び，年代が古い順に並べよ。

ア　ポーツマス条約に反対する民衆が，日比谷公園で暴動を起こした。
イ　盧溝橋事件をきっかけに，日中戦争がはじまった。
ウ　西郷隆盛を首領とする不平士族らが，鹿児島で蜂起した。
エ　シベリア出兵にともなう米の買い占めなどにより，米騒動が勃発した。

Ⅲ　アイコさんは，今から70年前（1953年），50年前（1973年），30年前（1993年）の出来事を調べて，カードにまとめた。このカードをみて，**1**・**2**の問いに答えよ。
（＊３つのカードのうち，どれが70年前，50年前，30年前にあたるかは，自分で考えて答えよ）

・イギリス女王エリザベス２世が戴冠 ・朝鮮戦争の休戦協定成立 ・［ ① ］が日本に返還	・55年体制が終わる ・鹿児島市を中心に集中豪雨被害（8.6水害） ・［ ② ］，白神山地などが日本初の世界遺産に登録	・ベトナム和平協定が成立 ・変動相場制へ移行 ・第４次中東戦争によってオイルショック（波線）が起こる

1　カード中の空欄［ ① ］・［ ② ］に該当する語句の組み合わせとして，最も適当なものはどれか。

ア　①－奄美群島　②－佐渡島　　**イ**　①－奄美群島　②－屋久島
ウ　①－小笠原諸島　②－佐渡島　　**エ**　①－小笠原諸島　②－屋久島

2　〰〰線部について述べた下の文の空欄［　　　　　　　］に適切な文を記入し，これを完成させよ。ただし，**経済**の語を使用すること。

> 石油やそれを原料とする製品が値上がりし，それを見こした買いだめも起こった。そのため，政府は物価を［　　　　　　　　　　］。

3　次のⅠ～Ⅲの問いに答えなさい。答えを選ぶ問いについては一つ選び，その記号を書きなさい。

Ⅰ　次は，中学生の公子さんが衆議院の役割について授業で学んだものをノートにまとめたものである。これをみて，1～5の問いに答えよ。

■衆議院の優越について■

事　柄	優越の対象となる場合	結　果
予算の議決 条約の承認	・衆議院，参議院で異なる議決をし，［　X　］でも意見が一致しない場合。 ・参議院が衆議院の議決を受け取った後，30日以内に議決しない場合。	衆議院の議決がそのまま国会の議決となる。
ⓐ法律案	・衆議院で可決した法律案を参議院が否決または修正した場合。 ・参議院が衆議院で可決された法律案を受け取って，60日以内に議決せず，衆議院から否決とみなされた場合。	衆議院がもとの案を出席議員の３分の２以上の賛成で再び可決すれば，法律となる。
内閣総理大臣の指名	・衆議院，参議院がそれぞれ異なる人物を指名し，［　X　］でも意見が一致しない場合。 ・参議院が衆議院の議決を受け取った後，10日以内に指名しない場合。	衆議院で指名された人物が，そのまま内閣総理大臣になる。
その他	・衆議院だけが［　Y　］を持つ。	ⓑ内閣は10日以内に衆議院を解散するか，総辞職する。

■まとめ■

参議院より衆議院が優越される理由は，衆議院は参議院に比べ任期が４年と短く解散があるため，主権者である［　　　Z　　　］と考えられるためである。

1　次は日本国憲法の一部である。［　　　］に入ることばを書け。

第41条　国会は，国権の［　　　］機関であつて，国の唯一の立法機関である。

2　［　X　］，［　Y　］にあてはまることばの組み合わせとして，最も適当なものはどれか。

ア（　X　国民投票　　　Y　内閣不信任決議権　）
イ（　X　両院協議会　　Y　弾劾裁判権　）
ウ（　X　両院協議会　　Y　内閣不信任決議権　）
エ（　X　国民投票　　　Y　弾劾裁判権　）

3　［　　　Z　　　］に適することばを補い，これを完成させよ。

4　ⓐに関して，法律や命令，規則などが合憲かどうかを審査する，裁判所がもつ権限を何というか。

5　ⓑに関して，内閣が国会の信任に基づいて成立し，国会に対し連帯責任を負うしくみを何というか。

Ⅱ　次は，ある企業の求人広告である。これをみて，１～４の問いに答えよ。

○△貿易株式会社
・職種：営業（男・女）
・給与：男性20万円，女性18万円　※昇給あり，時間外手当あり
・勤務時間：月曜日～金曜日の９：00～17：00
・福利厚生：社会保険完備，家族手当あり
・休日：週休２日制　※夏期休暇・年末年始休暇あり
・待遇：ボーナス年２回，昇進あり（男・女）

グラフ１

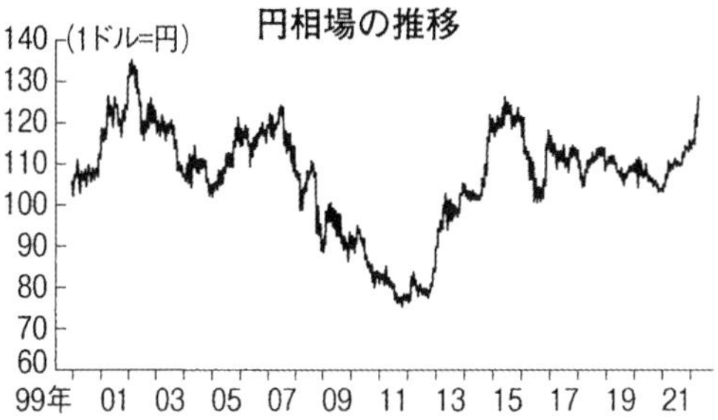

１　線部について，**グラフ１**は近年における円相場の推移を表したグラフである。2021年以降は輸出・輸入のうちどちらに有利な状態となっているか。

２　求人広告の内容をみて，問題のある点を挙げよ。

３　労働基準法について述べた文として，**誤っているもの**はどれか。
ア　労働組合法，育児・介護休業法とともに，労働三法のひとつである。
イ　労働時間，休憩時間，休日など，労働条件の最低基準が定められた法律である。
ウ　2019年より残業時間に上限が設けられ，違反した使用者への罰則が定められた。
エ　厚生労働省の機関である労働基準監督署が監視をおこなっている。

４　**グラフ２**について，日本の20代半ば～40代半ばの女性の労働力率が他国に比べ下がっているのはおもにどのような理由からか，説明せよ。

（内閣「男女共同参画局資料」より）

グラフ２　＜主要国における女性の年齢階級別労働力率＞

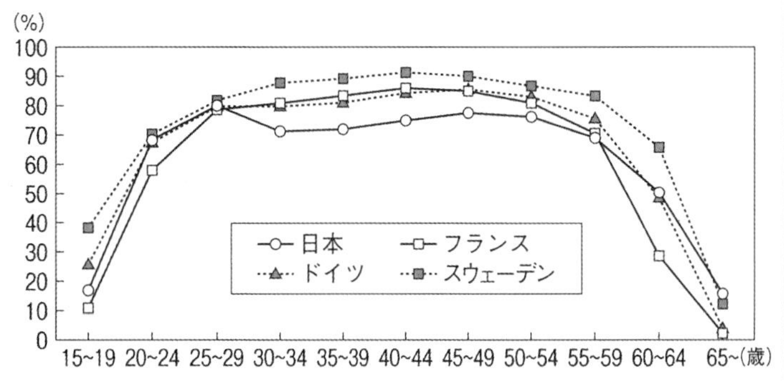

（備考）１．日本は総務省「労働力調査（基本集計）」（平成27年），その他の国はILO“ILOSTAT”より作成。
２．労働力率は，「労働力人口（就業者＋完全失業者）」／「15歳以上人口」×100。
３．日本，フランスは2015（平成27）年値，その他の国は2014（平成26）年値。
４．米国の15～19歳の値は，16～19歳の値。

Ⅲ　右のイラストは，商品の手前取りを呼びかけるオリジナルキャラクターによるステッカーで，鹿児島純心女子高等学校が令和３年度の探究活動の授業の中で，SDGsへの取り組みについて貢献出来ることを考え制作しポスターとともに市内の29店舗に掲示されたものである。スーパーやコンビニエンス・ストアなどで陳列された商品を手前のものから購入する事は，地球環境にとってどのような良い点があるか，説明せよ。

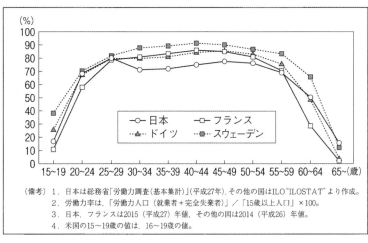

令和５年度　鹿児島純心女子高校入試問題　理　科

（解答…209Ｐ）

1　次のⅠ，Ⅱの各問いに答えなさい。答えを選ぶ問いについては記号で答えなさい。

Ⅰ　次の実験について，あとの問いに答えよ。

【実験】アサガオを屋外の日光のよく当たる場所に置き，６時から20時まで，２時間ごとに葉を１枚ずつ採取した。採取した葉はただちに熱湯に入れてやわらかくしたあと，エタノールに入れてあたためてから水洗いし，ヨウ素液に浸してその色の変化を観察した。

その色の変化から，葉にふくまれるデンプンの量を下の表の基準に従って０～４の５段階で表し，時刻と葉にふくまれるデンプンの量〔段階〕との関係を調べたところ，**図１**のようになった。なお，**図１**の**a**は晴れた日，**b**はくもりの日のものである。

葉にふくまれるデンプンの量〔段階〕	0	1	2	3	4
ヨウ素液に浸したあとの葉の色	黄色	黄褐色	青紫色	黒紫色	黒色
デンプンの量	少 ←				→ 多

1　下線部の作業は，何を目的に行ったものか。説明せよ。

2　下図は植物の葉の断面図である。デンプンは，葉のどこでつくられているか。下図の**ア**～**エ**から選べ。

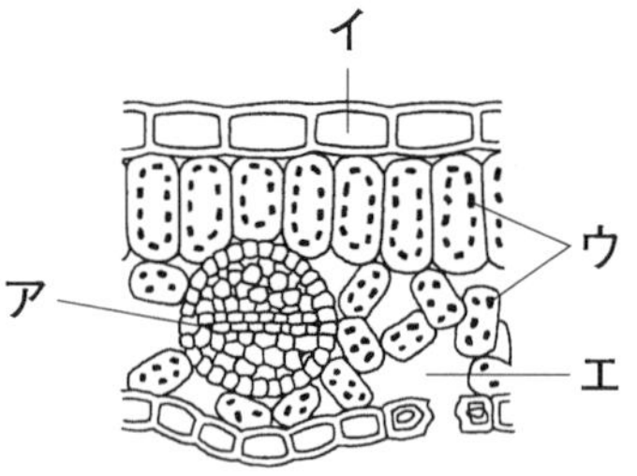

図１

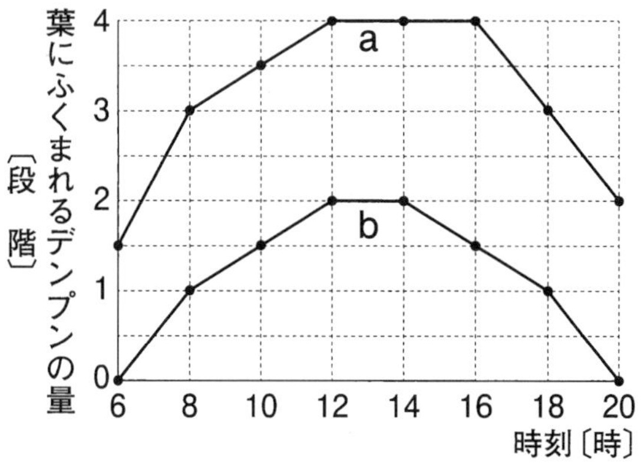

3　**図１**の**a**，**b**の違いから，葉にふくまれるデンプンの量を決めているのは何か。

4　**図１**の**a**の16時以降，葉にふくまれるデンプンの量が減少しているが，この理由を説明しているものとして，最も適当なものを次から選べ。

ア　光合成の量が減少し，茎や根などへの移動や呼吸が始まったから。

イ　光合成の量が減少し，茎や根などへの移動量と呼吸による消費量の合計が光合成の量を上回ったから。

ウ　光合成の量は変化しないが，茎や根などへの移動や呼吸が始まったから。

エ　光合成の量は変化しないが，茎や根などへの移動量と呼吸による消費量の合計が光合成の量を上回ったから。

5　葉でつくられたデンプンは，他の物質に変えられて茎や根へ移動する。どのような物質に変えられて，何という管を通って移動するか。次から選べ。

ア　水に溶けやすい物質に変えられて，師管を通って移動する。

イ　水に溶けやすい物質に変えられて，道管を通って移動する。

ウ　水に溶けにくい物質に変えられて，師管を通って移動する。

エ　水に溶けにくい物質に変えられて，道管を通って移動する。

Ⅱ　エンドウの花のつくりと種子のでき方，遺伝について調べた。

図1

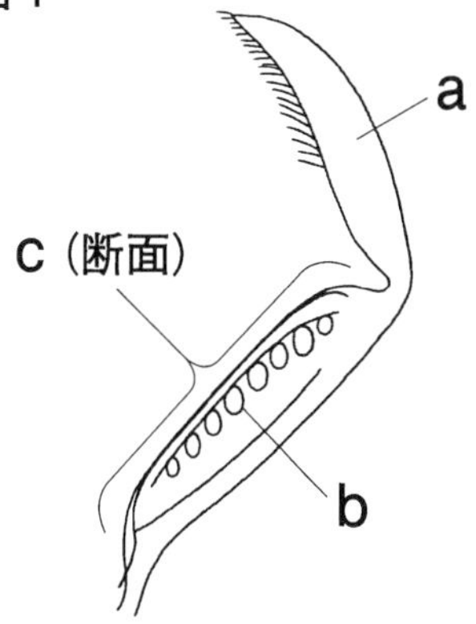

1　**図1**は，エンドウの花のめしべの断面のようすを示したものである。**a**の名称を答えよ。

2　エンドウの花のつくりはマツの花のつくりと比べてどのような特徴があるか。**図1**の**b**，**c**の部分の名称を用いて，簡単に答えよ。

3　エンドウが受粉したあと，種子ができるまでにどのようなことが起こったか。次の**ア**～**エ**を起こった順に並べかえよ。

ア　胚ができた。　　**イ**　花粉管がのび，その中を精細胞が送られた。

ウ　受精した。　　**エ**　卵細胞が細胞分裂した。

図2のように，代々丸形種子をつくるエンドウと代々しわ形種子をつくるエンドウをかけ合わせたところ，できた種子（子）はすべて丸形種子になった。丸形遺伝子を**A**，しわ形遺伝子を**a**とする。

図2

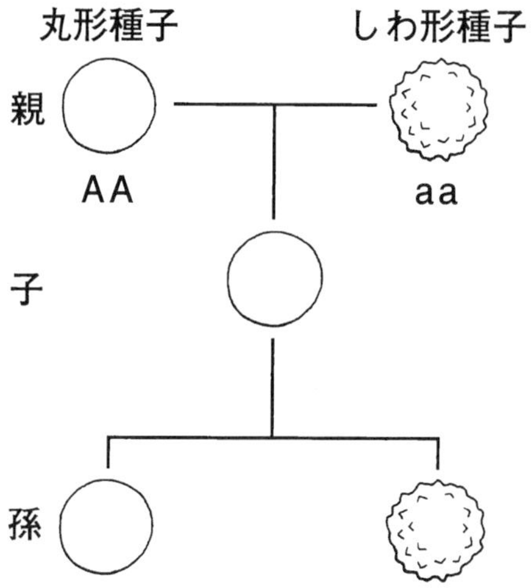

4　種子の形質について「丸形」と「しわ形」はどちらが顕性形質（優性形質）か答えよ。

5　孫の代の丸形種子としわ形種子をかけ合わせたところ，丸形種子としわ形種子の両方が現れた。かけ合わせた丸形種子としわ形種子の遺伝子の組み合わせをそれぞれ答えよ。

2 次のⅠ，Ⅱの各問いに答えなさい。答えを選ぶ問いについては記号で答えなさい。

Ⅰ　化学変化に関する次の文を読み，あとの問いに答えよ。

試験管に質量2.4ｇの炭酸水素ナトリウムを入れ，右の図のような装置で加熱したところ，気体が発生した。やがて気体の発生がとまったので，ガラス管を水からとり出し，ガスバーナーの火を消した。

このとき，試験管には白い固体Ａが残り，試験管の内側には液体がついていた。残った白い固体Ａの質量は1.5ｇであった。

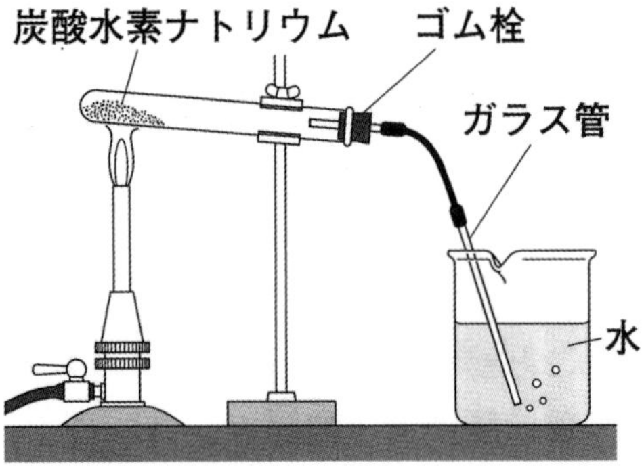

1　試験管の口を少し下げて加熱する理由を答えよ。

2　加熱後の試験管に残った白い固体Ａと炭酸水素ナトリウムは別の物質である。加熱後の白い固体Ａの化学式を答えよ。

3　炭酸水素ナトリウムと白い固体Ａを同じ量の水が入った２本の試験管に入れて，それぞれ水に対する溶け方を調べた。溶け方はどのようであったか。適当なものを次から選べ。

ア　炭酸水素ナトリウムも白い固体Ａもよく溶けた。
イ　炭酸水素ナトリウムも白い固体Ａも少ししか溶けなかった。
ウ　炭酸水素ナトリウムは少ししか溶けなかったが，白い固体Ａはよく溶けた。
エ　白い固体Ａは少ししか溶けなかったが，炭酸水素ナトリウムはよく溶けた。

4　実験で発生した液体は水で，試験管の内側についていた水を調べると酸性であった。水が酸性であった理由を簡単に書け。

5　炭酸水素ナトリウムの質量を1.8ｇにして同じ実験を行うと，残る白い固体Ａの質量は何ｇになるか。小数第２位を四捨五入して小数第１位まで答えよ。

Ⅱ　硫酸と水酸化バリウム水溶液を混ぜ合わせたときの変化を調べるために，【実験１】から【実験３】まで順に行い，その結果を下の表にまとめた。

【実験１】うすい硫酸とうすい水酸化バリウム水溶液をそれぞれ，表に示した体積の組み合わせで，試験管Ａ～Ｄに入れてよく混ぜ合わせた。

【実験２】それぞれの試験管にＢＴＢ溶液を加え，色の変化を観察した。

【実験３】それぞれの試験管に，同じ質量のマグネシウムを加えたときに気体が発生するか調べた。

	A	B	C	D
硫酸〔cm^3〕	4.0	5.0	6.0	7.0
水酸化バリウム水溶液〔cm^3〕	9.0	8.0	7.0	6.0
ＢＴＢ溶液の色	青	緑	黄	黄
気体の発生	なし	なし	あり	あり

1　試験管Ａは何性の水溶液となったか。

2　【実験１】において，試験管Ａ～Ｄのすべての試験管で白色の沈殿が観察できた。この沈殿の化学式を答えよ。

3　【実験２】において，ＢＴＢ溶液を加えるかわりに，フェノールフタレイン溶液を加えると，赤色の溶液に変色するのは試験管Ａ～Ｄのどれか。すべて答えよ。

4　【実験３】において，マグネシウムを加えたときに発生した気体の名称と特徴を１つ答えよ。

5　実験に使用した硫酸を２倍にうすめたものを12 cm^{3}用意した。この溶液を，実験に使用した水酸化バリウム水溶液を用いて完全に中和したい。必要な水酸化バリウム水溶液は何cm^{3}か。

3 次のⅠ，Ⅱの各問いに答えなさい。答えを選ぶ問いについては記号で答えなさい。

Ⅰ　体重60kgの太郎君がさまざまな実験を行った。使用したロープやばねの重さ，および滑車の摩擦はないものとする。また，質量100ｇの物体にはたらく重力の大きさは１Ｎとする。

1　太郎君は両足で体重計に乗った状態から，静かに左足を宙に浮かせた。このときの体重計の目盛りと，右足の裏にかかる圧力の大きさは，両足で体重計に乗ったときと比べてどうなるか。組み合わせとして適当なものを次から選べ。

	体重計の目盛り	圧力
ア	小さくなる	大きくなる
イ	小さくなる	小さくなる
ウ	小さくなる	変わらない

	体重計の目盛り	圧力
エ	変わらない	大きくなる
オ	変わらない	小さくなる
カ	変わらない	変わらない

2　**図１**のように，太郎君が滑車を使ってロープを引き，質量５kgのおもりを90cmの高さまで持ち上げた。このとき，おもりが受けた仕事の大きさは何Ｊか。

図１

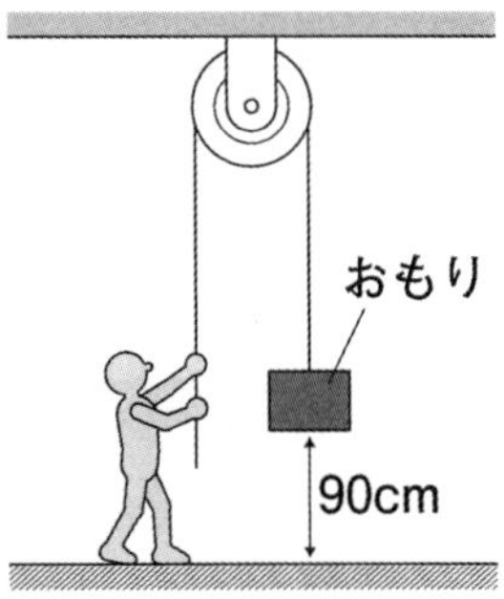

3　**図２**のようにロープの一方の端にばねの上端を結び付け，ばねの下端には**図１**とは別のおもりをつけた。体重計に乗った太郎君が，ロープのもう一方の端を下方に引っ張り，ロープを引く力の大きさとばねの伸びとの関係を調べた。**図３**は，調べた結果をグラフにしたものである。

①　このばねを５cm伸ばしたいときは，何Ｎの力でロープを引けばよいか。

②　太郎君がロープを引っ張るときの体重計の示す目盛りの大きさとばねの伸びとの関係を，グラフに表せ。

③　**図３**のグラフから判断して，このときのおもりの質量として当てはまるものを次からすべて選べ。

ア　10kg　　**イ**　30kg　　**ウ**　50kg
エ　70kg　　**オ**　90kg

図２

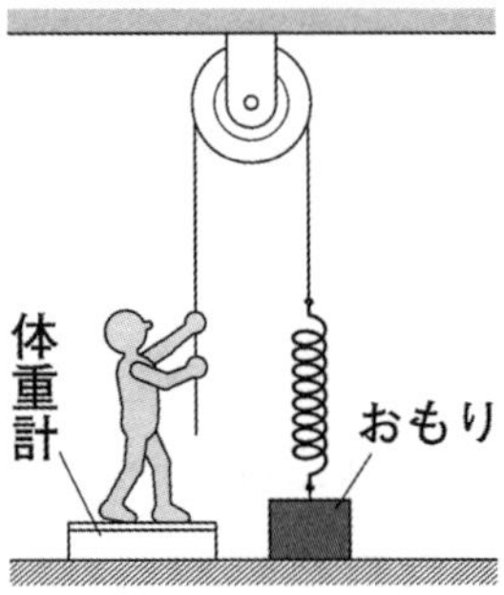

図３

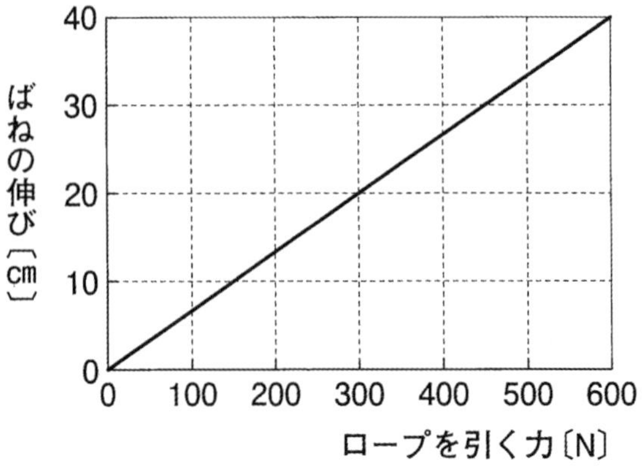

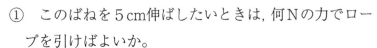

Ⅱ　長さ２ｍの光学台の上に，光源，物体，凸レンズ，スクリーンを下図のように並べ，スクリーンにできる像を観察した。物体には光源側から見てアルファベットのＰの文字がくりぬかれている。表には，スクリーンにはっきりした像ができたときの凸レンズから物体までの距離と，凸レンズからスクリーンまでの距離の組み合わせを一部示している。

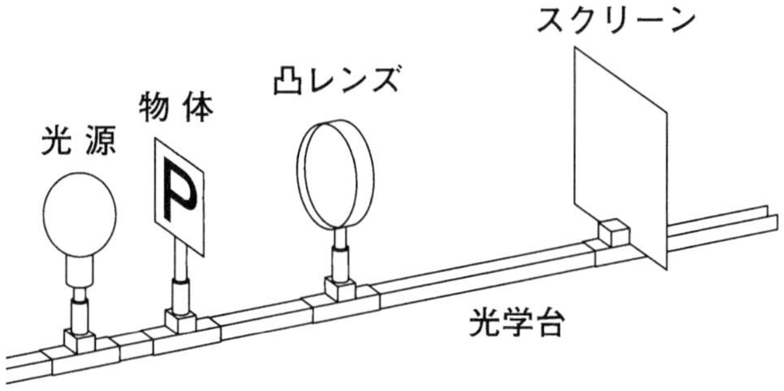

凸レンズから物体までの距離〔cm〕	18	20	30	60
凸レンズからスクリーンまでの距離〔cm〕	90	60	30	ア

1　光源側から見えるスクリーンの像を例にならって解答欄に書け。

例

2　この凸レンズの焦点距離は何cmか。

3　表のアにあてはまる数字を答えよ。

4　光学台の上で物体を凸レンズに近づけていったところ，ある位置にきたところで，スクリーンをどこに動かしても像がうつらなくなった。このときの物体の位置はどこか説明せよ。なお，凸レンズからの距離〔cm〕で示してもよいものとする。

5　凸レンズの上半分を黒い紙でおおった。スクリーンにうつる像はどうなったか。簡単に答えよ。

4 次のⅠ，Ⅱの各問いに答えなさい。答えを選ぶ問いについては記号で答えなさい。

Ⅰ　九州には，噴火の記録のある活火山がいくつもある。鹿児島県にある桜島と長崎県にある雲仙普賢岳では，過去に大規模な噴火が発生したことがある。

1　桜島と雲仙普賢岳の２つの火山は，火山の形に違いが見られる。桜島と雲仙普賢岳の形をあらわしているものの組み合わせとして適当なものを選べ。

A

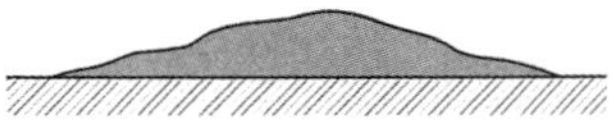

B

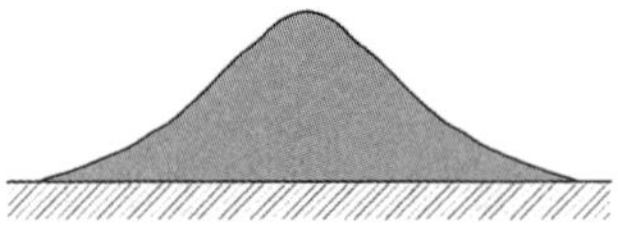

C

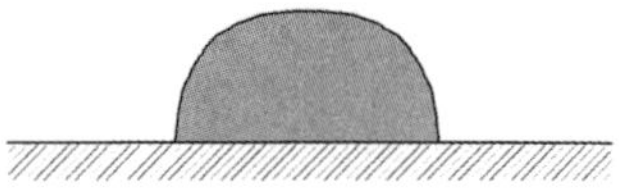

	桜島	雲仙普賢岳
ア	A	B
イ	A	C
ウ	B	A
エ	B	C
オ	C	A
カ	C	B

2　１で答えた火山の形は，何の違いによって決められているか。最も適当なものを選べ。

ア　マグマのもつ圧力の違いによって決まる。

イ　海と陸という立地条件の違いによって決まる。

ウ　マグマのねばりけの違いによって決まる。

エ　火山が形成された期間の長さの違いによって決まる。

3　火山灰は，火山噴出物のひとつである。桜島と雲仙普賢岳の火山灰の色を比較したとき，白っぽいのはどちらの火山か。また，白っぽい火山灰に多くふくまれる鉱物の名称は何か。答えの組み合わせとして最も適当なものを選べ。

	火山名	鉱物名
ア	桜島	輝石　カンラン石
イ	桜島	輝石　長石
ウ	桜島	長石　石英
エ	雲仙普賢岳	輝石　カンラン石
オ	雲仙普賢岳	輝石　長石
カ	雲仙普賢岳	長石　石英

4　雲仙普賢岳では1990年の噴火の際，火山噴出物が火山ガスとともに，高速で山の斜面を流れ下る火山現象が起こり，多くの死者が出る災害が発生した。この火山現象の名称を答えよ。

5　火山の活動では，火山灰や火山ガスなど私たちの生活に被害をもたらすものもあるが，その一方で火山があることによって得られるめぐみもある。めぐみの例を１つ答えよ。

Ⅱ　底面積20m^2，高さ2.2mの部屋の中で，次の実験を行った。なお，下の表はそれぞれの気温における飽和水蒸気量を示したものである。

気温〔℃〕	15	16	17	18	19	20	21	22	23	24	25
飽和水蒸気量〔g/m^3〕	12.8	13.6	14.5	15.4	16.3	17.3	18.3	19.4	20.6	21.8	23.1

【実験】①　**図1**のように，セロハンテープをはった金属製のコップにくみ置きの水を半分ほど入れ，水の温度をはかったところ，22℃だった。

②　**図2**のようにして，ガラス棒でかき混ぜながら，コップに氷水を少しずつ加えて水温を下げていったところ，18℃になったときにコップの表面に水滴が見られ，くもり始めた。

図1

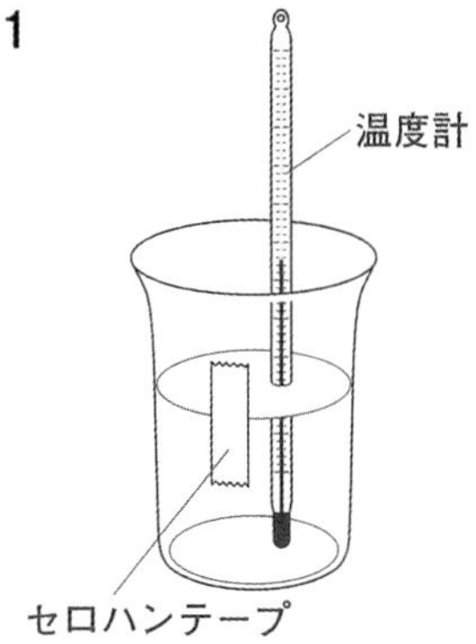

図2

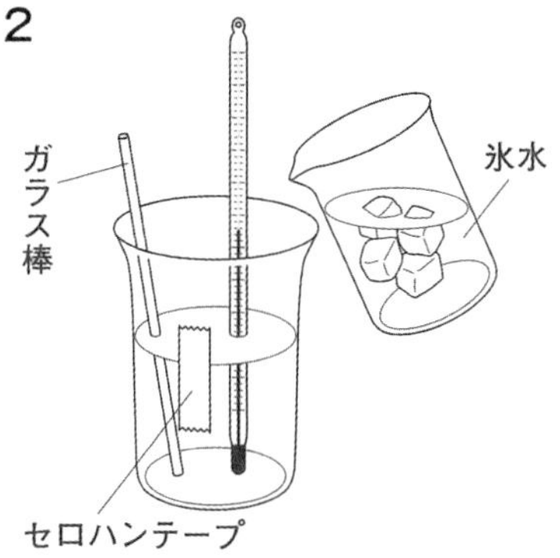

1　次の文章は，実験のコップに，水滴がついた理由を書いたものである。(　　　)にあてはまる適当な言葉を次の**ア**～**ウ**から選べ。

コップの表面についた水滴は，コップの（　　　　），水滴になったものである。

ア　内側の水がしみ出して
イ　素材の金属にふくまれる水分がしみだして
ウ　まわりの空気中の水蒸気が変化して

2　コップの表面に水滴がつき始めたときの温度を何というか。

3　この部屋の空気中の水蒸気は，1m^3あたり何g含まれているか。

4　この部屋の湿度は何％か。小数第2位を四捨五入して，小数第1位まで答えよ。

5　この部屋の温度が24℃になったときに，湿度を40％にしたい。部屋全体で何gの水蒸気を取り除けばよいか。小数第2位を四捨五入して，小数第1位まで答えよ。

5 次の各問いに答えなさい。答えを選ぶ問いについては記号で答えなさい。

1 受精卵の行う細胞分裂は，ふつうの細胞分裂と同様に，温度が高くなると分裂速度が速くなる。カエルの卵を受精させ，17℃，22℃で飼育した。いずれの温度の場合も，受精卵は正常に発生した。**図1**は，カエルの発生のようすを示したものである。ただし，**図1**中の**A**～**D**は発生の順序どおりに並んでいるとは限らない。

図1

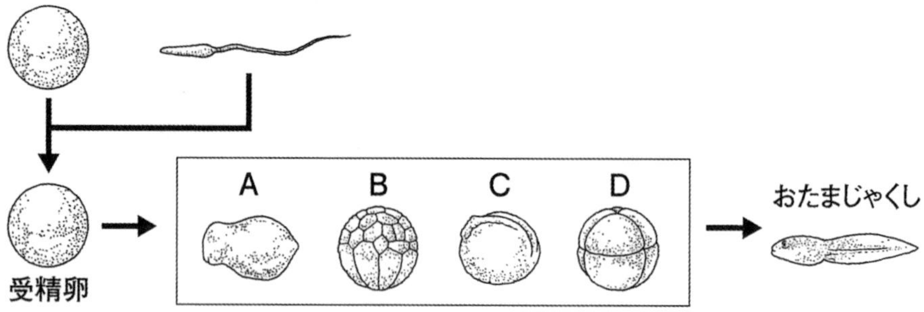

① 22℃で飼育した胚は，受精後6時間で**図1**の**B**の発生段階になった。17℃で飼育した胚の受精後6時間における発生段階として，最も適するものを**図1**の**A**～**D**から選べ。

② 22℃で飼育した胚は，受精後60時間で**図1**の**C**の発生段階になった。22℃で飼育した胚の受精後120時間における発生段階として，最も適するものを**図1**の**A**～**D**から選べ。

2 3.2gの銅の粉末をステンレス皿全体に広げ，**図2**のような装置で十分に加熱した。その後，よく冷やしてから物質の質量をはかったところ，4.0gに増加していた。

図2

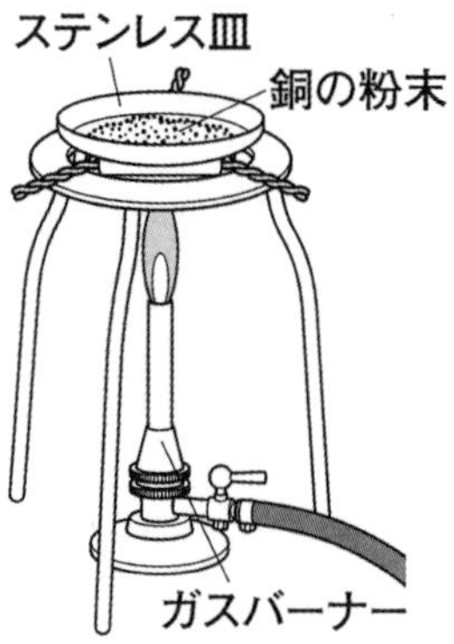

① 銅と酸素を化合させたときの化学変化を，化学反応式で表せ。

② 銅の質量と化合する酸素の質量の比を，最も簡単な整数の比で表せ。

③ 得られた酸化銅をもとの銅に戻すために，どのようなことを行うとよいか。簡単に答えよ。

3　台車にテープをつけ，１秒間に60打点する記録タイマーを用いてその運動のようすを調べた。得られた記録テープを６打点ごとに切り，順番に並べてA～Fの記号をつけて，それぞれの長さを測ったところ，次の表ができあがった。なお，空気抵抗や摩擦力の影響は考えなくてよいものとする。

テープ	A	B	C	D	E	F
テープの長さ〔cm〕	1.7	4.1	6.5	8.9	11.3	11.3

①　BからDの区間を進むときの台車の平均の速さは何cm/sか。

②　この台車の運動のようすを表したグラフを次から選べ。なお，縦軸は移動距離，横軸は時間を表している。

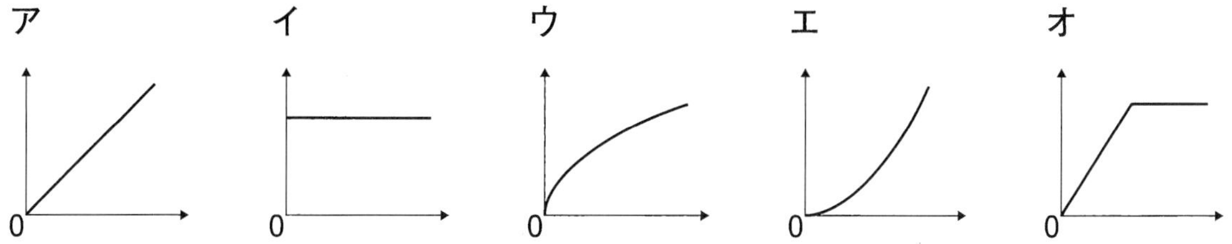

4　純子さんは，採取してきた堆積岩と示準化石の観察を行った。

①　採取してきた堆積岩を観察していると，石灰岩とチャートの区別がつかなくなった。教科書で調べてみると，うすい塩酸をかけて区別することができると分かった。塩酸をかけて反応が見られるのはどちらの岩石か。また，見られるのはどのような反応か。

②　示準化石の標本箱には，フズリナ，アンモナイト，ビカリア，メタセコイア，サンヨウチュウの５種類の化石が入っていた。フズリナの化石から推定できる地質年代はいつか。また，ビカリアと同じ地質年代を示す示準化石はどれか。適当な組み合わせを選べ。

	地質年代	化石
ア	古生代	アンモナイト
イ	古生代	メタセコイア
ウ	古生代	サンヨウチュウ
エ	中生代	アンモナイト
オ	中生代	メタセコイア
カ	中生代	サンヨウチュウ

学校法人　川島学園

鹿児島実業高等学校

川島学園理事長　川　島　英　和
鹿児島実業高等学校長　渡　辺　浩　二
所在地　〒891-0180　鹿児島市五ヶ別府町3591番３
電話　(０９９) ２８６－１３１３
ホームページ　https://www.kajitsu.ac.jp
メールアドレス　bhs-kawashima@kajitsu.ac.jp

交通
・車で鹿児島中央駅西口より武岡トンネルを抜けて約10分。
・鹿児島中央駅より南国バス・スクールバスで約15分。
・スクールバス
　鹿児島市内の中学校区を通過。
　鹿児島中央駅より鹿実への直行便も運行。

受験情報　受験会場（本校を含め16会場で実施予定）

<table>
<tr><th>募集定員</th><th></th><th></th><th>入試科目</th><th>出願情報登録期間
・受験料納付期間</th><th>出願期間</th><th>入試日</th><th>合格発表</th><th>受験料</th><th>入学金</th><th>学費</th></tr>
<tr><td rowspan="4">文理科　60名
文理コース
英数コース
普通科　120名
選抜コース
キャリア
デザインコース
総合学科　270名
10系列</td><td>推薦</td><td>各学科</td><td>作文・面接／プレゼンテーション
※A方式・B方式あり</td><td rowspan="3">令和５年
12月１日(金)
～12月26日(火)</td><td rowspan="3">令和６年
１月４日(木)
～１月10日(水)</td><td>令和６年
１月15日(月)</td><td>令和６年
１月17日(水)</td><td rowspan="3">10,000円</td><td>全額または
半額免除</td><td rowspan="3">（月額）50,400円
各種学園奨学生制度
就学支援金，その他
奨学金制度あり
（令和４年度実績）</td></tr>
<tr><td rowspan="3">一般</td><td>文理科
普通科</td><td>国・数・英(聞きとりテスト)
社・理・面接</td><td rowspan="2">令和６年
１月25日(木)</td><td rowspan="2">令和６年
１月30日(火)</td><td rowspan="2">100,000円
※各種学園
奨学生制度
あり</td></tr>
<tr><td>総合学科</td><td>国・数・英(聞きとりテスト)
面接</td></tr>
<tr><td colspan="9">試験会場：本校，薩摩川内，いちき串木野，東市来，湧水，霧島，始良，南さつま，指宿，鹿屋，種子島，屋久島，奄美（２会場），徳之島，沖永良部</td></tr>
<tr><td>学校寮</td><td colspan="10">大峯寮，第二大峯寮，向学寮（個室），女子寮（個室），桜華寮（個室），野球部寮，球心寮</td></tr>
<tr><td>オープンスクール</td><td colspan="10">夏　７月15日（土）・16日（日）・８月26日（土）・27日（日）　秋　10月21日（土）・22日（日）</td></tr>
</table>

進学状況

【国公立大】 国際教養大・北見工大・弘前大・東北大・埼玉大・高崎経済大・東京学芸大・横浜国立大・横浜市立大・神奈川県立保健福祉大・新潟大・富山大・都留文科大・静岡大・静岡県立大・三重県立看護大・滋賀県立大・京都教育大・大阪大・大阪市立大・神戸大・兵庫県立大・岡山大・岡山県立大・広島大・鳥取大・山口大・山口県立大・山陽小野田市立山口東京理科大・高知大・高知工科大・九州大・九州工業大・福岡教育大・北九州市立大・福岡女子大・福岡県立大・佐賀大・長崎大・熊本大・熊本県立大・大分大・宮崎大・宮崎県立看護大・鹿児島大・鹿屋体育大・琉球大・名桜大

【私立大学】 慶應義塾大・東京理科大・青山学院大・明治大・中央大（法）・法政大・立教大・成蹊大・明治学院大・学習院大・日本大・東洋大・駒澤大・専修大・芝浦工大・津田塾大・国際武道大・北里大（薬）・国士舘大・順天堂大・創価大・大東文化大・東海大・帝京大（医）・神奈川大・関東学院大・愛知医科大（医）・中京大・同志社大・立命館大・関西大・関西学院大・京都産業大・京都女子大・近畿大・龍谷大・桃山学院大・川崎医科大（医）・安田女子大・西南学院大・福岡大（医）・中村学園大・立命館アジア大・福岡工大・九州栄養福祉大・九州共立大・九州産業大・久留米大（医）・崇城大・熊本保健大・九州保健福祉大・鹿児島国際大・志學館大・鹿児島純心大・第一工科大

【短期大学】 鹿児島県立短大・鹿児島医療センター附属看護学校・関西外国語大学短大部・香蘭女子短大・中村学園大学短大部・鹿児島純心女子短大・鹿児島女子短大・第一幼児教育短大

就職状況

（県　内）
ENEOSマリンサービス・南日本新聞社・南国殖産・山形屋・南国交通・鹿児島銀行・鹿児島信用金庫・南日本銀行・ＪＡ鹿児島県連・京セラ・岩崎産業・康正産業・日本特殊陶業・鹿児島サンロイヤルホテル・城山ホテル鹿児島・日清丸紅飼料・南日本くみあい飼料・南日本新聞印刷・五月産業・日本貨物検数協会・川北電工・東郷・島津興業・イオン九州・セイカ食品・ハンズマン・アリマコーポレーション・トヨタレンタリース鹿児島・明石屋・鹿児島綜合警備保障・南九州トンボ・日之出紙器工業・中央仮設・鹿児島電気サービス・鹿児島空港産業・カルビー・植村組・明興テクノス　他

（県　外）
トヨタ自動車・トヨタ自動車九州・トヨタ車体・日産自動車・豊田自動織機・日産車体・九州労働金庫・大阪ガス・日本製鉄・産業振興・JFEスチール・大同テクニカ・東罐興業・淀川製鋼所・住友電気工業・国立印刷局・JR九州・東京メトロ・横浜ゴム・きんでん・錦江・クボタ・全日警・横浜冷凍・日本郵政・セコム・丸磯建設・SUBARU・キャプティ・にしけい・三菱製鋼・高周波熱錬・出光ユニテック・テツゲン・ダイハツ工業・古河電気工業・アプリス・三島光産・九電工　他

（公務員）
警視庁・東京消防庁・国家一般職・税務職・鹿児島県警・宮崎県警・鹿児島県職員・鹿児島県警事務・鹿児島市職員・薩摩川内市職員・阿久根市職員・日置市職員・垂水市職員・南九州市職員・曽於市職員・福岡市消防・霧島市消防・防衛大学校・自衛官一般曹候補生・自衛官候補生・海上保安大学校・海上保安学校　他

4 次は、残食を減らすことを目的として、全校生徒を対象に行われたアンケートの結果である。【グラフ1】【グラフ2】と、【話し合い】を読んで、後の問いに答えよ。

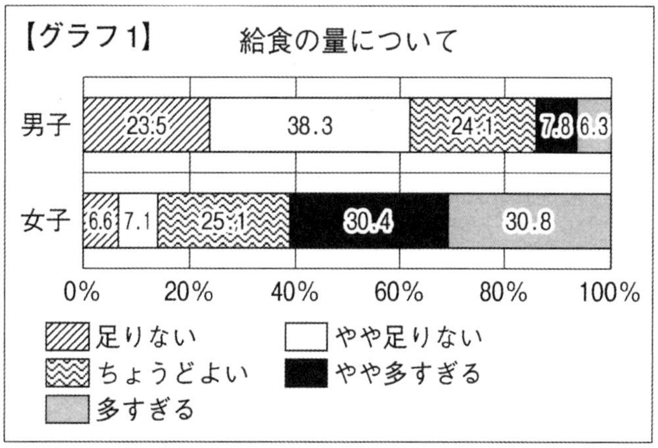

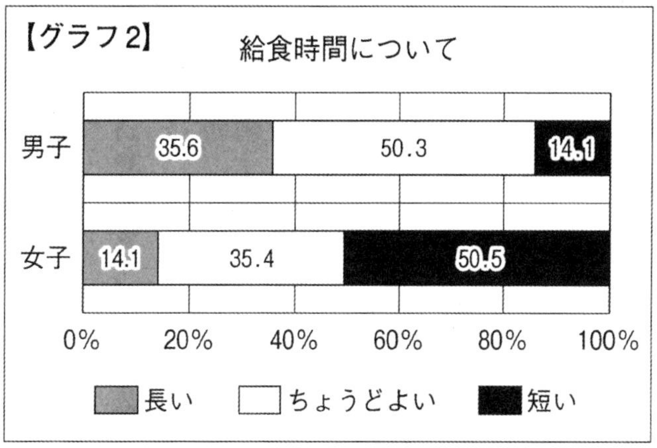

【話し合い】

生徒A　皆が給食についてどう㋐思っているか、そのa実体がよく分かる結果になっているね。【グラフ1】を見ると、[　　　]ことが読み取れるよ。

生徒B　それについては、男女それぞれへのb配膳の量を㋑調整すればある程度は解決できるかもね。

生徒C　それぞれの㋒希望をc把握して、食べ残しを減らしたいね。

生徒B　そうだね。それに【グラフ2】を見ると、問題は量だけではなさそうだよ。

生徒A　本当だ。二つの結果をd比確してみよう。

1　――線部a～dの漢字について、正しいものには○を、間違っているものは正しい漢字に改めて答えよ。

2　＝線部㋐は「思い」が「思っ」に変化したものである。このように発音しやすいように音が変化することを何というか。漢字二字で答えよ。

3　＝線部㋑「調整」と同意で「調」が用いられている熟語として、最も適当なものを次から選び、記号で答えよ。

ア　単調　　イ　調査　　ウ　調律　　エ　曲調

4　＝線部㋒「希」の白抜きの部分は何画目か。**漢数字**で答えよ。

5　会話文中の空欄[　　　]に当てはまる語句として、最も適当なものを次から選び、記号で答えよ。

ア　給食の量に対する満足度は、男子の方が女子より高くなっている

イ　給食の量を多いと感じている女子の残食率が高くなっている

ウ　男女とも、ちょうどよいと回答した人は全体の二割を超えている

エ　男女とも、給食の量に不満がある人が全体の半数を超えている

6　次は、話し合い後、二つの結果をもとにAさんが自身の考えを書いた文章である。文中の空欄[　Ⅰ　]・[　Ⅱ　]に当てはまる語句として、最も適当なものをそれぞれ後の語群から選び、記号で答えよ。

> [　Ⅰ　]と感じている女子がいるのではと考えた。残食を減らすためには、個々の[　Ⅱ　]に配慮した給食時間を検討すべきだ。

〈Ⅰの語群〉

ア　味があまり美味しくない　　イ　献立の内容が物足りない

ウ　昼の食事量を制限したい　　エ　時間内に食べきれる量ではない

〈Ⅱの語群〉

ア　日々の体調　　イ　食べる速さ

ウ　好き嫌い　　エ　食への関心

3 次の文章を読んで、後の問いに答えなさい。

ある女猿、一度に二つ子を産みけり（一度に二匹子どもを産んだ）。されば、我が胎内《たいない》より同じ子を産みながら、一つをば深く愛し、一つをば ａをろそかにす（冷たく扱った）。かの憎まれ子、いかんともせんかたなふて（どうしようもなくて）月日を送れり。わが愛する子をば前に抱き、憎む子を背中に置けり。

ある時、うしろより猛《たけ》き犬（荒々しい犬）来る事あり。この猿あはて ｂさはひで逃ぐるほどに、抱く子をかたわきに挟みて走るほどに、①すみやかに行く事なし。しきりに（しっこく）かの犬近づきければ、②まづ命を助からんと、片手にてわき挟みたる子を捨てて逃げ延びけり。かるがゆゑに（そういうわけで）、つねに憎みて、背中に置ける憎まれ子は、つつがもなく取り付ききたれり（無事に母猿の背中にすがりついて来た）。かの［ A ］は、犬に食ひ殺されぬ（食い殺されてしまった）。いくたび悔やめども甲斐《かひ》なきによつて（どうにもならないと思って）、終《つひ》にかの［ B ］をおほせたてて（育てあげて）、前の子のごとくに寵愛せり（かわいがった）。

（『伊曾保物語』）

---

1 ══部ａ「をろそか」・ｂ「さはひで」を現代仮名遣いに直して平仮名で書け。

2 ──部①とあるが、

(1) 現代語訳として、最も適当なものを次から選び、記号で答えよ。

ア 簡単にたどりつけない　　イ 速く逃げることができない

ウ うまく歩くことができない　　エ すばやく解決できない

(2) このような行動に至った理由として、最も適当なものを次から選び、記号で答えよ。

ア 女猿が背中に大切な我が子を背負っていたから。

イ 追いかけてきた犬が非常に凶暴であったから。

ウ 女猿が愛する我が子を脇に抱えていたから。

エ 子猿が必要以上に慌てて騒いでしまったから。

3 ──部②について説明した次の文の空欄に当てはまる語句を二十字以内で答えよ。

女猿が［　　　　］を優先したということ。

4 ［ A ］・［ B ］に当てはまる語句として、最も適当なものを次からそれぞれ選び、記号で答えよ。

ア 憎みつる子　　イ 女猿　　ウ 寵愛せし子　　エ 猛き犬

5 本文からわかることとして、最も適当なものを次から選び、記号で答えよ。

ア 憎まれ子の子猿は女猿の背中に置かれていたが、そのような行動も女猿からの愛情表現の一つだと捉えていた。

イ 女猿は子猿を失ったことはどうにもならないという事実を受け入れつつも、苦しみながらその後の生活を送った。

ウ 女猿は子猿を一匹失ったことを後悔したが、何度悔やんでもどうにもならないため、もう片方の子猿をかわいがった。

エ 女猿により深く愛されていた子猿は、自分の身にどのようなことが起こっても女猿が守ってくれると信じていた。

5　本文中の［　　］に当てはまる語句として、最も適当なものを次から選び、記号で答えよ。

ア　コーシローの世話を校長がしてくださる
イ　コーシローに飼い主を見つけてくださる
ウ　コーシローの飼育を検討していただける
エ　コーシローに居場所を提供していただける

6　次の文章は、本文における登場人物のセリフやしぐさに注目して、生徒同士が会話をしているものである。

生徒A　校長を説得するときに、犬のコーシローをそれぞれ抱きながら話をするのがおもしろいね。コーシローに対する態度で、登場人物の隠れた本心を表現していると思うな。

生徒B　早瀬は［　Ⅰ　］から、「愛着がない」という言葉が表面的なものだと推測できるね。

生徒C　校長は差し出された犬を受け取るときに、［　Ⅱ　］から、犬が苦手ではないことが分かるね。でも、犬の飼育を簡単に許可することはできないだろうなあ。

生徒D　校長のセリフに改めて注目して読んでみると、［　Ⅲ　］と考えていたから、安易に学校での飼育を許可しなかったんだと思ったよ。

(1)　［　Ⅰ　］・［　Ⅱ　］に当てはまる語句を本文中の言葉を用いてそれぞれ十五字以内で答えよ。

(2)　［　Ⅲ　］に当てはまる語句として、最も適当なものを次から選び、記号で答えよ。

ア　高校では犬を飼育してはいけない
イ　犬や猫をどんどん捨てられてしまう
ウ　命を預かる行為には必ず責任が伴う
エ　保健所なら里親を見つけてくれる

「つまり、それってＯＫってことですか。……言い直しますね。［　　　　　］ということですか」

「そういうことだ。至急、世話人の窓口を決めて私に報告するように」

校長が立ち上がり、全員を見回した。

「責任とは何か。命を預かるというのはどういうことか。各自、身をもって、それを考えていきなさい」

（伊吹有喜『犬がいた季節』）

注　コーシロー…八稜高校に迷い込んできた雑種の小型犬。
五十嵐…八稜高校の美術教師。美術室でコーシローの世話をしている。
藤原…八稜高校の生徒会長。犬を学校で飼育したいと考えている。

1　＝＝部ａ・ｂの語句の意味として、最も適当なものを次から選び、記号で答えよ。

ａ　小気味よい
ア　豪快　イ　愉快　ウ　明快　エ　爽快

ｂ　即座に
ア　新たに　イ　直《ただ》ちに　ウ　次第に　エ　一途に

2　次は本文中の［　　］の部分について生徒がまとめたノートである。

> コーシロー→「生後間もない可愛い子犬だったら、引き取ってもらえた」
> ＝
> コーシローは、成犬になりかけの犬だから引き取ってもらえない。
> ○「外に目をやる」
> ↓［Ⅰ（四字）］を見て優花が思ったこと
> ・子どもでも大人でもない
> ・とび抜けて優秀でも、まったくできないわけでもない
> 自分もコーシローも［Ⅱ（七字）］
> 【発言時の優花の心情】
> ［Ⅲ］

(1)　［Ⅰ］・［Ⅱ］に当てはまる語句を、本文中からそれぞれ（　）内の指定字数で抜き出して答えよ。

(2)　［Ⅲ］に当てはまる語句として、最も適当なものを次から選び、記号で答えよ。

ア　コーシローへの同情から思わず出た言葉だったため、皆の視線に気持ちがひるみながらも、勇気を出して自分の思いを述べている。

イ　コーシローへの同情から軽い気持ちで発言したが、皆の視線に期待の心を感じ取り、発言の重みを自覚して自分の思いを述べている。

ウ　校長への反発心だけで発言してしまい、皆の視線に気持ちがひるみそうになったものの、勇気を出して自分の思いを述べている。

エ　校長の提案に反対する意見を言うのは勇気がいるが、皆の視線に背中を押され自信を持って自分の思いを述べている。

3　――部①とあるが、この時の優花の心情を説明したものとして、最も適当なものを次から選び、記号で答えよ。

ア　皆の反応に不安を覚え、強い言葉で余計なことを言ってしまったのだろうかと困惑している。

イ　皆の反応にいたたまれなくなり、感情に任せて余計なことを言ってしまったと後悔している。

ウ　皆の反応に居心地が悪くなり、正しい意見でも言い方に気を付けるべきだったと反省している。

エ　皆の反応に冷静さを取り戻し、感情のままに正論をぶつけてしまったことを反省している。

4　――部②とあるが、早瀬はなぜこのような行動をしたのかを説明したものとして、最も適当なものを次から選び、記号で答えよ。

ア　優花を勇気づけようとしていることに加え、議論に対する自分の意見を述べるために皆の意識を向けようとしている。

イ　優花への称賛の拍手の代わりであることに加え、これまでの議論に自分も参加しているのだということを示そうとしている。

ウ　優花を勇気づけようとしていることに加え、自分も議論に加えてほしいと主張するために皆の意識を向けようとしている。

エ　優花への称賛の拍手の代わりであることに加え、一方的な校長の提案が気に入らないということを示そうとしている。

2　次の文章を読んで、後の問いに答えなさい。

八稜高校（通称八高《はちこう》）に捨て犬らしき迷い犬が現れ、学校で飼育できないか相談する生徒会に、校長は、引き取り手がいないのなら保健所へ連絡することを提案している。

「それに今回の一件で、八高に捨てたら面倒を見てもらえると、犬や猫をどんどん捨てていかれたらどうするんだ？そもそも自分たちでは飼えないから、学校で飼おうという発想がおかしくないか。安易でしょう」

安易という言葉に、優花《ゆうか》はケージのなかの注コーシローを眺める。生後間もない可愛い子犬だったら、引き取ってもらえたのだろうか。外に目をやると、窓ガラスに自分の姿が映っていた。

子どもではないが、大人でもない。飛び抜けて優秀ではないが、まったくできないわけでもない。

中途半端な存在。コーシローは自分とよく似ている。

言葉が口をついて出た。

「安易かもしれませんが」

全員の視線が集まり、優花は言葉に詰まる。深く息を吸い、もう一度同じ言葉を繰り返した。

「安易かもしれませんが、では、学校に迷い込んできた犬を見て見ぬふりをして、見殺しにすればよかったんでしょうか。私たちは、どうするべきだったんでしょう？どうすることが、安易ではないやり方なんでしょうか」

「難しい質問だ」

そう言ったきり、校長が考えこむ。それから皆が黙った。

沈黙に耐えきれず、①優花はうつむく。

言いすぎた気がする。しかも何の解決にもならないことを言ってしまった。突然、部屋の隅から拍手のような音がした。

その音に勇気づけられ、優花は顔を上げる。

イーゼルの前にいる早瀬《はやせ》と目が合った。まっすぐな眼差しでこちらを見ている。

a小気味よい音を響かせ、②彼は指で紙を弾いていた。指先を布で拭きながら、「ちょっといいですか」と早瀬が立ち上がった。

「三年生の早瀬光司郎《こうしろう》です。僕はその犬とはまったく関係ないんですけど……」

早瀬がケージに近づき、眠っているコーシローを抱き上げた。

「正直、それほど愛着もない。でも勝手に僕の名前をつけられたあげくに保健所で殺処分。それは非常に気分が悪い」

目覚めたコーシローが早瀬の肩に前脚を置き、首筋の匂いを嗅いでいる。愛着はないと言うわりに、優しくその背を撫《な》でると、早瀬が校長にコーシローを差し出した。意外にも手慣れた様子で校長が受け取り、小さなため息をもらす。

「早瀬君、保健所に引き渡したらすぐに殺処分になるわけではないよ。無事に里親が見つかるケースもある」

そうかもしれませんが、と早瀬が校長の前に立つ。

「公立の小学校でうさぎや鶏を飼っているのに、どうして公立の高校で犬を飼ってはいけないんですか？」

「それはそうだな」

注五十嵐《いがらし》が何度もうなずき、校長に顔を向けた。

「小学生でもちゃんと飼育してますからね。八高の生徒なら、それはきちんとやれるでしょう。ハチコウに犬。しゃれもきいてる、なあ、コーシロー」

「僕に言ってるんですか、それとも犬？」

両方だと五十嵐が手を伸ばし、校長からコーシローを受け取った。

「いかがでしょう、生徒が責任持って面倒を見るなら、しばらくの間、美術部の部室の一角を提供してもいい。顧問の私はそんなふうにも考えるんですが」

「前例がない」

五十嵐に抱かれたコーシローが、校長のもとに戻ろうとしている。その様子を見ながら、校長が言葉を続けた。

「しかし……いいでしょう。飼い主が現れるまで飼育を許可する。ただし、他の生徒や学校側に迷惑をかけるようなことがあれば、b即座に新たな対応を検討するが」

先生、と注藤原が手を挙げた。

合性から、局所的な嘘がすぐにばれてしまう。だから、ある程度の信頼性を持っていると見て良い。

（森　博嗣『集中力はいらない』）

（注）有用さ…役に立つこと。
　　オスプレイ…アメリカ軍の最新鋭輸送機の愛称。

1　＝＝部のa～eのカタカナは漢字に直し、漢字は平仮名に直して書け。

2　本文中の［A］・［B］に当てはまる語の組み合わせとして、最も適当なものを次から選び、記号で答えよ。
ア（A　しかし　B　だから）　イ（A　また　B　しかし）
ウ（A　なお　B　つまり）　エ（A　すなわち　B　けれども）

3　――部①を表した四字熟語として、最も適当なものを次から選び、記号で答えよ。
ア　十中八九　イ　七転八起
ウ　四苦八苦　エ　三寒四温

4　［I］に当てはまる語句として、最も適当なものを次から選び、記号で答えよ。
ア　集中している　イ　気が逸れている
ウ　観光している　エ　素直に捉える

5　――部②とは、ここではどのような状態のことをいうか。最も適当なものを次から選び、記号で答えよ。
ア　考え尽くした末、思考の行き詰まりを感じて休んでいる状態。
イ　自分の限界を超え、周囲を無視できるほど集中している状態。
ウ　発想への重圧が無くなり、苦しみから解放されている状態。
エ　思考を巡らせた後に、意図せず課題から離れている状態。

6　――部③とあるが、本文中で筆者はどのような注意の仕方があると述べているか。次の文の空欄に当てはまる語句を本文中から三十一字（句読点を含む）で抜き出し、最初と最後の五字を書け。

情報をそのまま受け入れるのではなく、［　三十一字　］のがよい。

7　――部④の例として、最も適当なものを次から選び、記号で答えよ。
ア　K県では、家庭ごみの総量が年々増加しており、五年前の数倍となっている。
イ　スマートフォンの普及が進み、最近の若者は、集中力のない人が増えている。
ウ　A町では、夜間パトロールの回数を増やし、夜間の犯罪の発生を抑制している。
エ　三〇年前と比べて砂浜の面積は十分の一となっており、海面上昇が進んだと言える。

8　筆者の論の展開についての説明として、最も適当なものを次から選び、記号で答えよ。
ア　「発想」のための思考法を、筆者自身の経験を整理して述べたうえで、その手法の注意点について具体例を挙げながら話を展開している。
イ　「発想」のために必要な条件について、科学的な見地から考えられることを述べ、筆者の考えと一般論を対比しながら説明している。
ウ　「発想」のための思考法を、筆者自身の体験をもとに示したうえで、情報があふれる社会を生き抜くための方法について言及している。
エ　「発想」のために必要な条件について、筆者独自の視点から考えを述べ、情報における数字の信頼性について例示しながら訴えている。

令和五年度　鹿児島実業高校入試問題　国語

（解答…210Ｐ）

1　次の文章を読んで、後の問いに答えなさい。

僕の場合、研究上の大きな発想というのは、四回くらいあった。五年に一度くらいである。大きな発想があると、それで五年は食える、と言っても良い。

そして、あとになってから振り返ってみると、とにかく、その問題が解けなくて、①あれを試しても失敗、これを試しても駄目という期間を過ごしたあと、たまたま別のことを始めたり、あるいはａコクサイ会議があって、ついでに見学や観光をして戻ってきたあとなどに思いついているのだ。［Ａ］、小さな発想であれば、数週間考えてもらちが明かない仕事を中断し、学会の委員会に出張するために電車に乗ると、車窓を眺めている間に思いついたりする。

要素は二つある。一つは、そのことにまず集中している期間が事前にあったこと。もうそればかり考えてしまう時間を過ごすことである。もう一つは、外的な要因で、一時的にそれから気を逸《そ》らさなければならない事態になることだ。

どういうメカニズムでこうなるのかは、脳科学が専門ではないのでわからない。しかし、一つだけ言えることがあるとしたら、発想は、［Ｉ］時間には生まれないということである。

事前にそればかり考えていた期間がある、といってもこれはずっと一点に集中しているわけではない。最初のうちはたしかに焦点が絞られ、集中している思考と言えるものの、問題が解けない（つまり一本道では前に進めなくなる）ため、別の道はないか、ほかに手はないのか、なにか使えそうなものはないか、同じようなｂケイコウがどこかにないか、とだんだん思考が発散していく。そういった「きょろきょろ辺りを見回す」思考を長時間続けたあと、突然なにも考えない空白の場に置かれたときに、発想は生まれる。ｃカッコウ良い言葉にすれば、②「無の境地」のようなものか。あれもこれもと、頭の中が騒がしくなったあと、急に静寂が訪れたとき、ぽっかり浮かび上がるのである。

このような経験をたびたびすると、一点を見つめるような集中はかえって逆効果であり、常に辺りを見回すような「分散思考」(注)の有用さが分かってくる。そして、発想を求めるような作業に身を置いていると、しだいに、そういったタイプの頭になる。これが、僕がこれまでに体験したことだ。

それはどんな頭（あるいは思考法）なのか、といえば、ものごとにのめり込まない、あるものを見ていても常に別の視点から見ようとする、同時に逆の立場から考える、自分の抱いた感情や自分の意見に対して、すぐに反論を試みる、常識的なもの、普通のものを疑ってかかる、などなど、まとめれば、多視点、反集中、非常識、もっと言えば、「天邪鬼《あまのじゃく》な頭」ということになる。

大事なことは、まず観察すること。この観察したものは素直に捉える。自分の目で見たもの、自分が実際に試したものは、見間違いや勘違いがない限り正しい。しかし、それを③自分の頭にどう入れるか、という部分では注意が必要で、絶対に鵜《う》呑《の》みにしない、ということだ。

たとえば、ネットでｄ頻繁に宣伝が出てくると、普通の人は「今これが流行っているのだな」と思うだろう。それが普通の受け止め方であり、宣伝する方もみんなにそう感じてほしいから金を使って広告を打っている。この場合、「この宣伝が近頃多いな」というのが正しい認識である。しかし、「流行っている」という印象はあまりにも「鵜呑み」にしすぎる捉え方だ。僕は、宣伝を見かけるたびに、「売れていないんだな」と自然に思う。売れていないから宣伝をしているのだ、と。

今話題の商品も、女性に人気の商品も、さほど人気でもないのだろう、と僕は解釈する。たしかにその宣伝で一時的に人が集まっても、すぐに消えていくものだろう。そんな心配があるから、宣伝費をかけているのだ。

ニュースを見ていると、ブームというものがあって、苛《いじ》めの問題、介護の問題、教育の問題、医療の問題など、一時的に話題になってピックアップされるものが現れる。［Ｂ］、本当にそんな事態になっているのかどうかはわからない。少年の犯罪が増えているとか、老人の自動車事故が増えているとか、(注)オスプレイはｅ欠陥機だとか、それらしく伝えられているけれど、公表されている数字を見ると、そんな現象は見当たらない。となると、誰かが何かの意図で、そういった情報を流し、その関連で自分の商売や自分が関わる組織の運営をやりやすくしている、と考えるのが妥当だろう。

情報の多くは、伝聞であって、自分で事実を確かめたわけではないから、複数の情報源に当たって、そこに挙げられている数字を見比べてみるのが一番無難である。④言葉は意図的に歪《ゆが》められているので当てにしてはいけない。その点、数字は間違ったものを発表しにくいし、周囲の数字との整

令和５年度　鹿児島実業高校入試問題　数　学

（解答…212P）

（注意）

① 根号を使う場合は，$\sqrt{}$ の中を最も小さい整数にしなさい。

② 分数はできるだけ簡単な形で答えなさい。

③ 円周率は π とする。

1 次の各問いに答えよ。

(1) $3+7\times4$ を計算せよ。

(2) $\dfrac{1}{3}-\dfrac{4}{5}\div\dfrac{9}{10}$ を計算せよ。

(3) $3x-2y-\dfrac{x-3y}{2}$ を簡単にせよ。

(4) $4ab^2\div(-12a^2b^3)\times2a^3b^2$ を計算せよ。

(5) $(\sqrt{3}+2)(3\sqrt{3}-1)-\dfrac{12}{\sqrt{3}}$ を計算せよ。

(6) $(2x-y)(3x+2y)$ を展開せよ。

(7) $3x^2-15x+12$ を因数分解せよ。

2 次の各問いに答えよ。

(1) 次の連立方程式を解け。

$$\begin{cases} y=2x-2 \\ x-3y=11 \end{cases}$$

(2) 円Oは点Aで直線mに接している。また，直線ℓが点A，Bを通っているとき，∠AOBの大きさを求めよ。

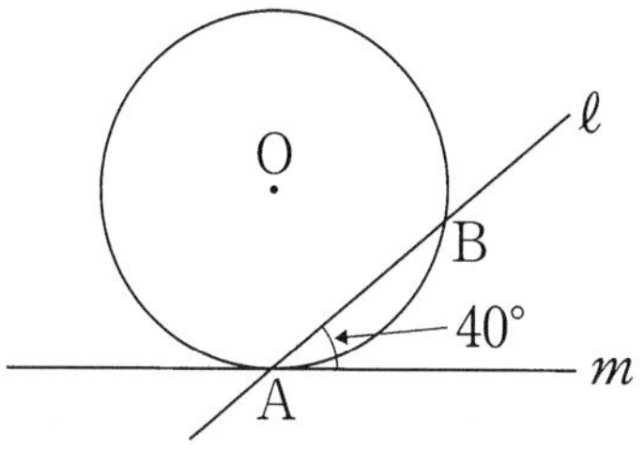

(3) $\sqrt{54n}$ が自然数になるような最小の自然数nを求めよ。

(4) 底面の半径が6 cm，高さが8 cmの円すいA，底面の半径がAの$\dfrac{1}{2}$倍，高さがAの3倍の円すいBがある。

Aと Bの体積比を最も簡単な整数の比で表せ。

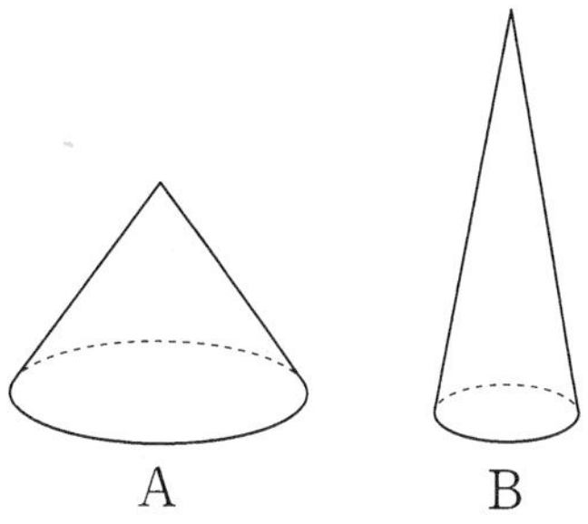

(5) 大小2個のさいころを同時に投げるとき，出る目の積が3の倍数になる確率を求めよ。

(6) 次の表は，あるパン屋さんの1週間のカレーパンの売れた個数を，100個を基準として基準との差を示したものである。この1週間に売れたカレーパンの1日の平均は何個か求めよ。

曜日	日曜日	月曜日	火曜日	水曜日	木曜日	金曜日	土曜日
基準との差（個数）	＋ 12	− 7	− 3	＋ 1	− 9	＋ 7	＋ 13

(7) A地点とB地点の間を往復するのに，行きは時速6 km，帰りは時速4 kmで歩き，全体で5時間かかった。AB間の距離は何kmか求めよ。

3 K高校の３年１組の生徒たちが，深さ25cmで底面積の異なる容器Aと容器Bに水を入れることについて話している。

容器A：底面積125cm^2　　5cmの高さまで水が入った状態から毎分125cm^{3}の水を入れる
容器B：底面積150cm^2　　容器が空の状態から毎分250cm^{3}の水を入れる

図１
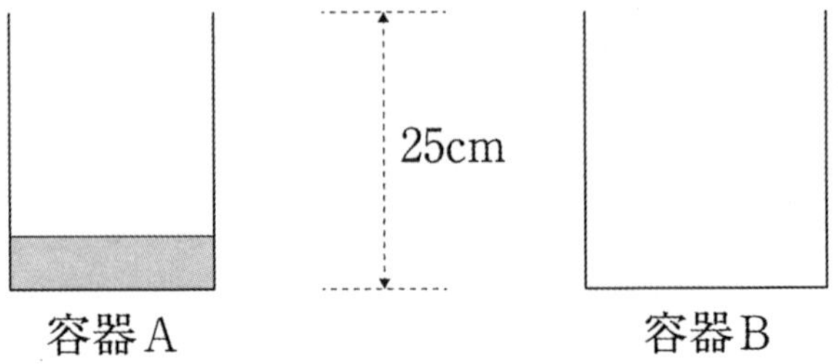

委員長：容器Aは最初 （ア） cm^{3}の水が入っているから，容器Aと容器Bに同時に水を入れ始めたら２つの容器の水の量が等しくなるのは何分後かな。

太　郎：a分後に２つの容器の水の量が等しくなるとすると，aについての１次方程式 （イ） を解くと （ウ） 分後になるね。

花　子：２つの容器の水面の高さが等しくなるのは何分後かしら。

太　郎：容器Aと容器Bについて，時間と水面の高さの関係をグラフにして表すと求めやすいと思うよ。

花　子：容器Bは水を入れ始めてから15分後にちょうどいっぱいになるから時間をx分，水面の高さを$y$cmとするとxとyの関係は図２のようになるわ。

委員長：太郎君と花子さんの言う通りだね。
図２の中に容器Aについてのグラフをかき入れて２直線の交点を求めることから２つの容器の水面の高さが等しくなるのが何分後か求められるね。

図２
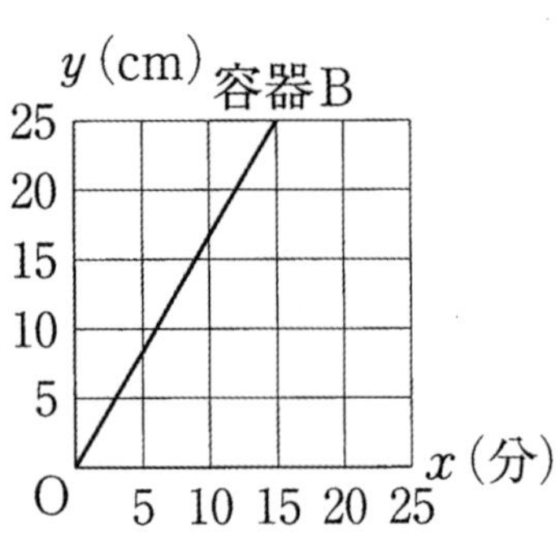

(1)　（ア）～（ウ）に入る正しい数字または文字式を求めよ。

(2)　容器Aについて，水を入れ始めてからちょうどいっぱいになるまでのグラフをかき入れよ。

(3)　A，B２つの容器の水面の高さが等しくなるのは何分何秒後か求めよ。

4 図のように，関数 $y=ax^2$ のグラフと直線 ℓ が２点A$(-4,\ 8)$，B$(2,\ 2)$ で交わっている。次の問いに答えよ。

(1) a の値を求めよ。

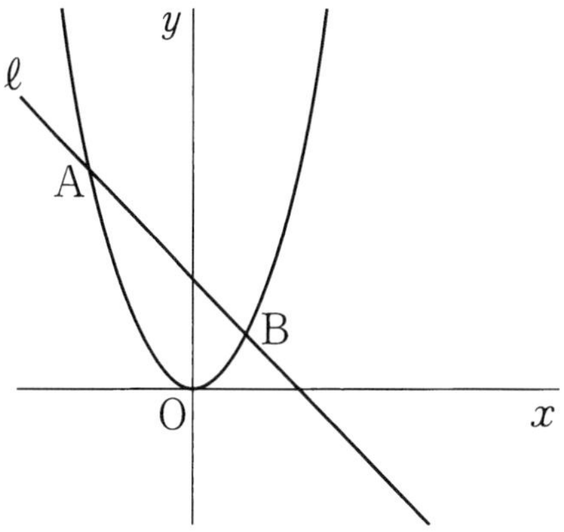

(2) △AOB の面積を求めよ。

(3) 点Pが放物線上を点Aから点Bまで動く。△APBの面積と△AOBの面積が等しくなるとき，点Pの座標を求めよ。ただし点Pは点Oとは異なる点とする。

(4) 直線 ℓ を軸として，△APBを１回転させてできる立体の体積を求めよ。

5 図はOA＝OB＝OC＝OD＝6，AB＝BC＝CD＝DA＝$3\sqrt{2}$ の正四角すいO-ABCDとする。このとき次の問いに答えよ。

図

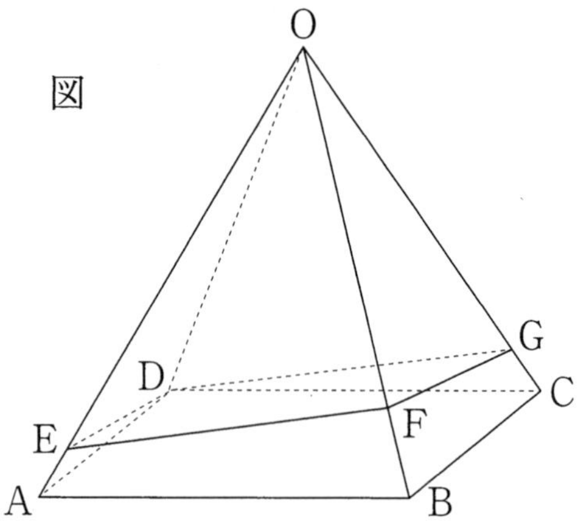

(1) △OBD の面積を求めよ。

(2) 正四角すい O-ABCD の体積を求めよ。

(3) 図のように，正四角すい O-ABCD を 4 点 D，E，F，G を通る平面で切るとき，AE＝CG，BF＝2 であった。△ODE と△OEF の面積比を最も簡単な整数の比で表せ。

(4) (3)のとき，点 B を含む側の立体の体積を求めよ。

令和５年度　鹿児島実業高校入試問題　英　語 （解答…213P）

1　**聞き取りテスト**　放送の指示に従って，次の１～６の問いに答えなさい。英語は１から３は１回だけ放送します。４以降は２回ずつ放送します。メモをとってもかまいません。

1　これから，Saki と Mike との対話を放送します。Mike がひまなときに楽しんでいることとして最も適当なものを，下のア～エの中から一つ選び，その記号を書きなさい。

ア

イ

ウ

エ

2　これから，Haruto と Meg との対話を放送します。Meg が探しているものとして最も適当なものを，下のア～エの中から一つ選び，その記号を書きなさい。

ア　Haruto の黄色のかばん　　　イ　Haruto の数学のノート
ウ　Meg の黄色のかばん　　　エ　Meg の数学のノート

3　これから，Shota と Anne との対話を放送します。二人は，Shota の宿題を手伝う予定について話しています。下はその対話の後に，Anne が母親と話した内容です。対話を聞いて，（　　）に適切な英語１語を書きなさい。

Anne　：Mom, I'm going to help Shota with his English homework on (　　　). So I'll be home around 6 p.m. that day.
Mother　：OK.

4　これから，Yukina が授業で行った発表を放送します。Yukina は下の３枚のパネルを見せながら発表しました。話の展開に従ってア～ウを並べかえ，その記号を書きなさい。

ア
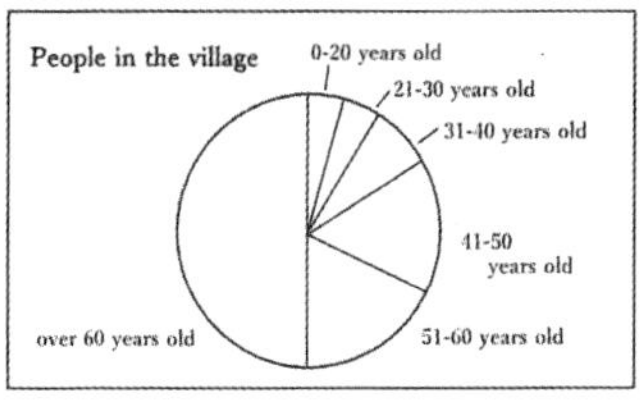

イ

ウ

5　これから，Akito が子ども食堂でのボランティア体験について授業で行ったスピーチを放送します。スピーチの後に，その内容について英語で二つの質問をします。それらの質問に対する答えとして最も適当なものを，下のア～エの中からそれぞれ一つ選び，その記号を書きなさい。

(1)　ア　Every day.　　　イ　Once a week.
　　ウ　Twice a week.　　　エ　Once a month.

(2)　ア　Because he couldn't cook well.
　　イ　Because he didn't want to work there.
　　ウ　Because he was too shy to talk with people.
　　エ　Because he didn't know what he should do.

6　これから，Alex と Sakura との対話を放送します。その中で，Alex が Sakura に質問をしています。Sakura に代わってあなたの答えを英文で書きなさい。２文以上になってもかまいません。書く時間は１分間です。

2 次の１～５の（　　）の中に入れるのに最も適当なものを，下のア～エの中からそれぞれ一つ選び，その記号を書け。

1 Jun (　　) not eat breakfast this morning.

ア does　　イ did　　ウ was　　エ is

2 This is (　　) bag in the shop.

ア more expensive　　イ expensive　　ウ most expensive　　エ the most expensive

3 If I (　　) a dolphin, I would live in the sea.

ア am　　イ were　　ウ will　　エ would

4 The baggage was too heavy for her (　　).

ア carrying　　イ carrying them　　ウ to carry　　エ to carry them

5 A：Would you like something to drink?

B：(　　　　)

ア Thank you.　　イ You'll like it.

ウ It was delicious.　　エ You'll have something to drink.

3 次の１～４の日本語の意味になるように，[　　] の中の語（句）を正しく並べかえたとき，**３番目**と**７番目**にくる語（句）の記号を書け。ただし，文頭にくる語も小文字にしてある。

1 あなたはどんな音楽が好きですか。

[ア you　イ like　ウ music　エ of　オ do　カ kind　キ what]?

2 あなたを笑顔にするためなら何でもします。

[ア make　イ anything　ウ I'll　エ to　オ you　カ do　キ smile].

3 彼がそれに腹を立てたのは驚きでした。

[ア about it　イ he　ウ that　エ it　オ was　カ got angry　キ surprising].

4 郵便局にはどう行けばいいか教えてください。

[ア tell　イ you　ウ the way　エ me　オ could　カ to　キ the post office]?

4 次はRieとSamとの対話である。下の①，②の英文が入る場所として最も適当なものを，対話文中の〈 ア 〉～〈 エ 〉の中からそれぞれ一つ選び，その記号を書け。

① I hope we can sing better.	② It is a piece of cake.

Rie : Hi, Sam. We will have the music contest tomorrow. 〈 ア 〉
Sam : Yes, we will do our best.
Rie : I'm a little nervous because our class will sing first in the contest.
Sam : 〈 イ 〉 I know. My class will sing just after your class.
Rie : Yesterday, in music class, our music teacher said, "You can sing well now." And today, we will practice in our classroom at four after school.
Sam : I see. We had music class this morning. We could practice there.
Rie : Is it difficult for you to sing Japanese songs? 〈 ウ 〉
Sam : No. 〈 エ 〉 I listen to them every day. So I can learn them very quickly. Now, I really like to sing them with my classmates.
Rie : OK. Let's enjoy our contest tomorrow.

5 次の１，２の問いに答えよ。

１ 英文を読み，文中の [①] ～ [③] に入る最も適当なものを，下のア～ウの中からそれぞれ一つ選び，その記号を書け。ただし，文頭にくる語も小文字にしてある。

Some people feel that making friends is not easy. Some people are afraid that they can't get along with* others. What is a good way to make friends? How can we be good friends with others? The following* advice may be useful.

First, when you greet* people, [①] Smiling is the most important thing for making friends with other people. Then, be polite*. When you ask others for you, begin your requests* with words such us "Excuse me," and "Would you please." Don't forget to say "Thank you" after they accept* your request. [②] For example, when you see people in trouble*, lend them a helping hand. Just a little thing will make them happy.

Remember names. When you are introduced someone, try to remember the person's name. Many people say that nice music to their ears is the sound of their own name.

[③] Try to understand their idea and interests. You can learn something important from them. There is another important thing you must remember. When you listen to other people, look in their eyes. It means, "I'm listening carefully. I'm interested in your words."

Now, let's make more friends and enjoy our lives.

注 get along with：～とうまくやっていく　following 以下の・下記の　greet：あいさつする
polite：礼儀正しい　request：頼み事，依頼　accept：受け入れる　in trouble；困っている

ア be friendly and always smile.　　イ listen to other people carefully.
ウ do something for other people.

2　以下の英文は，中学生 Maki と留学生 John の会話である。次の英語アンケート用紙
ンケートの結果を参考に会話文を読んであとの問いに答えよ。

John　：Did everyone tell you about their spring vacation?
Maki　：[　①　]. I asked all of them what they did and made this chart*.
John　：That's interesting. 60 students planned to study, but only half of them actually did.
Maki　：Right. It was the same for travel, but only 30 students originally* had travel plans.
John　：And 30 planned to work for a charity* too, but unlike* study and travel, more than half of those students did their plans.
Maki　：Yes. Most of the students worked for a charity group that helps children to learn math. And I was surprised so many students helped clean the streets during spring vacation. Just 15 students had planned to help, but 50 students turned out* for the Clean- up Project.
John　：I was there, too! [　②　]
Maki　：One hundred and ten students spent time with their families.
John　：That's not surprising. What about sports?
Maki　：That was less popular than many other activities. But everyone who planned to spend time playing sports actually did.

注　chart：表，グラフ　　originally：もともと　　charity：慈善　　unlike：～のようでない
　　turn out：集まる

アンケート用紙

[　③　]
ア　To study
イ　To travel
ウ　To work for charity
エ　To spend with family
オ　To play sports
カ　To join the Clean-up Project

アンケート結果

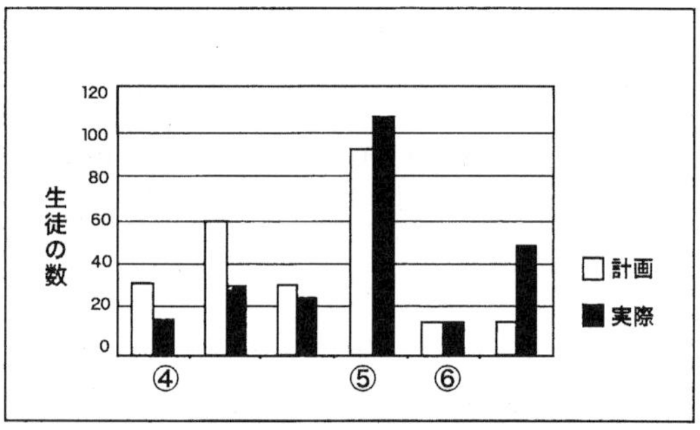

(1)　[　①　]に入る最も適当なものを，下の**ア**～**エ**の中から一つ選び，その記号を書け。
　ア　Yes, they did　　**イ**　Yes, I did　　**ウ**　No, they didn't　　**エ**　No, I didn't

(2)　[　②　]に入る最も適当なものを，下の**ア**～**エ**の中から１つ選び，その記号を書け。
　ア　What sport was the most popular?
　イ　Why did many students spend time with their families?
　ウ　What was the most popular activity?
　エ　When did students spend time with their friends?

(3)　[　③　]に入る最も適切なものを，下の**ア**～**エ**の中から一つ選び，その記号を書け。
　ア　How many activities did you plan during your spring vacation?
　イ　What did you plan and did during your spring vacation?
　ウ　What do you want to do during your spring vacation?
　エ　When did you make your plan for your spring vacation?

(4)　アンケート結果の表の④～⑥に当てはまる活動をアンケート用紙の選択肢ア～カから，それぞれ一つずつ選び，その記号を書け。

6 次の英文は，Yumi が高校の職場体験学習（work experience）に参加して体験したことについて書いた文章です。これを読んで各問いに答えよ。

I joined my school's work experience program in July. I was interested in food, so I chose farm*. My friend Miho chose it, too. She didn't have any farming experience, so she was a little nervous.

We went to the farm and met Mr. and Mrs. Sato. They were very kind, and they have three children. They were a very nice family. We went to one of their rice fields* with them. Mr. Sato said, "We have to do many kinds of things to grow rice. Today, I want you to try an easy one. There are some weeds* here. I will show you how to remove* them with your hands." It was very difficult for us to find weeds because the weeds look like rice shoots*. After working for a few hours, we were very tired and asked Mr. Sato, "Are there easier ways to remove weeds?" He answered, "Yes. We can use weedkillers*." Miho asked, "Then, why do you remove weeds with your hands?" He answered, "It takes more time, but I think this way is better for people's health." ①I thought his idea was wonderful. Mrs. Sato said, "We enjoyed taking care of it. I think it is like our (②). Even rice knows how much we love it. I believe this." I felt that they loved farming so much.

On the next day, we visited Mr. Watanabe. He grows many kinds of vegetables. I was surprised to hear that he was an old friend of my grandmother. My grandmother also grew some vegetables and I enjoyed helping her work when I was a junior high school student. In the working experience, he asked "How many students want to be a farmer in your class?" "Maybe, there are a few students," I answered. He said, "I know that there are not many young people who want to become farmers. So today, I want to tell you that farming is a great job." He smiled and said, "The vegetables I grow go to stores and finally go to your houses. Some of you may eat them." He kept talking about his job. "I also export* my vegetables to foreign countries. I'm proud that [③]. People from other countries sometimes visit me to learn how to grow vegetables. They often ask me, 'What is important thing to grow delicious vegetables?' I always answer that a warm heart is the most important. If you take care of your vegetables with a warm heart, they will become beautiful and delicious. It takes a lot of time and effort* to grow vegetables. But you will be happy when your vegetables grow very well." At the end of working experience, he said, "My vegetables know how much I love them." I was surprised to hear theses words. I remembered that (④) said the same thing. And he said, "I met a lot of people who grew vegetables and became good friends like your grandmother. We always help each other and enjoy talking." I thought so, too. Then, he said to us, "Why don't you become a farmer? You will feel happy when people enjoy eating vegetables you grow." I thought that farming was interesting. Then I decided to become a farmer in the future.

注 farm：農家，農場　rice field：田畑　weed：雑草　remove：～を取り除く　shoot：穂
weedkiller：除草剤　export：輸出する　effort：努力

1　次のア～ウの絵は，本文のある場面を表している。話の展開に従って並べかえ，その記号を書け。

ア

イ

ウ

2　下線部①の理由を40字程度の日本語で書け。

3　（　②　）に入る最も適当な英語１語を，本文から抜き出して書け。

4　［　③　］に入る最も適当なものを，下のア～エから選び，その記号を書け。

ア　vegetables from Japan are too expensive for foreign people to buy

イ　people in Japan like to eat many kinds of vegetables

ウ　vegetables from other countries are very popular in Japan

エ　people in other countries also enjoy eating vegetables from Japan

5　（　④　）に入る最も適当な人物を，次のア～エから選び，その記号を書け。

ア　Mr. Sato　　イ　Mrs. Sato　　ウ　Mr. Watanabe　　エ　my grandmother

6　本文の内容に合っているものを，下のア～エの中から一つ選び，その記号を書け。

ア　Yumi learned growing delicious vegetables was not only hard but also interesting.

イ　Yumi would like to be a farmer before she joined her school's work experience.

ウ　Yumi found that Mr. Watanabe goes to stores and sell his vegetables.

エ　Yumi visited Mr. Watanabe and learned about her grandmother very much.

7　次の文はYumiが自分の将来について述べた文である。本文の内容を踏まえて，［　　　］に５語程度の英語を補い英文を完成させよ。

> Through the work experience, I really learned about farming from great farmers. Now, I think that farming is very important for our lives and it is a wonderful job. In the future, I will grow vegetables like they do. I hope ［　　　］ with my vegetables.

令和５年度　鹿児島実業高校入試問題　社　会　　（解答…216Ｐ）

1　次の問いに答えよ。

問１　**資料１**は，インドネシア，オーストラリア，日本，ブラジルの国土面積と排他的経済水域（領海も含む，万 km^2）を示したものである。ブラジルに当てはまるものを**ア**～**エ**から選べ。

資料１

	ア	イ	ウ	エ
国　土　面　積	769	852	191	38
排他的経済水域	701	317	541	447

（「海洋白書」2009年ほか）

問２　**Ａ**～**Ｄ**の写真は，世界のさまざまな気候における伝統的な住居を示したものであり，**ア**～**エ**の文章は，**Ａ**～**Ｄ**の住居に関して説明したものである。**適当でないもの**を**ア**～**エ**から選べ。

ア　Ａの住居は，柱や壁に木材，屋根に草などを利用しており，床下に湿気がこもらないように高床になっている。

イ　Ｂの住居は，一年を通して気温の変化が小さく，森林も少ないため，土をこねて作った日干しレンガを利用している。

ウ　Ｃの住居は，夏の強い日差しを反射させ家の中を涼しく保つため，石灰で壁が白く塗られている。

エ　Ｄの住居は，建物から出る熱が永久凍土を溶かし建物が傾くのを防ぐため，高床になっている。

問３　標高が100ｍ上がるごとに気温は0.6℃下がる。標高０ｍの地点で30℃の場合，標高4,000ｍの地点では何℃になるか。

問４　**資料２**は，下の図中の**Ｅ**～**Ｈ**の国の品目別食料自給率（2013年，％）を示したものである。**Ｆ**の国に当てはまるものを**ア**～**エ**から選べ。

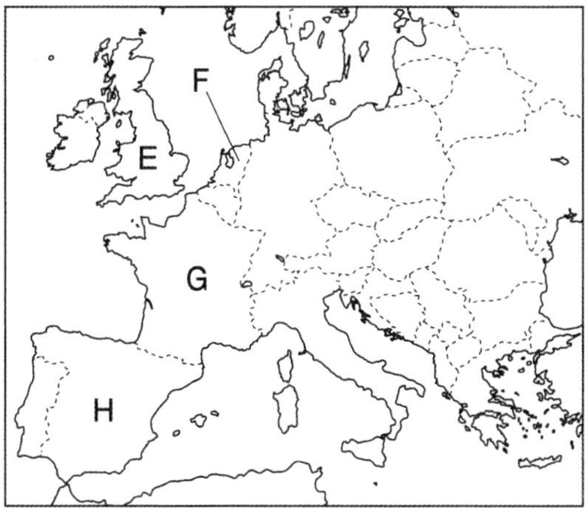

資料２

	ア	イ	ウ	エ
小　　　麦	82	27	190	72
野　菜　類	38	284	73	183
果　実　類	5	22	57	135
牛乳・乳製品	81	224	123	76

（平成30年度食料需給表）

問５　ヨーロッパではさまざまな言語が使用されており，およそ３つの系統に分類される。次の**ア**～**エ**の言語のうち，系統が異なる言語が１つだけある。その言語を**ア**～**エ**から選び，その系統名を答えよ。

ア　英語　　**イ**　ドイツ語　　**ウ**　ノルウェー語　　**エ**　フランス語

問6　インドでは1990年代以降，情報通信技術産業が急速に成長している。その要因として，数学の教育水準が高いこと，国や州が技術者を育てる教育機関や研究所をつくったことに加えて，ある言語を話すことができる労働者が多いことが挙げられる。ある言語とは何語か。

問7　主に東南アジアなどに移住した後，現地の商業や経済分野で活躍している中国系の人々のうち，現地の国籍を取得した人々を何というか。**漢字**で答えよ。

問8　下の文は，アフリカの国々の経済について述べたものである。空欄［　X　］に当てはまる語句を**カタカナ**で答えよ。

> アフリカの多くの国では，特定の農産物や鉱産資源の輸出に頼った経済となっている。このような経済を［　X　］経済という。天候や世界的な経済状況を受けやすく，毎年の収入が安定しないことが課題となっている。

問9　オーストラリアでは，かつて中国系をはじめとする非ヨーロッパ系移民を制限することで安定した社会を目指した。この政策を何というか。

2　右の図を見て，次の問いに答えよ。

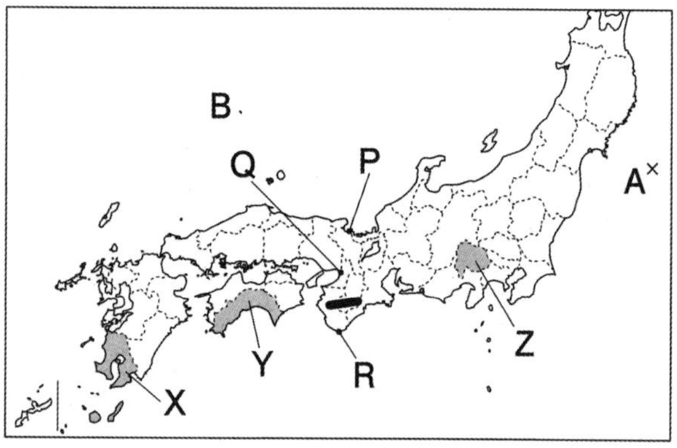

問1　図中の▬の険しい山地は，降水量が多いため，樹木の生長が早く林業が盛んである。この山地名を答えよ。

問2　図中のAは，東日本大震災を引き起こした地震の震源地を示している。この地震に関する次の説明文を読み，空欄①・②に当てはまる語句をそれぞれ答えよ。

> この地震は，図中のA付近に見られる，水深8,000mを超える［　①　］と呼ばれる地形で発生した。さらに，この地震により，沿岸部では津波，地盤がゆるい場所では［　②　］が発生して大きな被害が生じた。

問3　下の文は，図中のBの島々に関して説明したものである。空欄③・④に当てはまる語句をそれぞれ答えよ。

> この島は［　③　］県に属する日本固有の領土である。しかし，［　④　］が不法に占拠しているため，日本は抗議を続けている。島の周辺の海は，暖流と寒流とが衝突する潮境に近いため，豊富な漁業資源に恵まれている。

問4　⑤～⑦は，図中のP～Rの都市における雨温図である。都市と雨温図の正しい組合せを**ア～カ**から選べ。

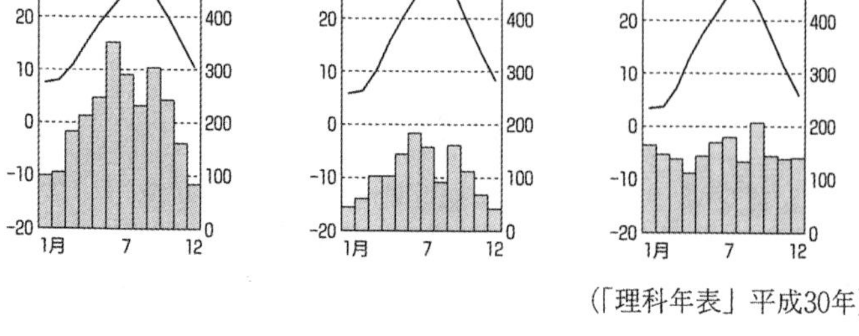

（「理科年表」平成30年）

	ア	イ	ウ	エ	オ	カ
P	⑤	⑤	⑥	⑥	⑦	⑦
Q	⑥	⑦	⑤	⑦	⑤	⑥
R	⑦	⑥	⑦	⑤	⑥	⑤

問５　**資料１**は，図中の**X**～**Z**の県における農業産出額の内訳（2020年，％）を示している。⑧～⑩は，果実，畜産，野菜のいずれかが当てはまる。⑧～⑩に当てはまる農産物の組合せを**ア**～**カ**から選べ。

資料１

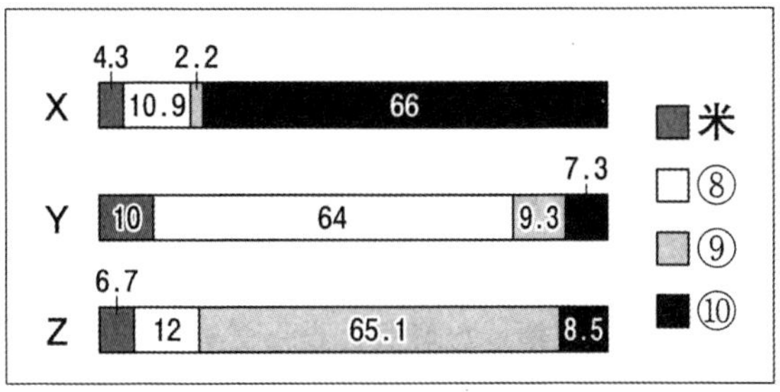

（「データブック・オブ・ザ・ワールド2022」より作成）

	ア	イ	ウ	エ	オ	カ
⑧	果実	果実	畜産	畜産	野菜	野菜
⑨	畜産	野菜	果実	野菜	果実	畜産
⑩	野菜	畜産	野菜	果実	畜産	果実

問６　**資料２**は，大型スーパーマーケット，コンビニエンスストア，デパートの年間販売額と，消費者向け電子商取引（インターネットなど電子的な手段を利用して商品を取引）の年間取引額の変化を示している。デパートの年間販売額に当てはまるものを**ア**～**エ**から選べ。

資料２

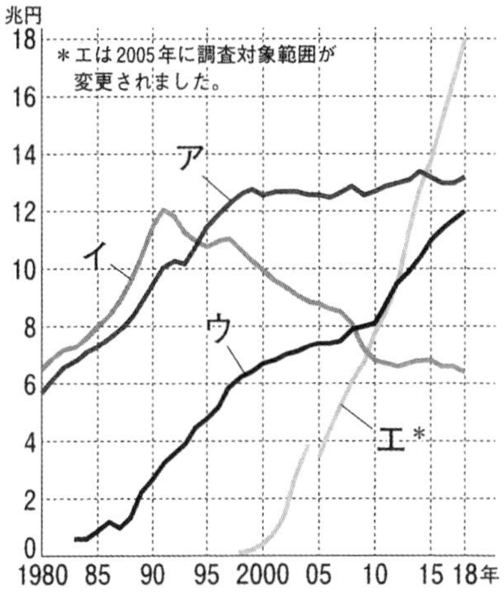

（商業動態統計調査）ほか

問７　高層ビルが立ち並ぶ大都市の中心部では，周辺地域より気温が高くなる現象が見られる。このような現象を何というか。

問８　中央官庁の出先機関や大企業の支社・支店などが置かれ，地方の政治や経済の中心となっている都市を何というか。また，そのような都市として最も適当なものを**ア**～**エ**から選べ。

ア　京都　　**イ**　浜松　　**ウ**　仙台　　**エ**　川崎

3　資料を見て，次の問いに答えよ。

古墳時代	①倭の五王が，国内の権威強化と朝鮮半島南部における政治的・軍事的立場を有利にするために中国の南朝に使者を送った。
奈良時代	朝廷は，人々に開墾をすすめるために②墾田永年私財法を出した。
平安時代	③摂関政治は，藤原道長と，その子の頼通の時代に最も安定し，藤原氏は朝廷の高い地位をほとんど独占した。
鎌倉時代	源頼朝が鎌倉に幕府を開いた。幕府を支えたのは，将軍と，将軍に従う④御家人との結びつきであった。
室町時代	室町幕府は，守護の権限を強め，全国の武士をまとめようとした。やがて守護は，⑤守護大名と呼ばれるようになった。
（　Ａ　）時代	豊臣秀吉が，⑥太閤検地を行った。
江戸時代	京都や大阪を中心とする上方で，町人をにない手とする⑦元禄文化が栄えた。

問１　（　Ａ　）に当てはまる語句を入れよ。

問２　下線部①に関して，次の文章中の（　ア　）・（　イ　）に適当な語句を入れよ。なお（　イ　）は**カタカナ**で答えよ。

> この頃，倭の五王は中国に使者を派遣している。このことを記した中国の歴史書を（　ア　）という。なお，この倭の五王のうちの一人である武とは（　イ　）大王のことと考えられている。

問３　下線部②に関して，次の文章中の（　ア　）・（　イ　）に適当な語句を入れよ。

> この法令は，人口増加にともなって，これまで６歳以上の男女に与えられてきた（　ア　）が不足したために出されたものである。この法令により，（　イ　）の原則が崩れ，私有地が拡大していくこととなった。

問４　下線部③に関して，この頃に栄えた文化の特徴として**適当でないもの**を**ア**～**エ**から選べ。

ア　「古今和歌集」などの優れた文学作品が生まれた。
イ　女性による文学作品が生まれた。
ウ　日本の風土や生活，日本人の感情にあった文化である。
エ　仏教と中国の影響を強く受けた国際色豊かな文化である。

問５　下線部④に関して，将軍と主従関係を結んだ御家人は，京都や鎌倉の警備を分担したり，一族を率いて命がけで戦ったりする義務を負った。このような義務を何というか。

問６　下線部⑤に関して，次の文章中の（　ア　）に適当な語句を入れよ。

> 地方では，守護が（　ア　）の権限を吸収し，国内の武士を従え，その国を領地として独自の支配をするようになり，守護大名と呼ばれるようになった。

問７　下線部⑥に関して，豊臣秀吉の太閤検地に関する説明として**適当でないもの**を**ア**～**エ**から選べ。

ア　太閤検地によって，百姓は土地を耕作する権利を保障された。
イ　太閤検地によって，貴族や寺社が持っていた荘園の権利が否定された。
ウ　太閤検地を実施するにあたり，連帯責任を負う五人組の制度が作られた。
エ　太閤検地を実施するにあたり，ものさしの長さや，ますの大きさが統一された。

問８　下線部⑦に関して，武士や町人の生活をもとに浮世草子と呼ばれる小説を書き，『日本永代蔵』などの作品を残した人物は誰か。また，この人物が活躍した時期を次の**A**～**D**から選べ。

（　**A**　）→　享保の改革　→（　**B**　）→　寛政の改革　→（　**C**　）→　天保の改革　→（　**D**　）

4　資料に関して，次の問いに答えよ。

問１　**資料１**は，地租改正以降の政府の収入と，収入に占める地租の割合の変化を示したものである。次の問いに答えよ。

> 1873年に実施された地租改正は，（　ア　）が，（　イ　）を現金で納める政策であった。**資料１**を参考にすると，地租改正の目的は（　ウ　）であることがわかる。

資料１

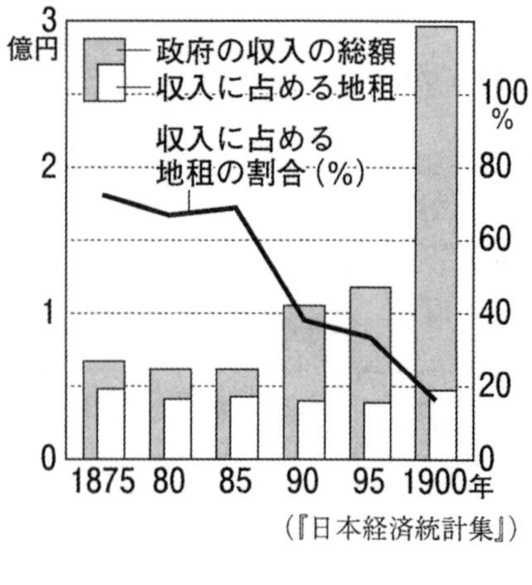

（『日本経済統計集』）

(1)　上の文章中の（　ア　）・（　イ　）に当てはまる語句として適当なものを**A**～**D**から選べ。

	（　ア　）	（　イ　）
A	土地の耕作者	土地の価格の３％
B	土地の耕作者	土地の価格の2.5%
C	土地の所有者	土地の価格の３％
D	土地の所有者	土地の価格の2.5%

(2)　**資料１**を参考にして，（　ウ　）に当てはまる文章を15字以内で答えよ。ただし，「収入」という語句を使用すること。

問２　**資料２**は，大正時代に入って間もない頃，国会議事堂を取り囲む民衆の様子を示したものである。下の文章中の（　ア　）・（　イ　）に適当な語句を入れよ。ただし，（　ア　）については，**Ａ**～**Ｄ**から選べ。

Ａ　犬養毅　　**Ｂ**　桂太郎　　**Ｃ**　大隈重信　　**Ｄ**　原敬

日露戦争前後の政治は，藩閥や官僚を後ろだてとする（　ア　）と，立憲政友会総裁の西園寺公望が，交互に内閣を組織していた。**資料２**は，（　ア　）が３度目の組閣を行ったことに対して，多くの民衆が，その退陣を求めている様子を示したものである。この一連の騒動を（　イ　）という。

資料２

問３　**資料３**は，日本国憲法公布の記念式典の様子を示したものである。下の文章中の（　ア　）・（　イ　）に適当な語句を入れよ。

日本国憲法の三つの基本原理には，国民主権・基本的人権の尊重・（　ア　）がある。また，日本国憲法制定にともない，多くの法律が作られた。このうち，男女共学や９年間の義務教育などを定めた法律を（　イ　）という。

資料３

5　2022年の主な出来事の表をみて，次の問いに答えよ。

1月	第208回①国会が招集 徳島県徳島市の②市民団体が市長の解職請求に向けての署名運動を開始
2月	航空③自衛隊がＦ15戦闘機の墜落事故を認定 ④ロシアがウクライナへの侵攻を開始
3月	ＳＭＢＣ日興証券株式会社の幹部らが不正な⑤株取引容疑で逮捕
4月	⑥日本銀行は３月の国内企業物価指数が，前年同月比で9.5％上昇と発表 東急電鉄が全路線の電力の全量を実質的に⑦再生可能エネルギー由来に変更 厚生労働省が2021年度平均の有効⑧求人倍率を発表
5月	沖縄の日本復帰50年の記念式典に，⑨天皇，皇后両陛下がオンラインで出席 日本弁護士連合会会長が「⑩憲法改正による緊急事態条項の創設及び衆議院議員の任期延長に反対する声明」を発表
6月	厚生労働省が2021年の⑪出生数は過去最少と公表
7月	東京電力福島第１原発事故の株主代表訴訟で東京地方⑫裁判所は旧経営陣４人に対し賠償命令 ⑬参議院議員選挙を実施
8月	第２次岸田⑭内閣が発足
9月	大阪メトロが，⑮ＳＤＧｓ達成への貢献を目指す大阪万博で「来場者移動ＥＶバス」の運行を発表
10月	河野デジタル大臣が，現在使われている⑯健康保険証を2024年に廃止する方針を発表

問１　下線部①の仕事として**適当でないもの**を**ア**～**エ**から選べ。

ア　予算の議決を行う。　　**イ**　法律の制定を行う。

ウ　内閣総理大臣の指名を行う。　　**エ**　条約の締結を行う。

問２　下線部②に関連して，一部の地方自治体で取り入れられている，住民から選出された人々が行政の活動を調査したり，監視したりする制度を何というか。

問３　下線部③に関連して，**資料１**と**資料２**のグラフを見て適当なものを**ア**～**エ**から選べ。

ア　防衛関係費は，1955年以降，増加し続けている。

イ　日本のＧＤＰに占める国防費の割合はロシアよりも低い。

ウ　予算に占める防衛関係費の割合は，現在よりも戦後に近い頃の方が低い。

エ　日本の国防費はそれほど多くないが，対ＧＤＰ比では一番高い。

資料１　防衛関係費の推移

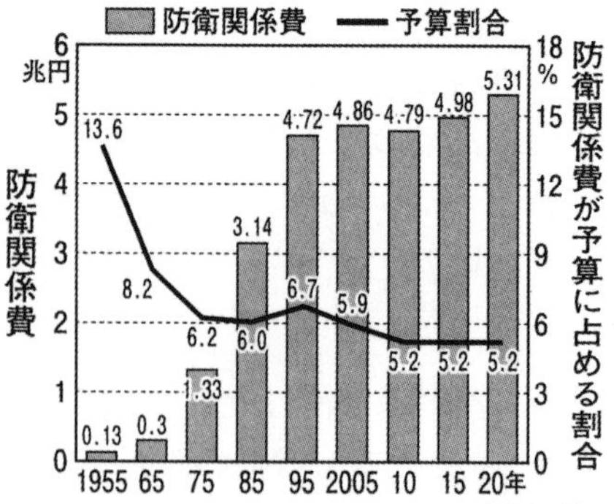

（防衛省）

資料２　主な国の軍事費（防衛費）の比較

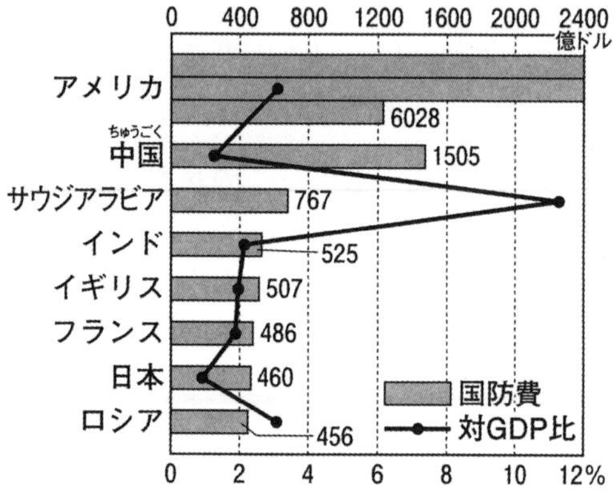

（2017年 イギリス国際戦略研究所）

問４　下線部④のような事態に対処するために置かれている国際連合の機関が安全保障理事会である。これについて，次の(1)，(2)の問いに答えよ。

(1)　安全保障理事会は常任理事国と非常任理事国で構成されている。常任理事国を構成する国について，アメリカ合衆国，ロシア連邦以外の国を**すべて**答えよ。

(2)　安全保障理事会についての説明として，適当なものを次の**ア**～**エ**から選べ。

ア　非常任理事国の任期は３年である。

イ　常任理事国のうち２か国以上が反対すると，その事項は否決となる。

ウ　非常任理事国は15か国で構成されている。

エ　国連加盟国は，安全保障理事会の決定に従う義務がある。

問５　下線部⑤に関連して，株価の変動について説明した文として適当なものを**ア**～**エ**から選べ。

ア　利潤が増える見通しの企業の株式は購入者が増えるため，株価は安くなる。

イ　株価は１ヶ月ごとに更新されるため，購入者はゆっくり検討できる。

ウ　株価の増減は企業の利益の増減に必ず比例する。

エ　株価が変動する要因の一つに，株式を売買する人々の期待が挙げられる。

問６　下線部⑥が不景気の時に行う金融政策（公開市場操作）について，次の文章の（　Ａ　）～（　Ｃ　）に入る適語の組み合わせを**ア**～**ク**から選べ。

> 日本銀行が国債などを（　Ａ　），銀行の資金量を（　Ｂ　）ことにより，銀行の企業への貸し出しを（　Ｃ　）とする。

ア	Ａ　買い	Ｂ　増やす	Ｃ　増やそう	**イ**	Ａ　買い	Ｂ　増やす	Ｃ　減らそう
ウ	Ａ　買い	Ｂ　減らす	Ｃ　増やそう	**エ**	Ａ　買い	Ｂ　減らす	Ｃ　減らそう
オ	Ａ　売り	Ｂ　増やす	Ｃ　増やそう	**カ**	Ａ　売り	Ｂ　増やす	Ｃ　減らそう
キ	Ａ　売り	Ｂ　減らす	Ｃ　増やそう	**ク**	Ａ　売り	Ｂ　減らす	Ｃ　減らそう

問７　下線部⑦の特徴の説明として，**適当でないもの**をア～エから選べ。

ア　資源の枯渇の心配がなく，日本国内でも確保できる。
イ　電力供給が気象条件などに左右されやすい。
ウ　資源確保にかかる費用は高いが，発電費用は安い。
エ　エネルギーによっては施設の立地が制限される。

資料３

◎◎ストア　◇◇店
オープニングスタッフ大募集!

主な業務　レジ接客・品出し・発注・清掃・販売など

時給とシフト
①６:00～９:00………時給920円
②９:00～13:00………時給880円
③13:00～17:00………時給880円
④17:00～22:00………時給880円
⑤22:00～翌６:00……時給1100円
（深夜手当含む）

資格　16歳～(男性のみ)，学生可
⑤は18歳以上

待遇　昇給あり，社員登用あり
(そのほか，お気軽にお問い合わせください。)

お問い合わせ先
○○－△△△△－□□□□

問８　下線部⑧に関連して，**資料３**は求人広告の例である。問題があると考えられる部分に適用される法律として適当なものを次の**ア～エ**から選べ。

ア　労働組合法　　　**イ**　労働基準法
ウ　労働関係調整法　　**エ**　男女雇用機会均等法

問９　下線部⑨に関して，次は日本国憲法第１条の条文である。（　　）に入る適語を**漢字**で答えよ。

天皇は，日本国の（　　）であり日本国民統合の（　　）であつて，この地位は，主権の存する日本国民の総意に基く。

問10　下線部⑩に関して，次の文は，我が国の憲法改正の手続きを示している。文中の（　Ａ　）～（　Ｃ　）に当てはまる語句の組合せを次の**ア～エ**から選べ。

憲法改正は，衆議院，参議院それぞれで（　Ａ　）の（　Ｂ　）の賛成で発議され，その後に行われる国民投票で（　Ｃ　）の賛成で成立となる。

ア　Ａ　出席議員　Ｂ　３分の２以上　Ｃ　過半数
イ　Ａ　総議員　Ｂ　３分の２以上　Ｃ　過半数
ウ　Ａ　総議員　Ｂ　過半数　Ｃ　３分の２以上
エ　Ａ　出席議員　Ｂ　過半数　Ｃ　３分の２以上

資料４

	Ａ党	Ｂ党	Ｃ党
得票数	600票	450票	240票
÷１	600	450	240
÷２	300	225	120
÷３	200	150	80

問11　下線部⑪に関連して，合計特殊出生率も減少傾向である。その理由として，**適当でないもの**をア～エから選べ。

ア　教育費の負担が高まっているため。　　**イ**　平均寿命が延びているため。
ウ　育児と仕事の両立が難しいため。　　**エ**　結婚年齢が高まっているため。

問12　下線部⑫に関連して，日本では一度確定した判決に重大な誤りがあると疑われる場合に，裁判のやり直しが認められている。この制度を何というか。

問13　下線部⑬について，**資料４**は比例代表制で行われているドント式の議席配分の一例である。定数が６名の場合，Ａ党，Ｂ党，Ｃ党に配分される議席数を答えよ。

問14　下線部⑭について説明した文として**適当でないもの**をア～エから選べ。

ア　行政機関の指揮監督を行う。
イ　国務大臣はすべて国会議員から選ばれる。
ウ　天皇の国事行為に関する助言と承認を行う。
エ　国会に対して連帯して責任を負う。

問15　下線部⑮に関連して，資源を節約し発生するごみを減らすこと，使えるものは繰り返し使うことなどによって，自然の再生・浄化能力を高く備えた社会のことを何というか。

問16　下線部⑯に関連して，政府は現在使われている健康保険証を廃止して，あるカードへの一体化を検討している。このカードは本人の申請により交付され，個人番号の証明や本人確認の際の公的な書類として利用できる。このカードの名称を**カタカナ**で答えよ。

令和５年度　鹿児島実業高校入試問題　理　科　　（解答…218Ｐ）

（解答…218Ｐ）

1　Ｋさんは夏休みにキャンプに行った。その時に経験した内容に関する次の文章を読み，各問いに答えなさい。答えを選ぶ問いについては記号で答えなさい。

近くの①川に入ると見た目より深くて，おどろいた。川の岩かげにザリガニがいたので観察した。夜にはバーベキューをして，炭火で焼いた肉はとてもおいしかった。また，花火大会があり，きれいな花火を見た。天気も良く満天の星空も見られた。北の空を一定時間観測すると，地球の自転により，星は移動して見えることがわかった。しかし，②１つの星だけほとんど動かないように見えた。

問１．下線部①のように川の中の小石を見ると，実際より浅いところにあるように見えた。水中の小石で反射《はんしゃ》した光が，水面で屈折するときの入射角《にゅうしゃかく》と屈折角《くっせつかく》の関係について，次の式の［　　］にあてはまるものは＞，＝，＜のどれか。

入射角［　　］屈折角

問２．花火の光が見えてから，花火の音が聞こえるまで4.5秒かかった。花火が開いた位置とＫさんとの距離《きょり》は何kmか書け。ただし，音が空気中を伝わる速さは340m/sとする。答えは小数第１位まで答えよ。

問３．ザリガニに関する，次の文中の［ a ］，［ b ］にあてはまることばを書け。

無セキツイ動物であるザリガニは，からだとあしに節《ふし》があり，からだを支えたり保護したりする殻《から》をもつ。この特徴《とくちょう》から，［ a ］動物の［ b ］類に分類される。

問４．**図**はザリガニを表している。からだの**ア**の部分を何というか書け。

図

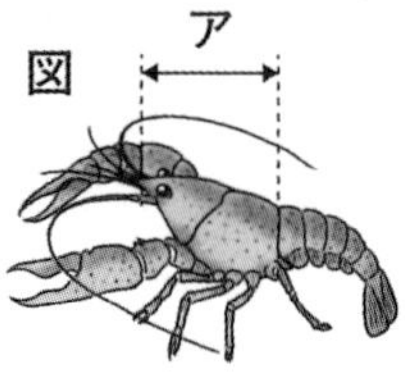

問５．下線部②の星の名称を漢字で書け。

問６．下線部②のように見える理由を「地軸《ちじく》」ということばを用いて書け。

問７．次の化学反応式《かがくはんのうしき》は炭（炭素）が完全燃焼《かんぜんねんしょう》したときの反応を表している。［ X ］にあてはまる化学式を書け。

C ＋［　　］ → ［ X ］

問８．炭が燃焼したときと同じような変化はどれか。

ア．鉄くぎが，長い間空気にさらされて，表面がボロボロになった。

イ．エタノールをポリエチレンのふくろに入れてお湯をかけると，ふくろがふくらむ。

ウ．硝酸《しょうさん》カリウムの飽和水溶液《ほうわすいようえき》を高い温度でつくり，温度を下げると結晶《けっしょう》がでてきた。

エ．暑い日に打ち水をすると水が蒸発《じょうはつ》して地面の熱をうばい，涼しくなった。

2　次のⅠ，Ⅱについて各問いに答えなさい。答えを選ぶ問いについては記号で答えなさい。

Ⅰ　理科の実験でタマネギの根の成長について観察した。

タマネギを水につけて置いておくと，数日後，根が１～３cmほど成長した。成長した根に等間隔《とうかんかく》に●印をつけ，再び水につけて根の成長を観察した（**図１**）。更に２日後，成長した根の**Ａ～Ｃ部分**を切り出して塩酸処理をした。それぞれスライドガラスの上にのせ，柄《え》つき針でつぶし，細胞《さいぼう》を分離させた。その後，①染色液《せんしょくえき》で染色した。カバーガラスをかけ，その上からろ紙でおおい，②指でおしつぶしてプレパラートをつくった。顕微鏡《けんびきょう》でそれぞれのプレパラートを同じ倍率で観察し，スケッチした（**図２**）。

図1

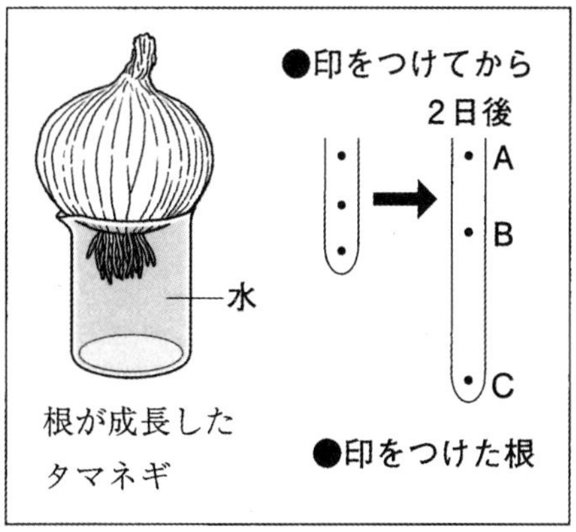

図2

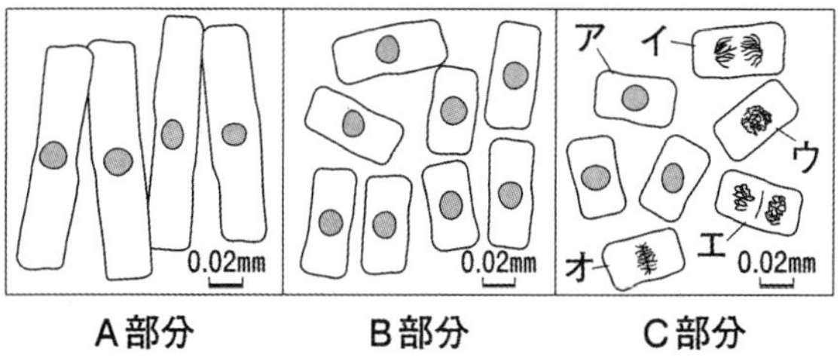

図1のA～C部分のプレパラートを同じ倍率で観察したときの細胞のスケッチ

問1．下線部①の染色液は，核《かく》や染色体を染色する。この染色液の名称を1つ書け。

問2．下線部②をおこなう目的を書け。

問3．**図2**の**C部分**のスケッチから，この部分では細胞分裂《さいぼうぶんれつ》が行われていることがわかる。**ア**をはじまりとして細胞分裂が進む順に並べたとき，次の[X]にあてはまるものはどれか。**イ**～**オ**の中から1つ選べ。

ア→[　　]→[X]→[　　]→[　　]

問4．**図1**と**図2**からわかることをまとめた。次の文中の[a]～[d]にあてはまることばの組み合わせとして正しいものを，次の①～⑥の中から1つ選べ。

・根は根もとから[a]部分がよくのびる。
・根の先端《せんたん》近くの細胞は，根もと近くの細胞よりも[b]。
・根は先端から[c]細胞が分裂によって増え，分裂後の細胞が[d]なることによって成長する。

	a	b	c	d
①	遠い	小さい	遠い	大きく
②	遠い	大きい	近い	小さく
③	遠い	小さい	近い	大きく
④	近い	大きい	遠い	小さく
⑤	近い	小さい	遠い	大きく
⑥	近い	大きい	近い	小さく

Ⅱ　次の**表**はセキツイ動物の5つのグループを特徴ごとにまとめたものである。①～④には「魚類，両生類，ハチュウ類，鳥類」のどれかが入り，**A**～**D**には問1に示す特徴のどれかが入る。○は「その特徴をもつ」，×は「その特徴をもたない」，△は「その特徴を親または子がもつ」ことを示す。

表

特徴＼グループ	ホニュウ類	①	②	③	④
肺で呼吸をする	○	○	○	△	×
A	○	○	○	○	○
B	×	○	○	×	×
C	×	○	×	×	○
D	○	×	×	×	×

問1．**表**の**C**にあてはまる特徴はどれか。

ア．子がある程度母親の体内で育ってからうまれる　　**イ**．卵《たまご》の表面にかたい殻をもっている
ウ．体表のほとんどがうろこでおおわれている　　**エ**．背骨をもっている

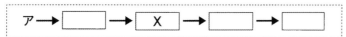

問2．表の①と③にあてはまる動物の組み合わせとして正しいものはどれか。

	①にあてはまる動物	③に当てはまる動物
ア	カエル，イモリ	カメ，ヤモリ
イ	ハト，ニワトリ	カエル，イモリ
ウ	カメ，ヤモリ	ハト，ニワトリ
エ	カメ，ヤモリ	カエル，イモリ

問3．次の文は表の③の呼吸についての説明である。文中の［ a ］，［ b ］にあてはまる器官の名称をそれぞれ書け。

子は［ a ］と［ b ］で呼吸し，親は肺と［ b ］で呼吸する。

図

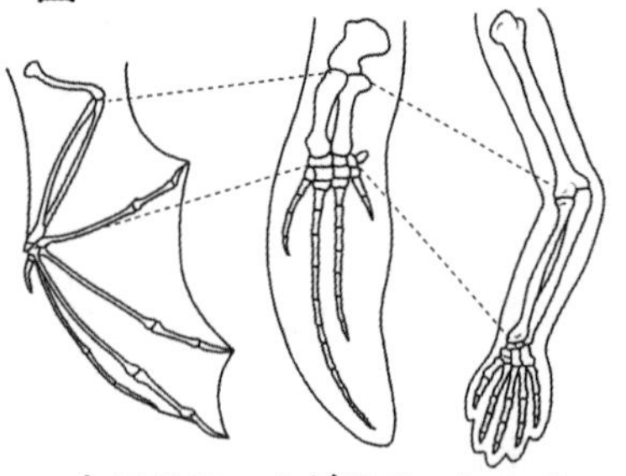

問4．図は，ホニュウ類の前あしの骨格を比べたものであり，これらは相同器官《そうどうきかん》という。もとは同じ器官であったと考えられるが，それぞれの前あしの形やそのはたらきには大きな違いがある。このような違いが生じた理由を「環境」，「進化」ということばを用いて書け。

3　次のⅠ，Ⅱの各問いに答えなさい。答えを選ぶ問いについては記号で答えなさい。

Ⅰ　図は，ある地域で調査した地層《ちそう》を模式的《もしきてき》に表しており，X－X’面は地層のずれを示している。また，①・②の石灰岩《せっかいがん》の層は同じもので，地層の上下逆転はないものとする。

図

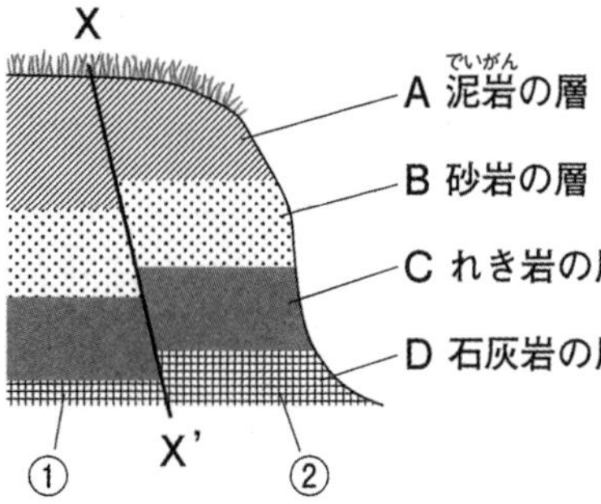

問1．次の文は，一般的な土砂のでき方について述べたものである。文中の［ a ］，［ b ］にあてはまることばを書け。

地表の岩石が，長い年月をかけて，気温の変化や風雨などのはたらきによりもろくなることを［ a ］という。もろくなった岩石が，風や流水のはたらきでけずりとられることを［ b ］という。このようにして土砂ができる。

問2．X－X’面を境にした地層のずれを何というか書け。

問3．X－X’面での岩石にはたらく力の加わる向きを⇨で，その結果生じた地層のずれの向きを⟶で示すとき，その組み合わせとして正しいものはどれか。

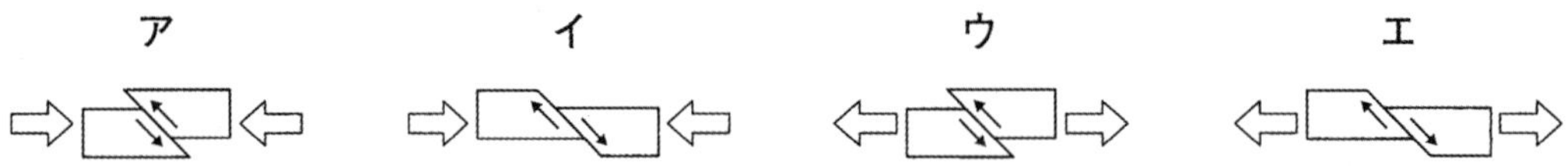

問4．各層から岩石を採取し，それぞれにうすい塩酸をかけると，気体が発生したものがあった。気体が発生したのはどの層から採取した岩石か。図のA～Dから1つ選べ。

問5．C～Aの層が堆積《たいせき》するまでの間の，この場所の環境の変化と，その理由の組み合わせとして最《もっと》も適当なものはどれか。

	環境の変化	理由
ア	はじめは海岸からの距離が近かったが，その後，遠くなった。	上の地層ほど粒が大きいから。
イ	はじめは海岸からの距離が近かったが，その後，遠くなった。	上の地層ほど粒が小さいから。
ウ	はじめは海岸からの距離が遠かったが，その後，近くなった。	上の地層ほど粒が大きいから。
エ	はじめは海岸からの距離が遠かったが，その後，近くなった。	上の地層ほど粒が小さいから。

Ⅱ　図のA～Dは，日本の春，つゆ（梅雨《ばいう》），夏，冬のいずれかの典型的な天気図である。

図

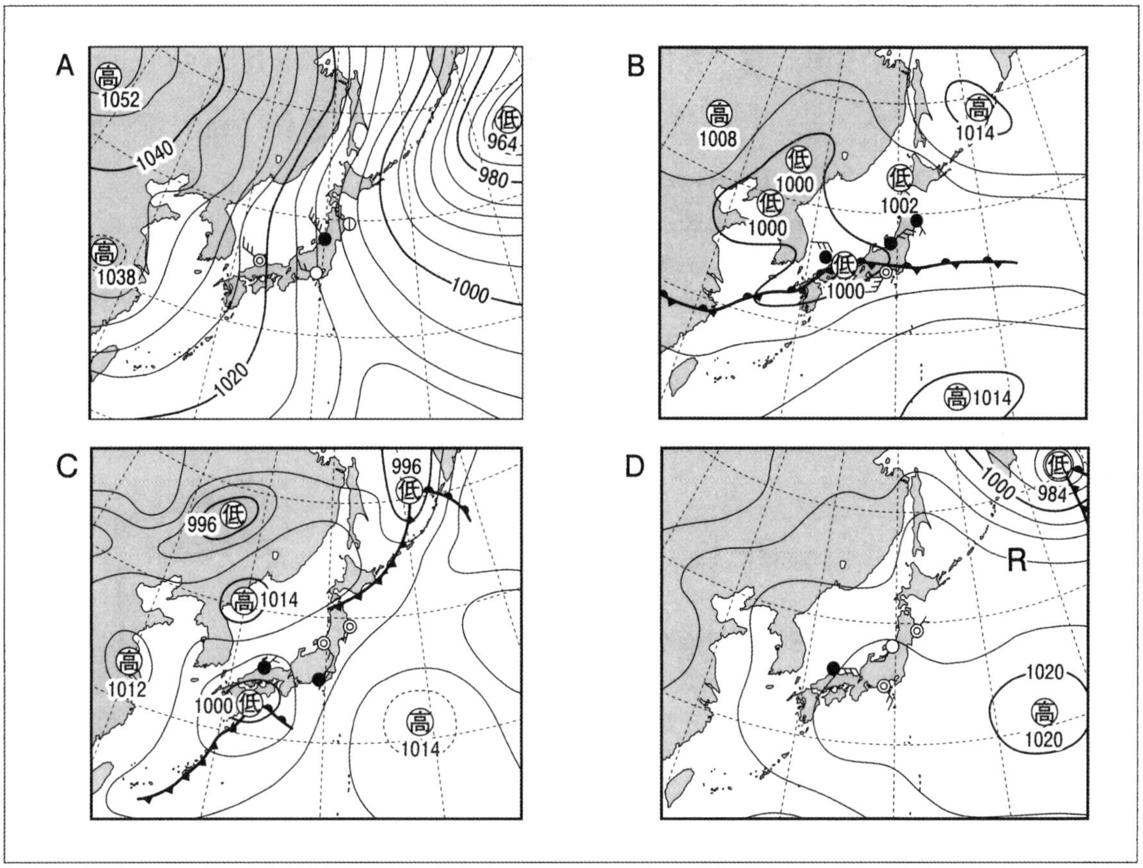

問1．次の文は季節の特徴を説明したものである。この季節の天気図として最も適当なものを，図のA～Dの中から1つ選べ。

低気圧と高気圧が交互に日本列島付近を通るため，2，3日おきに天気が変わる

問2．Bの天気図にある前線の名称はどれか。

ア．寒冷前線《かんれいぜんせん》　イ．温暖前線《おんだんぜんせん》　ウ．閉《へい》そく前線《ぜんせん》　エ．停滞前線《ていたいぜんせん》

問3．Dの天気図にある等圧線《とうあつせん》Rは何 hPa か。

問4．次の表は気温と飽和水蒸気量《ほうわすいじょうきりょう》の関係を示している。

表

気温（℃）	20	22	24	26	28
飽和水蒸気量（g/m^3）	17.3	19.4	21.8	24.4	27.2

(1)　ある地点における気温は28℃，露点《ろてん》は24℃であった。湿度《しつど》は約何％か。
答えは小数第1位まで答えよ。

(2)　(1)の状態から気温が下がり20℃になった。このとき1 m^3 の空気から何 g の水滴《すいてき》が発生するか。
答えは小数第1位まで答えよ。

4　次のⅠ，Ⅱの各問いに答えなさい。答えを選ぶ問いについては記号で答えなさい。

Ⅰ　ロウの状態変化《じょうたいへんか》について，次の**実験１**・**実験２**を行った。
ただし，ビーカーの質量《しつりょう》は60g，　液体のロウの密度《みつど》は0.8g/cm^3，水の密度は1.0g/cm^{3}とする。

実験１

①　ビーカーにくだいた<u>固体のロウを入れ，加熱して液体にした</u>。
②　液体になったロウの液面の高さに，**図１**のように印をつけた。
③　液体のロウが入ったビーカーの質量は130.0g，液体のロウの体積は87.5cm^{3}であった。
④　③のビーカーを放置して冷やすと，**図２**のように固まった。
⑤　固体になったロウが入ったビーカーの質量は130.0gであった。
⑥　⑤のビーカーに印の高さまで水を入れ，その水の体積をはかると10.5cm^{3}であった。

図１
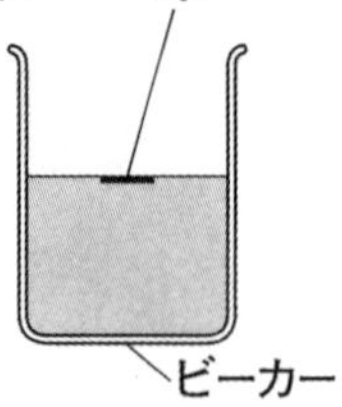

液体のロウ

図２
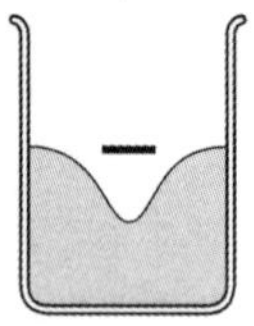
固体のロウ

実験２

①　固体のロウと氷を試験管に入れ，**図３**のようにビーカーに入れた水の中で加熱した。
②　はじめに氷がとけ，その後固体のロウもとけ，全て液体になった。
③　水と液体のロウは混ざり合わず，２つの層に分かれた。
④　③の試験管に固体のロウを入れた。

図３
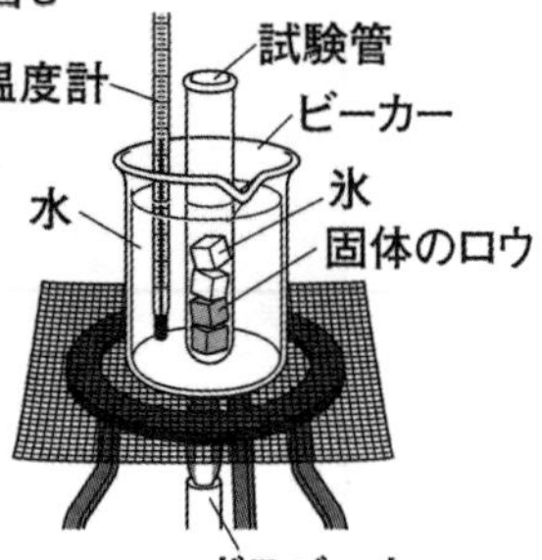

問１．固体がとけて液体に変化するときの温度を何というか書け。

問２．**実験１**の下線部のような変化に関する次の文中の(1)，(2)について，それぞれ正しいものはどれか。

> 固体のロウに熱が加えられると，ロウの粒子の運動が (1)（ 激しく ・ おだやかに ）なり，粒子と粒子との間が (2)（ 狭くなる ・ 広がる ）。

問３．固体のロウの密度は何 g/cm^3 か。答えは小数第１位まで答えよ。

問４．**実験２**の④の結果について，試験管内のようすを表したものはどれか。

ア
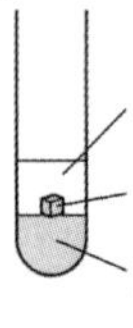

イ
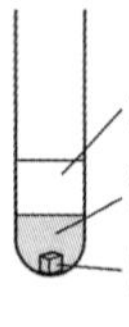

ウ
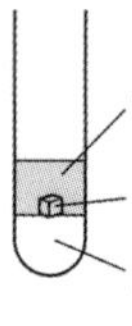

エ
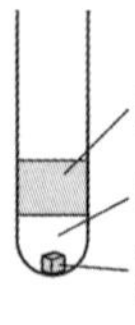

Ⅱ　うすい硫酸《りゅうさん》とうすい水酸化バリウム水溶液《すいようえき》を混ぜ合わせる実験を行った。

実験

うすい硫酸にうすい水酸化バリウム水溶液を**図１**のようにこまごめピペットで加えると沈殿ができる。うすい硫酸 10cm^3 の入ったビーカーにうすい水酸化バリウム水溶液を少しずつ加えていくと，加えたうすい水酸化バリウム水溶液の体積と生成した沈殿の質量との関係は**図２**のグラフのようになった。

図1

図2

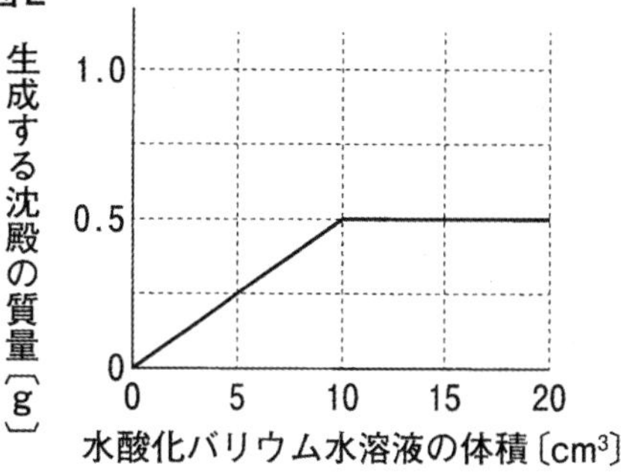

問1．こまごめピペットの使い方として**誤っているもの**を，次の**ア**～**オ**の中から**すべて選べ**。

ア．持つときは，親指と人さし指でゴム球を持ち，残りの指でガラスの部分を持つ。

イ．液体をとるときは，最初にこまごめピペットの先を液体につけて，その後ゴム球をおして液体を吸いこむ。

ウ．必要な量より，少し多く吸い込み，余分な液体を出す。

エ．液体をとった後は，こまごめピペットの先を上に向ける。

オ．液体を出すときは，ゴム球をゆっくりおして液体を出す。

問2．この反応に関する次の文中の［ a ］～［ c ］に入る水溶液の色，［ d ］に入ることばの組み合わせとして正しいものを，次の①～⑥の中から1つ選べ。

うすい硫酸にBTB溶液を加えると［ a ］色になり，うすい水酸化バリウム水溶液を加えていくと沈殿が生じ，10cm³加えたところで［ b ］色になる。さらに，うすい水酸化バリウム水溶液を加えると［ c ］色になった。このように，酸の水溶液とアルカリの水溶液を混ぜ合わせると，たがいの性質を打ち消し合う。この反応を［ d ］という。

	a	b	c	d
①	青	黄	緑	中和《ちゅうわ》
②	青	黄	緑	分解《ぶんかい》
③	青	緑	黄	分解
④	黄	青	緑	中和
⑤	黄	緑	青	中和
⑥	黄	緑	青	分解

問3．この反応を化学反応式で表せ。

問4．この実験を行っている間の，水溶液中のすべてのイオンの数の変化をあらわすグラフとして正しいものを選べ。

ア

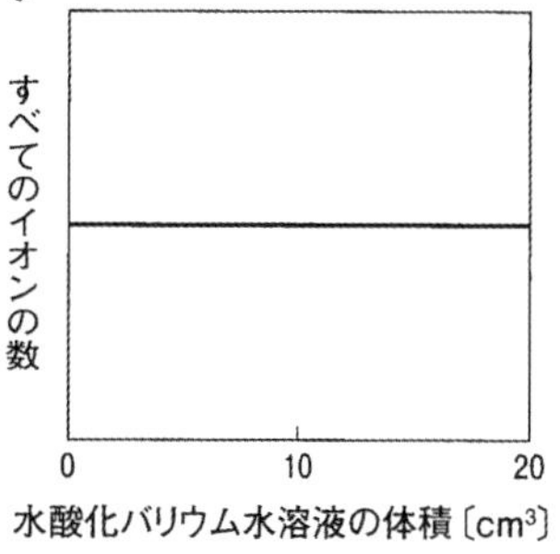

イ

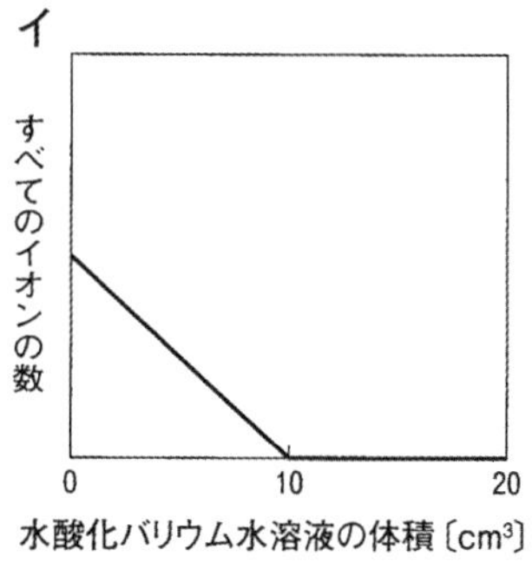

ウ

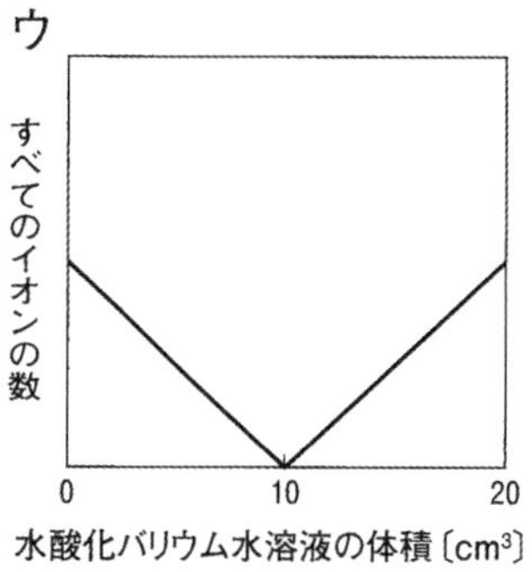

エ

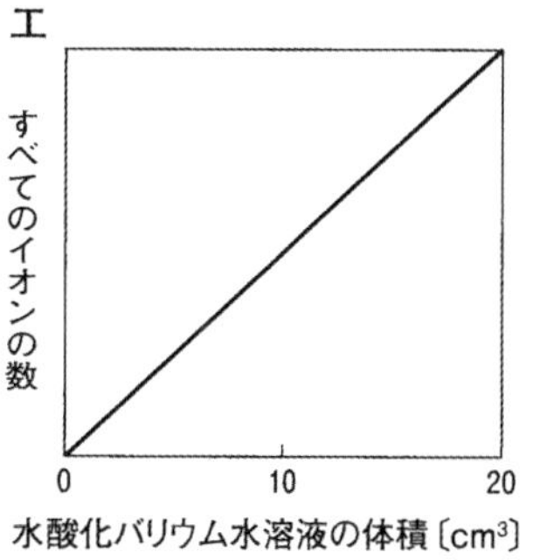

オ

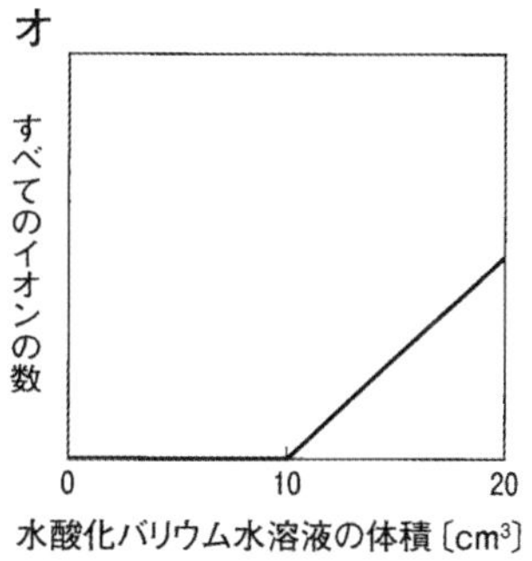

カ

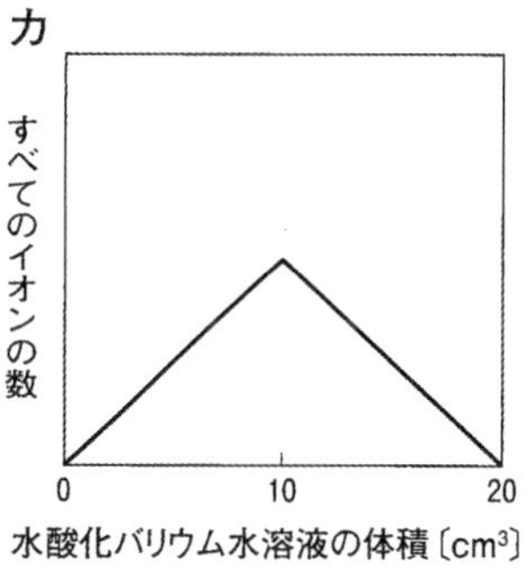

5 次のⅠ，Ⅱについて各問いに答えなさい。答えを選ぶ問いについては記号で答えなさい。

Ⅰ　長さ1.0mの伸び縮みしない軽い糸の先に小球をつけ，点**O**からつるしてふりこをつくった。**図**のように，糸がたるまないように点**O**と同じ高さの点**A**まで持ち上げ，小球を静かにはなした。その後，小球は最下点**B**と最下点**B**からの高さが0.30mの点**C**を通過し，点**A**と同じ高さの点**D**に達した。ただし，空気の抵抗《ていこう》や点**O**で糸にはたらく摩擦《まさつ》は無視するものとする。

図

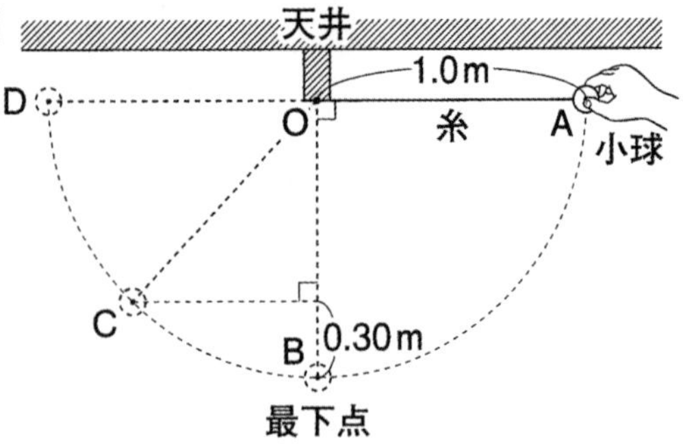

問1．点**B**を小球が通過する瞬間について，小球と糸との間ではたらく力について述べた次の文中の［a］と［b］にあてはまることばを書け。

> 小球が糸を引く力と糸が小球を引く力は互いに同じ大きさで［a］向きの関係になっている。これは「［b］の法則」で説明できる。

問2．小球が点**D**まで上がって一瞬静止したことから，この小球の運動で変化しないものはどれか。

ア．運動エネルギー　　イ．位置エネルギー

ウ．運動エネルギーと位置エネルギーの差　　エ．運動エネルギーと位置エネルギーの和

問3．点**C**での小球の運動エネルギーの大きさは，点**B**での小球の運動エネルギーの大きさの何倍か。

Ⅱ　**図1**のような回路《かいろ》をつくり，コイルの下の部分をU字型磁石ではさんだ。スイッチを入れるとコイルは矢印の向きに動いた。また，**図2**は，電熱線**A**，**B**それぞれの電圧《でんあつ》と電流の関係をグラフに表したものである。

図1

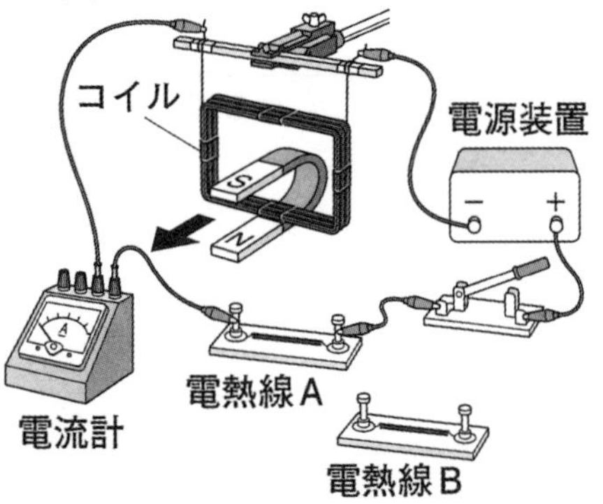

問1．**図1**で，回路に流れる電流の大きさが予想できないときに，最初につなぐ電流計の－端子《まいなすたんし》はどれか。

ア．50mA　　イ．500mA　　ウ．5A

問2．**図2**のグラフから電熱線**B**の抵抗の大きさを求めよ。解答欄の〔　　〕内には単位記号を書くこと。

図2

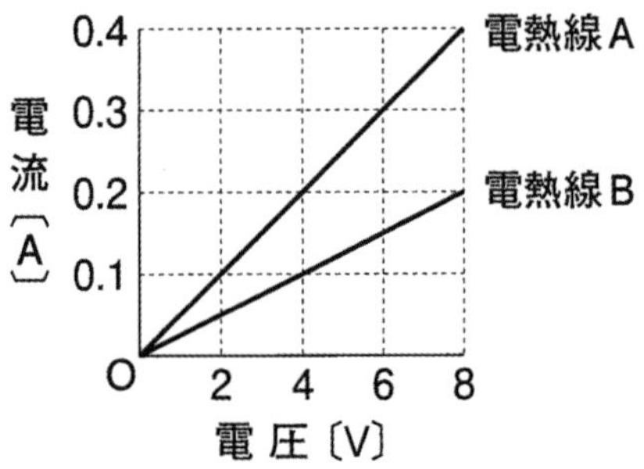

問3．**図1**の配線について，次の操作のうち，コイルの振れが最も大きくなるのはどれか。ただし，電源装置の電圧は変えないものとする。

ア．電熱線**A**を電熱線**B**にとりかえる。

イ．電熱線**A**に電熱線**B**を並列《へいれつ》につなぐ。

ウ．電熱線**A**に電熱線**B**を直列《ちょくれつ》につなぐ。

エ．このまま配線を変えない。

問4．この実験でコイルが動くのは，電流が磁界《じかい》から力を受けるからである。この力を利用している装置はどれか。

ア．発電機　　イ．蛍光灯《けいこうとう》　　ウ．白熱電球　　エ．扇風機《せんぷうき》

図3

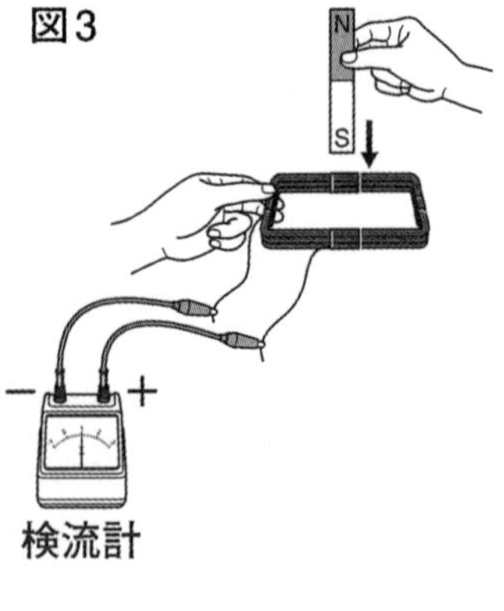

問5．コイルを取り外して検流計を取り付け，**図3**のように棒磁石のS極を上から近づけると検流計の針が振れた。これは，コイル内の磁界が変化しコイルに電圧が発生したからである。下線部の現象を何というか，漢字で書け。

樟南高等学校

理　事　長　時 任 保 彦

学　校　長　山 崎 隆 志

所　在　地　〒890-0031 鹿児島市武岡一丁目120番１号

電　　　話　(099) ２８１－２９００

Ｆ　Ａ　Ｘ　(099) ２８１－２５２２

ホームページアドレス　https://www.shonan-h.ac.jp/

メールアドレス　kando-kouho@shonan-h.ac.jp

交　　　通　鹿児島中央駅西口から

ア．通学バス　中央駅西口 ⇄ 樟南高校（登下校時）(南国交通)

イ．中央駅西口から武，武岡線，樟南高校前下車（南国バス）

受験情報					試験会場（鹿児島市・日置市・南さつま市・指宿市・薩摩川内市・姶良市・霧島市・鹿屋市・各離島）					
学科		定員	志願者数	試験科目	出願期間（予定）	試験期日	合格発表（予定）	受検料	入学金	授業料（月額）
普通科	文理コース	40	741	普通科文理コース 普通科英数コース 普通科未来創造コース 【国語・数学・英語・社会・理科・面接】 商業科，工業科全コース 【国語・数学・英語・面接】	令和６年 一般入試 １月４日 〜 １月９日 推薦入試 1月9日まで	令和６年 一般入試 １月27日 （土） 推薦入試 １月15日 （月） (本校会場のみ)	令和６年 一般入試 ２月１日 （木） 推薦入試 １月17日 （水）	11,000円	100,000円	51,500円
	英数コース	90	626							
	未来創造コース	100	620							
商業科	資格キャリアコース	60	491							
	特進ビジネスコース	20								
工業科	機械工学コース	25	210							
	電気工学コース	25	155							
	自動車工学コース	20	118							
学校説明会（体験入学）				7月15日(土)(学科)・7月28日(金)(学科)・8月21日(月)〜25日(金)(部活動)・10月21日(土)(学科)						

進学・就職状況

進　　学

〈国公立大〉

東京大学・京都大学・一橋大学・東京工業大学・北海道大学・筑波大学・千葉大学・横浜国立大学・東京都立大学・大阪大学・神戸大学・広島大学・山口大学・九州大学・北九州市立大学・福岡教育大学・長崎大学・佐賀大学・大分大学・熊本大学・宮崎大学・鹿児島大学・防衛医科大学校・自治医科大学

〈私立大〉

早稲田大学・慶應義塾大学・東京理科大学・明治大学・青山学院大学・中央大学・日本大学・東洋大学・同志社大学・立命館大学・福岡大学・西南学院大学・鹿児島国際大学・志學館大学・鹿児島純心女子大学・第一工科大学

就　　職

トヨタ自動車・川崎重工業・古河電気工業・JFEスチール・東日本旅客鉄道・SUBARU・トヨタ車体・日本発条・山崎製パン・日立建機日本・神戸製鋼所・日本郵便・京セラ・九電工・鹿児島銀行・鹿児島信用金庫・山形屋・城山観光・南国殖産・警視庁・鹿児島県警・鹿児島県職・自衛官

校風沿革

── いっしょに学び，いっしょに輝く ──

ゴージャスでゆったりと緑あふれるキャンパスは，好感度の高い施設がつまった快適空間。夢ひろがる樟南キャンパスで青春を過ごしませんか。

創立140年の歴史を有し，部活動では全国優勝を数多く有する名門校で，進学も東大をはじめ難関国公立大学に多数合格するなど文武両道で実績を上げています。県内トップレベルの資格取得や就職率を誇る伝統ある工業科や商業科も自信とやる気に満ちています。心と心のふれあいを最も大切にし，「がんばれば感動」を合言葉に，18の春を笑って締めることのできる生き生きと輝く学校です。

特色

文理コース…難関大学をはじめ，全員の国公立大学合格をめざす。

英数コース…鹿児島大学をはじめとする国公立大，有名私立大を目標。部活動との両立をめざす。

未来創造コース…「文武両道」を実践し，人間性の向上をめざす。個性，希望に応じて幅広い進路選択（大学・専門学校等への進学，公務員・一般企業への就職）ができる。

資格キャリアコース…将来に役立つ多くの資格取得と，充実した体験を生かして，就職や進学の幅広い進路実現を目指す。

特進ビジネスコース…進学を意識した資格取得と授業内容で，国公立大学等の専門学科推薦等で進学を目指す。

機械工学コース…「ものづくり」の楽しさと資格取得や工業技術を習得し，全員の進路決定をめざす。

電気工学コース…専門知識・技術を深く学び，資格も数多く取得し，将来技術者として活躍することを目標とする。

自動車工学コース…自動車整備士としての知識・技術を学び，二年修了時に３級自動車整備士国家試験を受験・取得して，将来自動車整備士をめざす。

全校応援

授業風景

樟南祭

修学旅行（海外）

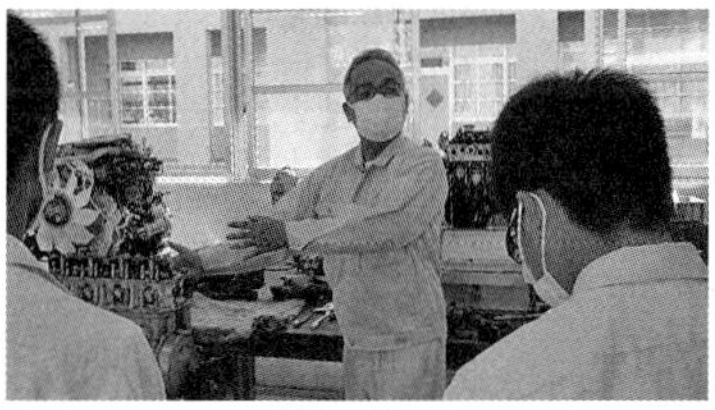

体験入学

一日遠足

問四　――部④「ない」と文法的に同じものをア～エから一つ選び、記号で答えよ。

ア　人の一生ははかない。
イ　やりばのない怒り。
ウ　その話はおもしろくない。
エ　もう一歩も歩けない。

問五　次の会話文は、ある中学校での、この文章を読んだ先生と生徒の会話である。あとの問いに答えよ。

先生「あなたは、先日、生徒会新聞の取材のために、街頭インタビューに行きましたね。」
生徒「生徒会のメンバーと行きました。町で偶然、六十歳を迎えた方と出会い、その時の思いを尋ねたら、その方も『感無量です。』と、同じようにお答えになりました。」
先生「『光陰矢のごとし』を実感しながら、[I]を重ねていくことによって、初めてわかることがあることに気づくと筆者も述べていますね。
　ところで、ことわざには様々なものがあって、動物に例えたおもしろいものもありますよ。何か知っていますか。」
生徒「知っています。『[II]も歩けば棒に当たる』。『[III]の威を借る狐《きつね》』。たしか、『[IV]の耳に念仏』もあります。」
先生「ことわざは、インパクトが強く、使う人の現在置かれた立場によってその解釈もさまざまです。だからこそいつまでも心に残るのでしょうね。」

(1)　――部A「迎えた」を尊敬語に、――部B「尋ねたら」を謙譲《けんじょう》語に、それぞれ直して書け。
(2)　[I]に入る適当な語を、本文中から抜き出して答えよ。
(3)　[II]～[IV]に、適当な語を漢字一字で入れて、それぞれのことわざを完成させよ。

四

次の文章を読んで、あとの問いに答えなさい。

光陰矢のごとし――猛スピードで人生は流れる

「光」は「日」、①「陰」は「月」を表す。矢が飛んでいく②ように月日は過ぎていく、という意味だ。

たしかに年齢を重ねていくごとに、月日の経つのがどんどん速くなっていくように感じられる。それは、誰もが例外なく口を揃《そろ》えて言う実感だ。若いころは、なんであんなに時間がゆったりと流れていたんだろうかと思う。

しかし、月日の経つのが速くなっても、ある時から年をとる面白《おもしろ》さを急に感じるようになる。年齢を重ねて初めてわかることが、人生にはたくさんあるのだと気づくからだ。

人生を前へ、前へと歩んでいくにつれて、誕生日の迎え方が変わっていく。「年をとること」に対する感情が変化していくのだ。喜び、希望、憂鬱《ゆううつ》、恐怖、再認識、感謝というふうに。

そこで、それぞれの年代における誕生日の受け止め方を、つぎのように表してみた。ただし、違いをわかりやすくするために女性バージョンで。

誕生日がうれしい十歳
誕生日に③決心する二十歳
誕生日がブルーな三十歳
誕生日を忘れたい四十歳
誕生日に奮い立つ五十歳
誕生日に感無量の六十歳

いま私は五十八歳だから、近い将来の六十歳も感覚的に想像できる。では、七十歳のときにどんな思いで誕生日を迎えるのだろうか。それはまだわから④ない。

ともかく「光陰矢のごとし」ということわざを、過ぎ去っていく時間を惜しんだり、虚《むな》しさを感じたりするために使うのではもったいない、ということだ。

（吉村達也『続・脳に効くことわざ』による）

問一 ――部①「陰」の漢字の部首名を答えよ。

問二 ――部②とあるが、この表現技法を何というか。最も適当なものをア～エから選び、記号で答えよ。

ア 擬人法　**イ** 倒置法　**ウ** 直喩　**エ** 隠喩

問三 ――部③「決心」と同じ漢字の組み立てのものを、ア～エから一つ選び、記号で答えよ。

ア 美人　**イ** 登山　**ウ** 不足　**エ** 人徳

問五　―――部⑥「恥ぢて」とあるが、何を恥ずかしく思ったのか。最も適当なものをア～エから選び、記号で答えよ。

ア　女房が、男法師たちが法師なのに最勝光院という由緒ある場所で連歌を読むという風流でないふるまいをしたことを恥ずかしく思っている。

イ　男法師が、女房を馬鹿にして連歌を詠みかけたところ、予想外な返歌がきて何も言えなくなってしまったことを恥ずかしく思っている。

ウ　女房が、男法師の連歌の呼びかけが突然で、一応返歌はできたものの満足な内容ではなかったため、歌人としての未熟さを恥ずかしく思っている。

エ　男法師が、女房に対して失礼な連歌を詠みかけたところ、その返歌の内容が俊成卿の娘としてふさわしい上品なものであることを理解して反省し、恥ずかしく思っている。

問六　―――部⑦「いみじき」の本文中での意味として最も適当なものをア～エから選び、記号で答えよ。

ア　つまらない　　**イ**　すばらしい

ウ　恐れ多い　　**エ**　若々しい

問七　―――部⑧「深く姿をやつしたりける」とあるが、その具体的な内容を述べている部分を二十四字で抜き出し、最初の三字を答えよ。

三

次の文章を読んで、あとの問いに答えなさい。

近ごろ、最勝光院に、梅さかりなる春、故づきたる(特別な事情のある)女房※一人、釣殿※のわたりにたたずみて、花を見るほどに(見ていたが)、男法師など(男法師たちが)、打ち群れて入り来たりければ(入ってきたので)、こちなしとや思ひけん(風流心がないと思ったのだろうか)、①帰り出でけるが、着たるうすぎぬの、ことのほかに、黄ばみすすけたるを②笑ひて、

　花を見捨てて帰る③さるまろ(さるのこと)

と④連歌をしかけたりければ(連歌をしかけたので)、とりあへず、

　⑤里守る犬のほゆる(吠える)に驚きて

と付けたりけり。人人⑥恥ぢて逃げにけり。この女房は、俊成卿《しゅんぜいきょう》の娘と⑦ていみじき歌よみ(歌人)なりけるが、⑧深く姿をやつし(みすぼらしくする)たりけるとぞ。

（「十訓抄」による）

※　女房＝宮中や高貴な人に仕える女性。
※　釣殿のわたり＝寝殿造りの池に面した建物の近く
※　俊成卿＝藤原俊成。有名な歌人。

問一　――部①「帰り出でけるが」の主語を答えよ。

問二　――部②「笑ひて」――部⑥「恥ぢて」をすべてひらがなで、現代仮名遣いに直して答えよ。

問三　――部③「さるまろ」――部⑤「里守る犬」とあるが、それぞれ誰を指しているか。その組み合わせとして最も適当なものをア～エから選び、記号で答えよ。

ア　③　男法師　　⑤　俊成卿
イ　③　女房　　⑤　俊成卿
ウ　③　男法師　　⑤　女房
エ　③　女房　　⑤　男法師

問四　――部④「連歌」について説明した次の文について、[1]と[2]に適当な語（漢字）をそれぞれ答えよ。

和歌は普通は一人で詠むものである。本文における連歌とは一つの和歌（五七五七七）を五七五（上の句）と七七（下の句）の二つに分けて、二人で一首を歌としてふさわしいものに完成させるものである。本文では最初に和歌の中の[1]の句を作って呼びかけ、相手はそれに合う[2]の句を作って返している。

問四　―――部②「ちょっと心配した」とあるが、村人たちは何を心配したのか。最も適当なものをア〜エから選び、記号で答えよ。

ア　自分たちの穴を他人に取られてしまうこと。
イ　穴に原子炉のカスを捨てることの安全性。
ウ　原子力発電会社から利益をもらえるのかどうか。
エ　原子炉のカスの最終的な処分方法について。

問五　―――部③「監督についてきた　〜　話をしていた。」という部分から分かることは何か。最も適当なものをア〜エから選び、記号で答えよ。

ア　役人や作業員に趣味が多いこと。
イ　役人や作業員の仕事に対する緊張感。
ウ　役人や作業員の忙しい毎日。
エ　役人や作業員の仕事に対する緊張感のなさ。

問六　―――部④「小さな石ころが彼をかすめて落ちていった。」とあるが、この石は誰が投げたものだと思われるか。本文中の語で答えよ。

問七　この小説について感想を述べているAさん、Bさんの会話文中の【　　】に当てはまる四字熟語を答えよ。

Aさん　「大きな穴に捨てたいものをどんどん捨ててしまう話だったけど。」
Bさん　「こんな穴があったら便利だね。」
Aさん　「でも都合が良すぎるよね。」
Bさん　「人間の都合の良さを指摘しているのかな。」
Aさん　「本文に『あとしまつに頭を使うのは、だれもがいやがっていた』という表現があったよね。人間がいろいろな問題を先送りにしているということも指摘している気がするな。」
Bさん　「最後の場面は何を意味しているのだろう。」
Aさん　「自分たちの捨てたものは、いつか自分たちに返ってくるってことかな。」
Bさん　「こわい話だね。」
Aさん　「『自分の行為の報いを自分自身が受けること』という意味の四字熟語があったよね。」
Bさん　「ああ【　　】ね。解決するべき問題を先送りにして、今だけ良ければいいという考え方はよくないよね。」
Aさん　「私たちも気をつけていこうね。」

会の汚物を長いパイプで穴まで導く計画も立った。

　穴は都会の住民たちに、安心感を与えた。つぎつぎと生産することばかりに熱心で、あとしまつに頭を使うのは、だれもがいやがっていたのだ。この問題も、穴によって、少しずつ解決していくだろうと思われた。

　婚約のきまった女の子は、古い日記を穴に捨てた。かつての恋人とった写真を穴に捨てて、新しい恋愛をはじめる人もいた。警察は、押収した<u>巧妙</u>(d)なにせ札を穴でしまつして安心した。犯罪者たちは、証拠物件を穴に投げ込んでほっとした。

　穴は、捨てたいものは、なんでも引き受けてくれた。穴は、都会の汚れを洗い流してくれ、海や空が以前にくらべて、いくらか澄んできたように見えた。

　その空めざして、新しいビルが、つぎつぎと作られていった。

　ある日、建築中のビルの高い鉄骨の上でひと仕事を終えた作業員が、ひと休みしていた。彼は頭の上で、

「おーい、でてこーい」

と叫ぶ声を聞いた。しかし、見上げた空には、なにもなかった。青空がひろがっているだけだった。彼は、気のせいかな、と思った。そして、もとの姿勢にもどった時、声のした方角から、④<u>小さな石ころが彼をかすめて落ちていった。</u>

　しかし彼は、ますます美しくなってゆく都会のスカイラインをぼんやり眺めていたので、それには気がつかなかった。

（星新一著『おーい　でてこーい』（新潮文庫刊『ボッコちゃん』所収）による）

問一　――部a～dの漢字の読みを答えよ。

問二　[A]～[D]に入る最も適当なものをア～カから選び、記号で答えよ。（同じ記号は一度しか使えないものとする）

ア　やはり　**イ**　つづいて　**ウ**　ところが
エ　さっそく　**オ**　かわりに　**カ**　そして

問三　――部①「わからないことは、なくしてしまう」について

(1)　この場面では、具体的にどうすることか。十字以内で答えよ。

(2)　このような行為の表現として、最も適当なものをア～エから選び、記号で答えよ。

ア　能ある鷹《たか》は爪を隠す
イ　触らぬ神に祟《たた》りなし
ウ　臭いものにふたをする
エ　頭隠して尻隠さず

るわけにいかない。

拡声器を穴にぴったりつけ、音量を最大にして、長いあいだ鳴らしつづけた。地上なら、何十キロと遠くまで達する音だ。だが、穴は平然と音をのみこんだ。

学者も内心は弱ったが、落ち着いたそぶりで音をとめ、もっともらしい口調で言った。

「埋めてしまいなさい」

①わからないことは、なくしてしまうのがb無難だった。

見物人たちは、なんだこれでおしまいかといった顔つきで、引きあげようとした。その時、人垣をかきわけて前に出た利権屋の一人が、申し出た。

「その穴を、わたしにください。埋めてあげます」

村長はそれに答えた。

「埋めていただくのはありがたいが、穴をあげるわけにはいかない。そこに、社を建てなくてはならないんだから」

「社なら、あとでわたしがもっと立派なのを、建ててあげます。集会場つきにしましょうか」

村長が答えるさきに、村の者たちが、

「本当かい。それならもっと村の近くがいい」

「穴のひとつぐらい、あげますよ」

と口々に叫んだので、きまってしまった。もっとも、村長だって、異議はなかった。

その利権屋の約束は、でたらめではなかった。小さいけれど集会場つきの社を、もっと村の近くに建ててくれた。

新しい社で秋祭りの行われたころ、利権屋の設立した穴埋め会社も、穴のそばの小屋で小さな看板をかかげた。

利権屋は、仲間を都会で猛運動させた。すばらしく深い穴がありますよ。学者たちも、少なくとも五千メートルはあると言っています。原子炉のカスなんか捨てるのに、絶好でしょう。

官庁は、許可を与えた。原子力発電会社は、争って契約した。村人たちは②ちょっと心配したが、数千年は絶対に地上に害は出ないと説明され、また、利益の配分をもらうことで、なっとくした。しかも、まもなく都会から村まで、立派な道路が作られたのだ。

トラックは道路を走り、c鉛の箱を運んできた。穴の上でふたはあけられ、原子炉のカスは穴のなかに落ちていった。

外務省や防衛庁から、不要になった機密書類箱を捨てにきた。③監督についてきた役人たちは、ゴルフのことを話しあっていた。作業員たちは、指示に従って書類を投げこみながら、パチンコの話をしていた。

穴は、いっぱいになるけはいを示さなかった。よっぽど深いのか、それとも、底の方でひろがっているのかもしれないと思われた。穴埋め会社は、少しずつ事業を拡張した。

大学で伝染病の実験に使われた動物の死体も運ばれてきたし、引き取り手のない浮浪者の死体もくわわった。海に捨てるよりいいと、都

二

次の文章を読んで、あとの問いに答えなさい。

台風が去って、すばらしい青空になった。

都会からあまりはなれていないある村でも、被害があった。村はずれの山に近い所にある小さな社《やしろ》が、がけくずれで流されたのだ。

朝になってそれを知った村人たちは、

「あの社は、いつからあったのだろう」

「なにしろ、ずいぶん昔からあったらしいね」

「［　A　］建てなおさなくては、ならないな」

と言いかわしながら、何人かがやってきた。

「ひどくやられたものだ」

「このへんだったかな」

「いや、もう少しあっちだったようだ」

その時、一人が声を高めた。

「おい、この穴は、いったいなんだい」

みんなが集ってきたところには、直径一メートルぐらいの穴があった。のぞき込んでみたが、なかは暗くてなにも見えない。なにか、地球の中心までつき抜けているように深い感じがした。

「キツネの穴かな」

そんなことを言った者もあった。

「おーい、でてこーい」

若者は穴にむかって叫んでみたが、底からはなんの反響もなかった。

彼はつぎに、そばの石ころを拾って投げこもうとした。

「ばちが当るかもしれないから、やめとけよ」

と老人がとめたが、彼は勢いよく石を投げこんだ。だが、底からは［　B　］反響がなかった。村人たちは、木を切って縄でむすんで柵をつくり、穴のまわりを囲った。［　C　］、ひとまず村にひきあげた。

「どうしたもんだろう」

「穴の上に、もとのように社を建てようじゃないか」

相談がきまらないまま、一日たった。早くも聞きつたえて、新聞社の自動車がかけつけた。まもなく、学者がやってきた。そして、おれにわからないことはない、といった顔つきで穴の方にむかった。

［　D　］、もの好きなやじうまたちが現われ、目のきょろきょろした利権屋みたいなものも、ちらほらみうけられた。駐在[a]所の巡査は、穴に落ちる者があるといけないので、つきっきりで番をした。

新聞記者の一人は、長いひもの先におもりをつけて穴にたらした。ひもは、いくらでも下っていった。しかし、ひもがつきたので戻そうとしたが、あがらなかった。二、三人が手伝って無理に引っぱったら、ひもは穴のふちでちぎれた。

写真機を片手にそれを見ていた記者の一人は、腰にまきつけていた丈夫な綱を、黙ってほどいた。

学者は研究所に連絡して、高性能の拡声器を持ってこさせた。底からの反響を調べようとしたのだ。音をいろいろ変えてみたが、反響はなかった。学者は首をかしげたが、みんなが見つめているので、やめ

問五 ——部③「舞台と客席の間の『交流』」とあるが、どのような「交流」か。最も適当なものをア～オから選び、記号で答えよ。

ア 落語家や役者がしゃべらず間を取ることで、観客が次の台詞や言葉を想像して待っていること。

イ 落語家や役者がしゃべらず間を取ることで、観客が舞台の隅々を見渡して次の動きを待つこと。

ウ 落語家や役者がしゃべらず間を取ることで、観客がまわりの観客などと話す時間を作ること。

エ 落語家や役者が話している時に、観客がその動きに合わせてかけ声などを入れようとすること。

オ 落語家や役者が話している時に、観客が舞台から目を離し声や音だけに集中しようとすること。

問六 この文章には次の文が抜けている。補うのに最も適当な箇所を、Ⅰ～Ⅳから選び、記号で答えよ。

《抜けている文》

台詞術の基本もあるにはあるが、やはりプロの場合は、持って生まれた才能の世界というほかない。

問七 本文における「間《ま》」と一致する最も適当なものを、ア～エから選び、記号で答えよ。

ア 最近の日本人の家の「間」取りは昔からすると変わった。

イ 剣道の試合では相手との「間」合いを大切にしている。

ウ 吹奏楽では次に出す音までの「間」が皆に期待させる。

エ 友人とは、どうしても「間」の取り方が近くなる。

た理由は、彼女が「聞き上手」だったからだ。もしも「自分は一生懸命喋っているのに、どうも受けが悪い」と思っている方は、間が悪いのかもしれない。矢継ぎ早にしゃべりたい気持ちをぐっと押さえて一息つく。そんなふうにしてみてはいかがだろうか。

（竹内一郎『人は見た目が9割』による）

※暗澹たる＝将来の見通しが立たず、全く希望がもてないさま。

※勘所＝はずすことのできない大事なところ。肝心なところ。

※無声映画＝音声・音響、特に俳優の語るセリフが入っていない映画。

※弁士＝無声映画を上映中に、傍らでその内容を解説する専任の解説者。

※フリースクール＝不登校の子供に対し、学習活動、教育相談、体験活動などの活動を行っている民間の施設。

問一 ――部a～dのカタカナを漢字に改めよ。

問二 （Ａ）（Ｂ）に入る最も適当なものをア～オから選び、記号で答えよ。

ア また　**イ** しかし　**ウ** すると
エ つまり　**オ** したがって

問三 次の文は、――部①「ネット社会」の本文に述べられているメリットとデメリットについて説明したものである。［Ⅰ］には適当な五字、［Ⅱ］には適当な八字の語句を本文中から抜き出して書け。

「ネット社会」では、電子メールなど伝達事項における［Ⅰ］が自分と相手の双方にとって利益となるものだが、相手の都合を考えないという点においては、［Ⅱ］機会が減ると同時に感覚も鈍くなっていく側面を持っているといえる。

問四 ――部②が、なぜ「批判の的」となるのか。理由として最も適当なものをア～オから選び、記号で答えよ。

ア 相手に対して、馴れ馴れしい話しぶりであるから。
イ 相手が求めているものに、答えようとしないから。
ウ 相手がだれかは、関係のない話の内容になるから。
エ 自分の良さを、売り込むことだけ考えているから。
オ 効率的に、自分の良さを伝えようとしているから。

人と言われた落語家。・・・・・・Ⅰ

「おやじが小声でボソボソとしゃべるんです。客は、何を言っているんだろうと身を乗り出す。そのタイミングで、くすぐりをパッと入れる。すると客はどうっと受けるんです」

つまるところ、間のよさで客の笑いをとるのである。喋《しゃべ》りの上手さは、間の上手さと言い換えてもよい。

私の実感でいえば、舞台上で役者がしゃべっている間は、観客の意識は舞台から押されている感じになる。逆に、役者が間をとっている時間は、観客は舞台から引き寄せられる感じになる。（　B　）、役者と観客は舞台と客席の間で、押し引きの綱引きを繰り返すことになる。・・・・・・Ⅱ

これが、③舞台と客席の間の「交流」である。心地よい交流を観客にさせてくれる役者が、名優ということになろう。名優と一言でいっても、自在に心地よい台詞を発することができる役者など何万人に一人もいない。・・・・・・Ⅲ

話芸の名人として有名な徳川夢声は、そのキャリアを※無声映画の※弁士からスタートしている。彼は他の弁士がいかに喋ろうかと努力しているときに、いかに黙るかを工夫したらしい。

弁士が黙るということは、間を置くということである。間が長すぎると客は焦《じ》れる。「タルい」という状態になる。逆に間が短か過ぎると、話が慌ただしくなってしまう。「バタバタした感じ」に聞こえてしまうのである。・・・・・・Ⅳ

言い換えれば、間は、観客が話しに積極的に参加する時間である。話し手が触媒となって自分の想像力をふくらます時間でもある。

（中略）

長い沈黙に耐え、相手が話し出すのをじっと待っている姿勢という点で、私はある※フリースクールのN先生を思い出す。

フリースクールに通う生徒は、一般の学校にcキョヒ反応を示した人ばかりである。なかなか本心を打ち明けてくれない場合が多い。N先生は、実に根気よく、相手が自分から話し出すタイミングを待っていたものだ。時間に追われている現代人には耐えられないほど長い時間である。それをじっと待つ。N先生の待っている姿勢には頭が下がる。

フリースクールの生徒は、N先生ほど、自分のために時間を使ってくれた先生とそれまで出会ったことがないはずだ。で、私はこう思った。自分のためにdボウダイな時間を費やしてくれたN先生に、生徒たちは打ち解けていくのである、と。

沈黙している間、何らかの「情報」が伝わることはない。何も情報を伝えない時間が、「通じ合えるきっかけ」を作るのである。

より多くの情報を、より早く伝えることが現代社会では求められる。伝達の手段として考えるならば、沈黙は最も効率の悪い方法である。だが、その逆を行くN先生に、生徒は心を開く。

何も情報を伝えない、最も効率の悪い方法の中に、実は強い伝達力を持った要素が潜んでいるのだ。

ミヒャエル・エンデの小説『モモ』の主人公が町中の人気者になっ

令和五年度　樟南高校入試問題　国語

（解答…219Ｐ）

一　次の文章を読んで、あとの問いに答えなさい。

話しかけるタイミングの悪い人が増えた。彼らは呼吸が上手くつかめないのである。私は、これは①ネット社会のaエイキョウだろうと考えている。

電子メールは便利である。メールのおかげでビジネス関連の時間、特に伝達事項にかける時間が随分短縮された。こちらは、時間の余裕のあるときにメールを書けば良い。相手も、時間の余裕のあるときに読めばよい。自分の都合、相手の都合、双方に利益があるものである。

これを繰り返しているぶんには、相手の都合を考えなくてもいいのである。自分の都合のいい時に、「伝達」が済んでしまう。ということは、相手の様子を読むトレーニングを積まなくなる。相手の呼吸に合わせるという感覚がなくなっていくのである。

電話は、こちらか、相手か、どちらかが忙しくても伝達を簡略化させたくなるものだ。だが、それをぐっと堪えて相手を察する。相手の真意を汲《く》もうとする。それが相手の呼吸を摑《つか》むトレーニングになる。

だから電話がいいとはいわない。私も電子メールは便利だと思う。もう、これがなくてはビジネスは前に進まない。（　Ａ　）、単純に便利な社会になったとも思えないのである。タイミングという概念は「自分中心」の人には必要ない。アルバイトの面接などをしていると、「これほど自分中心の人が増えたのか」と※暗澹《あんたん》たる気持ちになることがある。

よく批判の的になる②「私って〇〇じゃないですかぁ」という若い人に多い物言いも、そうした「間の読めない」ことと共通しているのではないか。そこから延々と自分の興味を語られても、こちらは困るばかり、ということがわかっていないのだ。もちろん、そういうタイミングが読めない人を私はbサイヨウしない。

「間違い」「間に合う」「間抜け」「間が悪い」「間が良い」……。日本語には間の大切さを教える言葉がたくさんある。

私は演出するとき、役者に「一間置いてください」あるいは「半間置いてください」と言うことがある。

次の台詞《せりふ》を観客にきちんと伝えたい場合は、その直前に一間置いて貰《もら》う。一間というのは、ゆっくり息をする時間である。役者がゆっくり息をすれば、その時間が間になり、観客は、次にどういう台詞が出てくるのだろうと気持ちを乗りだして聞きに来る。次を想像すると言い換えてもよい。

「半間置いて」というときは、一間置くと、くどすぎると思うときである。客にきちんと聞き取ってほしい台詞は、重要な台詞である。だから、あまり間を置き過ぎると、芝居がくどくなりすぎる。大切なものが多すぎると、受け手はうんざりするのである。

大切な台詞だけをきちんと立てて他はすっと流す、その※勘所《かんどころ》が台詞術のツボでもある。もちろん、そのツボは役者によって勘所が異なり、他の役者に教えられるようなものではない。

故・古今亭志ん朝さんが父親の志ん生さんの芸について、こう語っていたことがある。志ん朝さんも名人だが、志ん生さんは昭和の大名

令和５年度　樟南高校入試問題　数　学　（解答…221Ｐ）

1

次の計算をしなさい。

(1)　$17-9+5$

(2)　$3-42\div 6$

(3)　$\dfrac{3}{8}\div\dfrac{1}{4}-\dfrac{5}{6}$

(4)　$4.7\times 3-2.5$

(5)　$\dfrac{2x-5y}{3}-\dfrac{x-7y}{4}$

(6)　$2x(x+3)-(x-1)(x+4)$

(7)　$6ab\times(-2ab)^2\div 3a^2b$

(8)　$\sqrt{8}+\dfrac{10}{\sqrt{2}}-\sqrt{3}\times\sqrt{6}$

2

次の問いに答えなさい。

(1)　１次方程式　$3(2x-5)=8x-3$　を解け。

(2)　$2x^2-8xy+8y^2$　を因数分解せよ。

(3)　連立方程式　$\begin{cases} x-2y=5 \\ 3x-y=10 \end{cases}$　を解け。

(4)　２次方程式　$x^2-4x-12=0$　を解け。

(5)　ある商品を２個まとめて購入すると，１個目は定価で，２個目は定価の７％引きで購入できる。２個まとめて購入すると，定価で２個購入するより91円安くなるという。この商品の定価を求めよ。

(6)　nを自然数とする。$500-20n$　がある自然数の２乗となるようなnの値をすべて求めよ。

(7)　yはxに反比例し，$x=-5$　のとき　$y=3$　である。$x=-9$　のときの　yの値を求めよ。

(8)　右の図のように，円Ｏの円周上に頂点がある２つの三角形 △ABC と △ADE がある。また，DE は円Ｏの直径で，BC // DE である。∠CDE ＝ 22° のとき，$\angle x$ の大きさを求めよ。

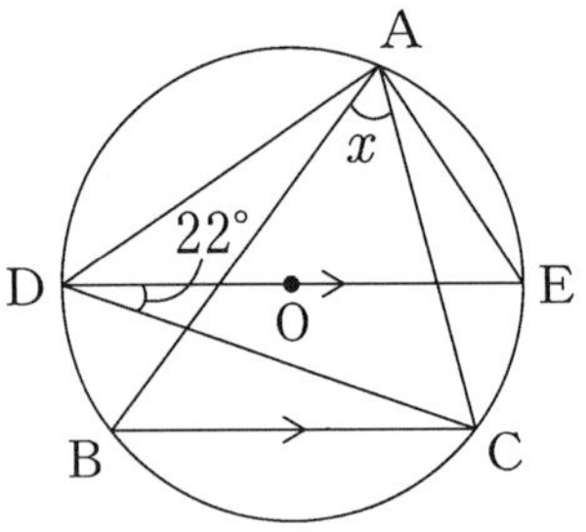

(9)　下の**表**は，あるサッカーチームが10回試合を行い，各試合ごとのシュートの本数を少ない方から順にまとめたものである。

表

5	5	8	10	10	11	11	11	13	16

（単位は本）

このデータの平均値，中央値（メジアン），最頻値（モード）の大小関係を正しく表しているものを，下の**ア～エ**の中から１つ選べ。

ア　（最頻値）＜（中央値）＜（平均値）　　**イ**　（平均値）＜（中央値）＜（最頻値）

ウ　（中央値）＜（平均値）＜（最頻値）　　**エ**　（最頻値）＜（平均値）＜（中央値）

3 右の図のように，関数 $y=ax^2$ のグラフ上に点 A$(-4,\ 4)$，点 B$(10,\ 25)$ および点 C がある。ただし，点 C の x 座標は 0 より大きく 10 より小さいものとする。点 D は直線 OB と直線 AC との交点で，点 E は直線 AB と y 軸との交点である。
このとき，次の問いに答えなさい。

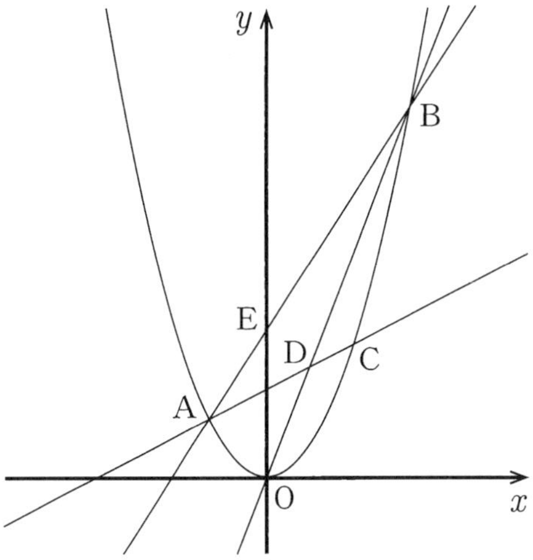

(1) a の値を求めよ。

(2) 直線 AB の式を求めよ。

(3) △EOB を y 軸のまわりに 1 回転してできる立体の体積を求めよ。ただし，円周率を π とする。

(4) △AOD と △BDC の面積が等しくなるとき，△BAD と △BDC の面積の比を最も簡単な整数の比で表せ。

4 右の図のように，AB = 4cm，BC = 5cm，∠BAC = 90° の △ABC と，△ABC と合同な △ADE がある。△ADE は，△ABC に重ね合わせた状態から，点 A を中心として反時計回りに，AE // BC となるまで回転移動したものである。また，辺 BC と辺 AD，辺 BC と辺 DE との交点をそれぞれ F，G とし，辺 AC と辺 DE との交点を H とする。
このとき，次の問いに答えなさい。

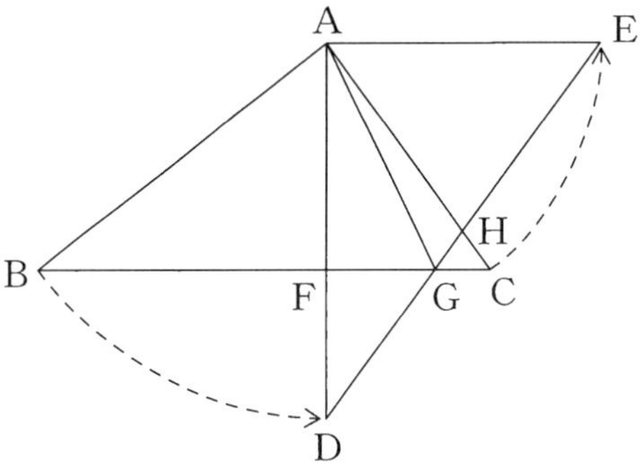

(1) 辺 AC の長さを求めよ。

(2) 線分 DG の長さを求めよ。

(3) 線分 AH と線分 HC の長さの比を最も簡単な整数の比で表せ。

(4) △AGH の面積を求めよ。

5 右の図のように，立方体ABCD－EFGHがある。点Pはこの立方体の辺上を次の**規則** ①～③ に従って移動する。

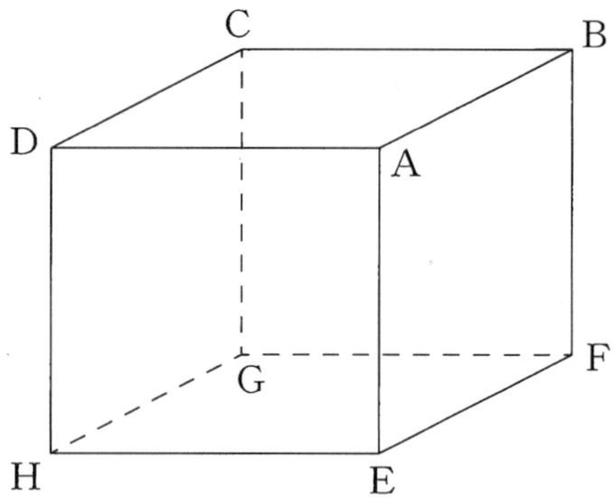

規則 ① 最初，点Pは頂点Aにある。

② 1秒後，点Pは隣りあう3つの頂点のいずれかに移動する。このとき，どの頂点へ移動するかは同様に確からしいものとする。

③ 点Pは1秒ごとに②を繰り返して移動する。

規則に従うと，点Pが頂点Aから移動し始めて1秒後には，頂点B，D，Eのいずれかに移動する。
例えば，点Pが頂点Aから移動し始めて1秒後に頂点Bに移動した場合，次の1秒後(点Pが頂点Aから移動し始めて2秒後)には，頂点A，C，Fのいずれかに移動する。
このとき，次の問いに答えなさい。

(1) 点Pが頂点Aから移動し始めて2秒後に頂点Aにある確率を求めよ。

(2) 点Pが頂点Aから移動し始めて3秒後までに移動する頂点について，1秒後にある頂点，2秒後にある頂点，3秒後にある頂点の3つの点を互いに直線で結んで図形を作る。この図形が三角形となる確率を求めよ。

(3) 点Pが頂点Aから移動し始めて4秒後までに移動する頂点について，1秒後にある頂点，2秒後にある頂点，3秒後にある頂点，4秒後にある頂点の4つの点を互いに直線で結んで図形を作る。この図形が三角すいとなる確率を求めよ。

令和５年度　樟南高校入試問題　英　語　（解答…222Ｐ）

1　次の各文の（　　　）に入る最も適切な語(句)を下のア～エから１つ選び，記号で答えなさい。

1　My father (　　　) in Hokkaido now.
ア　are　　イ　am　　ウ　was　　エ　is

2　(　　　) old is she? — She is fifteen years old.
ア　What　　イ　How　　ウ　Who　　エ　Which

3　Sakurajima (　　　) from your classroom.
ア　see　　イ　seen　　ウ　is seen　　エ　is seeing

4　She plays the piano (　　　) than any other student in her class.
ア　good　　イ　well　　ウ　better　　エ　best

5　Mr. Yamasaki (　　　) us to bring our lunches tomorrow.
ア　told　　イ　said　　ウ　spoke　　エ　talked

2　次の各日本文の意味を表すように（　　）内の語(句)を正しく並べたとき，（　　）内で３番目と５番目にくる語(句)を記号で答えなさい。ただし，文頭にくる語(句)も小文字で示してある。

1　私は毎朝バスで学校に行きます。
I (ア to　イ every morning　ウ bus　エ go　オ school　カ by).

2　私は本を読んでいるその女性を知っています。
(ア the lady　イ know　ウ I　エ who　オ reading　カ is) a book.

3　私は犬の世話をするために家にいました。
I (ア home　イ take　ウ stayed　エ care　オ to　カ of) my dog.

4　食べすぎは健康によくありません。
(ア eating　イ much　ウ for　エ isn't　オ good　カ too) your health.

5　私の兄が撮った写真が壁に掛かっています。
(ア my brother　イ taken　ウ the picture　エ on　オ by　カ is) the wall.

3 次の各組の英文がほぼ同じ意味になるように，(　　　)に入る適切な語を答えなさい。

1
I must study hard to enter this high school.
I (　　　) (　　　) study hard to enter this high school.

2
He is too young to drive a car.
He is (　　　) young (　　　) he can't drive a car.

3
A week has seven days.
(　　　) (　　　) seven days in a week.

4
Do you know his birthday?
Do you know (　　　) he was (　　　)?

5
My brother understood nothing about it.
My brother (　　　) understand (　　　) about it.

4 次の２つの英文【A】・【B】を読んで，各問いに記号で答えなさい。

【A】

Takumi likes to read. He reads books about cats. They can climb tall trees. He reads books about dogs. They *wag their tails when they are happy. He reads books about fish. They swim in the sea. Takumi reads a lot of books.

(注) wag ～を振る

問１ What does Takumi like to do?

ア To fish　イ To read　ウ To play

問２ What does Takumi read about?

ア Animals　イ Toys　ウ School

問３ What is a good title (name) for this story?

ア Good Homes for Pets　イ Cat-and-Mouse Games　ウ Books Takumi Reads

【B】

Have you ever seen a rabbit? Rabbits come in many colors. Their *fur can be brown, black, white, or gray. Rabbits have long ears to help them hear sounds from far away.

Rabbits can be wild animals or pets. Wild rabbits live in holes in the ground. Pet rabbits live in homes with people.

(注) fur (ウサギなどの)毛

問１ What do a rabbit's long ears help it to do?

ア To hear sounds from far away

イ To make holes in the ground

ウ To see things that are far away

問２ Where are two places rabbits can live?

ア On land and in the sea

イ In people's homes and on treetops

ウ In holes in the ground and in homes with people

問３ What is a good title (name) for this story?

ア Colors　イ Rabbits　ウ Wild Animals

5 次のリカ(Rika)と警察官(Police officer)との電話で始まる対話文を読んで，文中の [1] ～ [5] に入る最も適切なものを下のア～キから１つずつ選び，記号で答えなさい。

Rika is in bed. Her husband is on a business trip. She is alone in the house.

Police officer : Police.
Rika : (*Whispering) Hello, I live at 2900 Shonan Street....
Police officer : [1]
Rika : I can't talk very loudly. Someone's in my house and walking around the kitchen.
Police officer : [2]
Rika : At 2900 Shonan Street.
Police officer : Someone will be right there. Don't *hang up.
Rika : Oh, no! [3]
Police officer : Ms?
Ken : Rika?
Rika : Oh, Ken. It's you!
Police officer : Ms?
Rika : (Talking into phone) Oh, I'm so sorry. It was my husband. I mean, I'm glad it was my husband. I'm sorry for the *inconvenience.
Police office : [4] Ms. Good night.
Ken : I'm sorry if I *scared you.
Rika : You really scared me. You said you were coming home tomorrow.
Ken : Well, I finished my work a day early.
Rika : [5]
Ken : I wanted to surprise you.

(注) whisper 小声で話す　　hang up 電話を切る
　　inconvenience 迷惑　　scare ～をこわがらせる

ア No problem,
イ Where did you say you lived?
ウ Why didn't you call?
エ Could you speak out, please?
オ You're welcome.
カ Someone is coming in front of my room.
キ What did you do?

6 次の英文を読んで，各問いに答えなさい。

Katie and Alice were twins. They looked very similar. They were almost like seeing one person looking in a mirror. They even spoke in the same way as each other. They were best friends.

But the twins' characters were different. Alice *preferred sports, and was a star athlete in soccer. Katie preferred foreign languages and was *bilingual in English and French. Katie decided to attend a summer camp in France. Alice wasn't interested (1) the French language, so she didn't go. But (2) she was angry that Katie wanted to spend the summer away from her.

Two months later, Katie returned. Alice went to the airport to meet her sister. But when Alice saw Katie, she was surprised. Katie now spoke French, and she looked quite (3)! She was wearing wonderful clothes, and she looked taller. Alice felt very *messy next to her. She was just wearing an old T-shirt, and her hair looked *untidy. [A]

When Alice asked Katie about France, Katie didn't say much. In the past, they would always told each other everything. Now there was a big *gulf between them. [B]

One month later, it was the twins' birthday. All their lives, they had (4) a rule. Before their birthday, they talked all night long. That night, Alice came into Katie's bedroom.

"I'm sorry I haven't spoken to you much *lately," Katie said.

"I understand. You have new friends now," said Alice angrily.

Katie said, "My French friends don't write me much now. At first, I thought they were more exciting than my friends in my hometown. But I was wrong. You're my sister, and you'll always be my best friend." [C]

Alice said, "I'm sorry, too. I wanted our *relationship to stay the same forever. But (5) (ア for イ have ウ to エ *natural オ it's カ twins) different interests. We can still be (6) without being together all the time."

(*4000 ESSENTIAL ENGLISH WORDS 1,* Compass Publishing から一部改変)

(注) prefer ～を好む　bilingual 2つの言語を使える　messy 小汚い
untidy ボサボサの　gulf 大きな隔たり　lately 最近　relationship 関係
natural あたりまえの

問1 本文中の双子(twins)について，本文の内容と**一致しないもの**を下のア～ウから1つ選び，記号で答えよ。

ア They spoke the same way.

イ They were each other's best friends.

ウ They had the same interests.

問2 (1)に入る英語1語を答えよ。

問3 下線部(2)の理由として，最も適切なものを下のア～エから1つ選び，記号で答えよ。

ア Because Katie did not like sports.

イ Because Katie did not invite her to France.

ウ Because Katie went away for the summer.

エ Because Katie started speaking French.

問4 (3)に入る最も適切な1語を本文中から抜き出して答えよ。

問5 英文 Over the weeks, the sisters didn't speak at all. という文を入れるのに最も適切な箇所を [A] ～ [C] の中から1つ選び，記号で答えよ。

問6 下線部(4)の具体的な内容を20字程度の日本語で答えよ。ただし，句読点も文字数に数える。

問7 下線部(5)について，(　　　)内の語を正しく並べたとき，(　　　)内で3番目と5番目にくる語を記号で答えよ。

問8 (6)に入る最も適切な2語を本文中から抜き出して答えよ。

7 次の英文は，香港出身の歌手・エッセイストであるアグネス・チャン(Agnes Chan)が贈り物の習慣について述べているものです。これを読んで，各問いに答えなさい。

Japan is a country where gift giving is everyday *custom. When we visit someone, we need to bring an *omiyage*, a small gift, to show our thanks for being invited or to show (1) happy we are to see them. When we go abroad, it is natural to bring a small gift back for everyone at work or at home to share the experience.

In the summer many people send *ochugen*, a *midyear present, and at the end of the year we send *oseibo*, a year-end present to our grandparents, parents and friends. Japan also *celebrates Valentine's Day, when women give men chocolates and then on the White Day, men give women a small gift in return. Mother's Day is a big day for giving flowers to mothers and on Father's Day, fathers often get a small gift.

When you move into a neighborhood, it is natural to give your neighbors a small gift to say "Hello." For *wedding ceremonies, Japanese give gifts or money to *congratulate the couple and the couple sends a thank-you gift in return. (2) The same can be said about welcoming babies. If someone gives your baby a present, you need to return something to show your thanks.

I find myself looking (3) presents all the time. When I travel to China and the United States, finding gifts for my friends and family is always a big problem. Sometimes my bag is half full of presents when I leave Japan. When I come back to Japan, the same thing happens, too. I feel that I am bringing cultures together by sharing small different cultures with different people. If you must bring a Japanese present to a friend who lives abroad or someone who visits Japan, I have a few *suggestions: for Chinese people, anything with *maccha* green tea will bring a lot of smiles: green-tea chocolates, green-tea cakes and green-tea powder. Americans like white-chocolate cookies, soft candies and *senbei*, rice crackers.

One summer I gave my son's friends Japanese summer *kimonos*, as gifts from Japan. They loved them and still have (4) them. The point is to give friends something that (5) them remember Japan. When they see it, it will bring back good memories.

My friends around me thank me the most when I give them homemade sweets. The pumpkin pies I give on *Thanksgiving every year are very popular and everyone who eats it asks for it more! Every year I bake more than 10 pies.

I think that giving presents is showing our love and thanks. When we give something to someone, we feel happy. The important thing is not money, but feelings behind the gifts. It is a really nice custom and I am going to keep it all my life.

(*Asahi Weekly*, The Bilingual Paper for English Learners, No.2264 Sunday, April 16, 2017 から一部改変)

(注) custom 習慣　midyear (1年の)中間の　celebrate ～を祝う
wedding ceremony 結婚式　congratulate ～を祝う　suggestions 提案
Thanksgiving 感謝祭(米国やカナダで，1年間の恵みに感謝するために定められた祝日)

問1 (　1　)に入る適切な語をア～エから1つ選び，記号で答えよ。
ア that　イ why　ウ what　エ how

問2 下線部(2)の内容を簡潔に日本語で答えよ。

問3 (　3　)，(　5　)に入る英語1語をそれぞれ答えよ。

問4 下線部(4)は何を指すか。本文中から抜き出して3語で答えよ。

問5 次の質問に英語で答えよ。ただし，答えは与えられた英文の続きから書くこと。
質問　When are Agnes' friends very happy on Thanksgiving?
答え　They are very happy when (　　　　　　　　　　　　).

問6 本文の内容として適切なものを下のア～オから2つ選び，記号で答えよ。
ア Agnes knows that people in China love to get gifts such as white-chocolate cookies and rice crackers.
イ When Agnes comes back to Japan from abroad, she always buys many presents for her friends and family.
ウ Agnes thinks that we feel happier when we get something than when we give something to other people.
エ Agnes doesn't think that you need to return something to show your thanks.
オ On Thanksgiving, Agnes bakes pumpkin pies for her friends every year.

樟南高校

令和５年度　樟南高校入試問題　社　会

（解答…224Ｐ）

1　あるクラスでは，「世界各国の現状(2021 年)」というテーマで発表を行うために資料を作成しました。次の資料をみて，あとの問いに答えなさい。

資料

エジプト	インド	アメリカ合衆国	イギリス
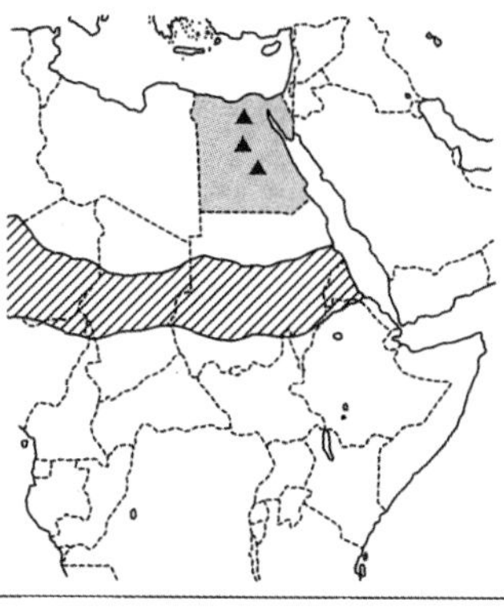	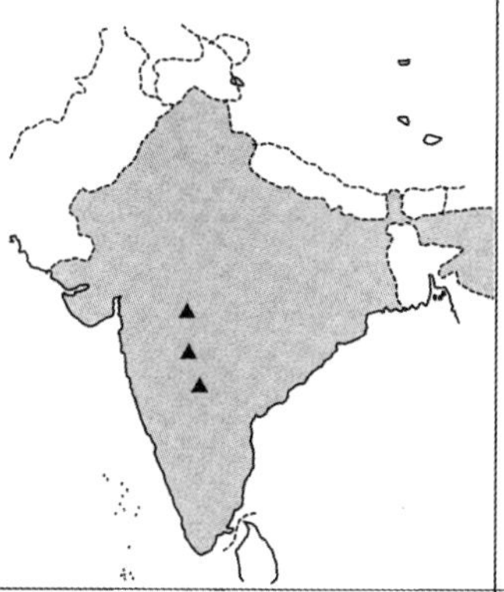		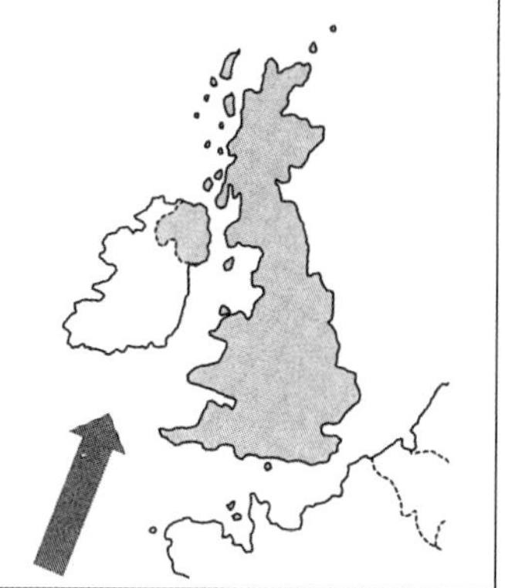
この国は，厳しい①気候条件のなか，水資源のほとんどをナイル川に依存していますが，オレンジや野菜の生産量も多く，農業も基幹産業の１つとなっています。経済面では，ピラミッドなどの観光産業が主要な柱の１つとなっていますが，新型コロナウイルスの影響で観光客は激減しました。	この国は，②情報通信技術産業が急速に成長しています。Google や Microsoft のトップもこの国の出身です。この技術を医療や農業などの広い③産業で用いることで，コロナ禍でも大きな経済発展を遂げると予想されています。また，2023 年頃には世界一位の人口になると予想されています。	この国は，2020 年 12 月から新型コロナウイルス感染症のワクチン接種を開始し，感染拡大に歯止めをかけるものとして期待されています。また，④ WHO が新型コロナウイルス感染症の流行をパンデミック(世界的流行)に指定してから１年，この影響で輸入額が急増し，輸出額が減少したことで⑤貿易赤字は過去最大になっています。	この国は，47 年間加盟していた⑥ＥＵを離脱しました。両者は，エネルギー等の分野での協力は継続しますが，ＥＵの経済圏から抜けるため，国境での品物の検査といった新たな手続きが増えることになります。今のところは新型コロナウイルス感染症によって社会が停滞していますが，今後はさらにＥＵ離脱の影響がでてきそうです。

※地図の縮尺は同じでない

問１　資料中のエジプト，インド，アメリカ合衆国，イギリスの中で，次の条件をすべてみたしている国名を，一つ答えよ。

条件	○　首都と東京の時差は 10 時間以内である。 ○　首都が人口最大の都市である。 ○　首都は偏西風の影響を受けている。

問２　資料中の 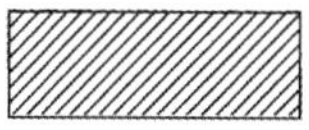 の地域は半乾燥地帯である。この地域を何というか，答えよ。

問３　資料中の▲で示した地域で共通して生産されている農作物を，**あ**～**え**のうちから一つ選べ。

あ　小麦　　**い**　綿花　　**う**　茶　　**え**　カカオ

問４　資料中の  は，海流を示している。この海流名を答えよ。

問 5　下線部①について，次のⅠ～Ⅳの雨温図はエジプト，インド，アメリカ合衆国，イギリスの首都の気温と降水量を示している。**エジプト**と**インド**の正しい組み合わせを，**あ**～**く**のうちから一つ選べ。

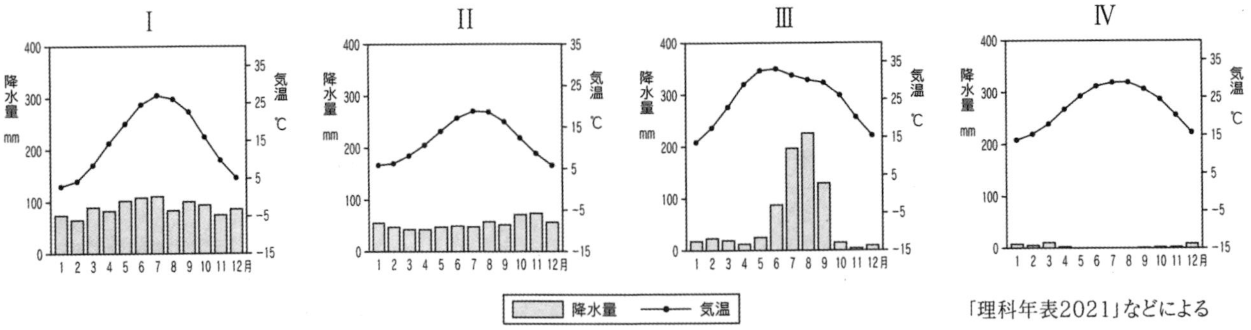

「理科年表2021」などによる

	あ	い	う	え	お	か	き	く
エジプト	Ⅰ	Ⅱ	Ⅲ	Ⅳ	Ⅰ	Ⅱ	Ⅲ	Ⅳ
インド	Ⅲ	Ⅲ	Ⅳ	Ⅱ	Ⅳ	Ⅰ	Ⅱ	Ⅲ

問 6　下線部②について，次の問いに答えよ。

(1)「情報通信技術」をアルファベット３文字で答えよ。

(2) インドでは多くのアメリカ合衆国の企業から，ソフトウェアの開発やコールセンター，データ処理などの仕事を請け負っている。その理由として，**誤っているもの**を，**あ**～**え**のうちから一つ選べ。

あ　インドは理数系の教育が重視されていて，技術力の高い労働者が多いため。

い　インドはイギリスの植民地であったために英語を話す労働者が多いため。

う　インドとアメリカは，位置関係からほぼ昼夜が逆転するため，24 時間仕事を継続できるため。

え　インドはインターネットの発祥国なので，基地局の設置が進んでいるため。

問 7　下線部③について，次の表は，エジプト，インド，アメリカ合衆国，イギリスの産業別人口構成，米，小麦，トウモロコシの生産量を示している。**インド**と**アメリカ合衆国**の正しい組み合わせを，**あ**～**く**のうちから一つ選べ。

	産業別人口構成(%)			生産量(千ｔ)		
	第１次	第２次	第３次	米	小麦	トウモロコシ
Ⅰ	1.1	18.4	80.0	−	13555	−
Ⅱ	1.6	18.4	77.8	10170	51287	392451
Ⅲ	47.1	24.8	28.1	172580	99700	27820
Ⅳ	25.8	25.1	49.1	4900	8800	7300

「世界国勢図会 (2020/21)」などによる

	あ	い	う	え	お	か	き	く
インド	Ⅰ	Ⅱ	Ⅲ	Ⅳ	Ⅰ	Ⅱ	Ⅲ	Ⅳ
アメリカ合衆国	Ⅳ	Ⅳ	Ⅱ	Ⅱ	Ⅲ	Ⅲ	Ⅰ	Ⅰ

問 8　下線部④について，正式名称を答えよ。

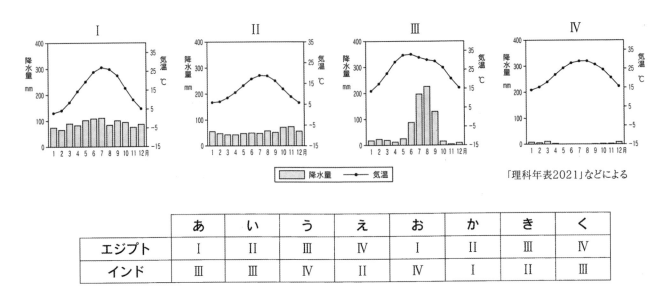

問 9　下線部⑤について，次のⅠ～Ⅳは，エジプト，インド，アメリカ合衆国，イギリスの輸出額上位３品目を示している。**アメリカ合衆国**と**エジプト**の正しい組み合わせを，**あ～く**のうちから一つ選べ。

Ⅰ	Ⅱ	Ⅲ	Ⅳ
機械類 ………398033	機械類 ………102942	石油製品 ……… 4282	石油製品 …… 47959
自動車 ………126117	自動車 …………53151	野菜，果実 ……… 2740	機械類 …………33439
石油製品 ……103192	金 ……………… 32296	原　　油 ……… 2147	ダイヤモンド …… 25595

(単位：百万ドル)
「世界国勢図会 (2020/21)」による

	あ	**い**	**う**	**え**	**お**	**か**	**き**	**く**
アメリカ合衆国	Ⅰ	Ⅱ	Ⅲ	Ⅳ	Ⅰ	Ⅱ	Ⅲ	Ⅳ
エジプト	Ⅳ	Ⅳ	Ⅱ	Ⅱ	Ⅲ	Ⅲ	Ⅰ	Ⅰ

問 10　下線部⑥について，ＥＵ離脱の理由として**誤っているもの**を，**あ～え**のうちから一つ選べ。

あ　ＥＵへの拠出額が多く，受取額が少ないため。
い　移民や難民の人々に対する，さまざまな支援が増加したため。
う　ＥＵの権限が強く，加盟国の独自の考えが反映されにくいため。
え　ユーロを導入したことで，金融政策を独自で行えないため。

問 11　次の**Ａ～Ｄ**の写真は，エジプト，インド，アメリカ合衆国，イギリスのいずれかの国で発行された紙幣である。正しい組み合わせを，**あ～く**のうちから一つ選べ。

A

B

C

D

	あ	**い**	**う**	**え**	**お**	**か**	**き**	**く**
A	エジプト	インド	アメリカ合衆国	イギリス	エジプト	インド	アメリカ合衆国	イギリス
B	イギリス	エジプト	エジプト	インド	アメリカ合衆国	アメリカ合衆国	イギリス	エジプト
C	インド	イギリス	イギリス	エジプト	イギリス	イギリス	エジプト	アメリカ合衆国
D	アメリカ合衆国	アメリカ合衆国	インド	アメリカ合衆国	インド	エジプト	インド	インド

2 次の文章を読んで，あとの問いに答えなさい。

東北地方の平野や盆地では，古くから米の生産が盛んに行われてきました。①東北地方の祭りは，豊作への願いや収穫への感謝を表すものが多いことからも，稲作が人々の生活の基盤にあったことがわかります。しかし，岩手県出身の詩人である宮沢賢治が，「雨ニモマケズ」という詩の中で「サムサノナツハ　オロオロアルキ」とうたったように，東北地方の農家は夏の低い気温に苦しめられ，自然の厳しさと闘ってきました。その原因である②地方風の影響を強く受けると，稲が十分に育たず，収穫量が減る［　X　］が起こることがあります。特に1993年には多くの地域で［　X　］が起き，東北地方が大きな被害を受けただけでなく，日本中が米不足で苦しみました。この年をきっかけに，宮城県で開発されていた「ひとめぼれ」など［　X　］に強い品種の栽培が広がりました。

問1 下線部①について，東北地方の祭りに**該当しないもの**はどれか，**あ**～**え**のうちから一つ選べ。

あ

い

う

え

問2 下線部②について，主に6月から8月にかけて，東北地方を中心に吹く冷たく湿った北東の風を何というか，答えよ。

問3 文中の［　X　］にあてはまる最も適当な語句を答えよ。

問4 東北地方では，豊富な水や用地があったことから，新しい工場の進出が見られた。そのうち，新幹線の近くや高速道路沿いに進出している工場を，**あ**～**え**のうちから一つ選べ。

あ 半導体工場　　**い** 繊維工場　　**う** 製鉄工場　　**え** 石油化学工場

問5 次の表は，青森県，岩手県，山形県，宮城県の産業別人口の割合，工業出荷額，農業出荷額，海面漁業漁獲量を示している。**宮城県**に該当するものを，**あ**～**え**のうちから一つ選べ。

	産業別人口の割合(%)			工業出荷額(億円)	農業出荷額(億円)	海面漁業漁獲量(千t)
	第一次産業	第二次産業	第三次産業			
あ	12.4	20.4	67.2	17504	3262	91
い	10.8	25.4	63.8	26435	2741	66
う	9.4	29.1	61.5	28679	2508	4
え	4.5	23.4	72.1	45590	1902	165

「日本国勢図会（2022/23）」による

3 次の略年表をみて，あとの問いに答えなさい。

西　暦	おもなできごと	
1600	関ヶ原の戦いがおこる	……… ①
1603	徳川家康が［ I ］になる	……… ②
		↕ ア
1635	参勤交代が制度化される	……… ③
		↕ イ
1716	享保の改革が始まる	……… ④
1772	田沼意次が老中になる	……… ⑤
1787	寛政の改革が始まる	……… ⑥
1792	ロシア使節ラクスマンが来航する	……… ⑦

問１　略年表中の①より前におこった日本の出来事を，**あ**～**え**のうちから一つ選べ。

あ　豊臣氏が滅びる。
い　刀狩令が出される。
う　幕領でキリスト教が禁止となる。
え　薩摩藩が琉球王国を支配下におく。

問２　略年表中の①のころから徳川氏に従うようになった大名を何というか，答えよ。

問３　略年表中の②の［ I ］にあてはまる官職名を何というか，漢字５文字で答えよ。

問４　略年表中の**ア**の時期に出された下の法令名を何というか，答えよ。

> 一、天皇は，帝王としての教養と，伝統文化である和歌を学ばなければならない。
> 一、武家の官位は，公家の官位と別枠にする。　　　　　　　　　　　（部分要約）

問５　略年表中の③を制度化した将軍は誰か，答えよ。

問６　次の**Ａ**～**Ｄ**は，略年表中の**イ**の時期の出来事である。古いものから年代順に正しく配列したものを，**あ**～**か**のうちから一つ選べ。

Ａ　島原・天草の人々が島原・天草一揆をおこした。
Ｂ　儒学者新井白石の意見が政治に取り入れられた。
Ｃ　人々に慈悲の心を持たせるため，極端な動物愛護の政策がとられた。
Ｄ　オランダ商館を出島に移し，鎖国体制が固まった。

あ　Ａ－Ｂ－Ｃ－Ｄ　　**い**　Ｂ－Ｃ－Ｄ－Ａ　　**う**　Ｃ－Ｂ－Ａ－Ｄ
え　Ｄ－Ｃ－Ｂ－Ａ　　**お**　Ａ－Ｄ－Ｃ－Ｂ　　**か**　Ｂ－Ａ－Ｃ－Ｄ

問7　略年表中の④の改革の中で，上げ米の制を実施する代わりに，大名に実施した政策内容を簡潔に答えよ。

問8　略年表中の⑤の時に，財政の立て直しを図るため，商工業者の同業組合を公認し，営業税を納めさせた。この同業組合を何というか，答えよ。

問9　略年表中の⑥で，この改革で実施された政策として正しいものを，**あ**〜**え**のうちから一つ選べ。

あ　漢文に翻訳された洋書について輸入の制限を緩めた。
い　庶民の意見を取り入れる目安箱を設置した。
う　商業の活性化を促す目的で，干拓工事や蝦夷地の開拓に乗りだした。
え　幕府の学校で朱子学以外の儒学を禁じた。

問10　略年表中の⑦で，ラクスマンが来航した時の最初の港を，略地図中の位置**a**〜**d**のうちから一つ選べ。

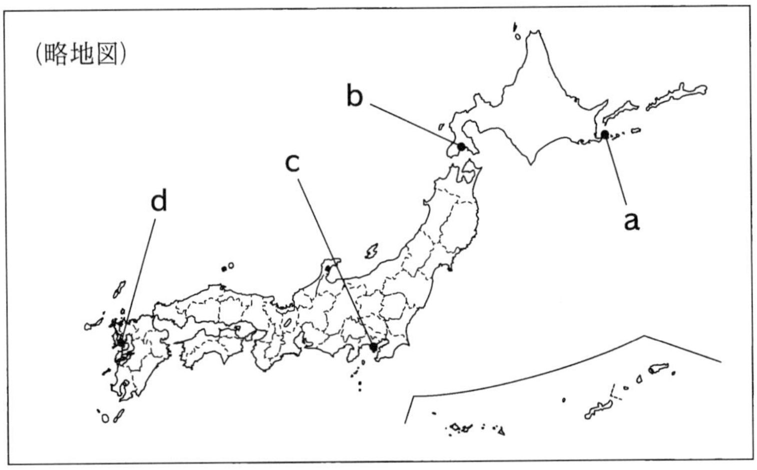

4 次のA～Dの写真・資料と，その説明文に関するあとの問いに答えなさい。

A

占いの結果は亀の甲や牛や鹿の骨に甲骨文字で刻まれ，現在の漢字の基になった。

B

暗殺された［ 1 ］首相は，おし入ってきた海軍の将校に「話せば分かる」と語りかけたといわれている。

C

第1条　人は生まれながらにして，自由で平等な権利をもつ。
第2条　あらゆる政治的な団結の目的は，自由，所有，安全および圧政への抵抗《ていこう》の権利を保全することである。
第3条　あらゆる主権の根源は，本来的に国民にある。

（一部要約）

［ 2 ］宣言で記された権利は，現在でも重要な考え方として，日本や各国の憲法などに引き継がれている。

D

リンカンは［ 3 ］戦争中に，奴隷解放を宣言し，戦争は北部側の勝利に終わった。

問1　［ 1 ］～［ 3 ］にあてはまる人名や語句を答えよ。

問2　写真Aの文字が作られた中国の王朝を何というか，答えよ。

問3　写真Bの事件を何というか，答えよ。

問4　革命の途中に国民議会が資料Cの宣言を発表した。この革命を何というか，答えよ。

問5　上のB～Dの事項について，古いものから年代順に正しく配列したものを，**あ**～**か**のうちから一つ選べ。

あ　A－B－C－D　　い　A－B－D－C　　う　A－C－B－D
え　A－C－D－B　　お　A－D－B－C　　か　A－D－C－B

5 次のⅠ・Ⅱの文章を読んで，あとの問いに答えなさい。

Ⅰ　参議院は何のためにあるのか。①憲法が衆議院との二院制を定めてから，繰り返されてきた問いである。衆院とは異なる独自性を発揮すべく，参院自身も議論を重ねてきたが，今なお，その違いははっきりしない。新しい議員が選ばれたことを踏まえ，できることから改革の実をあげていかなければならない。

衆院で可決された予算案や法案を再度審議する参院に求められるのは，何といっても「再考の府」としての機能だ。衆院のように［　1　］がなく，［　2　］年の任期が保証されている参院議員には，より長期的な視野で政策を吟味する役割が期待される。（中略）。

「平成の政治改革」によって，官邸機能が強化され，首相への権力集中が進んだ。②立法府と行政府の「抑制と均衡」を取り戻すには，国会の行政監視機能を強める必要がある。（中略）。

待ったなしの課題もある。一票の格差の是正だ。先日の参院選は，最大3.03倍の格差があり，弁護士グループが選挙の無効を求め，③全国14の高裁・高裁支部に一斉提訴をした。

（朝日新聞　2022.7.15より抜粋）

問1　文中の［　1　］・［　2　］にあてはまる語句・数字を答えよ。

問2　下線部①に関連して，衆議院と参議院の権限について述べた**A**～**C**の文の正誤の組み合わせとして正しいものを，**あ**～**か**のうちから一つ選べ。

A　法律案の議決で，参議院が衆議院と異なった議決をした場合は，必ず両院協議会を開いて意見の一致をめざすことが憲法で定められている。

B　内閣不信任の決議案は，衆議院と参議院でそれぞれ可決することができる。

C　予算の議決で，参議院が，衆議院の可決した予算を受け取った後，国会休会中の期間を除いて30日以内に議決しないときは，衆議院の議決を国会の議決とする。

	あ	い	う	え	お	か
A	正	正	正	誤	誤	誤
B	正	正	誤	誤	誤	正
C	正	誤	誤	誤	正	正

問3　下線部②に関連して，立法府と行政府の関係についての説明として**誤っているもの**を，**あ**～**え**のうちから一つ選べ。

あ　国会は，国政上の問題を調査するために，証人の出頭や記録の提出を求めることができる。

い　衆議院で内閣不信任の決議が可決された場合は，内閣は10日以内に衆議院の解散を行うか，総辞職しなければならない。

う　罷免の訴追をうけた国務大臣は，両議院で組織する弾劾裁判所で裁判を受けなければならない。

え　内閣が結んだ条約は，事前または事後に国会の承認を経なければならない。

問4　下線部③に関連して，日本の裁判制度の説明として正しいものを，**あ**～**え**のうちから一つ選べ。

あ　国民が原告となり，国を被告として訴える裁判は，行政裁判所という特別な裁判所で行われる。

い　裁判員裁判において裁判員は，有罪か無罪を決める話し合いには参加するが，刑罰を下す評決に加わることはできない。

う　国民審査の対象となるのは最高裁判所の裁判官のみであり，公の弾劾によって始められる。

え　第一審の判決に不服であれば，上級の裁判所へ控訴し，さらに上級の裁判所へ上告することができる。

Ⅱ　2022年2月24日，ロシア軍がウクライナに侵攻した。〔　A　〕は2月25日，ウクライナに軍事侵攻したロシアを非難し，武力行使の即時停止と撤退などを求める決議を採決したが，ロシアが拒否権を行使したため否決された。2月28日，〔　B　〕の緊急特別会合が開催され，3月2日，ロシアを非難する決議が賛成多数で採択された。この決議に法的拘束力はないが，④〔　C　〕加盟諸国とアメリカ合衆国，日本などは，ロシアへの経済制裁を実施した。それに対して，ロシアも対抗措置をとったため，エネルギー資源や食料などの供給不足が続き，世界経済は大きな影響を受けることになった。

⑤テレビや新聞，インターネットなどのメディアでは，民間施設へのミサイル攻撃の映像や人権侵害の状況，国外へ逃れたウクライナ難民の様子などが繰り返し報道された。

問5　文中の〔　A　〕～〔　C　〕に入る用語の組み合わせとして正しいものを，**あ～え**のうちから一つ選べ。

	A	B	C
あ	国連安全保障理事会	国連総会	EU
い	国連安全保障理事会	国連総会	ASEAN
う	国連総会	国連安全保障理事会	EU
え	国連総会	国連安全保障理事会	ASEAN

問6　下線部④に関連して，次の表は，「G７各国の一次エネルギー自給率とロシアへの依存度」を示したものである。表中の〔　Y　〕に該当する資源名を答えよ。

G７各国の一次エネルギー自給率とロシアへの依存度

国名	一次エネルギー自給率(2020年)	ロシアへの依存度(輸入量におけるロシアの割合)（2020年）		
		〔　X　〕	〔　Y　〕	石　炭
日本	11%	4%	9%	11%
米国	106%	1%	0%	0%
カナダ	179%	0%	0%	0%
英国	75%	11%	5%	36%
フランス	55%	0%	27%	29%
ドイツ	35%	34%	43%	48%
イタリア	25%	11%	31%	56%

（資源エネルギー庁資料より）

問7　下線部⑤に関連して，人権を国際的に保障することを目的とした文書の記述として正しいものを，**あ～え**のうちから一つ選べ。

あ　子どもの権利条約（児童の権利条約）は，小学校に就学している児童の権利保護を目的とするものであり，中学校や高校に就学している生徒は対象外とされている。

い　国際人権規約は，世界人権宣言の内容を具体的な法的拘束力を持つ条約として国連総会で採択された。

う　日本は，難民の地位に関する条約を批准しておらず，これまで難民を受け入れたことはない。

え　日本は，障害者の人権や基本的自由を保護することなどを定めた障害者権利条約を批准していない。

6 次のⅠ・Ⅱ・Ⅲの文章を読んで，あとの問いに答えなさい。

Ⅰ　財やサービスが取り引きされる場を市場といい，財やサービスが市場で自由に取り引きされる経済を市場経済という。財やサービスの価格は，原則として市場における買い手の需要と売り手の供給の関係によって決まる。①右の図で，価格がP_1のとき，〔　X　〕。P_2のときは，その逆の動きを示す。

市場経済では，多くの企業が商品の供給量を競い合うが，市場に商品を供給する企業が１社あるいは数社の場合，少数の企業が，生産量や価格を相談して決めることが可能となる。競争が弱まると，消費者が高い価格で商品を購入する状況もあり得る。

そこで，競争を促すことを目的に［　1　］法が制定され，公正取引委員会が監視や指導を行っている。

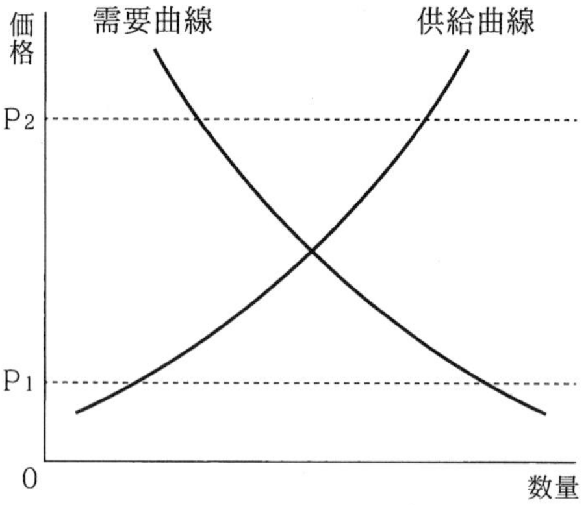

問１　文中の［　1　］にあてはまる法律名を答えよ。

問２　文中の〔　X　〕に入る文として正しいものを，**あ**～**え**のうちから一つ選べ。

あ　需要量が供給量を上回っているので，価格は上がる。
い　需要量が供給量を上回っているので，価格は下がる。
う　供給量が需要量を上回っているので，価格は上がる。
え　供給量が需要量を上回っているので，価格は下がる。

問３　下線部①に関連して，ある都市の市場において，需要曲線が右に移動するケースを，**あ**～**え**のうちから一つ選べ。

あ　類似の商品が販売され競争が厳しくなった。
い　この地域の市民の平均所得が増加した。
う　過疎化が進み市の人口が減少した。
え　消費税の税率が引き上げられた。

Ⅱ　市場経済においては，原則として，何を，誰から，いくらで購入するなどを自由に決めることができるが，企業の誇大広告などによって，消費者が不利益を受けたりすることもある。②消費者の安全と権利を守るために，欠陥商品で消費者が被害を受けたときの企業の責任について定めた製造物責任法（PL法）や，契約上のトラブルから消費者を保護する［　2　］法などが制定され，消費者行政を一元的に行う消費者庁が設置された。

問４　文中の［　2　］にあてはまる法律名を答えよ。

問５　下線部②に関連して，現在，日本で実施されている法や制度についての記述として正しいものを，**あ**～**き**のうちから一つ選べ。

A　訪問販売などで商品を購入した場合，一定期間内であれば，無条件に契約を解除することができる。
B　商品について事実と異なる説明や，業者の不当な勧誘があった場合の契約は取り消すことができる。
C　1968年に制定された消費者基本法は，消費者が受けた被害を救済するという考えから，2004年に消費者保護基本法に改正された。

あ　A　　**い**　B　　**う**　C　　**え**　AとB
お　AとC　　**か**　BとC　　**き**　AとBとC

Ⅲ　人や物，お金や情報が国境を越えて地球規模で行き来することを，③グローバル化という。1980 年代以降，それまでの規制を緩めて企業の自由な活動を広げ，経済を発展させていこうとする動きが世界的に広まっていった。経済のグローバル化が進むなか，スーパーやショッピングモールに行けば，世界各地の食料を手に入れることができるし，価格の安い衣服を手にすることもできる。

一方，環境問題の悪化や地域産業の衰退，経済格差の拡大などの点から，グローバル化を批判する考えもあり，大規模な反対集会が開かれることもある。④新型コロナウイルスの広がりは，グローバル化する世界の影の部分や課題を浮かび上がらせることにもなった。

問 6　下線部③に関連して，グローバル化の説明として**誤っているもの**を，**あ〜え**のうちから一つ選べ。

あ　人の移動が進み外国人と触れ合う機会が増えていくなか，多文化共生の社会づくりも求められている。
い　企業が海外展開を進めることにより，その企業が進出した国では産業の空洞化が生じることがある。
う　一国の経済規模を超える売り上げや利益により，各国の政策に影響力を行使する多国籍企業がある。
え　海外から入荷する予定の部品が届かず，製品の納入が遅れたり，生産縮小に追い込まれる企業もある。

問 7　下線部④に関連して，新型コロナウイルスが日本国内で広がりを見せた 2020 年以降の，日本経済や社会の状況の説明として正しいものを，**あ〜え**のうちから一つ選べ。

あ　新型コロナウイルス対策費として増やした予算の財源は，消費税の増税で調達された。
い　全産業でテレワークが進められ，過疎地域の人口減少に歯止めがかかりつつある。
う　景気回復が見通せないなか，非正規雇用の形態で働く労働者が，全労働者の 4 割近くを占めている。
え　75 歳以上の後期高齢者は，自己負担なしで医療や介護のサービスを受けられるようになった。

問 8　2022 年の春以降，電気代やガス代，食料品などの値上げが続き，消費者の生活に大きな影響があったが，本国への送金をドルで行っている外国人労働者への影響は，さらに深刻なものがあった。外国人労働者への影響が深刻な理由について，次のグラフを参考に，**賃金**，**円**，**ドル**の用語を用いて，30 字以内で説明せよ。

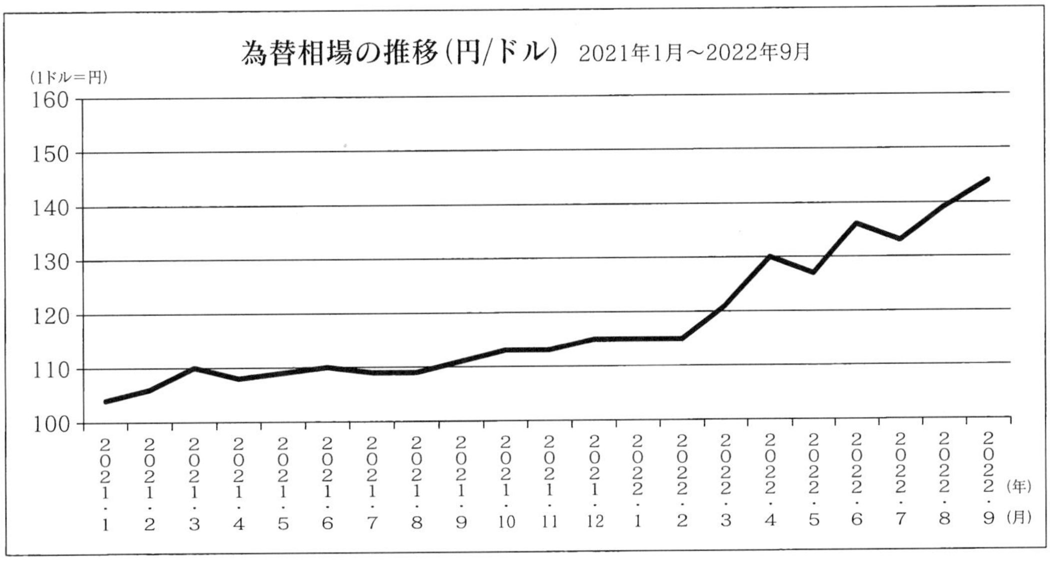

(日本銀行統計データにより作成)

令和５年度　樟南高校入試問題　理　科

（解答…226Ｐ）

1　植物は，からだのつくりによって，いくつかのグループに分けることができる。植物をＡ～Ｅのようなからだのつくりなどの特徴で，**図１**のようにグループ分けしてみた。以下の各問いに答えなさい。なお，①～④に入る植物は，イネ，スギゴケ，スギナ，タンポポのいずれかである。

【特徴】

Ａ　種子でふえるか，胞子でふえるか。
Ｂ　道管があるか，ないか。
Ｃ　花弁が離れているか，くっついているか。
Ｄ　葉脈が平行か，網目状か。
Ｅ　子房があるか，ないか。

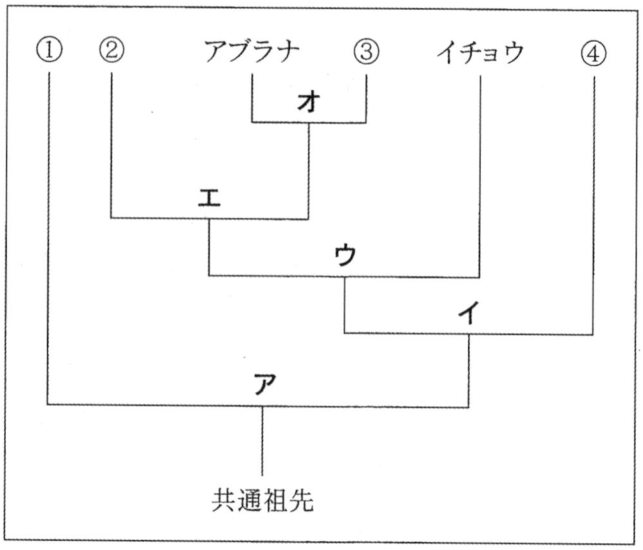

図１

(1)　**図１**中の**イ**と**エ**にあてはまる特徴を，Ａ～Ｅから１つずつ選び，記号で答えよ。

(2)　イネとスギナが入るのはどこか。それぞれ適当な場所を①～④から１つずつ選び，記号で答えよ。

(3)　アサガオは花弁が１つにくっついた形状の花である。このような形状の花をもつ植物のなかまを何と呼ぶか。

(4)　種子植物の根は**図２**のＸとＹのように大きく２つに分類できる。次のａ～ｅの植物のうち，Ｙの根をもつものをすべて選び，記号で答えよ。

ａ　ダイコン　　ｂ　ネギ　　ｃ　ユリ
ｄ　イネ　　ｅ　ナズナ

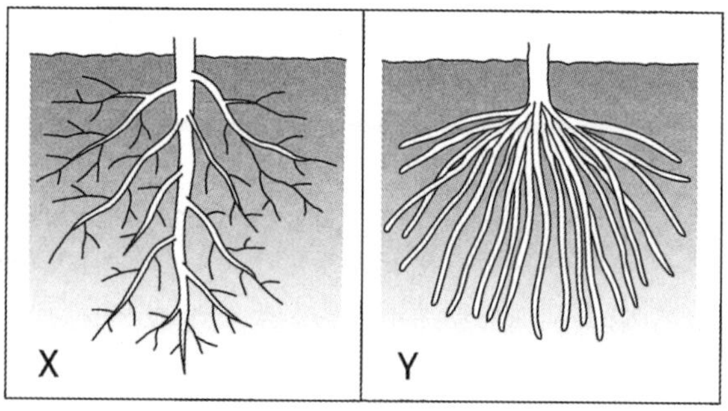

図２

(5)　種子植物が受粉した後にできる果実について，次のａ～ｅの植物のうち，私たちが食べている部分が，子房の変化したものである植物を１つ選び，記号で答えよ。

ａ　ピーナッツ　　ｂ　モモ　　ｃ　エンドウ（グリンピース）
ｄ　ギンナン　　ｅ　イネ（米）

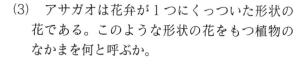

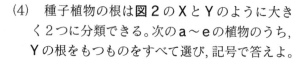

2　遺伝に関する説明文を読み，以下の各問いに答えなさい。

【説明文 1】

　ある植物の花色は赤・ピンク・白の３色が知られているが，これは１つの遺伝子によって決められている。花色を赤にする遺伝子をＡ，白にする遺伝子をａとすると，花色の遺伝子型は赤がＡＡ，ピンクがＡａ，白がａａとなる。

　純系の赤色花をつけるもの(ＡＡ)と，純系の白色花をつけるもの(ａａ)を親として受粉し，子を得た。さらに，この子を自家受粉させて孫を得た。

(1)　この植物の花色について，赤やピンク，白のように，同時には現れない形質のことを何というか。

(2)　子の遺伝子型は何か。

(3)　孫の花色について，赤：ピンク：白の割合はいくらになるか。

(4)　孫から白色花を全て取り除き，赤色花とピンク色花をそれぞれ自家受粉させた場合，次の世代(ひ孫)の花色について，赤：ピンク：白の割合はいくらになるか。最も適切なものを次の**ア**～**オ**から１つ選び，記号で答えよ。

ア　１：１：１　　**イ**　２：２：１　　**ウ**　３：２：１　　**エ**　３：４：２　　**オ**　５：２：１

【説明文 2】

　ある昆虫は赤色光には近づき，青色光からは遠ざかる性質をもっている。この昆虫に餌を与えながら青色光を当てることを繰り返したところ，青色光から遠ざかることがなくなった。

(5)　青色光から遠ざからなくなった昆虫の雄と雌を交配して子を得た場合，子は青色光と赤色光に対してどのような反応を示すと考えられるか。最も適切なものを次の**ア**～**エ**から１つ選び，記号で答えよ。

ア　青色光にも赤色光にも近づく。
イ　青色光からも赤色光からも遠ざかる。
ウ　青色光には近づくが，赤色光からは遠ざかる。
エ　青色光からは遠ざかるが，赤色光には近づく。

3 火山について，以下の各問いに答えなさい。

(1) ねばりけがもっとも弱いマグマからできる火山を**図 1** の **A** ～ **C** から 1 つ選び，記号で答えよ。

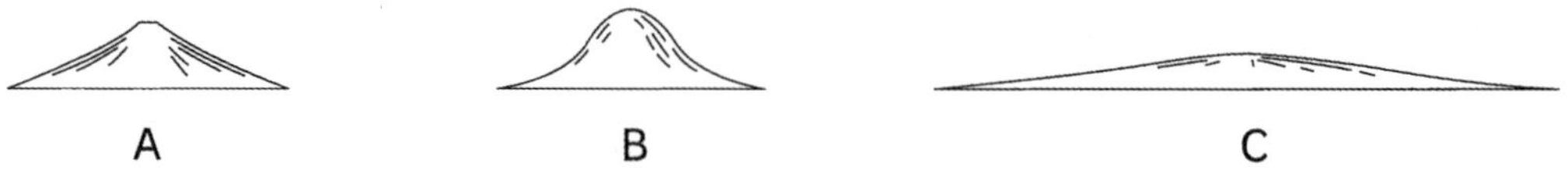

図 1

(2) 火山が噴火すると火口から溶岩や火山灰，火山弾などさまざまな物がふき出される。これらをまとめて何というか。

(3) 火山灰を**図 2** にある顕微鏡を使って観察した。これは観察するものを拡大して立体的に観察するのに適している。この顕微鏡を何というか。

図 2

(4) ある火山灰を観察すると，角閃石《かくせんせき》が観察された。角閃石の特徴として最も適当なものを，次の**ア**～**エ**から 1 つ選び，記号で答えよ。

ア 白色か灰色で，決まった方向に割れる。
イ 黒色で，決まった方向にうすくはがれる。
ウ 暗褐色《あんかっしょく》または緑黒色で，長い柱状である。
エ 暗緑色で，短い柱状である。

(5) ある地域の地層を調べると，火山灰の地層が見つかった。地層の中の火山灰の層は，いつどこの火山が噴火したときのものかわかれば，地層の年代を知る手がかりになる。このような地層を何というか。

(6) 鹿児島県のトカラ列島にある諏訪之瀬島には御岳という火山がある。いま御岳の上空に北西の風が吹いていると考える。このとき御岳が噴火して噴煙をあげた場合，噴煙の流れはどうなるか。解答欄の「△」を矢印の始点として，噴煙の流れを解答欄の図中に矢印を使って記入せよ。ただし，図中にある 4 本の点線は 8 方位を示し，上を北とする。上空の風の流れは途中で変化しないものとする。

4

Ｓさんは天体望遠鏡を使って，ある晴れた日の日中に太陽の黒点を以下の【手順】で観察した。さらに，インターネットを使って太陽の表面はどうなっているかレポートにまとめた。以下の各問いに答えなさい。

【手順】

手順１：天体望遠鏡に太陽投影板と遮光板をとりつけ，投影板に直径 10cm の円を書いた記録用紙を固定した。

手順２：天体望遠鏡を太陽に向け，接眼レンズと太陽投影板の位置を調節し，太陽の像を記録用紙の円の大きさに合わせて投影した。

手順３：黒点の位置，形をすばやくスケッチし，日付，時刻を記入した。

手順４：晴れた日の同じ時刻に観察し続けた。

(1)　太陽は，自ら光や熱を出してかがやいている天体である。このような天体を一般に何というか。漢字で答えよ。

(2)　天体望遠鏡に関して**誤っている**ものを，次の**ア**～**エ**から１つ選び，記号で答えよ。

ア　赤道儀を使う場合，極軸を北極星の方向に向ける。
イ　望遠鏡の倍率は，接眼レンズの焦点距離を対物レンズの焦点距離で割ることで求められる。
ウ　望遠鏡で見える像は，通常上下左右が逆になっている。
エ　太陽投影板を接眼レンズに近づけると，太陽の像は小さくなる。

(3)　この観察から分かったことをまとめた。文中の（　Ａ　）と（　Ｂ　）に入る語句の組み合わせを，次の**ア**～**エ**から１つ選び，記号で答えよ。

観察を続けると黒点が太陽の表面で位置を変えていくことがわかった。このことから太陽は（　Ａ　）していることがわかる。また，（　Ａ　）していても地球の昼間の明るさが（　Ｂ　）ことから，太陽は四方八方に同じように光を出していることもわかる。

	（　Ａ　）	（　Ｂ　）
ア	公転	変わる
イ	公転	変わらない
ウ	自転	変わる
エ	自転	変わらない

(4)　Ｓさんはレポートを作成するとき，**図１**のような太陽の表面からふき上がるものがあることが分かった。その温度は約１万℃であることも分かった。このふき上がるものを何というか。

図１

(5)　太陽の観察でスケッチした黒点の像のうち，円の中心付近にある丸い一つの黒点の像の直径が 2mm であった。太陽の直径が地球の直径の約 109 倍であると考えると，この黒点の実際の直径は，地球の直径の約何倍か。小数第２位を四捨五入して小数第１位まで求めよ。

5 質量パーセント濃度で2%の水酸化ナトリウム水溶液Aと，濃度不明の水酸化ナトリウム水溶液Bを用いて，濃度不明の塩酸Cおよび塩酸Dの中和を行い，次の【実験結果】を得た。以下の各問いに答えなさい。

【実験結果】
結果1：5gの水酸化ナトリウム水溶液Aは2gの塩酸Cで中和した。
結果2：2gの水酸化ナトリウム水溶液Bは1gの塩酸Cで中和した。
結果3：5gの水酸化ナトリウム水溶液Bは4gの塩酸Dで中和した。

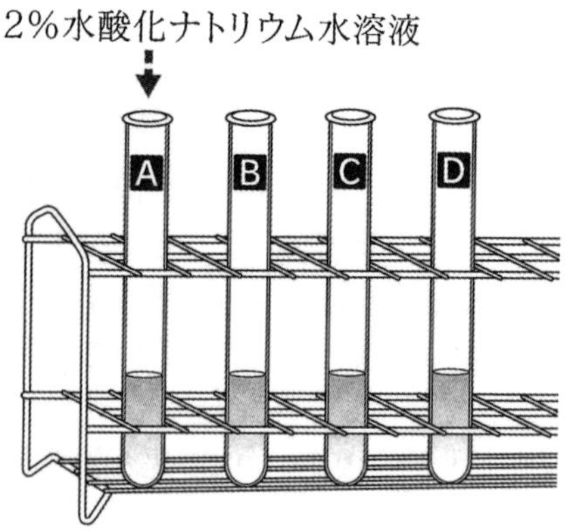

(1) 2%の水酸化ナトリウム水溶液150gをつくりたい。正しい方法を次の**ア**～**エ**から1つ選び，記号で答えよ。

ア 2gの水酸化ナトリウムを150cm^{3}の蒸留水に溶かす。
イ 3gの水酸化ナトリウムを150cm^{3}の蒸留水に溶かす。
ウ 2gの水酸化ナトリウムを148gの蒸留水に溶かす。
エ 3gの水酸化ナトリウムを147gの蒸留水に溶かす。

(2) 5gの水酸化ナトリウムを蒸留水に溶かすと，2%の水酸化ナトリウム水溶液は何gつくれるか。

(3) Bの水酸化ナトリウム水溶液の濃度は何%か。

(4) 1gの水酸化ナトリウム水溶液Aと1gの塩酸Dを混ぜた溶液に，フェノールフタレイン溶液を数滴加えた。水溶液の色は，何色となるか。次の**ア**～**オ**から1つ選び，記号で答えよ。

ア 黄色　**イ** 緑色　**ウ** 青色　**エ** 赤色　**オ** 無色

(5) 16gの塩酸Dを中和するのに必要な水酸化ナトリウム水溶液Aは何gか。

(6) 下の**図**は一定量の塩酸に，40cm^{3}の水酸化ナトリウム水溶液を加えたときの塩化物イオンの数と，ナトリウムイオンの数の変化を示している。水素イオンの数の変化を，解答欄のグラフに書け。

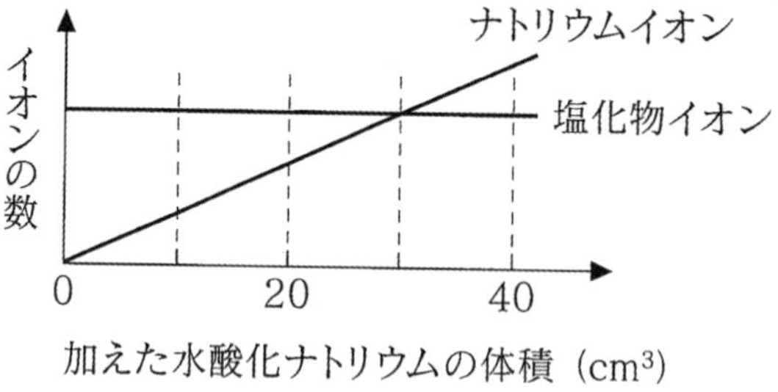

図

6　５種類の金属（マグネシウム・亜鉛・鉄・銅・銀）の陽イオンへのなりやすさを調べ，次の【実験結果】を得た。以下の各問いに答えなさい。

【実験結果】
結果１：金属Ａ・Ｃ・Ｅはうすい塩酸に溶けたが，金属Ｂ・Ｄは反応しなかった。
結果２：金属Ｂのイオンを含む水溶液に金属Ｄを入れると，化学変化が起こった。
結果３：金属Ａ・Ｃをガスバーナーで熱した。Ａは表面が黒くなったが，Ｃは光を出しながら激しく燃焼した。
結果４：食塩水に金属Ａ・Ｅをふれ合わないようにして入れると電圧を生じた。このとき，金属Ａは＋極になり，金属Ｅは－極になった。

(1)　金属Ａは，マグネシウム・亜鉛・鉄・銅・銀のどれか。化学式で答えよ。

(2)　金属ＤとＥを用いてダニエル電池をつくった。＋極となる金属を化学式で答えよ。

(3)　結果１で，金属Ｅがうすい塩酸に溶けたとき，金属Ｅの変化をイオンと電子（e^-）を用いた化学反応式で表せ。

(4)　結果２で，金属Ｂに生じた変化を，電子（e^-）を用いた化学反応式で表せ。

(5)　結果３で，金属Ｃが激しく燃焼したときの化学変化を，化学反応式で表せ。

(6)　下の**図**のように，濃い食塩水でしめらせたろ紙と，アルミニウムはくを木炭（備長炭）に巻いた木炭電池で電流を得た。－極で起こる化学変化を表す化学反応式を次の**ア**～**エ**から１つ選び，記号で答えよ。

ア　$Cl_2 + 2e^- \rightarrow 2Cl^-$　　**イ**　$Al \rightarrow Al^{3+} + 3e^-$
ウ　$O_2 \rightarrow 2O^{2-} + 4e^-$　　**エ**　$Na^+ + e^- \rightarrow Na$

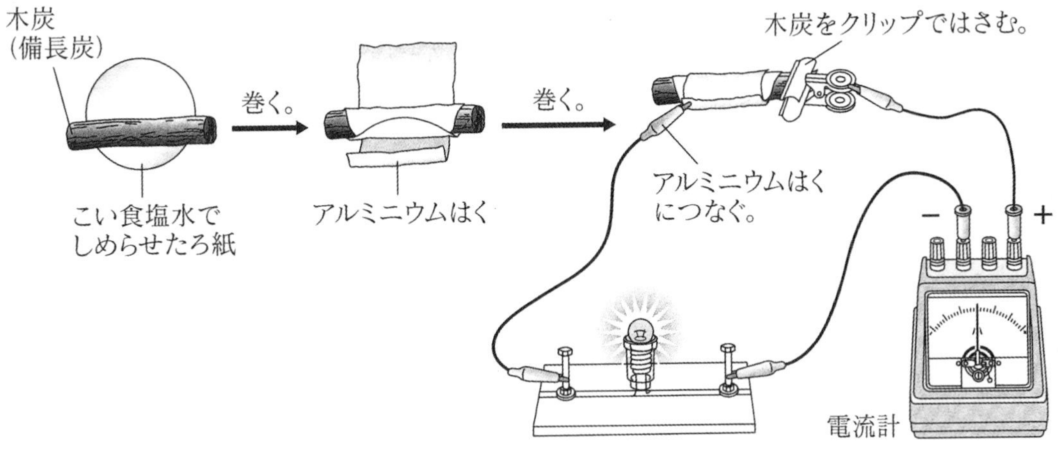

図

7 次のⅠ，Ⅱを読み，以下の各問いに答えなさい。

Ⅰ **図１**のように，記録用紙に鏡を垂直に立て，点Ｐの位置に置いた物体を点Ｑの位置で観察した。

(1) 点Ｐから出た光が鏡で反射して点Ｑに達するまでの道筋を作図せよ。また，鏡にうつる物体の見かけの位置を×でかき込め。なお，補助線をかく場合は点線でかくこと。

(2) 鏡にうつる物体（これを像という）の見かけの位置には，実際に光が集まっているわけではない。このような像を何というか。

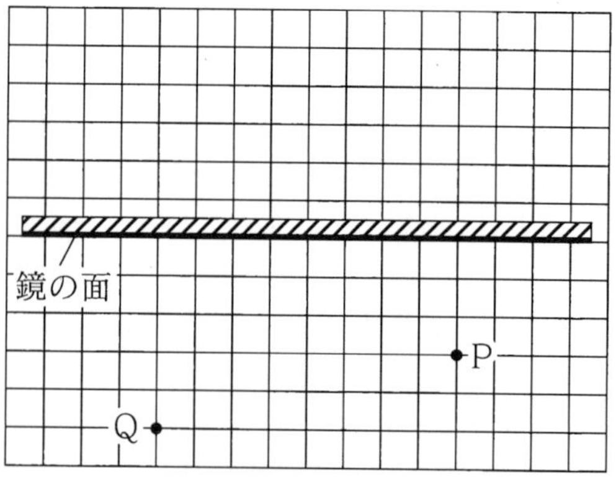

図１

Ⅱ モノコード，マイクロホン，オシロスコープを使って，音の大きさや高さと弦の振動の関係を観察した。

(3) **図２**はモノコードの弦をはじいたときのようすである。ＡとＢのうち，どちらの方が大きい音が出ているか。また，振幅はＣとＤのどちらか。正しい組み合わせとして適当なものを，次の**ア**～**エ**から１つ選び，記号で答えよ。

	大きい音	振幅
ア	A	C
イ	A	D
ウ	B	C
エ	B	D

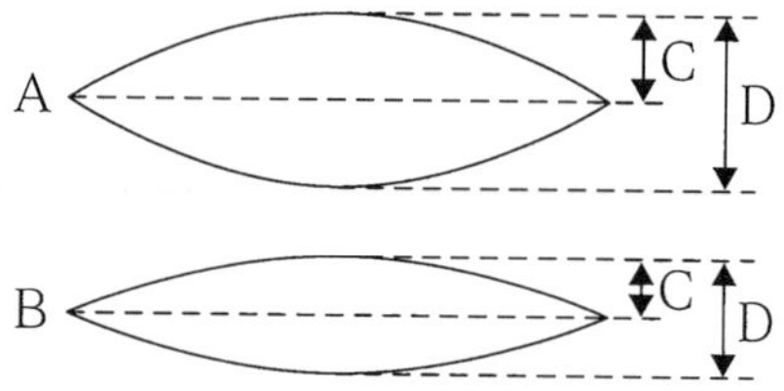

図２

(4) 振動数とは何か。解答欄の「弦が」に続けて15字以内で説明せよ。

(5) **図３**は，ある状態でモノコードの弦をはじいたときの音をマイクロホンを通してオシロスコープの画面に表示したもので，横軸は時間を表している。モノコードの状態とはじく強さを下の①，②のように変えたときのオシロスコープの画面のようすとして適当なものを，次の**ア**～**エ**からそれぞれ１つ選び，記号で答えよ。

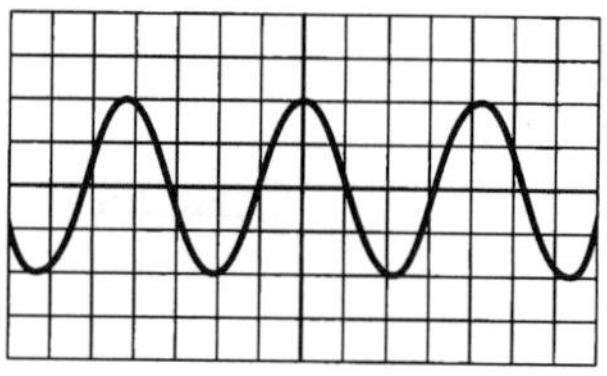
図３

① **図３**のときより，弦の張りを強くして弱くはじいた。

② **図３**のときより，弦の振動する部分を短くして強くはじいた。

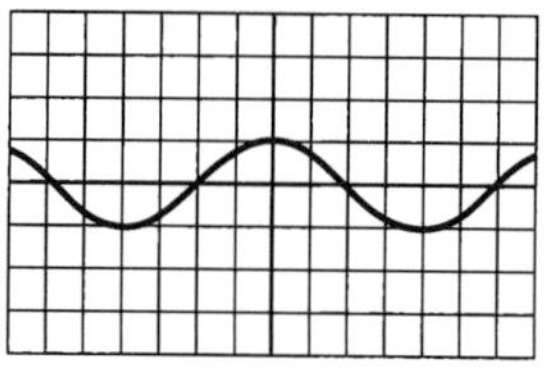
ア

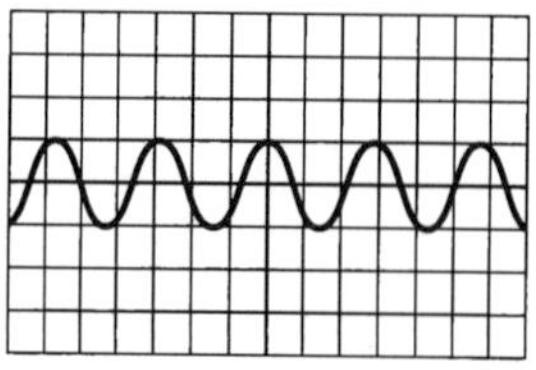
イ

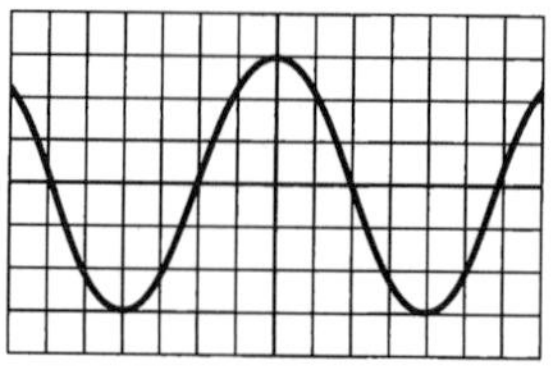
ウ

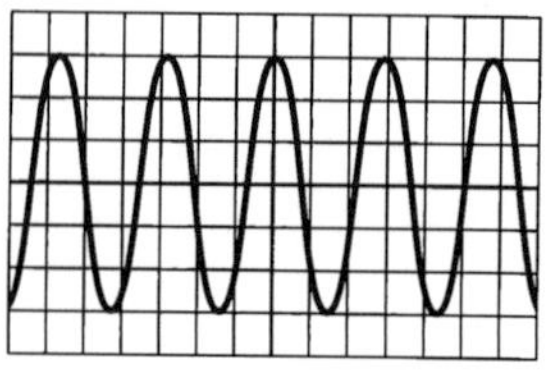
エ

8 電気回路について，以下の各問いに答えなさい。

図 1 のように，電源装置，10 Ωの抵抗器X，5 Ωの電熱線，スイッチを接続し，電源装置の電圧を6 Vにして2分間電流を流した。

(1) **図 1** のように抵抗器Xと電熱線を接続した回路を何というか。漢字で答えよ。

(2) 抵抗器Xに流れる電流の大きさは何Aか。

(3) 電熱線に流れる電流の大きさを調べたいとき，どの導線に流れる電流を測定すればよいか。適当なものを，**図 1** 中の**ア**～**オ**から1つ選び，記号で答えよ。

(4) 電熱線で発生する熱量は何Jか。

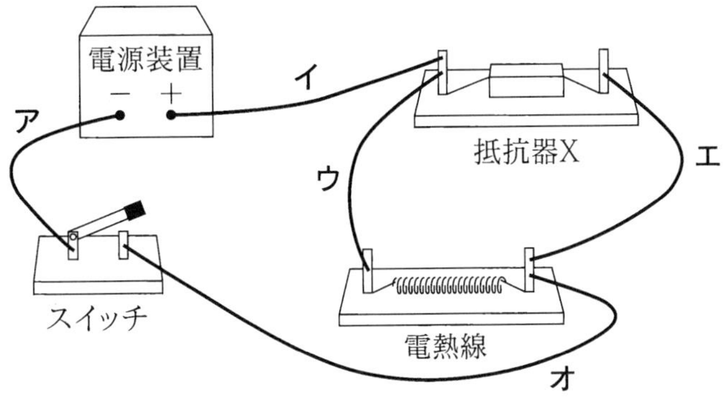

図 1

次に，**図 2** のように回路をつくりかえ，電源装置の電圧は6 Vのまま変えずにスイッチを入れた。

(5) 電熱線での消費電力は，**図 1** と比べて何倍になったか。分数で答えよ。

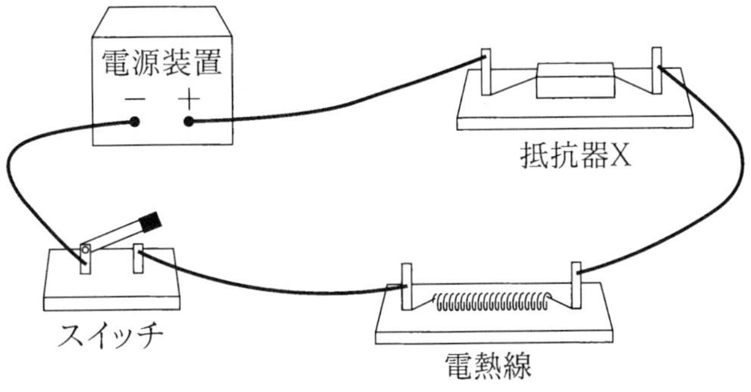

図 2

(6) **図 2** の状態から電熱線をはずし，代わりに電熱線より抵抗の大きさが大きい抵抗器Yをつないだ。抵抗器Xに加わる電圧と流れる電流の大きさは**図 2** の状態と比べてどのようになるか。適当なものを，次の**ア**～**ケ**から1つ選び，記号で答えよ。

	電圧	電流の大きさ
ア	変わらない	変わらない
イ	変わらない	小さくなる
ウ	変わらない	大きくなる
エ	小さくなる	変わらない
オ	小さくなる	小さくなる
カ	小さくなる	大きくなる
キ	大きくなる	変わらない
ク	大きくなる	小さくなる
ケ	大きくなる	大きくなる

鹿児島情報高等学校

理事長	原田賢幸
学校長	新納武彦
所在地	〒891-0141 鹿児島市谷山中央二丁目4118番地
電話	(099) 268－3101
FAX	(099) 266－1851
交通	ＪＲ谷山駅・市電谷山電停より徒歩３分
ホームページ	https：//ka-joho.jp/
Eメールアドレス	info＠ka-joho.jp

本校の特色

多様な社会のニーズに対応、8学科を擁する総合高校です。

難関大学を目指す「ｅ－プレップ科」「プレップ科」をはじめとする普通系3学科、専門的な知識と技能を習得し実社会で活躍できる人材育成を目指す専門系５学科を設置しています。

1　本校は、「資格」・「進学」・「就職」・「部活」・「国際交流」の５本柱のもと、１２０％満足できる学校を目指し、学校一丸となってあなたの夢実現を徹底サポートします。

2　筑波大学・東京外国語大学・東京都立大学・熊本大学など難関国立大学をはじめ、早稲田大学・慶応大学・明治大学などの有名私立大学等へ合格しています。

3　応用情報技術者試験や日商簿記検定の1，2級など、県や九州でも数名程度とされるような超難関資格合格者を毎年のように輩出しています。

4　吹奏楽や柔道、野球、水泳等県内レベルを超えて活躍する部が増えてきました。今、「情報高校が元気」です。

5　ＪＲ谷山駅、市電終点の谷山電停、そこからいずれも徒歩3分という恵まれた通学環境を誇っています。また、設備の整った快適な男子寮、女子寮も、親元を離れて暮らす生徒や保護者の方々に大変喜ばれています。

各学科の紹介

e-プレップ科

ニュージーランド留学で身につけた英語力をはじめ、大学進学に必要な学力を身に付けます。また、ネイティブスピーカーによるプレゼンテーションやディベートの授業を展開し、グローバル社会での活躍を見据えて指導しています。

プレップ科

理系を重視したカリキュラムと探究活動・グループ学習によって、知識に加えて主体性・コミュニケーション能力・課題解決能力を身に付け、国公私立難関大学への進学と未来のリーダーの育成を目指す学科です。少人数クラスで、生徒一人ひとりと向き合って指導しています。

普通科

学業と部活動を両立させた進路の実現に応える学科です。探究活動を通して、社会性や協働の大切さを学び、これからの時代を強く生き抜くスキルを養います。

マルチメディア科

CG・アニメ・作曲・デザイン等と画像処理などを幅広く学習、併せて、CG検定やパソコン検定（Ｐ検）などの資格取得を目指します。

情報システム科

【特進コース】

難易度の高い国家資格取得に1年次から挑戦し、全国有数の合格校と目されています。資格を武器に難関大学進学を視野に入れた独自のカリキュラムを編成し、熊本大、長崎大、立命館大、早稲田大等輝かしい合格実績を誇っています。

【システムコース】

ハードウエアの学習からソフトウエア＝プログラム作成やシステム設計などの専門的学習がメインです。コンピュータの専門家を目指します。

自動車工学科

自動車の構造や仕組みなど、実習を通して確かな知識と整備技術を身につけ、３級自動車整備士の２年次合格・取得を目指しています。

メカトロニクス科

実習を通してデジタル回路や制御工学などを学習し、現代の物づくりの基礎となる機械工学やＩｏＴ技術の基礎的技能や知識を身につけます。

情報処理科

コンピュータを駆使した簿記・会計等の実務を学習し、情報化社会の経理・事務などに対応できる知識と技能の習得を図り、銀行やスーパー、ホテルなど実社会での即戦力を目指します。

1　募集要項（普通一般・ファーストセレクト）

1　募集定員（450名）

(1)	e-プレップ科	(25名)	(男・女)
(2)	プレップ科	(25名)	(男・女)
(3)	普通科	(40名)	(男・女)
(4)	マルチメディア科	(120名)	(男・女)
(5)	情報システム科		
	・特進コース	(30名)	(男・女)
	・システムコース	(50名)	(男・女)
(6)	自動車工学科	(50名)	(男・女)
(7)	メカトロニクス科	(30名)	(男・女)
(8)	情報処理科	(80名)	(男・女)

2　受験手続の提出書類等

・入学願書（Web出願）・調査書・受験料10,000円

3　願書受付　令和5年12月1日(金)～12月21日(木)

4　試験日　令和6年1月24日(水)午前8時50分集合

5　試験会場・・・本校と下記会場

指宿・加世田・枕崎・川内・加治木・鹿屋・西之表
中種子・屋久島・名瀬・喜界・徳之島・沖永良部・甑島

6　試験科目

・e-プレップ・プレップ・普通科
（国・数・英・面接）※予定
・その他の学科（国・数・英・面接）※予定

7　合格発表　令和６年１月29日(月)

・中学校長並びに本人宛に発表
・出願サイト（17：00～）

2　推薦入試（一般、e-プレップ科、プレップ科）募集要項

概要

1　３つの推薦入試制度が用意されていて、所定の応募条件を満たせば誰でも受験できる。合格者にはそれぞれ、優遇措置がある。

2　手続き

◆願書受付　令和５年12月１日(金)～12月21日(木)
◆提出書類　願書(Web出願)・調査書・受験料(10,000円)
　e-プレップ科は英検合格証の写しも貼付
◆選考日　令和６年１月15日(月)
◆試験科目等　作文・面接　プレップ科は面接、グループワーク
◆試験会場　本校
◆合格発表　令和６年１月17日(水)

（1）学科推薦入試（部活推薦を含む）

①対象学科　普通科　マルチメディア科
　自動車工学科
　情報システム科（特進・システム）
　メカトロニクス科　情報処理科
②出願資格　（次のア、イを満たし、普通科・情報システム科特進コースにおいてはウに該当する者）
　ア　令和6年3月　中学校卒業見込みの者
　イ　本校に確実に入学の意志があり、心身共に健康で、出身中学校長が推薦する者
　ウ　普通科：9教科評定平均値が3.0以上の者
　　情報システム科特進コース：数・理・英の評定平均値が3.4以上で、数学の評定は4.0以上の者
　　マルチメディア科：作品を提出できる者

（2）ＡＯ奨学生推薦入試

①対象学科　ｅ－プレップ科
②出願資格　（次のア～エの条件を満たす者）
　ア　令和６年３月　中学校卒業見込みの者
　イ　本校第一志望で、中学校長が推薦する者
　ウ　英検準２級以上の資格を持つ者
　エ　９教科の各評定が３．０以上で、５教科(英・数・国・理・社）の評定平均が３．２以上の者
③合格者は入学金が減額され、奨学生に指定される。

（3）奨学生推薦入試

①対象学科　プレップ科
②出願資格　（次のア～ウの条件を満たし、エ～カのいずれかに該当する者）
　ア　令和６年３月　中学校卒業見込みの者
　イ　本校第一志望で、中学校長が推薦する者
　ウ　９教科の各評定が3.0以上で、３教科(数・理・英）の評定平均値が3.2以上の者
　エ　主体的に行動し、リーダー性のある者
　オ　国内外の様々なことに関心を持ち、仲間と共に課題に向き合える者
　カ　学校外の活動にも前向きに取り組んでいる者
③合格者は入学金が減額され、奨学生に指定される。

4　次の文章を読んで、後の問いに答えなさい。

地球温暖化、気候変動……。(a)そんな言葉が新聞に載らない日はほとんどないだろう。先日、読者からお便りをいただいた。①「温室効果ガス」という言葉に常々、疑問をお持ちだという。「効果」は良い結果の時に使うのではないかと。

なるほど、「悪影響」とは言うが「悪効果」は聞かない。(b)もっと言えば温室も、ぽかぽかした感じで印象は悪くない。英語のグリーンハウス・ガスを訳した言葉のようだが、「気候変動元②凶ガス」とでもした方がぴったりくるか。

何げなく使っているが、字面《じづら》だけ見ると、ちょっと変。そんな言葉について翻訳家の岸本佐知子《きしもとさちこ》さんが書いていた。(c)もしも意味を知らずに「③赤ん坊」という言葉に出会ったら、何を想像するだろうとエッセー集『ねにもつタイプ』にある。

「よくわからないが、(d)たぶん何らかの生き物なのだろう。全身が真っ赤でてらてらしている。入道のように毛のない頭から湯気を立てている……」。夜行性でシャーッと鳴く、小動物を生で食らう、などと岸本さんの④空想はとめどない。

「刺身《さしみ》」は、全身をめった刺しにさ⑤れて、血まみれの状態。「腕っ節」は、腕に木の節穴のようなものが次々にできる病気。一語一語に神経をとぎすます翻訳家ならではの考察なのだろう。それにしても笑える。

（「朝日新聞『天声人語』2019年9月14日付」による　一部省略がある）

問1　波線部a～dから品詞の異なるものを選び、記号で答えよ。

問2　傍線部①と同じ構成の熟語を次から選び、記号で答えよ。

ア　日没　イ　知識　ウ　暖冬　エ　見聞

問3　傍線部②の字を書くとき、次の矢印の部分は何画目か、答えよ。

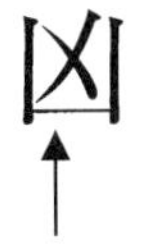

問4　傍線部③の「赤」が□に当てはまる慣用句を次から選び、記号で答えよ。

ア　□羽の矢がたつ　イ　腹が□い

ウ　□二才　エ　□恥をかく

問5　傍線部④と同じ意味の「空」を含む熟語を次から選び、記号で答えよ。

ア　空間　イ　空論　ウ　空調　エ　空港

問6　傍線部⑤の助動詞の意味を次から選び、記号で答えよ。

ア　受け身　イ　尊敬　ウ　自発　エ　可能

問7　本文のテーマとして適切なものを次から選び、記号で答えよ。

ア　言葉の習慣について　イ　言葉の正しい使い方について

ウ　言葉の字面について　エ　言葉に関する疑問について

問5　傍線部④の主語にふさわしい人物を次から選び、記号で答えよ。
ア　兼房　　イ　年高き人
ウ　常の人　　エ　絵師

問6　この文章の内容として適切なものを次から選び、記号で答えよ。
ア　兼房は夢で不思議な体験をしたあとで、その体験の様子を絵師に描かせ、その絵を常に礼拝していたところ、以前より良い歌をよめるようになった。
イ　兼房は夢で言われたお告げの通りに、ある絵を絵師に描かせ、毎日その絵を楽しんでいたところ、おかげで歌を以前より上手によめるようになった。
ウ　兼房は夢の中で見た多くの美しいものを絵師に命じて正確に描かせ、その絵を部屋に飾っていたところ、絵に関する歌をいくつも作ることができた。
エ　兼房は夢の中で見た知らない国の様子を、仲間の絵師に語って描かせ、その国に関する歌を作ったところ、人々から大きな称賛を得ることとなった。

鹿児島情報高校

3 次の文章を読んで、後の問いに答えなさい。

> 讃岐《さぬき》の守兼房《かみかねふさ》は、※柿本人麻呂《かきのもとのひとまろ》のような見事な歌をうたいたいと思いながら、なかなかうまくできずにいた。兼房はある夜の夢の中で、梅の花が美しく散る様子を見た。

（ア）かたはらに（①）年高き人あり。※直衣《なほし》に薄色の※指貫《さしぬき》、紅《くれなゐ》の下の袴《はかま》を着て、なえたる※烏帽子《えぼし》をして、烏帽子の尻、いと高くて、常の人にも似ざりけり。左の手に紙をもて、右の手に筆を染めて、（②）ものを案ずる気色なり。（③）あやしくて「たれ人にか」と思ふほどに、この人の（イ）いふやう、「年ごろ、人麻呂を心に懸け給《たま》へる、その志深きによて、形を見え奉る《たてまつ》」とばかりいひて、かきけつやうに（④）失せ《う》ぬ。

夢覚めてのち、朝《あした》に絵師をよびて、このありさまを語りて、書かせけれど、似ざりければ、たびたび書かせて似たりけるを、宝にして、つねに礼しければ、その※験《しるし》にやありけむ、さきよりもよろしき歌、よまれけり。

（『十訓抄』上巻　四の二による）

※柿本人麻呂…『万葉集』（8世紀）の代表的な歌人のひとり。
※直衣…貴族が普段着る服。
※指貫…袴の一種。
※烏帽子…成人した男子がかぶる物。
※験…霊験。神仏から人に与えられる不思議なしるしや効能。

問1　傍線部ア・イを現代仮名遣いに改め、すべて平仮名で答えよ。

問2　傍線部①とあるが、この人物は兼房の何に応えるために現れたのか。文中から一字で抜き出し、答えよ。

問3　傍線部②の現代語訳として適切なものを次から選び、記号で答えよ。
ア　心配事があるようだった
イ　何かたくらんでいるようだった
ウ　物をなくした様子だった
エ　ものを考えている様子であった

問4　傍線部③の意味を次から選び、記号で答えよ。
ア　不本意で　　イ　不都合で
ウ　不思議で　　エ　不案内で

問5　傍線部③・⑤とあるが、夕子の気持ちを説明するものとして適当なものを次から選び、記号で答えよ。

ア　夕子は騒々しい祖父母や室内の様子が嫌いになったが、父親の優しい言葉を聞いて、すっかり安心した気持ちになった。

イ　夕子は自分について議論されることにうんざりしたが、父親は夕子の味方をするばかりなので、面倒になってしまった。

ウ　夕子は誰もかまってくれない家の様子に腹が立ったが、父親は明るく接してくれたので、怒りを収めることができた。

エ　夕子は自分に無理強いする家族が煩わしくなったが、父親は自分だけに注目してくれたので、信頼できるようになった。

問6　次は、夕子の様子について話し合った生徒どうしの会話である。（　１　）～（　３　）に適当な言葉を文中から抜き出し、答えよ。ただし、（　１　）は五字、（　２　）は六字、（　３　）は八字とする。

生徒A　夕子は家の中にいるのが嫌になって、ひとりで庭に出ているね。その場面の特徴は何だろう?

生徒B　まず気づいたのは季節感が表現されていることだね。植物が生い茂っていることや、「（　１　）」という表現から、この場面の季節は夏だと思ったよ。

生徒C　そうだね。トーマが麦わら帽子を持っていることからもそう言えるね。それから、色彩に訴えかける表現も多いよね。種の粉の「白い線」やハチの黄色の他に、花の様子を表す「（　２　）」が目にとまったよ。

生徒A　なるほど。視覚の他に感覚的な表現はないかな。

生徒B　「（　３　）」という表現が触覚を連想させるね。

問7　傍線部④について、トーマはどのような気持ちを持っているか。「普通」、「ＣＭ」という言葉を使って四十五字以内で説明せよ。

問8　傍線部⑥とあるが、トーマの様子を説明するものとして適当なものを次から選び、記号で答えよ。

ア　夕子には自分が言ったことがよく通じないことを知って、強い不満を感じている。

イ　夕子がつまらない思いを感じたままでいないよう、優しさをこめて気遣っている。

ウ　夕子の将来について大変心配しているが、それを悟られないように注意している。

エ　夕子が機嫌をなおしてくれるように願って、自ら進んでおどけたふりをしている。

とずさりした。

麦わら帽をかぶって父親といっしょに庭から直続きの門を出て家の外へ出た。

④「パパはゆーちゃんがシーエムに出てもうれしくないの」

夕子は父親をパパと呼び、母親をお母さんと呼んだ。気がつけばそれが定着していた。

背の高い父親は夕子に向かって背を少しかがめていた。しかしそれでも二人の顔のキョリ（イ）は遠く、父親を見上げても、太陽がまぶしくて顔は見えず、汗が流れ落ちている喉仏の出た喉元からポロシャツの襟辺りだけが見えた。

「たしかにゆうは可愛《かわい》い、いい子だけれど、パパは日本のいろんな人たちにゆうを知ってもらいたいとは思わないんだ」

夕子はうなずいた。⑤父親の声は低く穏やかで聞いていると眠くなった。

「パパはゆうに普通の女の子として生きてほしいんだ。普通の考えを持ち、普通に幸せになってほしい。だからあまり派手な仕事はしてほしくないんだ」

父が何を言っているのか分からなくて、夕子はほとんど聞かずに塀の上に座っている野良猫《のらねこ》を眺めていた。

⑥「そうだな、ゆうにはまだ少し、こんなことを話すのは早かったな」

行き先も決めずに汗を流しながら歩いていると海に突き当たった。腰の折れ曲がった松の木が生えている浜を抜けると、黒糖色の砂浜におだやかな波が白い波頭をくだきながら寄せては返していた。薄く平たい海は両脇の、旅館が立ち並ぶ曲がりくねった湾によって狭められていたが、湾を越えるとどこまでも広がっていき、海をさらに薄くしたようなぼんやりとした色の空とつながっていた。

「うみだ。ゆーちゃんうみだいすき」

「パパも好きだよ。でも一番好きなのはフランスの海だな。ここらへんの海みたいに砂が黒っぽくなくて、もっときれいな海が広がっているんだ。ゆうにも見せたい」

父親と夕子は海に足をつけてから帰った。

（綿矢　りさ『夢を与える』による）

問1　傍線部ア・イのカタカナは漢字に直し、漢字は読みを答えよ。

問2　傍線部①について、この部分のトーマと同じ気持ちを感じさせるトーマの様子として、適当なものを文中から三字で抜き出し、答えよ。

問3　傍線部②について、祖父はそれはどのようなものだと思っているか。文中から四字で抜き出し、答えよ。

問4　[　　]に当てはまる言葉として、適当なものを次から選び、記号で答えよ。

ア　心配性　　イ　上がり性

ウ　貧乏性　　エ　飽き性

2 次の文章を読んで、後の問いに答えなさい。

> 小学生でモデルの仕事をしている夕子《ゆうこ》のところに、「半永久」とされる長期契約のCMの依頼が来た。母親の幹子《みきこ》や祖父母は喜んだが、父親のトーマはうれしそうでなかった。

「トーマくんは夕子のCM出演にあまり賛成していないと幹子から聞いたよ。どうしてだ、CMなんて夕子の成長の記念だと思えばいいじゃないか」

夕子たちが来る前からビールを飲んでいた祖父は、①視線を伏せがちなトーマの肩を雑な動作で揺すった。

「②契約書に半永久に、と書いてあったのが気がかりなんです。一回か二回の撮影で終わるのなら僕もこだわらないんですけれど」

「はったりだろう。CMが続く限りという条件もあったじゃないか。同じ人間をずっと使い続けているCMなんて見たことがあるかい？　あくまで理想の形なんだろう、半永久にというのは」

「でも書類に判を捺《お》したんですよ、将来〝まさか本当だとは思っていなかった〟などという理由で取り消そうとしたら訴えられるかもしれない」

「トーマくんは□だなあ。そんなに深く考えなくても、ア頻繁に撮影があるわけでもないし、学校の勉強にも負担はかからんだろう。夕子が大人になったときの話のタネとして〝私、子どもの頃CMに出たことがあるんです〟と言えたらおもしろいじゃないか、それくらいの気構えでいい」

祖父は、わしも〝孫がCMに出る〟とも言えるし、と言って自分で笑った。祖父と祖母と母は上機嫌でCMの話を続けて父は言い返さずに黙りこみ、夕子は父の暗い顔を見てなんとなく不安な気持ちになった。

〝昭浜のおじいちゃん〟は顔と声が大きくて、もう老人のはずなのに髪が黒々としているところが夕子にはこわかった。枝豆をつまみにしてビールを飲んでいる。夕子にはやさしいのだがおばあちゃんには王様みたいにふるまって、一度座ったなら、そこからまったく動こうとせずにビール瓶も栓抜きもおばあちゃんに持ってこさせる。おばあちゃんは短い髪にパーマを当てていて、ふちの太い眼鏡をかけ、ラインストーンのついた派手な服装をいつもしていた。

おじいちゃんの酔っぱらった笑い声も、おばあちゃんの甲高い笑い声も、白いレースの掛かった硬いソファも、定時に時を告げる音のうるさい壁掛けの振り子時計も、③すべて嫌になって、夕子は縁側に置いてある自分用の赤い小さなサンダルを履き庭先へ出た。庭の物干し竿に干してある、太陽を吸いこんでふかふかになった布団と布団の間をかき分けて通りぬけ、植物が生い茂った庭を歩いた。濃いピンク色のおしろい花がたくさん咲いていて、夕子は一つむしって匂いをかぎ、種も摘んで硬くてしわのよっている表皮を爪でかきやぶり、なかの白い粉をほじくり出して腕にぬった。汗ばんだ腕の皮膚にまっすぐな白い線が走る。

「ゆう、ここはハチが多いから違うところへ行こう」

振り向くと、いつの間にか父が後ろにいた。太陽を背にちょうど逆光になっていて表情は見えなかった。夕子の小さな麦わら帽を手に持っている。おしろい花に視線を戻すと、父の言うとおり、にぶい羽音の、焦げた黄色をした大きなハチがあちこちに群がっていた。夕子は思わずあ問6　B　に当てはまる言葉として、適当なものを次から選び、記号で答えよ。

ア　証明　　イ　課題

ウ　事業　　エ　障害

問7　傍線部④について、それはなぜだと筆者は言っているか。「共有」、「他者」という言葉を使って五十字以内で説明せよ。

問8　傍線部⑤の内容を説明したものとして、適当なものを次から選び、記号で答えよ。

ア　人が幸福を感じる対象は実に様々であるために、哲学という学問の対象とすることは大変難しいと感じており、それについて理論的な解析をするべきだと強く主張している。

イ　人が何によって幸福を感じられるかは、人によって異なっていることを体験的に表現しており、それは自分もまた同様であると反省の思いをこめて自らを振り返っている。

ウ　人がどのようなときに幸福でいられるかについて、明確に決められた優先順位があると考えており、そのため、幸福について規定するのは容易であると主張している。

エ　人が自ら関係を結びたいと思うことがらが、人それぞれ違っているという事実を客観的に伝えており、それを当然あるべきこととして疑問を感じることなく認めている。

人との関係の中で幸せを感じるという人もいれば、家族との関係で感じる人もいる。受験に合格して幸せならば、受験との関係で幸せを感じている。⑤関係ごとにさまざまな幸せがある。幸せに優先順位があるとしても、それもまた人それぞれ。

他者との関係のなかにしか存在しない、にもかかわらず自分が感じるもの。それが幸せなのですが、だからこそ幸せとは一体何かわからなくなってしまうのです。

（内山　節『考えはどこから生まれてくるのか』による）

※三陸地域…東北地方の地域名。

問1　傍線部ア・イのカタカナは漢字に直し、漢字は読みを答えよ。

問2　傍線部①の内容を説明したものとして、適当なものを次から選び、記号で答えよ。

ア　多くの本を読むことによって、先進国の文化に触れるとともに、他者の考え方を用いて自分の考え方の参考にすること。

イ　自分の専門に関わる本を読んで、豊富な文体に直接触れるとともに、その体験で自分の考え方をよりよくすること。

ウ　読書量をこなして、他者の文章形式や考え方を吸収するとともに、本の内容を用いて自分の考え方に役立てること。

エ　様々な本を読んで他者の多様な個性に触れるとともに、本から得た知識によって自分の考え方を類型化すること。

問3　傍線部②とは対照的な様子を表す言葉として、適当なものを次から選び、記号で答えよ。

ア　朝令暮改　　イ　優柔不断

ウ　傍若無人　　エ　付和雷同

問4　傍線部③について、筆者の行動の内容とその結果について次の図のようにまとめた。（　1　）〜（　3　）に適当な言葉を文中から抜き出し、答えよ。ただし、（　1　）は十二字、（　2　）は六字、（　3　）は十四字とする。

行動の内容	行動の結果
・（　1　）	・新しい考え方を得る。
・魚釣り	・自分の考えができていった。 ・（　2　）を結ぶ。 ・地域の人びととの（　3　）の中に身をおく。

問5　［A］に当てはまる言葉をこの段落までの文中から二字で抜き出して答えよ。

令和五年度　鹿児島情報高校入試問題　国語

（解答…228P）

1　次の文章を読んで、後の問いに答えなさい。

だいたいふたつの目的で私たちは本を読みます。

ひとつは、本に慣れること。文科系の分野では、本を読むことに慣れていなければうまくない。たとえば、アメリカやフランスの哲学の考え方に慣れておく。スポーツ選手が練習するのと同じように、一定の読書量をこなして、さまざまな文章形式や考え方に慣れておく必要があります。もうひとつは、自分の考え方を整理するとき、似た分野の他の人の考え方を利用しています。

つまり、①自分の考えの入り口と出口で本は重要なのですが、②自分の考えをつくってゆくときには、それほど重要ではありません。むしろさまざまな他者と関係を結ぶことの方がずっと大切です。映画を観《み》たいと思って映画館に行く。すると二時間くらい、映画という他者と関係を結ぶことになる。東日本大震災で被害の大きかった※三陸《さんりく》地域に行ってみたいと思う。そこでは被災者との関係が生まれるかもしれません。見に行くだけでもいまの三陸の自然との関係ができる。そうやってできた関係を通して、何かを感じることができるようになる。

ふと何かをやってみたいと思ったとき、私たちはなんらかのかたちで他者と関係を結ぼうとしている。そしてそこで結んだ関係を通して、自分の考えはでてくる。ある意味では本も、本というかたちであらわれてきたひとつの他者です。本を読むことで、本という他者と関係を結びながら、自分の考えをつくってゆく。自分の考えは自分だけでつくるのではありません。

だからやってみたいと思ったことは、何でもやってみるのがいい。いまでこそ用事が多くなってしまいましたが、ふと思い立って何かを見にでかけたり、どこかに行ってみたり、③いままで無駄なことをいっぱいやりました。それはすべて無駄になってゆくのではありません。ふと思いついてやったことが、いままでとは違う［Ａ］との結びつきをもたらし、そこから新しい考え方をぼくにテイキョウ（ア）してくれる。そうやって自分の考えをつくっていきたいと思ったからこそ、ぼくは大学に進んで授業に出るという道を選ばなかった。

大学に行かず、仕事をしながら勉強をしていたといえばカッコイイのですが、ぼくは仕事はまったくやらず、ひたすら魚釣りをしていました。それでもそういうことからいろんなことを教わったともいえるし、そういうことを通して自分の考えができていったともいえるでしょう。

肩書きをつけるなら、ぼくは「哲学者」ということになります。哲学にとって一番大切な［Ｂ］は、幸せとは何かを見つけ出すことです。世界中の人びとが幸せだったら、哲学者にすべきことはありません。二千五百年になろうという哲学の歴史上、たくさんの人がその問いに挑（イ）みましたが、④誰もまだみんなを納得させる答えを出せていません。

それはなぜか。幸せとは、自分が感じるものなのに、他者との関係で発生するものだからです。ぼくは魚釣りをしていれば幸せな人間ですが、竿《さお》を伸ばしながら、ぼくは自然との関係をつくっている。川や海との関係を結んでいる。そのなかには、地域の人びとが自然と結んできた歴史との関係も含まれています。そんな関係のなかに身をおくことが大好きですし、幸せです。

ところがその幸せは、誰しもに共有されているわけではありません。魚釣りなんてしても、ちっとも幸せでないという人はたくさんいる。友

令和５年度　鹿児島情報高校入試問題　数　学

（解答…229Ｐ）

1　次の１～７の問いに答えなさい。

1　次の(1)～(6)の問いに答えよ。

(1)　$8-3\times4$　を計算せよ。

(2)　$\frac{1}{3}-\frac{3}{10}\div\frac{6}{5}$　を計算せよ。

(3)　$6a^2b\div(-2a)^2\times2ab$　を計算せよ。

(4)　$a=-\frac{1}{2}$のとき，$3(a-1)-(5a-4)$　の値を求めよ。

(5)　$\sqrt{27}+\sqrt{6}\times4\sqrt{2}$　を計算せよ。

(6)　２次方程式　$x^2+4x-12=0$　を解け。

2　あるリサイクル業者では，新聞は1kgあたりx円，雑誌は1kgあたりy円で買い取りを行っている。そのリサイクル業者で新聞20kgと雑誌13kgを買い取ってもらったところ，受け取り金額の合計は300円に満たなかった。このときの数量の関係を不等式で表せ。

3　yはxに反比例し，$x=2$のとき，$y=-6$である。$y=3$のときのxの値を求めよ。

4　赤玉2個と白玉4個が入っている箱がある。この箱から玉を同時に2個取り出す。このとき，異なる色の玉を取り出す確率を求めよ。

5　右の図で，円Oの半径は5cmである。影がついたおうぎ形の弧の長さを求めよ。
　ただし，円周率はπとする。

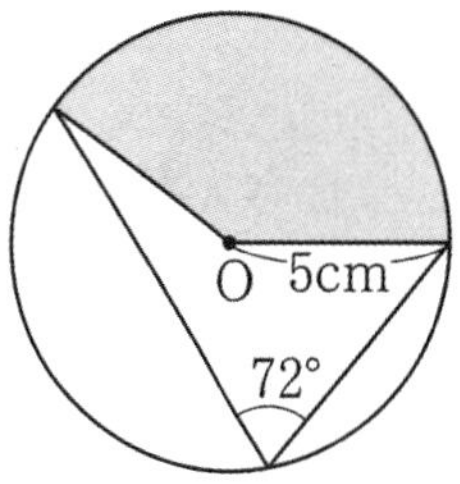

6　正九角形の1つの内角の大きさを求めよ。

7　右の図のように，正四角すいA－BCDEがある。底面は1辺の長さが6cmの正方形で，側面の二等辺三角形の等しい辺の長さは5cmである。この正四角すいA－BCDEの体積を求めよ。

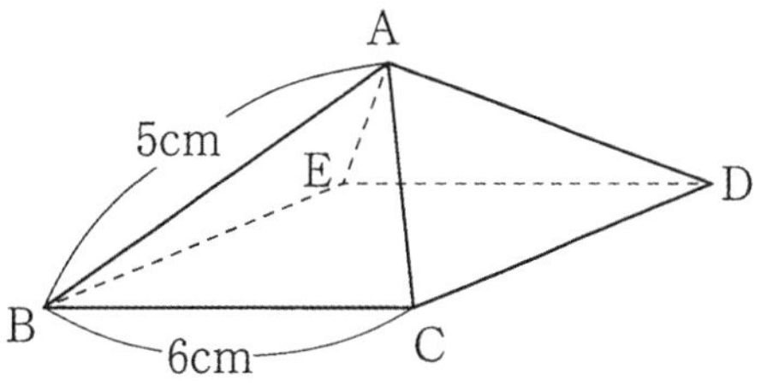

2 下の図は，ある中学校の1組の生徒25人と2組の生徒25人について，読書月間中に読んだ本の冊数をそれぞれ調べて，その結果を箱ひげ図で表したものである。

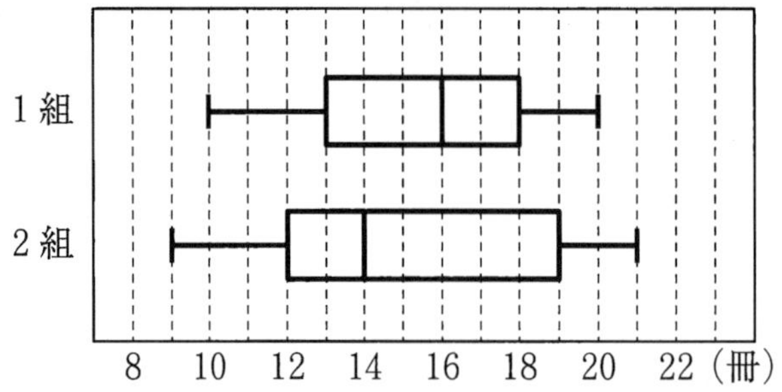

次の1～3の問いに答えなさい。

1　1組について，第1四分位数を求めよ。

2　2組について，範囲を求めよ。

3　AさんとBさんは，この箱ひげ図を見ながら話し合っている。次の**【会話】**の中の[ア]～[ウ]にあてはまる数をそれぞれ書け。

【会話】

Aさん：この箱ひげ図から，1組と2組ではどちらの組の方が多く本を読んでいるといえるかな。

Bさん：何か比較するための基準がないかしら。

Aさん：前回の読書月間では，1組，2組合わせた生徒の平均値は15冊でしたよ。

Bさん：では，今回の読書月間で本を15冊以上読んだ生徒の人数が多いのは1組と2組のどちらになるか，考えてみましょう。

Aさん：箱ひげ図の箱を見ると，2組の方が15冊を表す位置から右側の部分が長いから2組の方が多く見えるね。

Bさん：詳しく人数を調べてみましょう。1組の中央値は16冊だから，本を15冊以上読んだ生徒の人数は，少なくても[ア]人いますね。

Aさん：2組の中央値は14冊だから，本を15冊以上読んだ生徒の人数は，多くても[イ]人になります。ということは，本を15冊以上読んだ生徒の人数は，[ウ]組の方が多いことになりますね。

3 あるグループがボランティア活動として，毎月１回河原のゴミひろいを行っている。４月の参加者の人数は，中学生，高校生，大学生合わせて28人で，このうち大学生の人数は中学生の人数よりも４人少なかった。参加者を増やすため，ボランティア募集のチラシを配ったところ，５月の中学生と高校生を合わせた人数は４月の中学生と高校生を合わせた人数よりも50％増え，大学生の人数は４月の大学生の人数よりも20％増えた。これにより，５月の参加者の人数は，中学生，高校生，大学生合わせて39人であった。

４月の参加者のうち，中学生の人数をx人，高校生の人数をy人として，次の１，２の問いに答えなさい。

１　右の表は，４月と５月の参加者の人数をまとめたものである。表を参考にして，次の$\boxed{\text{ア}}$～$\boxed{\text{ウ}}$に適する式や数をそれぞれ入れよ。

	４月	５月
中学生	x	$\frac{\boxed{\text{イ}}}{100}(x+y)$
高校生	y	
大学生	$\boxed{\text{ア}}$	$\frac{\boxed{\text{ウ}}}{100}(\boxed{\text{ア}})$
合計	28	39

（単位：人）

４月の参加者の人数から，xとyの方程式を作ると，

$$x+y+\boxed{\text{ア}}=28$$

５月の参加者の人数から，xとyの方程式を作ると，

$$\frac{\boxed{\text{イ}}}{100}(x+y)+\frac{\boxed{\text{ウ}}}{100}(\boxed{\text{ア}})=39$$

２　４月の参加者のうち，中学生の人数と高校生の人数をそれぞれ求めよ。

4　右の図で，ℓ は関数 $y=x^2$ のグラフである。

2点A，Bは ℓ 上の点で，その x 座標はそれぞれ -3，1である。点Cは y 軸上の点で，その y 座標は10である。また，点Dを四角形ABDCが平行四辺形となるようにとる。

このとき，次の1～5の問いに答えなさい。

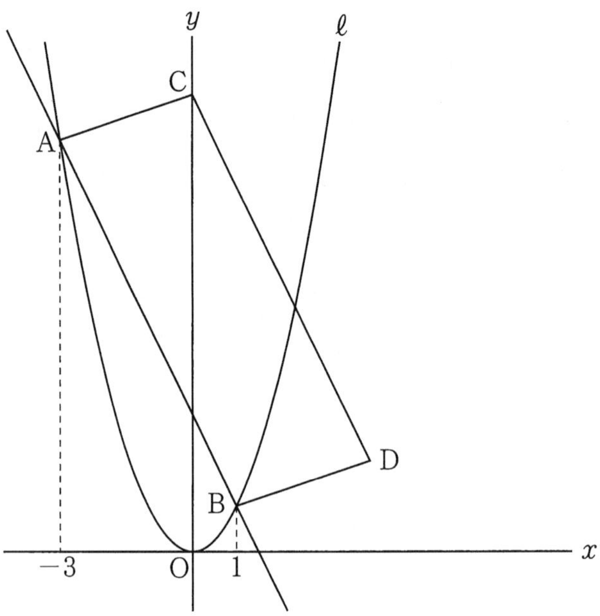

1　関数 $y=x^2$ について，x の値が1から4まで増加するときの変化の割合を求めよ。

2　直線ABの式を求めよ。

3　点Dの座標を求めよ。

4　△ABCの面積を求めよ。

5　x 軸上の正の部分に，点Eを△ABEの面積と平行四辺形ABDCの面積が等しくなるようにとるとき，点Eの x 座標を求めよ。

5 下の図で，△ABC は∠BAC が鈍角の鈍角三角形である。辺 BC 上に点 D を∠ACB＝∠BAD となるようにとる。また，頂点 B から直線 CA に下ろした垂線と直線 CA の交点を E とし，点 E を通り辺 BC に平行な直線と辺 BA の延長線が交わる点を F とする。AB＝4cm, BC＝8cm, CA＝6cm として, 次の 1 ～ 4 の問いに答えなさい。

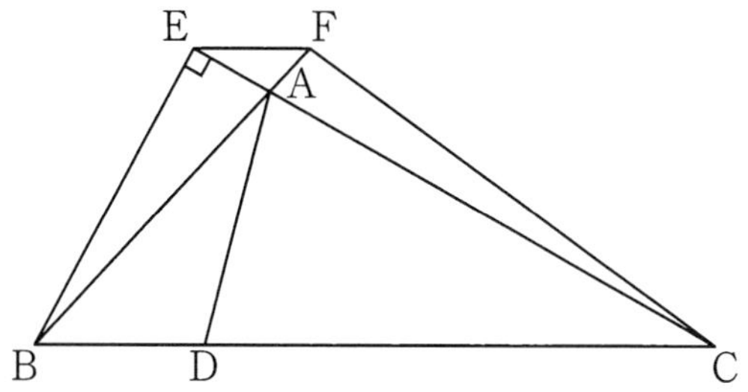

1　△ABC と相似である三角形をすべて答えよ。

2　線分 BD の長さを求めよ。

3　EA：AC の長さの比を最も簡単な整数の比で表せ。

4　△DBA の面積は△CFE の面積の何倍か。

令和５年度　鹿児島情報高校入試問題　英　語　（解答…231Ｐ）

1 【聞き取りテスト】放送による指示に従いなさい。英文は２回ずつ放送します。
放送中にメモをとってもかまいません。

1　これから Mina と Bill の対話を放送します。対話のあとに，その内容について英語で二つの質問をします。絵を見ながら対話を聞き，英語の質問の答えとして最も適切なものを，質問１についてはア～エの中から，質問２については【い】～【に】の中からそれぞれ一つ選び，その記号を書きなさい。

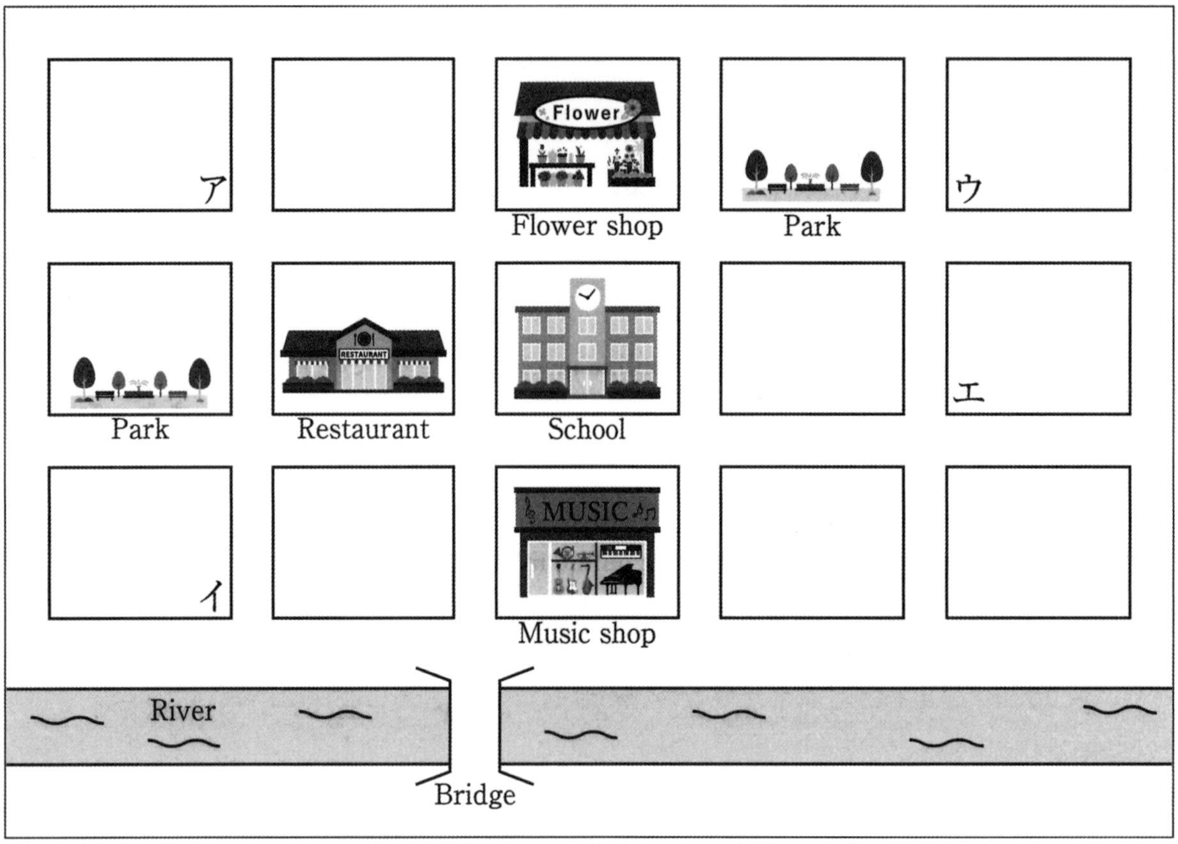

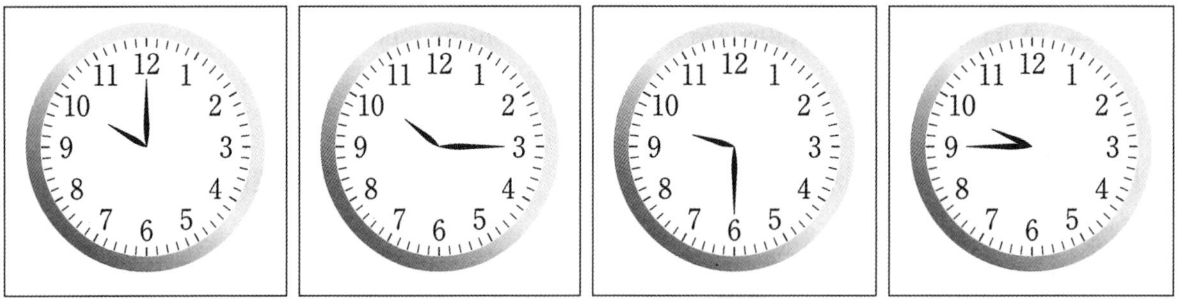

【い】　【ろ】　【は】　【に】

鹿児島情報高校

2　これから Mina と Bill の対話を放送します。対話のあとに，その内容について英語で質問をします。その質問の答えとして最も適切なものを，下のア～エの中から一つ選び，その記号を書きなさい。

Q1　ア　Let’s buy a ticket tomorrow.
　　イ　You’re right. We can get it on the train, too.
　　ウ　I’ve had enough. I ate a lot this morning.
　　エ　I don’t like traveling with a lot of heavy bags.

Q2　ア　That’s right. I knew that.
　　イ　Here you are. This is very interesting.
　　ウ　No problem, but you won’t be late.
　　エ　Sounds good, I’d love that.

3　これから Bill が行ったオンライン会議（online meeting）についてのプレゼンテーションのスピーチを放送します。スピーチのあとに，その内容について英語で二つの質問をします。その質問の答えとして最も適切なものを，下のア～エの中から一つ選び，その記号を書きなさい。

Q1　ア　The number of companies using online meetings is not increasing.
　　イ　Workers have to go to their company for important meetings.
　　ウ　A lot of companies must keep a place for online meetings.
　　エ　Some companies can save a lot of time and money by using online meetings.

Q2　ア　Someone could steal important information from an online meeting.
　　イ　Many companies are worried about workers’ health.
　　ウ　Some workers are late for important meetings.
　　エ　A lot of time and money are needed to use online meetings.

鹿児島情報高校

2　以下の①，②のやりとりが成立するように（　　　）に入る 5 語以上の英語を書きなさい。

① I hear you will go to Tokyo with your parents this spring. What are you going to do there?

② （　　　　　　　　　　）

3 次の1，2の問いに答えなさい。

1 次の(1)～(5)の日本文の意味を表すには，【　　　】の中のａ～ｃの語（句）をどのように並べたら正しい英文となるか。正しい順序のものを下のア～エの中からそれぞれ一つ選び，その記号を書け。ただし，文頭の語も小文字にしてある。

(1) なにか冷たい飲み物が欲しいです。

I'd like【 a. something　b. to　c. cold 】drink.

ア　a-b-c　　イ　a-c-b　　ウ　b-a-c　　エ　c-a-b

(2) 今日晴れならいいのになあ。

I【 a. it　b. wish　c. were 】fine today.

ア　a-b-c　　イ　a-c-b　　ウ　b-a-c　　エ　c-a-b

(3) 私がこの机を運ぶのを手伝ってくれませんか。

Will you【 a. me　b. carry　c. help 】this desk?

ア　a-b-c　　イ　a-c-b　　ウ　b-a-c　　エ　c-a-b

(4) ケンはタクヤほど速く泳ぐことはできません。

Ken cannot【 a. swim　b. as　c. fast 】as Takuya.

ア　a-b-c　　イ　a-c-b　　ウ　b-a-c　　エ　c-a-b

(5) 舞台の上で歌っている女性は私の母です。

【 a. singing　b. on the stage　c. the woman 】is my mother.

ア　a-b-c　　イ　a-c-b　　ウ　b-a-c　　エ　c-a-b

2 次の(1)～(5)の会話について（　　　）に入る最も適切なものを下のア～ウの中からそれぞれ一つ選び，その記号を書け。

(1) A：I have to write my science report by next Friday. Have you finished yours yet?

B：(　　　) I'm going to do it this weekend.

ア　Yes, I have.　　イ　No, I haven't.　　ウ　Sure, I am.

(2) A：How often does your father go abroad?

B：He goes abroad (　　　)

ア　once a month.　　イ　for a month.　　ウ　on business.

(3) A：Will you show me how to use this PC?

B：OK. (　　　) I'm doing my homework and will finish it in ten minutes.

ア　Wait till tomorrow.　　イ　I've had enough.　　ウ　I'll help you soon.

(4) A：Jane, those are your sister's shoes. You shouldn't wear them.

B：(　　　) She said I could borrow them.

ア　Don't worry.　　イ　You are welcome.　　ウ　Of course, you're right.

(5) A：Do you think Mika will come to the party tonight?

B：(　　　) She said she bought a new dress for it.

ア　She is too busy.　　イ　I'm sure she will.　　ウ　I'm afraid she won't.

4 次の会話の①～⑤に入る，最も適切な英文を下のア～カの中からそれぞれ一つ選び，その記号を書きなさい。ただし，文頭の文字もすべて小文字にしてある。

Kaori is a high school student and Mike is an exchange student from America. After school, they are talking at the school library.

Mike：What are you doing, Kaori?

Kaori：Hi, Mike. I'm（ ① ）a website about body language on the Internet.

Mike：Body language?（ ② ）?

Kaori：Actually, yes. I've read this before, but of all human communication, communication *other than speaking such as *gestures and body language is 60 to 70 percent.

Mike：Really?（ ③ ）.

Kaori：So, it's very important for us to know the ways of communication other than speaking.

Mike：I wonder if the same gesture has different meanings in different cultures.

Kaori：Well, yes.（ ④ ）. The "OK" hand gesture is a good example.

Mike：I know that. It is made by connecting the *thumb and *index finger in a circle and holding the other fingers straight like this. In America, we usually use the gesture to give an okay, or "all right."

Kaori：That's right. But, in some countries such as France and Portugal,（ ⑤ ）. Here in Japan, almost the same gesture means "money."

Mike：Body language sometimes gives different meanings in different cultures, doesn't it? Now, I want to know more about body language used around the world.

ア I didn't know that	イ are you sure
ウ are you interested in it	エ I'll show you one
オ it means "zero" or "nothing"	カ looking at

*other than ～以外の　gesture ジェスチャー（身振り手振り）　thumb 親指　index finger 人差し指

鹿児島情報高校

5　次の英文は，下の案内を見ながら，高校生のマイ（Mai）が父親と会話している対話文です。対話文を読み，案内を参考にしながら，あとの問いに答えなさい。

Mai：There are two courses in this English Summer Camp Program. Is it possible for me to take the two-week course?

Father：Well, we have to visit your grandparents on August 8th. So, I'm afraid you can't.

Mai：OK. I will take the one-week course.

Father：What shall we do about your（　①　）? Which one do you want?

Mai：I want to make more friends during the course, so I'd like to use a twin room.

Father：No problem, Mai. I agree（　②　）you.

Mai：If we pay the fees in full by the end of June, we can get a 10% *discount. We can（　③　）.

Father：You're right. Let's do that.

Mai：Well, how much should we pay for the program *in total?

Father：（　④　）dollars, I think.

English Summer Camp Program

*Tuition Fees

The basic fee *depends on how early you pay!

○ One-week Course

（Friday, July 30th---Thursday, August 5th）

$450 if you pay *in full by the end of June.

$500 *otherwise

○ Two-week Course

（Friday, July 30th---Thursday, August 12th）

$900 if you pay in full by the end of June.

$1,000 otherwise

Note：You must make the full payment by July 20th.

Rooms

○ Single room：$350 *per week.

○ Twin room：$200 per person, per week.

Note : Breakfast and dinner are given every day.

*discount 割引　in total 合計で　tuition fee 学費
depend on ～次第である　in full 全額で　otherwise そうでない場合　per ～につき

1　対話文中の①，②に入る最も適切な1語を英語で書け。

2　対話文中の③には対話が成り立つように2語以上の英語を書け。

3　対話文中の④に入る最も適切な数字を書け。

6　次の英文は，海外のある国を訪れたSatoshi（サトシ）が、空港の入国審査場（Immigration）と税関（Customs）で職員（Officer）と交わした会話のやり取りです。会話文を読み，１～３の問いに答えなさい。

At Immigration：

Officer：May I see your passport?
Satoshi：Yes. Here it is.
Officer：What's the *purpose of your visit? Are you here for business or pleasure?
Satoshi：Pleasure, for sightseeing. Also, I will visit my uncle and his family who live in the city of Long Island.
Officer：OK. (　　　　) will you be staying in Long Island?
Satoshi：One week.
Officer：Where will you be staying?
Satoshi：Well, today I will stay *overnight at my uncle's, and then I will be staying at the Long Island Hotel.
Officer：Are you traveling alone?
Satoshi：No, with my parents.

At Customs：

Officer：Do you have anything to *declare?
Satoshi：I have Japanese *pickles for *souvenirs. Do I need to declare them?
Officer：What are the *ingredients of the pickles?
Satoshi：It's a Japanese *radish.
Officer：No fish, no meat, and no egg?
Satoshi：No. It's vegetable only.
Officer：OK. No problem. Well, what is this? It looks like a *hammer, a weapon, or something like that.
Satoshi：Excuse me, sir. Did you say "a weapon"?
Officer：Yes. A weapon means something that you use to fight with someone or attack someone.
Satoshi：Fight or attack? No, no. That is called "Kendama" in Japanese. Kendama is a kind of traditional Japanese toy.
Officer：Is this a Japanese toy? I'm not sure…
Satoshi："Ken" is a handle, usually a *wooden handle, and "dama" means a ball. They are connected together by a *string. Kendama has three cups and a *peg on its handle.
Officer：I see. It's like a kind of cup-and-ball game, isn't it?
Satoshi：Cup-and-ball?
Officer：Yes. The game is played by *tossing the ball into the air and trying to catch it in the cup. I guess Kendama is the Japanese style of the cup-and-ball game.

Satoshi：Yes, officer! Kendama is like that, not a weapon. May I show you how to do it?
Officer：OK. Try it.

(*Satoshi shows the officer how to do Kendama.*)

Officer：Good. I see. Enjoy your stay.
Satoshi：Thank you, officer. *What a relief!

*purpose 目的　overnight ひと晩　declare ～を申告する　pickles 漬物　souvenir おみやげ
ingredient 材料　radish だいこん　hammer ハンマー　wooden 木でできた　string ひも
peg 留めくぎ，突起（とがっている部分）　toss ～を（軽く）投げ上げる
What a relief! やれやれほっとした

1　対話文中の（　　　　）に入る最も適切な２語を英語で書け。
2　サトシは税関の職員とのやり取りの後，なぜ安心したのか。その理由を下の（　　　　）に適語を補って答えよ。
　『けん玉を（　　　　）だと思った職員の誤解が最終的に解けたから。』
3　本文の内容と一致するものを，下のア～ウの中から一つ選び，その記号を書け。
　ア　観光目的で入国したサトシは，１週間両親とおじの家に滞在する予定であった。
　イ　サトシがおみやげに持って来た日本の漬物は，税関で申告する必要がなかった。
　ウ　ハンマーと似ていたけん玉は，税関で申告しなければならなかった。

7 次の英文を読み，1～6の問いに答えなさい。

I am Misaki Tanaka, a high school student in Kagoshima. I have an aunt (A) teaches Japanese in *Taiwan. A year ago, I visited her with my family. I was interested in *textbooks for Japanese language that were used in foreign countries. So I entered a bookstore to find one of them. There were a lot of textbooks there. I didn't know that learning Japanese was popular in Taiwan. I picked up one and I looked it over. Then, my eyes stopped at one scene which *described a *conversation. When I read it, I laughed out loud. I will show you "*strange" or "*funny" Japanese：

Woman：「初めまして。日本から来ました。あなたは誰ですか」(Nice to meet you. I'm from Japan. Who are you?)

Man：「お前がさきに名乗りなさい」(Tell me your name first.)

Woman：「私の名前はさゆりです」(My name is Sayuri.)

Man：「俺は大根です。土から来ました」(I'm a radish. I come from soil.)

Well, what did you think when you read the conversation above? Didn't you find it strange? By the way, there is a lot of "strange" or "funny" English in Japan, too. Here are some experiences that my cousin, Steve, had in Kagoshima. Steve is from the US and is very interested in Japanese manga and anime. Now he lives in Kagoshima and has been ①(learn) Japanese culture at university for three years. Steve told me about some "strange" or "funny" English that he saw in Kagoshima.

One day when Steve was walking along a street, he saw a *sign which said "人材募集中 We are hiring kitchen stuff." There was a spelling mistake in the sign. Did you see that? Yes, "stuff" must be "staff." Also, on another day, he entered a Chinese restaurant to have lunch. There he found a lot of candies in a basket on a table. There was a *notice on the table, and it said, "無料 Priceless." When he saw it, he was a little *confused because the word "priceless" means "very *valuable." In other words, "Priceless candies" means ②candies which are so valuable that we cannot decide the price. I think maybe they wanted to send the message, "You can take these for free." There is another story from the same restaurant. When Steve took a seat and saw the menu, he found "Today's Special Food" on it. It said "自家製 鶏むね肉のハム Ham of the homemade breast." Steve laughed when he saw it. It should have said "Homemade ham of chicken breast." On the same day, after having lunch at the Chinese restaurant, he bought some bread in a bakery. There was a funny sign in the bakery, too; "パンは手で触らずトングを使ってください。 PLEASE USE ③TONGUE." Do you see what the mistake was? Well, "tongue" means the soft part inside your mouth, and with it, you can eat and speak. It should have said "tongs."

I think language is the most important part of the culture. Learning a foreign language is understanding its culture. It is not easy for us to send our messages without misunderstanding, especially in communicating with people who have different culture from ours. For this reason, first, we must (B) a foreign language without misunderstanding. When we study a foreign language, it is more important to learn how to use the words that are better for each *situation.

*Taiwan 台湾　textbook 教科書，教材　describe ～の様子を述べる　conversation 会話
strange 奇妙な　funny おかしな　sign 看板　notice はり紙　confuse 混乱させる
valuable 価値がある　situation 状況，場面

1　（　A　）に入る最も適切なものを次のア～エの中から一つ選び，記号で答えよ。

ア　who　　イ　which　　ウ　what　　エ　how

2　下線部①を適切な形に書き換えよ。

3　下線部②の意味を日本語で書き表せ。

4　下線部③が指すものを日本語で答えよ。

5　（　B　）に入る最も適切なものを次のア～エの中から一つ選び，記号で答えよ。

ア　go to the country to study

イ　try to learn how to use

ウ　make friends to know

エ　not learn when to speak

6　次のア～ウの中から，本文の内容と合うものを一つ選び，記号で答えよ。

ア　Misaki was surprised at the number of Japanese textbooks sold at a bookstore in Taiwan.

イ　Steve told Misaki about some strange and funny experiences that he had in the US.

ウ　Steve ate “Today’s Special Food” of “Ham of the homemade breast” at the Chinese restaurant.

鹿児島修学館高等学校

ワクワク学のすゝめ
みんなが学ぶことの楽しさを知り、学び続ける力を身につける学校

理　事　長	津　曲　貞　利
学　校　長	中　西　昭　郎
所　在　地	〒890-0023　鹿児島市永吉二丁目9番1号
電　　　話	(099)　２５８－２２１１
Ｆ　Ａ　Ｘ	(099)　２５８－２２１３
ホームページ	https://www.shugakukan.ed.jp/
交　　　通	本校はＪＲ「鹿児島中央」駅から自転車で約10分。鹿児島市営バス（13番線・23番線）、鹿児島交通バス（74番線）は「修学館前」バス停に停車し、国道３号線の「護国神社前」バス停にはＪＲ九州バス、鹿児島交通バス等、多くのバスが停車する便利な場所です。 ★自転車通学の距離制限はありません。

令和６年度入試　募集要項

- ●出願期間　令和６年１月６日（土）～１月11日（木）（必着）
- ●入試日　令和６年１月23日（火）
- ●入試科目　国語・数学・英語・面接
- ●合格発表　令和６年１月29日（月）
- ●募集定員　80名（男・女）　※ただし、中学校からの進学者を含む
- ●専願制度あり

鹿児島修学館のミッション・ステートメント

グローバル社会の発展と人類の平和と進歩に寄与するために

⑴　主体性，創造性を培い，生涯にわたって学び続ける力を育む。（克己）

⑵　互いの人格と個性を尊重し，支え合う心を育む。（礼節）

⑶　健全な精神，広い知見，旺盛な探究心を養い，絶えず発展しようとする態度を育む。（飛躍）

本校の特色

鹿児島修学館は、「国際バカロレア（ＩＢ）」「探究的な学び（課題研究等）」「個別最適な学びと協働的な学び」などの先進的な取り組みに絶えずチャレンジしています。これらの取り組みを通じて「みんなが学ぶことの楽しさを知り、学び続ける力を身につける」という学校教育目標を実現します。

１　国際バカロレア（ＩＢ）

国際バカロレア（ＩＢ）とは、国際バカロレア機構（本部ジュネーブ）が提供する国際的な教育プログラムです。現在、本校はＩＢプログラムの一つであるＭＹＰ（ミドル・イヤーズ・プログラム）を実施しています。これは九州で初の取り組みです。

２　探究的な学び（課題研究等）

中高一貫校のメリットを活かし、自己の興味・関心や進路選択に基づいた探究的な学び（課題研究等）に取り組んでいます。学校内外で多くの発表の機会を作っています。

３　個別最適な学びと協働的な学び

「個別最適な学び」と「協働的な学び」の一体化を実現するため、スタディサプリやマンツーマンオンライン英会話などのＩＣＴを活用した学習支援、選択制朝課外、学び合いの多い授業などの環境があります。（2021年には学校情報化優良校に認定されました。）

鹿児島修学館高校

学校法人　池田学園

池田高等学校

理事長	池田由實
学校長	池田由實
所在地	〒890-0033　鹿児島市西別府町 1680
電話	(099) ２８２－７８８８
ＦＡＸ	(099) ２８２－７８８９
ホームページ	https://ikeda-gakuen.ed.jp/　こちらより－
交通	バス：南国バス 18 番線「池田高校前」下車すぐ 車：南九州西回り道路「松元 IC」から５分
スクールバス	鹿児島市内 10 路線＋枕崎～南さつま～日置１路線

迫力の応援団が
名物の体育祭
YouTube 再生回数
350 万回を
超える動画も！

21世紀の国際的なリーダー育成！　SSHと英語で未来を切り拓く！

１．本校の特徴　池田高校はこのような生徒にぴったりの学校です！！

①英語を磨いて将来を切り拓きたい！

●**ネイティブ**による週２回以上の英語の授業！
●授業等で細やかな**英検や大学入試対策**実施！→**現高３は学年の１６%（10名）が英検準１級に合格！**
●定期錬成で**スピーキングテスト**を実施！
●高１・２希望者対象の**オンライン国際交流**あり！→**フィンランド・シンガポール・台湾**の高校生と年 10回程度実施
●**留学生**を毎年受け入れるグローバルな環境！
※インタビューはこちら→

②科学（理・数）の研究に没頭して将来に繋げたい！

● **SSH指定校**なのでグループで行う課題研究が日常的にある！
●個人で好きな研究ができる**スーパーサイエンス部**がある！
●国内や海外の様々な**科学コンテストに参加**！
→直近**８年で８回日本代表として国際大会に出場！**
（2016年→１位、2019年→２位、2014年→３位を獲得）
（水中ドローンで世界大会出場＋慶應大学合格を勝ち取った卒業生のインタビューあります！→）
●池田学園自ら主催する科学コンテスト「**グローバルサイエンティストアワード"夢の翼"**」がある（千葉工業大学との共催）！

グローバル サイエンティスト アワード "夢の翼"

③バスケ or 野球で全国！＋難関大にも合格したい！

【近年の部活動実績】　※●が男子バスケ部　○が硬式野球部
●県高校総体（インターハイ予選）：**優勝→インターハイ初出場！！**
●ウィンターカップ県予選：**準優勝**
○九州地区高校野球大会県予選：**ベスト８**
○**南日本招待高校野球**出場

↓選手インタビューはこちら

【近年の主な大学合格実績】　※★が男子バスケ部　☆が硬式野球部
★Ａくん（R4 主将／池田中出身）：**立教大**
★Ｃくん（R2 主将／甲南中出身）：**広島大**
☆Ｅくん（R4 主将／垂水中央中出身）：**立教大**
★Ｂくん（R3 主将／池田中出身）：**早稲田大・中央大・法政大**
★Ｄくん（R1 主将／知名中出身）：**大阪市立大・立命館大**
☆Ｆくん（R4 ／鹿屋東中学校出身）：**立命館大**

２．主な大学合格実績（今春のみ）

九州大学（医・医）
東京理科大学×３

熊本大学　鹿児島大学×６
埼玉大学　島根大学

青山学院大学　中央大学
立教大学×３　法政大学×２
明治大学　同志社大学×３
立命館大学　関西学院大学
福岡大学(薬)　×２
神戸学院大学(薬)
立命館アジア太平洋大学×４
オレンジ・コースト大学

※他多数合格

３．入試要項（R6 入学者対象／変更の可能性あり→確定版は７月までにホームページに掲載）

	入試科目	出願期間	入試日	合格発表	出願条件
一般入試	国数社理英	1/9 ～ 1/16	1/23	1/29	令和６年３月中学校卒業見込み、または卒業した生徒。
推薦入試	①作文 ②プレゼン	1/9 ～ 1/11	1/15	1/17	令和６年３月中学校卒業見込み、または卒業した生徒で、「本校の SSH や WWL の活動に理解があり積極的に参加したいと考えている」などの条件を満たす生徒。 ※その他の条件については７月以降にホームページに掲載予定

４．学費

月額：５１，０００円
※施設維持費等含む
※別途補習・進路指導費
（月額 1,500～ 3,000円）

【入試による優秀者特待あり】
受験生上位１０％：学費全額免除
受験生上位２０％：学費半額免除

５．オープンスクール・説明会等（ホームページで事前予約）

●夏の学校見学会（個別）：7/22・7/24～ 7/27
●オープンスクール（サイエンスフェスタ）：8/26
→サイエンスフェスタは理科実験を多数用意！
●オープンスクール：9/16
●入試・学校説明会：10/21・11/18
●個別相談会：11/25・12/2・12/9
※上記イベント以外でも随時学校見学受付中！

2024年受験用

鹿児島県高校入試問題集

私 立 編 Ⅰ

正答例と解説

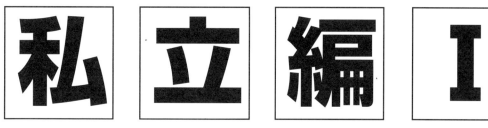

令和５年度　鹿児島高校入試問題　国　語

正答例

1　1　ア　提唱　　イ　こた　　ウ　曲解
エ　つの　　オ　対処
2　A　オ　　B　イ　　3　一体感
4　i　対人関係（人間関係）
ii　お互いに依存し合い，甘えを介して
5　イ
6　「わかってほしい」「わかってくれるはず」といった期待
7　人間は本来，切り離された別々の個体であることを忘れないようにすること。

2　1　ア　音信　　イ　生地　　ウ　納入
エ　口調　　オ　動力
2　ウ　　3　エ　　4　ウ　　5　もう少しで
6　那由多がクラスで孤立した原因は，那由多の事情を知っていながら黙っていた「わたし」にあると思うこと。
7　イ

3　1　ア・ウ　　2　ウ　　3　ア　　4　ウ
5　エ　　6　イ　　7　必然　　8　五（画目）
9　エ　　10　はつがしら

4　1　あたえてかい
2　誰が　大名　　何を　名馬（馬）　　3　ア
4　馬飼が，食を飽くほど与えなかったから。
5　置きぬ　　6　馬　　7　エ　　8　ウ

配点例

1	5，6　3点×2　　7　4点　　他　2点×10	計30点
2	1　2点×5　　6　5点　　他　3点×5	計30点
3	2点×10	計20点
4	4，7　3点×2　　他　2点×7	計20点

解　説

1　<論説文>

2 A　直前の段落の「甘えの心理は～止揚しようとすること」を，別の表現で言い換えているので，言い換えの「つまり」が適当。

B　空欄前では，日本人が「相手の期待に～裏切りたくないという思いを軸に対人関係を結ぶ」ことについて述べているが，空欄後では，「そうした期待が空振りに終わ」り，対人関係をうまく結べない場合について述べているため，逆接の接続詞「だが」が適当。

3　「いわば」で始まる次の段落で，甘えの内容が言い換えられていることに着目する。その中で，すがろうとしているものは「心理的一体感」である。

4 i　――線部①を含む段落に，「僕たち日本人は相手の期待に応えたい～思いを軸に対人関係を結ぶ」とあることに着目する。第二段落に「日本の社会に～甘えが人間関係の基本」とあることに着目してもよい。

ii　「甘えの心理」とは，――線部①を含む段落の「相手の期待に応えたい～こちらの期待を裏切らないはずといった期待」のこと。これを指定字数内で言い換えているのが第十六段落の「お互いに依存し合い，甘えを介してつながっている」である。

5　「甘え」と「恨み」とは何かに着目する。「甘え」について，第七段落で「『わざわざ口に～わかってくれるはず』といった思い」が「甘えの心理」だと述べられている。「恨み」などの「欲求不満による攻撃性」は，第十八段落で「『期待が裏切られ，甘えの欲求が阻止されたとき」に生じると述べられている。つまり，「相手への期待」が根底にあるといえる。

6　――線部③が強すぎると，「欲求不満が募り，甘え型の攻撃性が猛威を振る」うとあることに着目する。これと同じことを――線部③以降で述べているのが，第二十二段落の「『わかって～潰されそうになる」である。

7　「人間存在の個別性」は，第五，六段落で「親子といえども～切り離された別々の個体」「個と個が分離しているという冷たい現実」と説明されている。「念頭におく」は，「いつも忘れないでいる」という意味である。

2　<小説文>

1　══線部と――線部の漢字は以下の通り。
（══線部）ア　弱音　イ　居心地　　ウ　納得
エ　口角　　オ　鼓動
（――線部）
ア　根性　若年　価値　　イ　善良　午後　国民
ウ　特色　道徳　脳裏　　エ　大工　人格　画策
オ　導入　故郷　文庫

2　「凪ぐ」は「気持ちが穏やかになる」という意味。

3　担任の先生（布川）は「小学生の娘がいる父親」で，「特別感じることがあるのか，目のふちを赤くして続け」たとある。この部分から布川は，那由多の父の死と彼女の転校を伝えながら，一人の父親として感じることがあり，涙をこらえきれなかったと読み取れる。

4　――線部③直後の「田口さんのことは可哀相～察しろっていうのも乱暴じゃん？」という加奈子の言葉に，那由多への後ろめたい気持ちが表れている。

6　加奈子の「田口さんの～教えてくれてもよかったんじゃない？」という言葉から，加奈子たちは，梓（「わたし」）が那由多の事情を黙っていたせいで那由多を孤立させることになったと思いたいということが読み取れる。

7　――線部⑥は，放課後に美月たちに集団で囲まれた場面での梓（「わたし」）の行動に対して梓（「わたし」）自身が感じたことである。「那由多に心の中で謝」ったのは，布川から那由多の転校を聞かされた場面である。

3　<雑問集合>

1　――線部アとウは形容詞「ない」，イは形容詞「もったいない」の一部。エは打ち消しの助動詞の「ない」。

2　――線部①とウは「二字＋一字」の構成で，上が下を詳しくしている。アは三字が対等である。イは「二字＋一字」の構成で，下に作用や状態を表す語がついている。エは「一字＋二字」の構成で，上が下を詳しくしている。

4　「呼応」とは，決まった表現とともに用いられること。「まったく」の後には必ず否定の表現が用いられる。

5　「すばらしい」は，「まったく知らない美の世界」に関する内容なので，**添加**の「**しかも**」が適当。

6　――線部④と**イ**「祖」は九画，**ア**「承」，**ウ**「板」は八画，**エ**「間」は十二画。

8　「丨→冂→巾→巾→曲→曲→典→典」

9　「**主語・述語の関係**」とは，文全体の中で，「何・誰（は）」を表す文節（「主語」）と，「どうする」「どんなだ」「何だ」を表す文節（「述語」）の関係のこと。「**修飾・被修飾の関係**」とは，他の文節の内容を詳しく説明する文節（「修飾語」）と修飾される文節（「被修飾語」）の関係のこと。「**並立の関係**」とは，文節どうしが対等に並ぶ関係のこと。「**補助の関係**」とは，本来の意味が薄れ，前の文節に補助的な意味を添えるだけになった文節（「補助語」）とその直前の文節の関係のこと。

4　<古文>

（**口語訳**）「今となってはもう昔のことであるが，ある大名がこの上なく良い名馬を求め，『私の一大事の頼りになるのはこの馬である』と①大切になされ，馬の飼料として，米や豆をたっぷりと与えていたが，馬飼の職の者が，それをすべて奪い取って自分のものにして，馬には草の粥を少しだけ与えて（馬を）飼い続けた。②予想どおり天下は乱れて戦に及んだ。『馬を大切にしていたのはこの時のためだ』と言って，大名が例の馬にお乗りになると，③馬の力も予想と違って鈍く，跳ね躍る様子もなかった。大名はたいへん怒り，『このような役に立たない馬とは思わず，大事に飼ってきたことよ』と言って，鞭で激しく（馬を）打ったところ，この【馬が】，人のように物を言い，『殿もよくお聞きになってください。馬飼の者はいっそう食べ物を惜しみ，腹に飽くほど（食べ物を）与えてくれたことはありません。だからこのように力も弱く，心も勇まず，道を行くことができないのです』とお告げになった」と，④昔の人は語っていた。

1　語頭以外の**ハ行**は**ワ行**に直す。

2　――線部①直前の「ある大名きはめて良き名馬をもとめて」から，大名が馬を大切にしていたと読み取れる。

3　ここでの「案」は「予想」という意味である。「案の定」と同じ使い方であると考えてもよい。

4　「さるままに力も弱く～道も行かれず」の直前にある「馬飼さらに食を惜しみて，腹に飽くほど与へたる事なし」が，馬の漢（＝力）が出なかった理由である。

5　本文は，前半に戦が起きる前の場面，後半に戦が起きたあとの場面が描かれている。

6　「鞭にてさんざんに打」たれたあと，「人のごとく」発言したことから，馬が発言したと考えることができる。

7　この馬は，馬飼の者によって食べ物を少ししか与えられなかったため，戦の時に力が出せなかった。このことから，能力を発揮するためには，それに見合った待遇が必要だと判断することができる。

8　「おくのほそ道」は松尾芭蕉による，江戸時代の作品。「平家物語」は鎌倉時代の軍記物語，「徒然草」は鎌倉時代の随筆，「古今和歌集」は平安時代の和歌集である。

令和５年度　鹿児島高校入試問題　数　学

正答例

1　(1)　**18**　(2)　$\frac{7}{8}$　(3)　$\sqrt{3}$

(4)　a^3b^5　(5)　$(2x+3y)(2x-3y)$

(6)　$x=2$，$y=-1$　(7)　**105**(度)

(8)　$y=\frac{12}{x}$　(9)　$\frac{5}{12}$　(10)　$x=120$

2　(1)①　$\frac{128\sqrt{2}}{3}\pi$ (cm^3)

②　64π (cm^2)

(2)①　(**5**)階の(**西**)

②　**217**

(3)①　$81x$ (m)

②　午前(**8**)時(**45**)分

(4)　右図

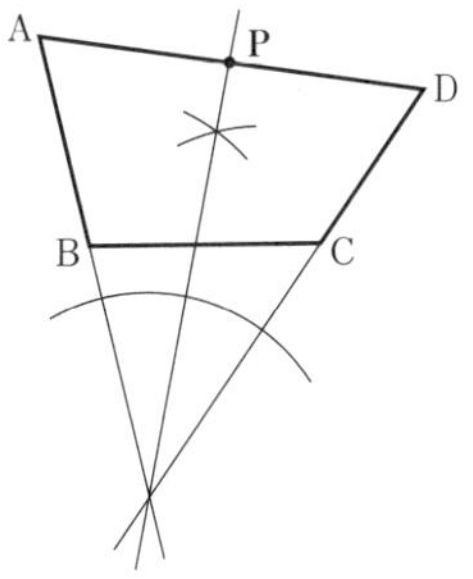

3　(1)　**イ**　(2)　**イ**

(3)（ i ）　**エ**　（ii）　**オ**

4　(1)　-9　(2)　$y=-2x-3$

(3)　(ア)　**1：2：6**　(イ)　$\frac{8\sqrt{5}}{15}\pi$

5　(1)　$\sqrt{65}$　(2)　**66**

(3)　$\sqrt{601}$　(4)　$\frac{18\sqrt{10}}{5}$

配点例

1	3点×10	計30点
2	(2)①　2点×2　他　4点×6	計28点
3	(1)，(2)　4点×2　(3)　3点×2	計14点
4	(1)，(3)(イ)　3点×2　(2)，(3)(ア)　4点×2	計14点
5	(1)，(3)　4点×2　(2)，(4)　3点×2	計14点

解　説

1　<小問集合>

(1)　$6\times4-18\div3=24-6=18$

(2)　$\frac{3}{4}+\frac{1}{2}-\frac{3}{8}=\frac{6}{8}+\frac{4}{8}-\frac{3}{8}=\frac{7}{8}$

(3)　$\frac{6}{\sqrt{3}}+\sqrt{27}-\sqrt{48}$

$=\frac{6\times\sqrt{3}}{\sqrt{3}\times\sqrt{3}}+\sqrt{3^2\times3}-\sqrt{4^2\times3}=2\sqrt{3}+3\sqrt{3}-4\sqrt{3}=\sqrt{3}$

(4)　$(ab^2)^3\times a^2b\div(ab)^2=a^3b^6\times a^2b\div a^2b^2=\frac{a^5b^7}{a^2b^2}=a^3b^5$

(5)　**乗法公式**　$a^2-b^2=(a+b)(a-b)$

$4x^2-9y^2=(2x)^2-(3y)^2=(2x+3y)(2x-3y)$

(6)　$3x-2y=8$…①，$2x+3y=1$…②

$9x-6y=24$…①×3

+)　$4x+6y=2$…②×2

$13x=26$，$x=2$…③

③を②に代入し，$4+3y=1$，$3y=-3$，$y=-1$

よって，$x=2$，$y=-1$

(7)　正十二角形は線対称かつ点対称な図形であり，各頂点は同一円周上にある。下図のように，頂点どうしを線分で結ぶと，「**1つの円では，おうぎ形の中心角の大きさは弧の長さに比例する。**」「**1つの弧に対する円周角は，その弧に対する中心角の半分である。**」ことから，

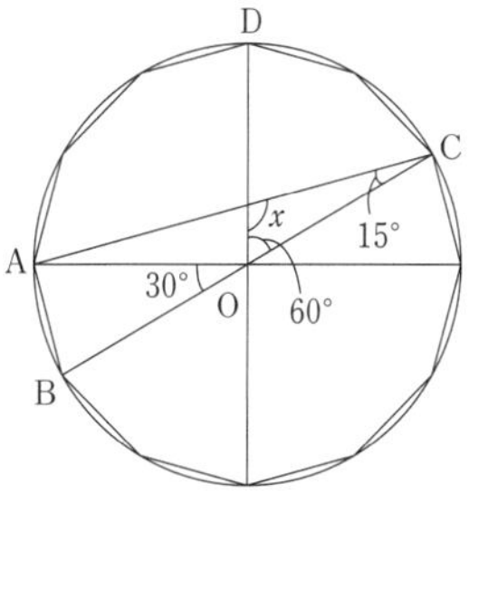

$\angle BOA=360°\times\frac{1}{12}=30°$

$\angle COD=360°\times\frac{2}{12}=60°$

$\angle BCA=\frac{1}{2}\angle BOA=15°$

三角形の内角の和は180°だから，

$\angle x=180°-60°-15°=105°$

(8)　反比例より，$xy=a$（aは比例定数）

$a=2\times6=12$より，$y=\frac{12}{x}$

(9) **素数…1とその数自身のほかには約数のない自然数。**

大＼小	1	2	3	4	5	6
1	②	③	4	⑤	6	⑦
2	③	4	⑤	6	⑦	8
3	4	⑤	6	⑦	8	9
4	⑤	6	⑦	8	9	10
5	6	⑦	8	9	10	⑪
6	⑦	8	9	10	⑪	12

右の表より，すべての場合は36通り。条件を満たすのは○をつけた15通り。
よって，確率は，
$\frac{15}{36}=\frac{5}{12}$

(10) 全体の利益について立式する。
原価の30％増しの値段は$1.3x$円，原価の25％増しの値段は$1.25x$円と表されるから，
(全体の利益)＝(収入の合計)－(仕入れ値の合計)
$1.3x\times60+1.25x\times90-150x=4860$
$78x+112.5x-150x=4860$，$40.5x=4860$，$x=120$

2 ＜小問集合＞

(1)① **(円すいの体積)＝$\frac{1}{3}$×(底面積)×(高さ)**
この円錐の高さをh cmとすると，**三平方の定理**より，
$h=\sqrt{12^2-4^2}=\sqrt{128}=8\sqrt{2}$ (cm)
よって，体積は，$\frac{1}{3}\times4^2\pi\times8\sqrt{2}=\frac{128\sqrt{2}}{3}\pi$ (cm^3)

② **(円すいの表面積)＝(底面積)＋(側面積)**
底面積は，半径4 cmの円だから，$4^2\pi=16\pi$ (cm^2)
円すいの側面のおうぎ形の弧の長さは，底面の円周の長さに等しい。側面積は，半径12cm，弧の長さが$2\pi\times4$ (cm)のおうぎ形だから，
$12^2\pi\times\frac{2\pi\times4}{2\pi\times12}=12\times12\times\pi\times\frac{1}{3}=48\pi$ (cm^2)
よって，表面積は，$16\pi+48\pi=64\pi$ (cm^2)

(2) 【操作】より，1つの階に4枚ずつカードを置き，奇数階は北→東→南→西，偶数階は西→南→東→北に，つづきのカードを小さい順に1枚ずつ置いていく。

① 20÷4＝5より，5階(奇数階)に置くカードは，
17(北)→18(東)→19(南)→20(西)だから，5階の西。

② 55は奇数，55×4＝220より，55階に置くカードは，217(北)→218(東)→219(南)→220(西)だから，北の位置に置いたカードは217

(3)① 花子さんは地点Bを午前8時に出発し，午前9時21分に島を1周して地点Bに到着する。つまり，分速x mの速さで81分進むから，島1周の長さは，$x\times81=81x$ (m)

② 花子さんは，午前8時から午前8時20分で，$20\times x=20x$ (m)，午前8時20分から午前8時56分で，$36\times x=36x$ (m)進む。花子さんと太郎さんは午前8時20分にすれちがったことから，太郎さんは，午前8時から午前8時20分の20分間で$36x$ m進み，進む速さは$36x\div20=\frac{9}{5}x$より，分速$\frac{9}{5}x$ mである。よって，太郎さんが島を1周して地点Aに到着したのは，$81x\div\frac{9}{5}x=81x\times\frac{5}{9x}=45$より，午前8時45分。

(4) 2辺から等しい距離にある点の集まりは，2辺がつくる角の二等分線である。よって，辺AB，辺DCを延長してできる角の二等分線を作図し，作図した角の二等分線と辺ADとの交点がPである。

3 ＜データの活用＞

(1) ①～③についてそれぞれ検証する。

① 中央値(第2四分位数)はそれぞれ，Aが約55点，Bが約75点だから，75－55＝20より，30点以上離れているとはいえないので，誤り。

② Aの第1四分位数(点数の低い方から8番目)は約45点，第3四分位数(点数の低い方から23番目)は約65点だから，クラスの15人以上が，Aでは41点以上70点以下の点数をとっているので，正しい。

③ 第3四分位数(点数の低い方から23番目)はそれぞれ，Aが約65点，Bが約85点だから，81点以上の点数をとった生徒はAが7人以下，Bが8人以上であることがわかるため，誤り。

よって，答えは**イ**

(2) 1回目，2回目，3回目について，それぞれ中央値(点数の低い方から15番目と16番目の平均値)が含まれる階級を求める。
1回目は，度数の合計が，0＋0＋1＋6＋6＝13，13＋5＝18より，51点以上60点以下。
2回目は，度数の合計が，0＋0＋2＋1＋1＋4＝8，8＋8＝16より，61点以上70点以下。
3回目は，度数の合計が，0＋0＋1＋1＋0＋2＋4＝8，8＋8＝16より，71点以上80点以下。
(1)①の下線部より，Aが1回目，Bが3回目。

(3)(i) (2)の下線部より，答えは**エ**

(ii) 条件より，51点以上60点以下は4人→2人，61点以上70点以下は8人→12人，71点以上80点以下は10人→8人になる。

① 41点以上70点以下の度数は，1＋2＋12＝15(人)となり，正しい。

② A，Bに該当しない試験の中央値は，度数の合計が，0＋0＋2＋1＋1＋2＝6，6＋12＝18より，61点以上70点以下に含まれる。(1)①の下線部より，Bの中央値は約75点だから，30点以上離れているとはいえないため誤り。

③ 51点以上70点以下の度数はそれぞれ，A，Bに該当しない試験は2＋12＝14(人)，Aは5＋7＝12(人)より，正しい。

よって，答えは**オ**

4 ＜関数＞

(1) $y=-x^2$に$x=3$を代入し，$y=-3^2=-9$

(2) 点Cはy軸についてB(1，－1)と対称な点だから，
C(－1，－1)
求める直線の式を$y=mx+n$とおき，2点A，Cの座標をそれぞれ代入すると，
$-9=3m+n$…①，$-1=-m+n$…②
①－②より，$-8=4m$，$m=-2$…③
③を②に代入し，$-1=2+n$，$n=-3$
よって，求める直線の式は，$y=-2x-3$

(3)(ア) 点Dは2点A，Cを通る直線とx軸との交点だから，
$y=-2x-3$に$y=0$を代入し，$0=-2x-3$
$2x=-3$，$x=-\frac{3}{2}$より，D$\left(-\frac{3}{2},\ 0\right)$
また，点Eは2点A，Cを通る直線とy軸との交点(切片)だから，E(0，－3)
高さが等しい三角形の面積比は，底辺の長さの比に等しいから，△BDC：△BCE：△BEA＝DC：CE：EA
右下図において，**平行線と線分の比**から，
DC：CE：EA
＝D′C′：C′E′：E′A
$=\left\{-1-\left(-\frac{3}{2}\right)\right\}:\left\{0-(-1)\right\}:(3-0)$
$=\frac{1}{2}:1:3$
＝1：2：6
よって，面積比は，
1：2：6

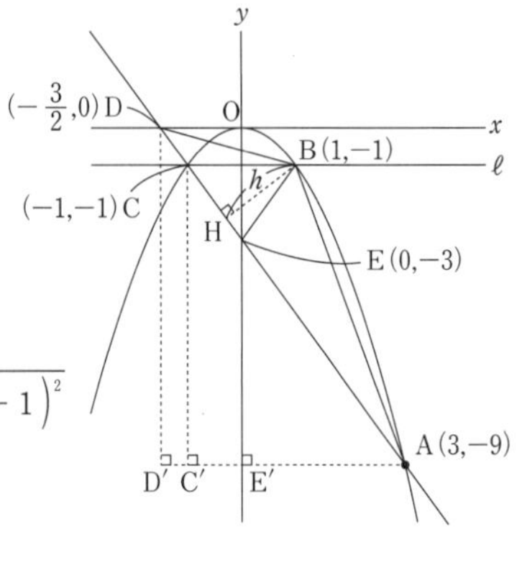

(イ) △BDC
$=\frac{1}{2}\times2\times1=1$
2点間の距離より，
DC
$=\sqrt{\left(-1+\frac{3}{2}\right)^2+\left(-1\right)^2}$
$=\sqrt{\frac{5}{4}}=\frac{\sqrt{5}}{2}$
頂点Bから直線ACに下ろした垂線との交点をHとし，BH＝hとすると，
$\frac{1}{2}\times\frac{\sqrt{5}}{2}\times h=1$，$h=\frac{4}{\sqrt{5}}$
求める立体の体積は，底面の半径がBH，高さがDHの円すいの体積から底面の半径がBH，高さがCHの円すいの体積をひけばよい。

$\frac{1}{3}\times\left(\frac{4}{\sqrt{5}}\right)^2\pi\times DH-\frac{1}{3}\times\left(\frac{4}{\sqrt{5}}\right)^2\pi\times CH$

$=\frac{1}{3}\times\left(\frac{4}{\sqrt{5}}\right)^2\pi\times(DH-CH)$

$=\frac{1}{3}\times\frac{16}{5}\pi\times DC=\frac{1}{3}\times\frac{16}{5}\pi\times\frac{\sqrt{5}}{2}=\frac{8\sqrt{5}}{15}\pi$

5 ＜空間図形＞

(1) **三平方の定理**より，

$IE=\sqrt{ID^2+DE^2}=\sqrt{1^2+8^2}=\sqrt{65}$

(2) 下図において，五角柱の体積は，直方体の体積から三角柱の体積をひけばよい。

$9\times8\times1-\frac{1}{2}\times4\times3\times1$

$=72-6=66$

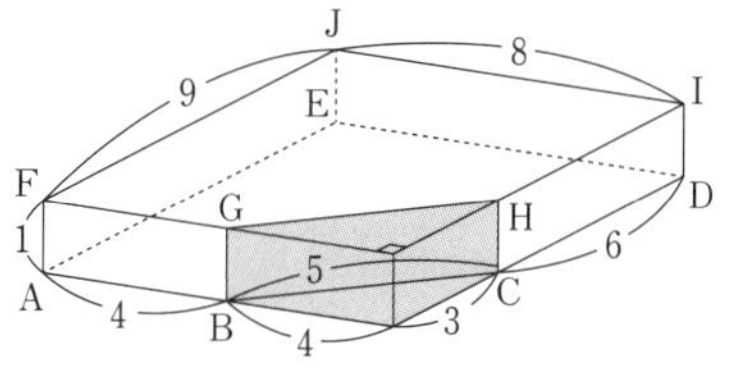

(3) まず，△CIEの3辺の長さを求める。

三平方の定理より，

$CI=\sqrt{CD^2+ID^2}=\sqrt{6^2+1^2}=\sqrt{37}$

(1)より，$IE=\sqrt{65}$

$CE=\sqrt{CD^2+DE^2}=\sqrt{6^2+8^2}=\sqrt{100}=10$

△CIEにおいて，頂点Iから辺ECに下ろした垂線との交点をI′，EI′$=x$とすると，**三平方の定理**より，

$II'^2=IE^2-EI'^2=(\sqrt{65})^2-x^2=65-x^2$

$II'^2=IC^2-I'C^2$

$=(\sqrt{37})^2-(10-x)^2$

$=37-(100-20x+x^2)$

$=-63+20x-x^2$

$65-x^2=-63+20x-x^2$，$20x=128$，$x=\frac{32}{5}$

$II'^2=65-\left(\frac{32}{5}\right)^2=\frac{601}{25}$

$II'>0$より，

$II'=\frac{\sqrt{601}}{5}$

求める面積は，

$\frac{1}{2}\times10\times\frac{\sqrt{601}}{5}=\sqrt{601}$

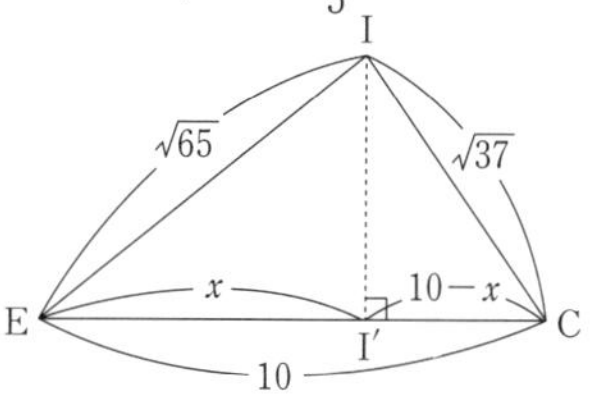

(4) 下図は，BP＋PQ＋QKが最小となるときの線分BP，PQ，QKが通る面をかいたものであり，2点P，Qは直線BK上にある。

下図において，△BB′Gと△GH′Hは相似な三角形である。

$GH':H'H:HG=3:4:5$

$BB':B'G:GB=3:4:5$

$BG=1$より，$BB'=\frac{3}{5}$，$B'G=\frac{4}{5}$

$BK'=BB'+B'K'=\frac{3}{5}+3=\frac{18}{5}$

$K'K=B'G+FJ+JE=\frac{4}{5}+9+1=\frac{54}{5}$

△BK′Kにおいて，**三平方の定理**より，

$BK=\sqrt{BK'^2+K'K^2}=\sqrt{\left(\frac{18}{5}\right)^2+\left(\frac{54}{5}\right)^2}=\sqrt{\frac{3240}{25}}=\frac{18\sqrt{10}}{5}$

よって，BP＋PQ＋QKの長さは，$\frac{18\sqrt{10}}{5}$

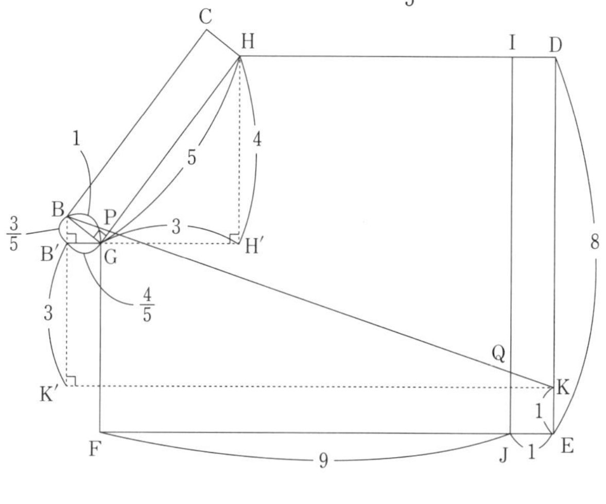

令和５年度　鹿児島高校入試問題　英　語

正答例

1　1 ウ　2 ウ　3 イ
4 イ　5 ウ

2　1 ア，オ　2 イ，ウ　3 エ，オ
4 オ，イ　5 エ，ア　（各完答）

3　1 イ　2 エ　3 イ
4 ウ　5 イ

4　問1 イ
問2 穴の中に埋めた
問3 angry
問4 where your picture was
問5 (a) yellow　(b) red
問6 イ
問7 ① helped　② taken
③ tell　④ color　⑤ thank

5　問1 ウ
問2 (a) school　(b) on　(c) 5:00
問3 was not　問4 イ
問5 I were you　問6 エ
問7 イ，オ　（順不同）

配点例

1，2　2点×10　計20点
3　3点×5　計15点
4　問2　4点　問5　2点×2　他　3点×9　計35点
5　問3，5　4点×2　問7　2点×2　他　3点×6　計30点

解　説

1 ＜適語選択＞

1　デイビッドは彼が5歳の時にピアノを演奏することが好きでした。

2　私は3匹のネコを飼っていて，彼ら全員のことが大好きです。

3　この花はあの花よりもっと美しいです。

4　彼の歌は世界中で歌われています。

5　私は新しいサッカーボールを買いたかったのですが，お金を節約することに決めました。

2 ＜並べかえ＞

1　A：今日は何曜日ですか？
What day is it today?
B：木曜日です。

2　A：この写真の男性を見て。あなたは彼のことを知っていますか？
Look at the man in this picture.
B：彼は大谷翔平ですよね？

3　A：あなたはこの都市について何か知っていますか？
B：はい。それは温泉で有名です。
It is famous for hot springs.

4　A：やあ，ケン。あなたが私に送った写真は美しかったです！
The picture you sent me was beautiful!
B：それを聞いてうれしいです。ありがとう！

5　A：私にその場所を案内してほしいですか？
Would you like me to show you the place?

B：それは助かります。

3　＜資料読解＞

【案内】

ホームアイスアリーナでブルームボールをしよう

費用：30ドル（1時間）　35ドル（1.5時間）

ブルームボールはほうきとボールを使ったホッケーです。それは一般的な靴を履いて氷の床の上でプレーする安全で楽しいグループ活動です。ブルームボールは一度に30人の選手でプレーすることが可能です。私たちのホームアイスアリーナはあなた方のブルームボールのイベントを楽しくするために必要なものをすべて差し上げます！　ブルームボールは土曜日と日曜日にプレーされます。

ブルームボールの安全なルール

・あなたはいつでもヘルメットをかぶらなければいけません。私たちホームアイスアリーナはヘルメットを持っていますが，あなた自身のものを持ってきてもいいです。他の安全装備は推奨しますが，私たちホームアイスアリーナではご用意しておりません。
・あなたはプレーしているときに滑走してはいけません。
・あなたはボールや床に向けてほうきを投げてはいけません。
・あなたはボールを蹴ってはいけませんが，ボールを止めるために足を使ってもよいです。
・あなたはボールをつかんだり投げたりする，もしくはほうきを持ち上げてはいけません。
・あなたは常にほうきを手首よりも下に保たなければなりません。

支払方法

・あなたは予約するときにホームアイスアリーナに支払わなければならず，予約のために支払ったお金は返金されません。ただし，もし予約された日の14日前に変更するのであればあなたの日付を変えることは可能です。日付を変えるためには5ドル支払わなければいけません。

1　そのアリーナを4時間借りるための最も安い費用は何ですか？

※35ドル(1.5時間)×2＝70ドル，30ドル(1時間)×1＝30ドル，合わせて100ドルになる。

2　あなたはたいていいつアイスアリーナでブルームボールをすることできますか？

ア　毎日　　イ　祝日　　ウ　平日　　**エ　週末**

3　ブルームボールのルールについて正しいものはどれですか？

ア　ほうきを持ち上げてもよい。
イ　足でボールに触ってもよい。
ウ　ほうきで床をきれいにしてもよい。
エ　ほうきを使って頭の上でボールを打ってもよい。

4　あなたはいつそのアリーナに支払う必要がありますか？

ア　予定日に。
イ　その日の2週間前。
ウ　アリーナを予約したとき。
エ　ブルームボールの試合中。

5　その情報について正しくないものはどれですか？

ア　無料で予定は変更できない。
イ　選手は試合をするときに特別な靴を履かなくてはいけない。
ウ　あなたはアイスアリーナに自分のヘルメットを持ってこなくてもよい。
エ　もしあなたの日付の2週間前ならば，日付を変えることは可能だ。

4　＜対話文読解＞

偉大な探偵である名探偵ネイトは携帯電話が鳴ったとき朝食を食べていた。リンリン。

N：もしもし，こちらは名探偵ネイトです。　E：こんにちは，ネイト。私よ，エミリーよ。あなたの助けが必要なの。　N：①**問題は何だい？**　E：私は私の犬のファングの絵を描いたの。それは私にとって大切だけれど，それを見つけられないの。　N：君が最後にそれを見たのはいつだった？　E：私は乾かすためにそれを外に置いたけれど，もうそこにはないの。私を助けてくれる？　N：もちろんだが，私はまだ君の絵を見ていないよ。私にそれを見せてくれないかい？　E：私はあなたがそう言うと思ったから，Eメールであなたに私の絵を送ったわ。私は私の犬を正面から描いたの。

ネイトは写真を見た。

N：ええと，君の絵には2つの奇妙なことがある。一つ目に，なぜ君の犬の顔が四角なんだ？　二つ目に，なぜその犬は3つの耳を持っているんだ？　私は犬はたいてい2つの耳を持っていると思うよ。　E：私は犬の顔の絵を描くことが得意ではないの。私にはこれのように描くことは簡単なのよ。真ん中は耳ではないわ。それはしっぽよ。私は横たわっている犬を描いたから，あなたはそれが少し奇妙に感じたのよ。　N：わかったよ。私は朝食の後に君の家に行くよ。

朝食をすませた後，彼はエミリーの家まで歩いた。ネイトが着いたとき，エミリーはドアを開け，エミリーの大きな犬であるファングも彼にあいさつした。彼らは彼女の部屋に行った。

ネイトは黄色のカーテン，黄色のベッド，黄色の机，そして黄色の椅子を見た。探偵はあることを発見した。彼の友人は黄色が大好きだった。未だに彼はその部屋で絵を見つけられなかった，だからネイトは窓越しに外の庭を見た。彼はある考えが浮かんだ。

N：ねえ，エミリー，ファングはよく穴を掘るかい？　E：うーん。ええと，ええ，掘るわ。　N：彼は地面の穴に物を入れるかい？　E：ときどきね。　N：それなら，②**私たちは外を見てみるべきだと思うよ**。　E：あなたは彼が私の絵を地面の穴に入れたと思っているの？　ファングはそんなことはしないわ！　なぜあなたはそんなことを言うの？　N：③**怒ら**ないで，エミリー。私たちはそれでも見てみるべきだ。

二人は外に出た。彼らは庭で絵を探したが，絵はそこにはなかった。

N：彼はそんなことはしないと言ったでしょ。彼は私の大切な家族の一員なのよ。　N：わかった，私は君を信じるよ。　E：でももしファングではないなら私の絵はどこに行ったのかしら？　N：わからない。とても奇妙だ。君は何か考えはあるかい？　E：実は，私の弟のオリバーが私の絵を見たとき，彼は私の絵が気に入ったと言ったの。彼はそれを本当にほしがっていたわ。たぶんオリバーがそれを彼の部屋に持って行ったのよ。

二人は家の中にもどり，オリバーの部屋に入った。4つの絵があった：赤い車，赤い木，赤い家，そして3つの塔があるオレンジの城。

N：エミリー，④**私は部屋に入ってすぐに君の絵がどこにあるのかわかったよ**。　E：なんですって？　どこ？　N：すぐそこだよ。　E：どういう意味？　これは城で，オレンジよ。これは私の絵ではないわ，ネイト。　N：私はその色が奇妙だと思うんだ。　E：なぜ？　オレンジは城に合っているわ。　N：しかしその他のすべてが赤だ。なぜオリバーはオレンジの城を描いたんだ？　N：うーん…わからないわ。　N：私は彼はそれを作るために君の絵を使ったと思うんだ。ほら，オリバーは君の絵を変えて，赤で描いたんだ。彼が君の絵を使ったとき，絵の具はまだ乾いていなかったから，赤と黄色がオレンジになったんだ。見て！　耳としっぽは3つの塔に，鼻は門に，そして顔は壁になっていたよ。　E：まあ！　あなたの言う通りだと思うわ。私はオリバーにとても怒っているわ。私は今新しい絵を作らなければいけないわ。ええと，それでも私は私たちがそれを見つけてうれしいわ，だから私を助けてくれてありがとう，ネイト。　N：それは気にしないでくれ。私は名探偵ネイト，すばらしい探偵だ。私はいつでも喜んで助けるよ。

ネイトはエミリーとファングに別れを言い，昼食のために家に歩いて帰った。ネイトは彼自身を誇りに思った。

問5　エミリーはa**黄色**を使って絵を描いたが，オリバーはb**赤**を使ってその絵を変えた。

問7　こんにちは，ネイト，

先週，あなたは私の絵を見つけるのを①**手伝ってくれた**わ。私はその絵をオリバーに②**とられて**悲しかったわ。何が起こったのかを知って悲しかったし，あなたは良い探偵だと③**伝え**たかったの。それに，私は昨日別の絵を描いたのだけれど，オリバーがまた彼の好きな④**色**で私の絵を塗り重ねたの！　私はあなたにそれを見てもらいたいわ。私の家にすぐに来てください。とにかく，改めてあなたの助けを⑤**ありがとう**。またすぐに会いましょう。

エミリー

5　**＜長文読解＞**

私の高校での最初の1年の間，私はいつも15分から20分遅刻していた。過去に，私の先生であるケリー先生は厳しかった。「君はまた遅刻したね，ルーカス！　何度君に間に合うようにするように言ったかい？」彼はいつも大声を上げた。私は一生懸命努力していたので，それは大きな問題ではないと思っていた。

ある日，私は友人たちと祭りに行く計画を立てた。私たちは8時に会う予定だった。私は本当に8時に到着したかった。しかし雨が降ることになっていたので，私は何を着るべきかわからなかった。また，私の母は私の手伝いが必要だった。私は8時15分まで到着しなかった。私が到着したとき，友人たちをどこにも見つけられなかった。だから私は友人のハンナに電話をした。彼女は「私たちは①**8時30分**に着くわ。あなたはいつも遅刻するから私たちはあなたに私たちより30分早く着くように伝えたのよ！」と答えた。私は本当に恥ずかしかった。しかし，ハンナともう一人の友人のアレックスが祭りに着いたとき，私たち全員がそれについて笑った。

約1か月後，私の両親は私に，妹のメリッサを隣町の公園でのサッカーの練習から迎えに行くように頼んだ。メリッサはたったの6歳だったので，彼女は一人で帰ってくることができなかった。そして，私の両親はその日私の祖母に会わなくてはいけなかった。私は3時10分まで学校があった。だから私は3時25分に出て，その公園に4時40分に着く計画を立てた。それは彼女の練習が終わる20分前だった。

私はその後の電車が4時50分に出発するので，3時50分の電車に乗らなければいけなかった。学校から電車の駅まで徒歩で15分かかったので，私は時間通りに出発した。しかし，駅まで行く途中に，私はあることに気がついた。私は学校に教科書を置いてきたので学校に戻らなければならなかった。私は電車に間に合うと思った。しかし私はそれをすぐに見つけることができなかったので，電車を逃した。

だから，私はその次の電車に乗らなければならなかった。電車を降りた後，私は公園の近くの駅から公園まで走った。私が公園に着いたとき，②**メリッサはそこにいなかった**。私はスマートフォンを置いてきていたので，母に電話することができなかった。私は公園の周りでメリッサを探したが，彼女を見つけることはできなかった。私はとても心配した。私は母に電話をかけたかったので，家に帰ることにした。

私が家に着いたとき，私の両親の車がそこにあった。両親とメリッサは家にいた。私は彼らを見て③**驚いた**。

「ルーカス！　なぜあなたはそんなに遅れてきたの？」母はとても怒っているように見えた。

「あなたのお父さんと私は今朝あなたのおばあさんを訪ねたわ。私たちは早めに帰ることができたから，あなたとメリッサを迎えに公園に行ったのよ。私は一緒に家に帰ってきたかったのに，そのときあなたに会うことができなかったわ。だから私たち3人だけで帰ってきたのよ。」

「ごめんなさい，お母さん。僕は電車を逃したんだ。僕はお母さんに電話をしようとしたけれど，僕はスマートフォンを家に置いていたんだ。」私は答えた。

彼女は「④**もし私があなただったなら，私はもっと早く出たわ**。でもあなたは決してそれをしないからあなたはいつも遅刻するのよ。それは他の人に迷惑をかけるわ。あなたは自分の失敗から学ぶべきよ」と言った。

私は初め，彼女は厳しいと思った。しかし，あとになって，私はそれについてもっと深く考えた。そして，私はそれをしてみようと決意した。私の母の助言は親切だった。

今，大学生として，私はいつも時間通りに到着する。エ**それは簡単ではないが，私は以前より気分がいい**。私がそれについて考えるとき，ケリー先生と私の母は私にその大切なことを教えてくれて親切だったと思う。

お母さんとケリー先生，ありがとう。

問5　If + 主語 + 動詞の過去形：もし～であったなら

【仮定法】

※仮定法では現在のことであっても過去形を用い，be動詞は主語に関係なく，多くの場合 were が使われる。

問7　**ア**　ルーカスはメリッサを迎えに行かなくてはならなかったので，よく遅刻した。

イ　**ルーカスはメリッサをサッカーの練習から迎えに行くように頼まれた。**

ウ　ルーカスは彼の両親と家に帰った。

エ　ルーカスは大学でいつも授業に遅刻する。

オ　**ルーカスは彼の母親の助言によって変わった。**

令和５年度　鹿児島高校入試問題　社　会

正答例

1 Ⅰ 1　アマゾン川　　2　エ
3　(組み合わせ) ウ　　(家畜名) アルパカ
4　ア　5　ウ
6　(記号) イ　　(作物名) 大豆
Ⅱ 1　9時間30分　　2　イ　　3　E
4　ストロー現象
5　高知県はピーマンの入荷の平均価格が高くなる冬場に，促成栽培でピーマンを生産し，出荷している。
Ⅲ 1　ウ　　2　高潮

2 Ⅰ 1　ア　　2(1)　高麗　　(2)　十字軍
3(1)　北条時宗　　(2)　(永仁の) 徳政令
4　ウ→イ→エ→ア　　5　ウ
6　ラジオ／ラジオ放送
Ⅱ 1　中華民国
2(1)　X　アメリカ
Y　国内の反対により加盟しなかった (15字)
(2)　大戦景気
3(1)　独ソ不可侵条約　　(2)　レジスタンス
4　ウ　　5　エ

3 1　ウ　　2(1)　エ　　(2)　ふるさと納税
3　ア　　4　A　40　　B　75　　5　ウ
6　一人あたりの労働時間を短縮することで，多くの就業者をうみだすこと。(33字)
7(1)　法テラス　　(2)　③　　(3)　検察
8(1)　POSシステム　　(2)　ア　　9　学校

配点例

1 Ⅰ 3家畜名　Ⅱ 1，4，5　3点×4
他　2点×11　計34点
2 Ⅰ 4　Ⅱ 2(1)Y　3点×2　他　2点×14　計34点
3 3，5，6，7(3)　3点×4　他　2点×10　計32点

解　説

1　＜地理総合＞

Ⅰ　A－コロンビア，B－ペルー，C－ブラジル，D－チリ，E－アルゼンチン。

1　アマゾン川は世界最大の流域面積の河川。近年，アマゾン川流域では開発のために熱帯林を切り開いて道路や牧場，大豆やさとうきびの畑がつくられた。一方で，森林破壊による環境問題も起きており，南アメリカでは，自然環境を守り，経済の発展と両立させる，**持続可能な開発**が求められている。

2　ブラジルはポルトガルの植民地であったため，ポルトガル語が主要な言語。A，B，D，Eはスペイン語が主要な言語。

3　B国のアンデス山脈の高地では，**資料1**のように，いろいろな環境の場所に畑があり，さまざまな作物を作っているので，天候不順でも全ての場所で作物がとれなくなることがないようにしている。また，リャマやアルパカを放牧し，リャマは山道で荷物を運ぶときに使い，アルパカの毛はポンチョなどの寒さを防ぐための衣服の材料に使われる。

4　ケニアでは茶の生産が盛ん。

5　ウ－南アメリカ全体の内容。

6　ブラジルやアルゼンチンは大豆の生産が盛ん。輸出総額が多く，輸出品目に鉄鉱石や機械類がある**ア**がブラジル，とうもろこしや牛肉がある**イ**がアルゼンチン。

Ⅱ　A－岡山県，B－広島県，C－山口県，D－愛媛県，E－香川県。

1　日本標準時子午線は東経135度。ロサンゼルスが西経120度であり，経度差15度ごとに1時間の時差が生じるので，日本とロサンゼルスの時差は（135＋120）÷15＝17時間。よって，日本を2月10日の20時に出発したとき，ロサンゼルスの現地時間は2月10日の3時であり，2月10日の12時30分にロサンゼルスに到着しているので，飛行時間は9時間30分とわかる。

2　岡山県などの瀬戸内は，**中国山地**と**四国山地**にはさまれ，太平洋や日本海からの季節風が山地をこえるときに雨や雪を降らせるため，他の地域と比べて降水量が少ない。**ア**－愛媛県，**ウ**－広島県。リアス海岸を利用したかきの養殖が盛ん。**エ**－山口県。

3　香川県の讃岐平野は降水量の少ない瀬戸内にあり，生活用水や農業用水を得るために**資料1**のようなため池をつくっている。

5　高知県では，温暖な気候を生かして，ビニールハウスを利用したなすやピーマンなどの野菜の出荷時期を早める**促成栽培**が盛ん。促成栽培などによって多く出回る時期と出荷時期をずらすことで高い価格で売ることができる。

Ⅲ 1　写真のような地形を**三角州**（デルタ）という。

2　**資料2**が示す自然災害は，高潮もしくは津波であるが，問題文から「台風の際に受けた自然災害」とあるので，高潮とわかる。

2　＜歴史総合＞

Ⅰ 1　**ア**－平安時代。**イ**－587年。その後，蘇我氏は6世紀末に女性の**推古天皇**を即位させ，推古天皇のおいの**聖徳太子**と**蘇我馬子**が協力し，中国や朝鮮に学びながら，天皇を中心とする政治の仕組みをつくろうとした。**ウ**－唐と新羅と手を結んで百済をほろぼすと，663年，中大兄皇子らは百済の復興を助けようと大軍を送ったが，唐と新羅の連合軍に大敗した（**白村江の戦い**）。**エ**－聖徳太子によって飛鳥時代の607年に建てられた，世界最古の木造建築。このころ栄えた日本で最初の仏教文化を**飛鳥文化**という。

2(2)　11世紀にイスラム教の国が聖地エルサレムを占領すると，ローマ教皇の呼びかけに応じた西ヨー

ロッパ諸国の王や貴族は，十字軍を組織して，エルサレムを目指した。十字軍は13世紀まで何度も派遣されたが，結局エルサレムの奪還には失敗した一方で，中国の紙と火薬，東南アジアの砂糖，イスラム世界の学問といった新しい文化や産物がヨーロッパに伝わった。

3(1)　元寇において，元軍は，集団戦法と火薬を使った武器で鎌倉幕府軍を苦しめた。

(2)　鎌倉時代の御家人は，領地の分割相続により次第に土地が減り，生活が苦しくなっていた。そこで幕府は徳政令を出して御家人を救おうとしたが，効果は一時的であった。

4　1789年→1792年→1840～42年→1862年。

5　大久保利通ら明治政府は，欧米諸国に対抗するため，経済を発展させて国力をつけ，軍隊を強くすることを目指し，**富国強兵**の政策を行った。「強兵」を実現するため，徴兵制による軍隊をつくり，「富国」を実現するため，**殖産興業政策**を進めて，経済の資本主義化を図った。**ア**－大久保利通は岩倉使節団に参加したが，全権大使は**岩倉具視**。**イ**，**エ**－征韓論を唱えたのは**西郷隆盛**らであり，1873年に朝鮮に派遣されることが決定されたが，国力の充実が先だと考えた大久保利通などにより，派遣が延期された。その結果，政府は分裂し，西郷隆盛や**板垣退助**などは政府を去り，後に**エ**の**西南戦争**へとつながる。

Ⅱ 1　**孫文**は，民族の独立（民族），政治的な民主化（民権），民衆の生活の安定（民生）の三つからなる**三民主義**を唱え，**辛亥革命**を起こし**中華民国**を建国した。

2(1)　アメリカの**ウィルソン**大統領の提案をもとに，1920年に世界平和と国際協調を目的とする**国際連盟**が発足した。

(2)　**大戦景気**によって，**資料5**のような急に金持ちになる**成金**が現れた。

3(2)　ヨーロッパのほとんどを支配下に置いたドイツは，各地で過酷な占領政策を行った。また，ユダヤ人を徹底的に差別し，各地の強制収容所に送り，労働させ，殺害した。

4　ケネディ大統領の任期は，1961年1月20日～1963年11月22日。在任中に**ウ**のキューバ危機が起き，核戦争が起こる寸前で解決された。

5　**ウ**（1972年）→**エ**（1989年）→**ア**（1995年）→**イ**（2001年）。

3　**＜公民総合＞**

1　現在の日本の選挙権，被選挙権を得る年齢については右図のとおりである。選挙権，被選挙権ともに一定の年齢以上のすべての国民に認められている。

	選挙権	被選挙権
国		
衆議院議員	18歳以上	25歳以上
参議院議員	18歳以上	30歳以上
地方公共団体		
市(区)町村長	18歳以上	25歳以上
市(区)町村議会議員	18歳以上	25歳以上
都道府県知事	18歳以上	30歳以上
都道府県議会議員	18歳以上	25歳以上

2(1)　地方公共団体の税金である地方税は，地方公共団体が独自に集める**自主財源**であり，地方公共団体の1年間に得るお金である歳入のうち，4割を占めている。しかし，都道府県によって地方税の占める割合は異なるため，自主財源だけでまかなえない分を補う**依存財源**が国などから支払われる。依存財源には，国から配分される**地方交付税交付金**や，教育や道路の整備といった特定の仕事の費用を国が一部負担する**国庫支出金**，地方公共団体の借金である**地方債**などがある。

3　エシカル消費とは，消費者それぞれが各自にとっての社会的課題の解決を考慮したり，そうした課題に取り組む事業者を応援しながら消費活動を行ったりすること。2015年9月に国連で採択された**持続可能な開発目標**（**SDGs**）の17のゴールのうち，特にゴール12（つくる責任　つかう責任）に関連する取り組みである。**ア**－国民の行政に対する苦情を受け付け，中立的な立場からその原因を究明し，是正措置を勧告することにより，簡易迅速に問題を解決するための制度。

4　後期高齢者医療制度は日本の社会保障制度のうち，**社会保険**の一つ。

5　組合は組合企業であり，私企業に含まれる。**ア**－会社法では，合同会社の設立は認められている。**イ**－農家や個人商店は個人企業であり，私企業に含まれる。**エ**－国際協力機構（JICA）や造幣局は独立行政法人であり，公企業に含まれる。

6　ワーク・シェアリングによって，失業率が低下し，仕事時間以外の自由時間が増える効果も生まれた一方，一人あたりの賃金が減ることや，生産性が低下する可能性を心配する声もある。

7　日本は，ドイツやアメリカと比べて裁判官，検察官，弁護士の人口が少ないため，裁判は利用しづらく，費用と時間がかかりすぎると考えられていた。このような状況を改め，人々が裁判を利用しやすくするために，**司法制度改革**が進められている。その一つとして設けられたのが，日本司法支援センター（法テラス）であり，借金や相続など法的なトラブルをかかえる人に，解決に役立つ法制度や全国の関係機関の相談窓口を無料で案内している。

8　2000年代から見られ，急激に売り上げが増加していることから**Z**はオンラインショッピング，以前は最も売り上げが高かったが，ゆるやかに減少している**X**は百貨店。**Y**はスーパーマーケット。

9　地域は住民自身によって運営されるべきであり，そのために国から自立した地方公共団体をつくるという**地方自治**の原則は，日本国憲法に明確に示されている。地方公共団体の仕組みや運営の方法などについては，**地方自治法**で定められており，地方自治は住民の生活に身近な民主主義を行う場であることから，「民主主義の学校」とよばれている。

令和５年度　鹿児島高校入試問題　理　科

正答例

[1]　Ⅰ１　リンネ　　２　**無性生殖**
　３(1)　**胞子**　　(2)　イ
　４　ウ，カ(順不同・完答)
Ⅱ１(i)　a　　(ii)　b，d，e(順不同・完答)
　(iii)　c
　２　オ，ク(順不同・完答)
　３Ａ　**胎生**　　Ｂ　**ホニュウ類**
　　Ｃ　クジラ，イルカなど

[2]　Ⅰ１Ａ　２　　Ｂ　**地球**　　Ｃ　**反対**
　２　ウ　　３　エ　　４　②　　５　イ
Ⅱ１(化石)　**示相化石**
　(記号)　イ，ウ(順不同・完答)
　２　ウ，エ(順不同・完答)
　３　イ，エ，オ，カ(順不同・完答)

[3]　Ⅰ１　$Fe+S \rightarrow FeS$　　２　イ
　３　イ，カ(順不同・完答)
　４　物質Ａ(名称)　**水素**　　(化学式)　H_2
　　物質Ｂ(名称)　**硫化水素**　(化学式)　H_2S
Ⅱ１　4.8(％)　　２　a　　３　オ
　４　21.7(cm^3)

[4]　Ⅰ１　③　　２　**全反射**
　３ア　61　　イ　小さく(完答)
Ⅱ１(1)　12(Ｎ)　　(2)　５(秒)　　２　１(倍)
　３(1)　$\frac{1}{6}$(倍)　　(2)　８(倍)

配点例

[1]　Ⅱ３Ａ　３点　　他　２点×11　計25点
[2]　Ⅰ１　１点×３　Ⅰ２，Ⅱ１(化石)　２点×２
　他　３点×６　計25点
[3]　Ⅰ３，Ⅱ１，４　３点×３　　他　２点×８　計25点
[4]　Ⅰ３　４点　　他　３点×７　計25点

解　説

[1]　＜生物総合＞

Ⅰ４　被子植物の双子葉類と単子葉類は，下のような特徴で分類される。

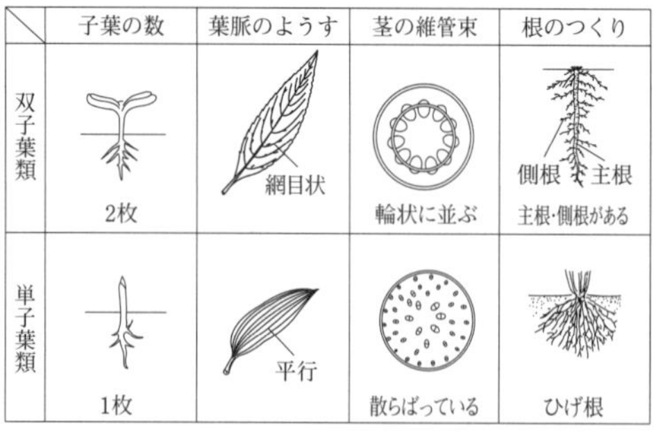

	子葉の数	葉脈のようす	茎の維管束	根のつくり
双子葉類	2枚	網目状	輪状に並ぶ	側根・主根 主根・側根がある
単子葉類	1枚	平行	散らばっている	ひげ根

Ⅱ１　(i)は節足動物，(ii)は軟体動物，(iii)はその他のグループに分類される。

２　両生類は，殻のない卵を水中にうむので，ア，ウは不適。ハチュウ類は，殻のある卵を陸上にうみ，一生肺呼吸なので，イ，エ，カは不適。両生類とハチュウ類はどちらも変温動物なのでキは不適。よって，オ，クが適当。

[2]　＜地球と宇宙・大地の変化＞

Ⅰ１　太陽系にある８つの惑星は，太陽から近い順に，水星，金星，地球，火星，木星，土星，天王星，海王星であり，水星，金星，地球，火星は地球型惑星，木星，土星，天王星，海王星は木星型惑星に分けられる。

２　図１より，西の空に金星が見えていることから，夕方，西の空にかがやくよいの明星であることがわかる。よって，ウが適当。

４　天体望遠鏡で観察した金星の形は，肉眼で見る場合とは上下左右が逆になるため，実際は，金星の右側が光っている。よって，①，④，⑤は不適。地球と金星を結ぶ直線と太陽と金星を結ぶ直線がほぼ垂直に交わる③は，金星のちょうど右半分が光っている形に見えるため不適。したがって，②が適当。

５　４より，１か月後，金星と地球の距離は小さくなることが考えられるので，金星の見かけの大きさは大きくなり，欠け方も大きくなり，輝いている部分の割合は小さくなる。よって，イが適当。

Ⅱ１　地層が堆積した年代を知ることができる化石を示準化石といい，フズリナは古生代，アンモナイトは中生代，ナウマンゾウは新生代に生息した生物である。

２　石灰岩にうすい塩酸をかけるととけて二酸化炭素が発生するが，チャートにうすい塩酸をかけてもとけないためア，イは不適。また，チャートは，海水中をただよっている小さな生物の殻が堆積してできた岩石であるためオは不適。よって，ウ，エが適当。

３　サンゴの化石をふくむ地層の場合，あたたかくて浅い海であったことが推測できるためアは不適。また，下から順にれき岩，泥岩，れき岩の層が堆積している場合，陸だった場所が，陸から離れた海となり，陸上まで隆起した可能性があるためウは不適。よって，イ，エ，オ，カが適当。

[3]　＜化学変化と原子・分子＞

Ⅰ２　試験管の上部を加熱しなければならないのでイが不適。

３　物質Ａには鉄がふくまれており，磁石を近づけると引きつけられるのでア，エは不適。物質Ｂ(硫化鉄)は鉄と別の物質であり，磁石を近づけても引きつけられず，電気を通さないのでウ，オは不適。よって，イ，カが適当。

Ⅱ１　$質量パーセント濃度〔\%〕= \frac{溶質の質量〔g〕}{溶質の質量〔g〕+溶媒の質量〔g〕} \times 100$

$\frac{5.0}{5.0+100} \times 100 = 4.76\cdots$　よって，4.8〔％〕

２　水の電気分解は以下の化学反応式で表される。

$2H_2O \rightarrow 2H_2 + O_2$

よって，発生する水素と酸素の体積比は２：１で，陰極から水素，陽極から酸素が発生する。したがって，陽極は電極ａ。

3　アは二酸化炭素，イはアンモニア，ウは水素，エは塩素の性質。

4　2より，陰極は電極bで，表1より，電源装置から流す電流の大きさと電極bから発生する水素の体積は比例関係にあると考えられる。2.5 Aの電流を流したとき，陰極から発生する水素の体積をx cm^{3}とおくと，0.3：2.6＝2.5：x　x＝21.66…

よって，21.7 cm^3

4　＜身のまわりの現象・運動とエネルギー＞

Ⅰ3　平面部の境界面に垂直な線と入射した光のつくる角が入射角であることに注意する。全反射が起こるための条件は，点Bにおける入射角（下の図のb）を49°より大きくすればよい。角bの大きさを49°より大きくするためには，点Aにおける入射角（下の図のa）を61°より小さくすればよい。

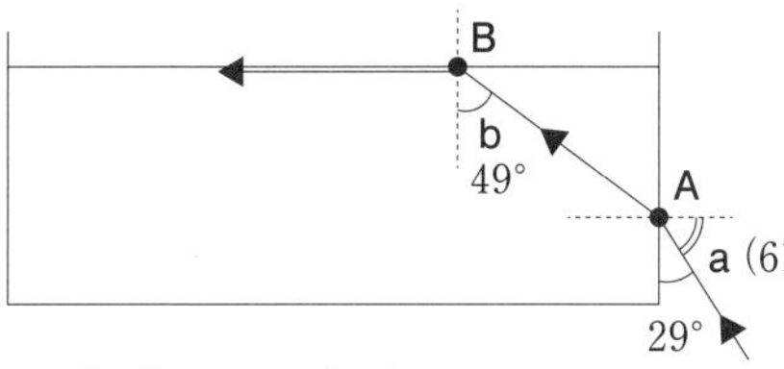

Ⅱ1(1)　1.2〔kg〕＝1200〔g〕

1200÷100＝12〔N〕

(2)　仕事〔J〕＝物体に加えた力〔N〕×力の向きに移動させた距離〔m〕

仕事率〔W〕＝仕事〔J〕÷時間〔s〕

30〔cm〕＝0.3〔m〕

おもりを0.3 m引き上げたときの手がした仕事の大きさは12×0.3＝3.6〔J〕

かかった時間をTとおくと，0.72＝3.6÷T

T＝5　よって，5秒。

2　動滑車を1個用いた場合，必要な力の大きさは$\frac{1}{2}$倍になり，移動させる距離が2倍になるため，仕事の大きさは，動滑車を用いなかったときと変わらない。よって，手がした仕事の大きさは図4のときの1倍。

3(1)　左下図より，必要な力は2 Nとなるので，$\frac{2}{12}=\frac{1}{6}$〔倍〕

(2)　右下図より，必要な力は1.5 Nとなるので，必要な力は図4のときの$\frac{1.5}{12}=\frac{1}{8}$〔倍〕

仕事の原理より，仕事の大きさは変わらないから，ひもを引く距離は図4のときの8倍。

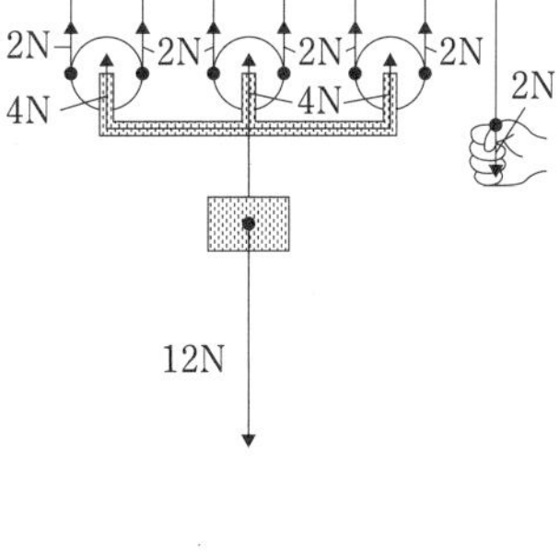

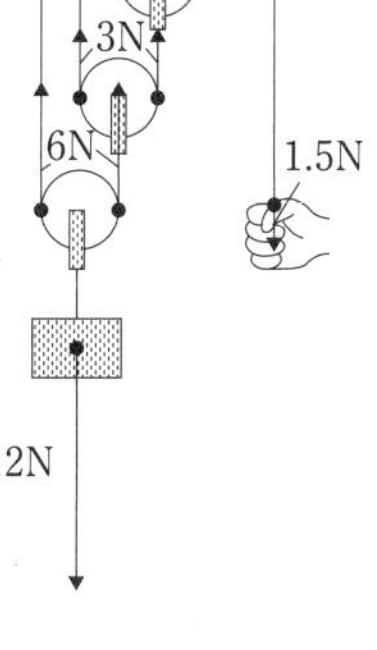

令和5年度　鹿児島純心女子高校入試問題　国　語

正答例

1　1　(1)　愛護　(2)　雨粒　(3)　叫
(4)　とうしゅう　(5)　あずき　(6)　う
2　八（画）

2　1　イ　2　【D】
3　Ⅰ　暴力的な手続き
Ⅱ　法律に従う立場の人たちの代表者
Ⅲ　一定の正当性
4　イ・オ
5　相手を尊重するとは互いに納得できる合意点を作るために，相手の言い分を聞き，納得できれば従い，できない点は指摘して更に聞く行為を繰り返すことだと考えているから。
6　ウ

3　1　いうよう　2　ア　3　エ　4　イ
5　Ⅰ　罪を作り給ふ御坊かな
Ⅱ　生き返らせる方法
Ⅲ　顔色が変わった
Ⅳ　生き物を殺す

4　1　ア　2　ウ
3　Ⅰ　昼間の出来事
Ⅱ　自分の可能性
Ⅲ　今から勉強して保育園の先生になること
4　イ
5　一度は夢を諦めたが，懸命に守り育ててきた子どもたちが立派に成長し，自分の夢を応援してくれることに幸せを感じたから。

5　省略

配点例

1	1　2点×6　2　3点	計15点
2	1，2　2点×2　4，6　4点×2（4は完答）	
	5　8点　他　3点×3	計29点
3	5　3点×4　他　2点×4	計20点
4	1　2点　3Ⅲ　4点　5　8点	
	他　3点×4	計26点
5		10点

解　説

2　＜論説文＞

1 a　空欄前後で，「『正しさ』を問い返し，『より正しい正しさ』を実現する」ための努力の具体例を挙げているので，並立の接続詞「また」が適当。

b　直後に「あったとしても」とあるので，「ても」と一緒に用いられる副詞「たとえ」が適当。

2　指示語のあとに「たとえば」とあることに着目する。「女性の権利が認められ」たことは，「これまで正しいと～不正を告発する人たちの声が聞き入れられ，改正された」ことの具体例なので【D】が適当。

3　現在の代議制民主主義と，江戸時代の日本や他の国の法律について述べている箇所に着目する。

Ⅰ　代議制民主主義と比較されている過去の法律は，

「暴力で強制するもの」であり，この内容を指定字数で表しているのが「**暴力的な手続き**」である。

Ⅱ　代議制民主主義に参加している人を探すと，第一段落に，「この制度では～**法律に従う立場の人たちの代表者**が法律を制定している」とある。

Ⅲ　「法律に従う立場の人たちの代表者が法律を制定」することにより保たれているものを探すとよい。

4　指示語の内容は直前にあることが多い。「こうした言葉」とは，「絶対正しいことなんてない」と「何が正しいかなんて誰にも決められない」の二つである。よって「正しさというものは存在しない」とする**イ**と，「正しいことが決まるわけではない」とする**オ**が適当。

5　筆者は――線部③の直後で，「相手の言い分をよく聞」いて，「もっともだと思えば従い，おかしいと思えば指摘し，相手の再度の言い分を聞く」ことを繰り返して，「お互いに**納得のできる合意点を作り上げていく**」ことが大切だと述べているので，この部分を指定字数内でまとめる。

6　～～線部で「正しさとは，どのようにふるまうことが道徳的に正しいのかについての共通了解」とあるので，参加者が共通して「正しい」と理解する場を設けているものを選べばよい。よって「家族皆で話し合」って，「正しさ」を実現している**ウ**が適当。

3　＜古文＞

（口語訳） この晴明が，ある時，広沢の僧正の住居に参って，話し合いをしていた間に，若い僧たちが晴明に向かって①言うには，「②式神をお使いになるということですが，たちまちに人を殺せるのですか」と③言ったので，（晴明は）「④簡単に人を殺すことはできません。力を入れると殺せるでしょう」と言う。「そういうわけで虫などは，少しの事をすれば，必ず殺せるでしょう。しかし生き返らせる方法を知らないため，罪をつくることになるので，そんな事はつまらない」と言うと，庭に蛙が出て来て，五匹六匹ばかり飛び跳ねながら，⑤池の方へ行ったのを，「あれを一匹，それならば殺してください。試しに見せてください」と僧が言ったので，「罪を作るお坊さんたちだなあ。それでも私の力をお試しになるのであれば，殺してお目にかけよう」と言って，草の葉を摘み切って，物を唱えるようにして，蛙の方へ投げやると，その草の葉が，蛙の上にかぶさって，蛙は平らにつぶされて死んでしまった。これを見て，僧たちの顔色が変わって，恐ろしいと思ったのだ。

1　語頭以外の**ハ行**は**ワ行**に，「**ア段＋う**」は「**オ段＋う**」に直す。

2　「式神を使ひ給ふ」とは「式神をお使いになる」という意味。晴明が式神になっているわけではない。

3③　「式神を～給ふや」と言った人物を探すと，この言葉の前に「若き僧どもの晴明にいふやう」とある。「若き僧どもの」の「の」は主語であることを示す。

⑤　「五つ六つばかり躍りて，池の方ざまへ行」ったのは，庭に出て来た「蛙」である。

4　「え～ず（打ち消し）」は，「～することができない」という意味である。直後の「力を入れて殺してん」からも，簡単には殺せないと考えることができる。

5Ⅰ　晴明の発言から，僧たちへの評価にあたる内容を探す。「御坊」が僧を意味することもヒントになる。

Ⅱ　晴明が「よしなし」と言っている箇所に着目する。空欄後に「知らないので」とあるため，何を知らないのかを探すと「生くるやうを知らねば」とある。「生く」には「生きる」「生かす」の意味があり，ここでは「生かす」の意味で用いられている。

Ⅲ　晴明が蛙を殺した後の，僧たちの様子に着目すると，「僧どもの**色変りて**」とある。

Ⅳ　晴明が，虫を殺すことについて「生くるやうを知らねば，罪を得つ」と言っていることや，蛙を殺してほしいと言う僧たちに対して「罪を作り給ふ御坊」と言っていることから，生き物を殺すことは罪だと考えていると判断できる。

4　＜小説文＞

1　**ア**は**形容詞**，他は**打ち消しの助動詞**。打ち消しの助動詞の「ない」は，「**ぬ**」に置き換えることができる。

2　――線部①の前後で，俊介が母である菜月に「いまからでも遅くない」「いまから夢を持てばいいじゃん」と言っていることから，菜月の夢を応援しようとしていることが読み取れる。

3Ⅰ　「美音の手のひらの感触」から蘇ったものを探すと，「**昼間の出来事**を思い出させる」とある。

Ⅱ　昼間の保育園での出来事と，春を迎えてからの一か月間の子どもたちの頑張りを思い出し，菜月は「自分もまだやれることがあるんじゃないか」と思い，「**自分の可能性**を語れるのは自分しかいない」と子どもたちが教えてくれていると感じている。

Ⅲ　菜月が俊介と美音に「いまからお勉強して，保育園の先生になろうかな」と話していることに着目する。

4　――線部③の後で，「保育園の先生！　いいねっ！」「うん，いいと思う」と言っていることから，俊介と美音が母の夢に対して肯定的であることがわかる。また，「訓練以外の場所では喋ってくれない」美音が，「はっきりと言葉を出」していることから喜びが感じられる。

5　――線部④の直前に着目する。「十七歳の時になにもかも諦めた気になっていた」が，これまで「懸命に守ってきた」俊介と美音が，「保育園の先生になりたい」という菜月の夢を応援していることに気づき，「泣きたくな」るほど喜びや幸せを感じているのである。

5　＜作文＞

第一段落では，Ａ～Ｄの提案のいずれかをふまえて紹介したいものの名称を具体的に挙げる。紹介したいと思った根拠も忘れないようにする。第二段落では，「視覚的に伝えること」など，オンラインで発表するために考えられる工夫を自分で考えて書くとよい。

令和５年度　鹿児島純心女子高校入試問題　数　学

正答例

1 (1) -14　(2) $-5x^3y$　(3) $\dfrac{-x-17y}{10}$
(4) $3x^2-11x+6$　(5) $-\sqrt{3}$

2 (1) $2(x-10)(x+9)$
(2) $x=11$　(3) $2\sqrt{7}$，$\dfrac{8}{\sqrt{2}}$，$\sqrt{(-6)^2}$
(4) $a=3$，$b=-2$　(5) 120(度)
(6) 円周率をπとすると，
$V_1=\dfrac{1}{3}\times\pi r^2\times h=\dfrac{1}{3}\pi r^2h$ (cm³)
$V_2=\dfrac{1}{3}\times\pi\left(\dfrac{1}{3}r\right)^2\times 3h=\dfrac{1}{9}\pi r^2h$ (cm³)
よって，$V_1=V_2$は成り立たない。

3 (1) $a=5$，$b=8$，$c=200$
(2) 29(分)　(3) 2(人)

4 (1) $\dfrac{3}{4}$　(2) $\dfrac{1}{4}$
(3)(ⅰ) $b=2$　(ⅱ) $\dfrac{7}{36}$

5 (1) $a=-\dfrac{1}{2}$，$b=-8$
(2) R$(0,\ -4)$　(3) S$(2\sqrt{2},\ -4)$

6 (1) 5(cm)　(2) $\dfrac{3}{5}$(cm)　(3) $\dfrac{2\sqrt{21}}{5}$(cm)

配点例

1	4点×5	計20点
2	(4)　2点×2　　他　4点×5	計24点
3	(1)　2点×3　　他　3点×2	計12点
4	4点×4	計16点
5	4点×4	計16点
6	4点×3	計12点

解　説

1 ＜計算問題＞

(1) $-8+3\times(-2)=-8-6=-14$

(2) $(-5xy^2)^2\div10y^3\times(-2x)$
$=-\dfrac{25x^2y^4\times2x}{10y^3}=-\dfrac{50x^3y^4}{10y^3}=-5x^3y$

(3) $\dfrac{2x-y}{5}-\dfrac{x+3y}{2}=\dfrac{2(2x-y)-5(x+3y)}{10}$
$=\dfrac{4x-2y-5x-15y}{10}=\dfrac{-x-17y}{10}$

(4) $(x-3)^2+(x-3)(2x+1)$
$=x^2-6x+9+2x^2+x-6x-3=3x^2-11x+6$

(5) $-\sqrt{12}+\sqrt{75}-\sqrt{48}$
$=-\sqrt{2^2\times3}+\sqrt{5^2\times3}-\sqrt{4^2\times3}$
$=-2\sqrt{3}+5\sqrt{3}-4\sqrt{3}=-\sqrt{3}$

2 ＜小問集合＞

(1) $2x^2-2x-180=2(x^2-x-90)=2(x-10)(x+9)$

(2) $2x-9=\dfrac{4x-5}{3}$
両辺を3倍し，$3(2x-9)=4x-5$
$6x-27=4x-5$，$2x=22$，$x=11$

(3) $\sqrt{(-6)^2}=\sqrt{36}$
$2\sqrt{7}=\sqrt{2^2\times7}=\sqrt{28}$
$\dfrac{8}{\sqrt{2}}=\dfrac{\sqrt{64}}{\sqrt{2}}=\sqrt{32}$より，小さい順に
並びかえると，$\sqrt{28}$，$\sqrt{32}$，$\sqrt{36}$だから，
答えは，$2\sqrt{7}$，$\dfrac{8}{\sqrt{2}}$，$\sqrt{(-6)^2}$

(4) 右図のように，関数　$y=-2x+8$
は2点$(a,\ 2)$，$(5,\ b)$を通るから，
関数 $y=-2x+8$に2点の座標を
それぞれ代入し，

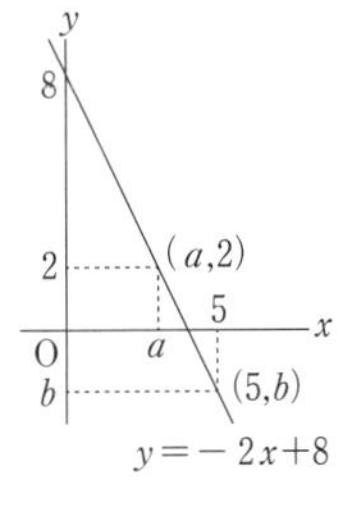

$2=-2a+8$，$2a=6$，$a=3$
$b=-2\times5+8$，$b=-2$

(5) 1つの円では，円周角の大きさは
弧の長さに比例するから，
$\overset{\frown}{\mathrm{AB}}=\overset{\frown}{\mathrm{BC}}=\dfrac{1}{2}\overset{\frown}{\mathrm{CD}}$より，
∠AEB＝∠BEC＝20°
∠CED＝2∠AEB＝40°
三角形の内角の和は180°より，
∠BCE＝180°－90°－20°＝70°
∠ECD＝180°－90°－40°＝50°
よって，∠BCD＝70°＋50°＝120°

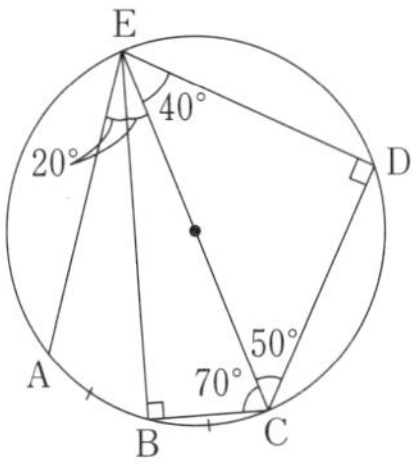

(6) (円すいの体積)＝$\dfrac{1}{3}$×(底面積)×(高さ)
V_1，V_2について，それぞれ文字式を用いて表し，比較する。

3 ＜データの活用＞

(1) 10分以上20分未満の階級値は，$\dfrac{10+20}{2}=\dfrac{30}{2}=15$(分)
よって，$a=\dfrac{75}{15}=5$
度数の合計について，$4+a+b+9+9=35$
$4+5+b+9+9=35$，$b+27=35$，$b=8$
20分以上30分未満の階級値は，$\dfrac{20+30}{2}=\dfrac{50}{2}=25$(分)
よって，$c=25\times b=25\times8=200$

(2) 問題文の平均値の公式より，
$\dfrac{20+75+200+315+405}{35}=\dfrac{1015}{35}=29$(分)

(3) 欠席者は5人とも10分以上30分未満だから，通学時間が10分以上20分未満の生徒の人数をx人とすると，20分以上30分未満の生徒の人数は$5-x$(人)と表される。(2)より，35人の通学時間の合計は1015分だから，40人の通学時間の平均値について立式すると，
$\dfrac{1015+15x+25(5-x)}{40}=28$
$1015+15x+125-25x=28\times40$
$1140-10x=1120$，$10x=20$，$x=2$
よって，欠席者5人のうち，
通学時間が10分以上20分未満の生徒の人数は2人

4 ＜確率＞

(1) 右の表より，すべての場合の数は36通り。条件を満たすのは○をつけた27通り。よって，確率は，
$\dfrac{27}{36}=\dfrac{3}{4}$

a＼b	1	2	3	4	5	6
1	1	②	3	④	5	⑥
2	②	④	⑥	⑧	⑩	⑫
3	3	⑥	9	⑫	15	⑱
4	④	⑧	⑫	⑯	⑳	㉔
5	5	⑩	15	⑳	25	㉚
6	⑥	⑫	⑱	㉔	㉚	㊱

(2) 右の表より，すべての場合の数は36通り。条件を満たすのは○をつけた9通り。よって，確率は，
$\dfrac{9}{36}=\dfrac{1}{4}$

2a＼b	1	2	3	4	5	6
2		○	○	○	○	○
4				○	○	○
6						○
8						
10						
12						

(3)(ⅰ) 積がb，和が-3となる2数について考えればよい。
よって，
$b=(-1)\times(-2)=2$

(ⅱ) 右の表より，すべての場合の数は36通り。(ⅰ)と同様に考えると，条件を満たすのは○をつけた7通り。よって，確率は，$\dfrac{7}{36}$

a＼b	1	2	3	4	5	6
1						
2	○					
3		○				
4			○	○		
5				○		○
6					○	

5 ＜関数＞

(1) $y=ax^2$に点Pの座標を代入し，

$-2=a\times 2^2$, $4a=-2$, $a=-\frac{1}{2}$
$y=-\frac{1}{2}x^2$に点Qの座標を代入し,
$b=-\frac{1}{2}\times 4^2$, $b=-\frac{1}{2}\times 16$, $b=-8$

(2) 点Pとy軸に対して対称な点をP′とする。このとき, $PR=P'R$が成り立つから, $PR+RQ$が最小となるのは, 直線P′Qとy軸との交点がRとなる場合である。
点P′の座標は$(-2,\ -2)$より,
直線P′Qの式を$y=mx+n$とおき, 2点P′, Qの座標をそれぞれ代入すると,
$-2=-2m+n$…①, $-8=4m+n$…②
①−②より, $6=-6m$, $m=-1$…③
③を①に代入し, $-2=2+n$, $n=-4$
直線P′Qの式は,
$y=-x-4$
点Rは直線P′Qの切片だから, $R(0,\ -4)$

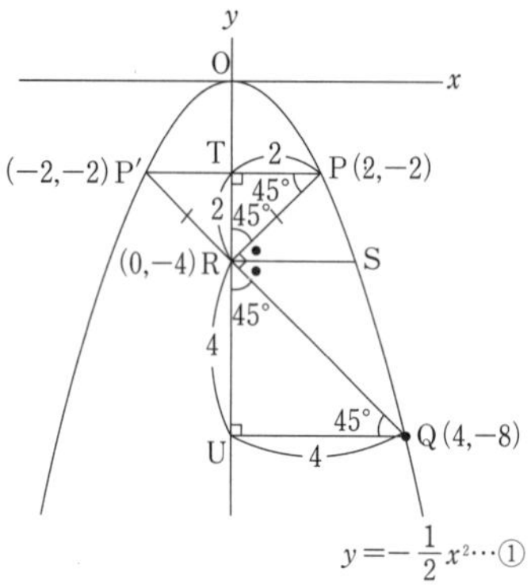

(3) 右図において, 座標をもとに△TRP, △UQRの各辺の長さを求めていくと2つの三角形はともに直角二等辺三角形である。
これより, $\angle PRQ=90°$
$\angle PRS=\frac{1}{2}\angle PRQ=45°$
$\angle TRS=\angle TRP+\angle PRS=90°$ だから, 点Rのy座標と点Sのy座標は等しい。
よって, $y=-\frac{1}{2}x^2$に$y=-4$を代入し,
$-4=-\frac{1}{2}x^2$, $x^2=8$, $x=\pm 2\sqrt{2}$
点Sのx座標は正だから, $x=2\sqrt{2}$
したがって, $S(2\sqrt{2},\ -4)$

6 <平面図形>

(1) △ABCにおいて, **三平方の定理**より,
$AC=\sqrt{AB^2+BC^2}=\sqrt{4^2+3^2}=\sqrt{25}=5$ (cm)

(2) △ABCと△RHCにおいて,
$\angle ABC=\angle RHC=90°$…①
共通な角より, $\angle BCA=\angle HCR$…②
①, ②より, 2組の角がそれぞれ等しいから,
△ABC∽△RHC
これより, $CB:CH=AC:RC$
$3:CH=5:1$, $5CH=3$, $CH=\frac{3}{5}$ (cm)

(3) △PQRは△BQRを折り返した図形だから,
$PR=BR=2$ (cm)
△ABC∽△RHC
より,
$AB:RH$
$=AC:RC$
$4:RH=5:1$, $5RH=4$, $RH=\frac{4}{5}$ (cm)

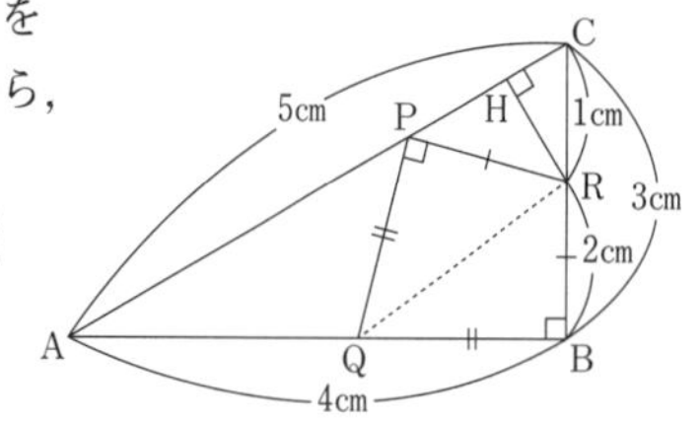

△PRHにおいて, **三平方の定理**より,
$PH=\sqrt{PR^2-RH^2}=\sqrt{2^2-\left(\frac{4}{5}\right)^2}=\sqrt{\frac{84}{25}}=\frac{2\sqrt{21}}{5}$ (cm)

令和5年度　鹿児島純心女子高校入試問題　英　語

正答例

1 1 1 イ　2 エ　3 fifteen
4 ウ→ア→イ　5 イ
6 (1) We will work for two hours.
(2) ア
7 (例) I'll go to Hokkaido to see my cousin.

2 1 ① エ　② ア
2 ① accident　② practice　③ run
3 ① Did you call
② am interested
③ to go
4 (バスを選んだときの例)
You should go by bus because it is the cheapest way to go to Fukuoka. The seats on the bus are soft and wide, so you can relax. Also, you can enjoy the view from the window.

3 Ⅰ 1 ウ　2 increased
Ⅱ 1 ウ　2 ① イ　② エ　③ ア
Ⅲ イ

4 1 イ
2 Kaori's face suddenly became sad
3 A (美しい) 自然　B 音楽
C 親しく　D 励ま
4 (例) 自然がたくさんあるところで祖父母のような温かい人々と一緒に暮らし, 小さな学校で勉強したかったから。
5 Your music was beautiful. I was happy with it. Please keep on practicing music.
6 イ, オ (順不同)

配点例

1	7　4点　他　3点×7	計25点
2	1　2点×2　4　7点　他　3点×6	計29点
3	Ⅱ2　2点×3　他　3点×4	計18点
4	3　2点×4　4, 5　4点×2　他　3点×4	計28点

解　説

1 <聞き取りテスト>

1 *Jiro :* Who are you looking for, Erick ? *Eric :* Hi, Jiro. I'm looking for the math teacher Ms. Matsuda. *Jiro :* She is the woman over there. *Eric :* I see three teachers over there. Which is Ms. Matsuda ? *Jiro :* She's the one who is wearing glasses, and has long black hair. *Eric :* Thanks.

2 *Ryan :* Excuse me. Could you tell me the way to *Terukuni Shrine* ? *Man :* Yes. Go down this street to the 2nd light, and turn left. *Ryan :* Turn left at the 2nd light, right ? *Man :* That's right. Walk along the street for 5 minutes, and you will see a big torii gate in front of you. *Ryan :* Thank you.

3 *Kaito :* David, we have to gather at Chuo Station for the school trip tomorrow. How will you get there ? *David :* I have no idea. My host parents are busy tomorrow so I am thinking of going there by train. *Kaito :* I see. I'm going there in my mom's car. We can

pick you up in front of your house. *David :* That's very kind of you. What time will you come ? *Kaito :* How about 7:15 ? It won't take more than 10 minutes from your house to Chuo Station. *David :* OK. Thank you.

4 Thank you for joining our virtual online tour through Okinawa. I hope you can enjoy the virtual trip. Let's go to the Peace Memorial Park today. First, we will visit the museum. Please look at the things inside the show cases. These are pocket watches and glasses used by the people who experienced the Okinawa War. Let's go to the park next. Look at the fire and the map of Japan in the water. The fire is called "the fire of peace," and the fire came from Hiroshima and Nagasaki. Can you see the stones over there ? There are lots of names on them. They were killed in the war. It was a very sad period in Okinawa's history. We must not forget it.

5 Welcome to the ABC Amusement Park. We would like to ask all guests to wear face masks. Also, please don't run inside the park. You can find lots of information about the park in our guide book. We hope you enjoy your day here with us. Thank you.

6 Thank you for coming today. Our volunteer event will be held next Sunday. Please gather at the park in front of the station at 10 in the morning. The event will finish at 12 o'clock. You must wear your school uniform and don't forget to bring your own water bottle. All you have to do is to ask people to give some money for charity. Do you have any questions ?

Question (1) : How long will you work at the event ?

Question (2) : What is one thing the teacher didn't talk about ?

7 *Paul :* Spring vacation is coming soon. *Hikaru :* I know. I'm excited. *Paul :* Do you have a plan ? *Hikaru :* Yes, I do. *Paul :* What is it ? *Hikaru :* (　　　　　　　　　　　　　　　　)

[2] <英文読解>

1 K：こんにちは，由里。あなたが私を探していると聞いたわ。　Y：私はあなたに伝えることがあるの。　K：わかったわ。それは何？　Y：私は今度の日曜日に私の誕生日会を開く予定なの。②**私のパーティーに来てくれない？**　K：喜んで，でも一つ質問してもいい？　Y：もちろんよ。　K：何人の人が来るの？　Y：私はパーティーに10人を招待したいわ。　K：わかったわ。あなたの家に私の友達の早紀と来てもいい？　Y：いいわよ。どうぞ彼女を連れてきて。私の母が私たちのためにケーキを焼くつもりよ。　K：それはいいわね。①**それは何時に始まるの？**　Y：午後3時に始まるわ。そのときにね。　K：私はそれを楽しみにしているわ。じゃあね。

2 M：なんてこと！　すべての車がとてもゆっくり動いているわ。　A：見て！　私たちの前で自動車①**事故**があるわ。　M：私たちはあなたのテニスの②**練習**に間に合うかしら？　A：いいえ。私はここで外に出て駅まで③**走る**わ。

① それを計画することなく起こる悪いこと

② それをよりうまくなるためにあなたが毎日すること

③ あなたの脚を歩くより速く動かすこと

3 G：もしもし，かなえ。あなたは今日の午後に①**私に電話をしたかしら**？　K：もしもし，おばあちゃん。ええ，私はあなたが家にいたならあなたを訪ねたかったの。私は今日テストがあって，早く学校が終わったの。　G：ごめんなさい。あなたが私に電話をしたとき，私はフラダンスのレッスンにいたの。今日踊ったあとに私がそこで何をしたか当ててみてちょうだい。　K：わからないわ。何？　G：私はハワイへのVR旅行をしたのよ。私は本当にハワイにいるように感じたわ。それはとてもわくわくしたわ。あなたはこれまでにVR旅行をやってみたことがある？　K：一度もないわ，でも私は機会があればやってみたいわ。　G：きっとあなたは気に入るわ。今，私はハワイにとても②**興味があって**，私の夢はそこに③**行って**，同じようにフラダンスをする多くの人に会うことよ。　K：それはすばらしいわね。私はあなたとそこに行きたいわ。　G：もちろんよ。いつか一緒にそこに行きましょう。

4 （メールの内容）

こんにちは，さやか，

私は福岡に行きたいです。そこに行くための最も良い方法を教えてくれませんか？　私はあなたから早く返事があることを願っています。ひとまず，さようなら，

ルーシー

【正答例の訳】**それが福岡に行くための最も安い方法だから**，あなたはバスで行くべきです。**バスの座席は柔らかくて広いので，あなたはくつろぐことができます。また，あなたは窓からの眺めを楽しむことができます。**

[3] <英文読解>

Ⅰ 2022年10月，第12回和牛オリンピックが鹿児島県で開催されました。この催しは日本の黒毛牛畜産農家にとって最も重要な催しです。日本の総理大臣がそれを見に来るほどです。

全国からの438頭の牛がこの催しのために鹿児島に連れて来られました。和牛オリンピックは5年ごとに開催されます。前回の催しは2017年に宮城県であり，次回は2027年に北海道であります。300,000人以上の人が鹿児島にその催しを見に来ました。

鹿児島は黒毛牛でとても有名です。日本のすべての黒毛牛の約20％が鹿児島で育てられています。多くの人が黒毛牛の牛肉が世界で一番おいしいと言います。9つの賞があり，鹿児島はそれらのうちの6つを受賞しました。

この催しのおかげで，多くの人々が鹿児島和牛の肉が日本で一番だと言っています。私は**鹿児島和牛の肉が世界中でもっともっと有名になっていくこと**を願っています。私は今夜，たくさんの鹿児島和牛の肉を食べる予定です。

2 2012年から2018年の間の日本の和牛肉の輸出量は**増加した**。

Ⅱ M：私たちは今週末にどのキャンプ場に行きましょうか？　A：このウェブサイトを見て。霧島は春の美しい花で有名よ。霧島国立公園キャンプ場に一晩泊まるのはどう？　M：それはいい考えね。でも，私たちは霧島まで歩けないから，電車かバスで向かう必要があるわ。　A：たぶん私の姉の由紀が私たちと一緒に行くわ。彼女は①**車**を持っているわ。　M：わかった，それはすばらしいわ。私たちは私のテントとバーベキューセットを使っていいけれど，私たちはバーベキュー用の木材を買う必要がある

わ。私たちは合計でA**4,000**円支払わなくてはいけないわね。なんてこと。私たちは②**花火**をすることができないわ。　A：それは残念だわ。ところで，私は私の犬を連れてくるわ。　M：あなたは彼のために③**散歩用のひも**を用意する必要があるわ。私は霧島に泊まることを楽しみにしているわ。

Ⅲ　私の両親はもし私が入学試験に合格したら，私にスマートフォンを買ってくれると約束しました。私はそれに本当にわくわくしているので，熱心に勉強しています。しかしながら，先週インターネットで読んだニュースの記事が私を驚かせ，私に考えさせました。それはスマートフォンを使うことをやめた人々についてでした。代わりに，いくらかの人々は誰かに電話をしたり，メッセージを送ったりすることにだけ使える旧式の携帯電話を使い始めました。他の人々は電話を持たず，彼らは人々と連絡をとるために彼らのコンピュータでEメールだけを使います。

２人の子どもを持つある女性は，彼女の子どもたちを公園に連れて行った後に，スマートフォンを使うことをやめようと決めたと言いました。なぜでしょう？　ある日，彼女は彼女の子どもたちが遊んでいる間，周りを見渡して，すべての母親が彼らのスマートフォンを見ているのを見ました。彼女はスマートフォンは子どもたちから両親の時間を奪っていると考え始めました。

ある男性は，彼がスマートフォンを使うのをやめたため，彼はより幸せで，以前よりも多くの仕事ができると言いました。彼はどれだけの時間を彼のスマートフォンに費やしていたのかがわかり，衝撃を受けました。

私はそれらが便利だと思うのでスマートフォンがほしいです。しかし，私の両親が私にスマートフォンを買うとき，私はこの記事のことを覚えておきたいです。コミュニケーションや買い物などのためにスマートフォンを使うことは便利ですが，同時に，それらは注意深く使われる必要があります。私たちはスマートフォンを使うことができますが，それに使われるべきではありません。

質問：このスピーチの要点は何ですか？

ア　私たちは全員スマートフォンを使うことをやめて，簡素な旧式の電話を使うべきだ。

イ　私たちは私たちがスマートフォンをどのように使うか注意をするべきだ。

ウ　私たちはスマートフォンを使って熱心に勉強するべきだ。

エ　私たちはスマートフォンを持つことがみんなをより幸せにすることを覚えておくべきだ。

4　**＜長文読解＞**

由美は小さな町の高校生で，彼女の音楽クラブのメンバーと学校生活を楽しんでいる。由美の両親は農家で，野菜とタンカンを育てている。

ある朝，彼女の先生がクラスに「私はあなたたちに香織を紹介したいと思います。彼女は東京から来た新しい生徒です。今，彼女は彼女の祖父母と一緒に暮らしています。彼女は私たちの学校について何も知らないので，彼女に親切にしてあげてください」と言った。香織はとても緊張しているようだった。由美は彼女を助けたかった。

昼食時間に，由美は彼女に話しかけた。香織は話しかけられてうれしそうだったが，由美が東京での彼女の生活についてたずねたとき，香織の顔が急に悲しくなった。①**由美は「たぶん東京で彼女に何か悪いことが起こったんだわ」と心の中で思った**。彼女は香織と友達になりたかったので，「あなたは音楽に興味がある？　放課後に私の音楽クラブに来るのはどう？」と言った。香織は同意した。

彼らがクラブに行ったとき，何人かの女子が彼女たちの楽器の練習を一緒に楽しんでいた。香織はその美しい音にとても魅了された。

数日後，由美は香織と彼女の友達に「私の両親はタンカンを育てていて，それらを収穫する時期なの。私は来週の日曜日に私の両親がタンカンを摘むのを手伝う予定よ。あなたたちは私たちを手伝いに来てくれない？」と言った。彼らは「それはおもしろそうだね！」と言った。

彼らが由美の家を訪ねたとき，彼女の父親が初めに彼らに何をすべきか教え，それからすべての人が作業し始めた。作業中に，由美の母親は「あなたは楽しんでいる，香織？」と言った。「はい，楽しんでいます」と香織は言った。「まあ，それはよかったわ。私自身はこのような美しい自然の中ではリラックスできて，私たちが大切に育てた何かを収穫することを楽しんでいるわ」と由美の母親は言った。由美は香織に「私は一緒に作業することが好きよ。それは私たちをより親しくさせるわ。それはちょうど友達と音楽を作るようなものよ」と言った。香織は彼女たちの話に励まされ，②**彼女たちに彼女自身について話そうと決心した**。彼女は「私は東京では心地良く感じなかったの。そこはあまり自然がなくて，おたがいのことに興味がなさそうな忙しい人々で混雑しているの。私の学校は大きくて，そこでの生活は幸せではなかったわ。私は私の祖父母のようにもっと親切な人たちと自然豊かな場所で生活をして，小さな学校で勉強したかったの。私は③**これらの理由**で，この町に引っ越して学校を変えようと決めたの。今私はあなたたち全員とここにいてとても幸せに感じているわ」と言った。

翌日，香織はクラブに加わった。彼女はフルートを演奏したいと言った。彼女は初心者だったので，彼女の音楽の先生とクラブのメンバーは彼女にそれの演奏方法を教えた。

彼女は毎日練習をして，美しいハーモニーで音楽を演奏することがどれほど楽しいかということに気がついた。少しずつ彼女は上手なフルート奏者になった。

ある日，音楽クラブのメンバーは小さな野外コンサートで音楽を演奏するように頼まれた。彼らはとてもわくわくした。２か月後，彼らがコンサートで音楽を演奏したとき，④**聴衆が彼らに温かい拍手喝采をした**。すべてのメンバーがおたがいにほほえみ合って，とても幸せに感じた。

今，香織は彼女の小さな町で友好的な人々と一緒に心地良い生活を送っている。

4　本文訳波線部参照。

6　ア　香織はかつて家の近くで野菜を育てている彼女の祖父母と暮らした。

イ　香織は初めて彼らの美しい音を聞いたとき，音楽クラブに興味を持った。

ウ　由美は香織がどれだけ上手にフルートを演奏できるかを知っていたので，彼女にそれを演奏してほしかった。

エ　由美と香織は野外コンサートで一緒に歌を歌うことができて満足した。

オ　そのコンサートは成功して，音楽クラブのメンバー全員がとても幸せだった。

令和５年度　鹿児島純心女子高校入試問題　社　会

正答例

1 Ⅰ 1　ウ，サバナ気候　　2　カカオ豆

3　①　バイオ／バイオマス

②　増加する電力需要に対応するため，各地に水力発電用のダムが建設された

4　オ　　5　①　イギリス　　②　中国

6　①　ヒンドゥー教　　②　牛肉を食べる

③　牛乳を飲んだり，牛乳の加工品を食べたりする

Ⅱ 1　名古屋市　　2　ア　旭川　　イ　大阪

3　①　群馬県

説明　標高の高い地域の多い群馬県では，夏でも冷涼な気候をいかしてキャベツが栽培され，他県のものが品薄になる時期に出荷できるから。

4(1)　横浜市　　(2)　ア

5　熱帯のタイでは雪が降らないので，雪を見るために観光に来る

Ⅲ 1　エ　　2　イ

2 Ⅰ 1　①　足利義満　　②　和親

2　あ　座　　い　営業の独占権

3　シャクシャイン　　4　エ⇒ウ⇒ア⇒イ

5　イ

6(1)

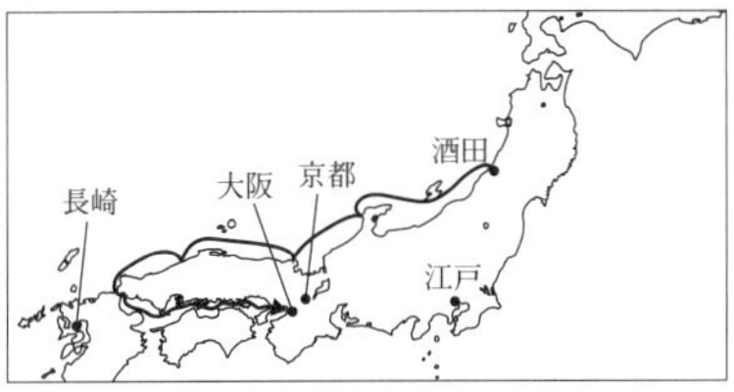

(2)　人物名　大塩平八郎

背景　大阪の役人が飢饉で苦しむ人々を救おうとしないから。

Ⅱ 1　板垣退助　　2　エ　　3　イ

4　満州への進出をめざすアメリカと対立

5(1)　ラジオ　　(2)　イ　　6　ウ⇒ア⇒エ

Ⅲ 1　イ

2　抑制する政策をとったため，経済が停滞した

3 Ⅰ 1　最高　　2　ウ

3　国民の意思が参議院よりも反映されやすい

4　違憲立法審査権　　5　議院内閣制

Ⅱ 1　輸出

2　男性よりも女性の給与が低く設定されている点。

3　ア

4　結婚や出産を機に仕事を辞める女性が多いから。

Ⅲ　フードロスに貢献できる

配点例

1～3　各　2点×50　　計100点

解　説

1　＜地理総合＞

Ⅰ 1　サバナ気候は熱帯の気候区分の一つ。ア－温帯の地中海性気候，イ－乾燥帯の砂漠気候，エ－冷帯の冷帯（亜寒帯）気候の説明。

2　植民地時代のアフリカでは，ヨーロッパの国々が**プランテーション農業**を行い，アフリカの人々を労働者として働かせ，カカオ豆や綿花，コーヒー，茶といった特定の農作物だけを栽培し，ヨーロッパなどに輸出した。独立した現在でも，こうした農作物の栽培は続けられ，重要な輸出品になっている。小麦は中国やインド，コーヒー豆はブラジルやベトナム，さとうきびはブラジルやインドで生産が盛ん。

3①　**バイオ燃料**は植物を原料としてつくられる燃料のため，二酸化炭素の排出量をおさえることができる。しかし，燃料用の作物の生産を増やすために，森林の伐採が進めば環境問題につながり，食料用の作物の栽培面積が減少すれば，農産物の生産が減り，食料の価格が上がるおそれがある。

②　**アマゾン川**は世界最大の流域面積をほこる河川であり，ブラジルでは豊富な水量をいかした水力発電が盛んなことから解答を考える。

4　ロッキー山脈は北アメリカ大陸にある。

5　イギリスの植民地だったオーストラリアは，イギリス人が開発を進め，農作物の多くはイギリスに輸出され，最大の貿易相手国であった。近年は，アジアや太平洋諸国との貿易が増え，現在では中国が最大の貿易相手国である。

6　ヒンドゥー教は，インドの80％以上の人が信仰しており，牛は神の使いとされているため，ヒンドゥー教徒は牛肉を食べない。

Ⅱ 2　①は東京で，比較的温暖で冬の降水量が少ない太平洋側の気候，②は旭川で，年間を通して気温の低い北海道の気候，③は大阪で，周囲を山地に囲まれているため降水量が少ない瀬戸内の気候。

3　群馬県では，山間部の冷涼な気候をいかしたキャベツやレタスなどの**高原野菜**の栽培が盛んである。愛知県では，温暖な気候をいかした，キャベツなどの野菜や花を栽培する**施設園芸農業**が盛んである。

4(1)　神奈川県の県庁所在地。

(2)　金属の割合が高い**ア**が阪神工業地帯，製造品出荷額が最も多く，機械の割合が高い**ウ**が中京工業地帯，残る**イ**が京浜工業地帯。

Ⅲ 1　アメリカは，ヨーロッパの国々によって開拓されてきた。明治政府は，1869年に蝦夷地を北海道に改称し，**開拓使**という役所を置いて統治を強化するとともに，**屯田兵**を使って農地の開墾，鉄道や道路の建設などの開拓事業を行った。

2　**イ－地図**中の範囲の標高は，南東方向から北西方向へゆるやかに下がっているので，「旭川工業団地」

の標高は150 mより低い。

2 ＜歴史総合＞

Ⅰ1① **足利義満**が行った**日明貿易**では，正式な貿易船に，明から与えられた**勘合**という証明書を持たせ，倭寇と区別していた。

② **日米和親条約**によって，下田（静岡）と函館（北海道）の２港が開かれ，江戸幕府の鎖国体制がくずれ，開国することとなった。

2 土倉や酒屋，商人や手工業者などが同業者ごとにつくった団体を**座**といい，貴族や寺社に税を納めることで，営業の独占権を認めてもらった。

3 1604年，江戸幕府は，蝦夷地の南部を支配する松前藩にアイヌ民族との交易の独占を認めた。松前藩は，アイヌの人々と交易を行ったが，その交換の比率はアイヌの人々にとって不公平であったため，17世紀後半，不満を持ったアイヌの人々が指導者の一人であるシャクシャインを中心として，松前藩に対する戦いを起こしたが，敗れた。

4 18世紀初め，江戸幕府第６，７代将軍に仕えた儒学者**新井白石**の意見が政治に取り入れられた（正徳の治）→1816年，**徳川吉宗**が第８代将軍となり，**享保の改革**を行った→18世紀後半，老中の**田沼意次**が，年貢だけに頼るのではなく，商工業の発展に注目した経済政策を採った政治を行った→19世紀，ロシアやイギリス，アメリカの船が日本に近づき，1808年には，イギリスの軍艦が長崎の港に侵入したフェートン号事件が起こった。そのため，幕府は1825年に**異国船（外国船）打払令**を出した。

5 ⓓは鑑真。**ア**－室町時代の雪舟，**ウ**－奈良時代の行基，**エ**－平安時代の最澄。

6⑴ 江戸時代に「天下の台所」と呼ばれたのは大阪。全国の商業の中心地で，諸藩が**蔵屋敷**を置き，年貢米や特産物を売りさばいた。江戸は「将軍のおひざもと」と呼ばれた。東北地方の米などを，日本海沿岸，瀬戸内海を回って大阪に運ぶ航路を**西廻り航路**，太平洋沿岸を回って江戸へ運ぶ航路を**東廻り航路**という。

⑵ **大塩平八郎**は大阪町奉行所の元役人であったため，**大塩の乱**に江戸幕府は大きな衝撃を受けた。

Ⅱ1 **板垣退助**は，1874年，**民撰議院設立の建白書**を政府に提出し，大久保利通の政治を専制政治であると非難し，議会の開設を主張した。これが，国民が政治に参加する権利の確立を目指す**自由民権運動**の出発点となり，板垣退助は後に国会開設に備えて**自由党**を結成した。

2 北里柴三郎は破傷風の血清療法やペスト菌などを発見した。

3 ②はドイツの勢力範囲。日清戦争での清の敗北によって中国の分割が進んだ。

5⑴ 1925年に東京・名古屋・大阪で始まったラジオ放送は全国に普及し，新聞と並ぶ情報源となった。

⑵ ラジオ放送が開始されたのは大正時代。**イ**－昭和時代の太平洋戦争中，空襲が激しくなると，都市の小学生は農村に集団で**疎開**した。

6 **イ**－1937年。**ウ**－1877年の**西南戦争**→**ア**－1904年に起きた日露戦争の講和条約であり1905年に結ばれた**ポーツマス条約**では，日露戦争での死者数が多く，戦費の負担が大きかったにもかかわらず，賠償金が得られなかったため，国民が激しく政府を攻撃し，東京では暴動にまで発展した（日比谷焼き打ち事件）→**エ**－1918年，**シベリア出兵**を見こした米の買い占めから，米の値段が大幅に上がり，米の安売りを求める**米騒動**が起こった。

Ⅲ ３つのカードは，左から70年前，30年前，50年前。

1 小笠原諸島が日本に復帰したのは1966年。佐渡島は，2010年11月22日，「金を中心とする佐渡鉱山の遺産群」としてユネスコの世界遺産暫定リストに記載され，世界文化遺産の候補となっている。

2 日本は，雇用調整などの経営の合理化や省エネルギー化を進め，いち早く不況を乗り切った。そして，自動車や電気機械などの輸出がのび，貿易黒字が増えた結果，アメリカなどとの貿易摩擦が深刻化した。

3 ＜公民総合＞

Ⅰ2 **国民投票**は，日本国憲法の改正において行われる。**弾劾裁判**とは，裁判官としての務めを果たさなかったり，ふさわしくない行いをしたりした裁判官を辞めさせるかどうか判断する裁判であり，国会によって裁判官弾劾裁判所が設置される。

3 参議院の任期は６年で解散はない。

4 最高裁判所は，法律などが合憲か違憲かについての最終決定権を持っており，「**憲法の番人**」と呼ばれている。

5 衆議院の内閣不信任の決議と，内閣の衆議院の解散とによって，国会と内閣はたがいに権力の行きすぎを抑制し合い，均衡を保っている。

Ⅱ1 2021年以降，１ドルに対する円の価格が上がっていることから，外国通貨に対する円の価値が低くなる**円安**の状態であるので，輸出が中心の日本企業が有利になる。反対に，円高のときは，輸入が中心の企業は有利になる。

2 雇用の面での女性への差別を禁止する，**男女雇用機会均等法**に違反している。

3 **ア**－育児・介護休業法ではなく**労働関係調整法**。

4 近年は，出産・育児で休んでも復職できるように，企業も女性のさまざまな働き方を支援する取り組みを行っている。

Ⅲ **持続可能な開発目標（SDGs）**は，2015年に国際連合の総会で，世界が直面しているさまざまな課題を2030年までに解決するために設定された具体的な17の目標のこと。

令和５年度　鹿児島純心女子高校入試問題　理　科

正答例

[1] Ⅰ１　**葉の緑色を除くため。**　　２　**ウ**

３　**日光の量**　　４　**イ**　　５　**ア**

Ⅱ１　**柱頭**

２　**マツは胚珠がむき出しだが，エンドウは胚珠が子房でおおわれている。**

３　**イ→ウ→エ→ア**　　４　**丸形**

５　丸形　**Ａａ**　　しわ形　**ａａ**（完答）

[2] Ⅰ１　**生じた水が加熱部分に流れて，試験管が割れないようにするため。**

２　**Na_2CO_3**　　３　**ウ**

４　**生じた水に，二酸化炭素がとけたから。**

５　**1.1**（g）

Ⅱ１　**アルカリ**（性）　　２　**$BaSO_4$**　　３　**Ａ**

４　（名称）　**水素**

（特徴）　**ポンという高い音を立てて燃える。**

（完答）

５　**9.6**（cm^3）

[3] Ⅰ１　**エ**　　２　**45**（Ｊ）

３①　**75**（N）

②　右図

③　**エ，オ**

（順不同・完答）

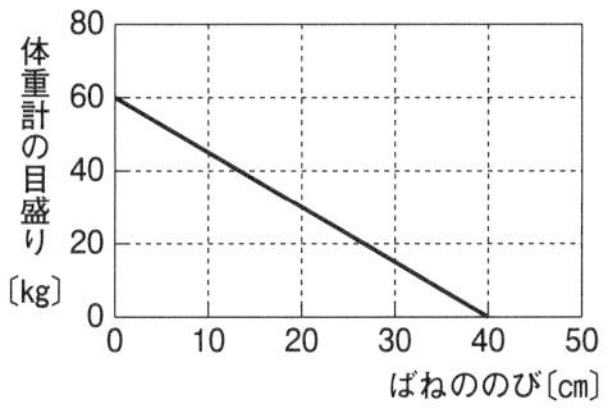

Ⅱ１　右図　　２　**15**（cm）　　３　**20**

４　**焦点の位置にある。**

５　**暗くなった。**

[4] Ⅰ１　**エ**　　２　**ウ**　　３　**カ**　　４　**火砕流**

５　**温泉**

Ⅱ１　**ウ**　　２　**露点**　　３　**15.4**（g）

４　**79.4**（%）　　５　**293.9**（g）

[5] １①　**Ｄ**　　②　**Ａ**

２①　**$2Cu+O_2 \rightarrow 2CuO$**

②　（銅：酸素＝）　**４：１**

③　**酸化銅と炭素粉末を混ぜ合わせて熱する。**

３①　**65**（cm/s）　　②　**オ**

４①　（岩石）　**石灰岩**

（反応）　**二酸化炭素が発生する。**

②　**イ**

配点例

[1]	２点×10	計20点
[2]	２点×10	計20点
[3]	２点×10	計20点
[4]	２点×10	計20点
[5]	２点×10	計20点

解　説

[1]　**＜生物のからだのつくりとはたらき・生命の連続性＞**

Ⅰ２　光合成は細胞の中にある葉緑体で行われている。

Ⅱ４　子はすべて丸形種子になったことから，丸形が顕性形質であることがわかる。

５　**図２**より，子の遺伝子はＡａであることがわかる。できた種子にしわ形種子が現れたことから，かけ合わせた丸形種子としわ形種子両方の遺伝子にａがふくまれていたことがわかる。

[2]　**＜化学変化と原子・分子・化学変化とイオン＞**

Ⅰ３　炭酸ナトリウムは炭酸水素ナトリウムより水にとけやすく，炭酸ナトリウムをとかした水溶液は炭酸水素ナトリウムをとかした水溶液より強いアルカリ性を示す。

５　炭酸水素ナトリウム 1.8 gを加熱したとき，残る炭酸ナトリウムの質量を x gとおくと，

$2.4:1.5=1.8:x$　　$x=1.125$　よって，1.1 g

Ⅱ３　フェノールフタレイン溶液は酸性や中性の水溶液に入れても無色だが，アルカリ性の水溶液に入れると赤くなる。よって，Ａが適当。

５　硫酸を２倍にうすめると体積は２倍になるが，水素イオンの数は変わらない。硫酸を２倍にうすめた 12 cm^3 にふくまれる水素イオンの数は，実験に使用した硫酸６ cm^3 にふくまれる水素イオンの数と等しいので，実験に使用した硫酸６ cm^3 を完全に中和するのに必要な水酸化バリウム水溶液の体積を考える。表のＢより，硫酸5.0cm^3を完全に中和するために必要な水酸化バリウム水溶液の体積は 8.0 cm^3 である。硫酸６ cm^3 を完全に中和するために必要な水酸化バリウム水溶液の体積を x cm^3とおくと，

$5.0:8.0=6:x$　　$x=9.6$　　よって，9.6 cm^3

[3]　**＜運動とエネルギー・身のまわりの現象＞**

Ⅰ２　**仕事〔J〕＝物体に加えた力〔N〕×力の向きに移動させた距離〔m〕**

５〔kg〕＝5000〔g〕　5000÷ 100 ＝50〔N〕

90〔cm〕＝ 0.9〔m〕　よって，50× 0.9 ＝45〔Ｊ〕

３①　**図３**より，300 Nの力でロープを引くと20cmばねがのびることがわかるから，

300 ÷（20÷ 5）＝75〔N〕

②　太郎君がロープを引っ張ると，体重計の示す目盛りの大きさは小さくなっていく。ばねののびが40cmのとき，ロープを 600 Nの力で引くことになり，この力の大きさが，太郎君にはたらく重力の大きさとつり合うので，体重計の示す目盛りは０となる。

③　**図３**より，600 Nの力でロープを引いてもばねがのび続けていることから，おもりの質量は60kgより大きいと考えられる。よって，**エ**，**オ**が適当。

Ⅱ２　物体を焦点距離の２倍の位置に置いたとき，凸レンズから物体までの距離と凸レンズからスクリーンまでの距離が等しくなり，スクリーン上に物体と同じ大きさの実像ができる。よって，焦点距離は，表より，$\frac{30}{2}=15$〔cm〕

3

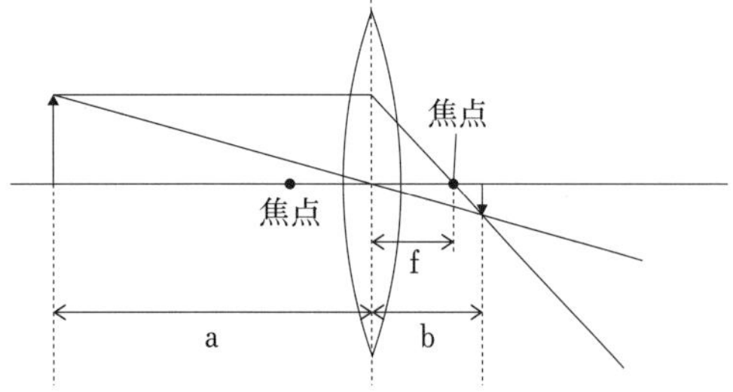

上の図のように，凸レンズと物体までの距離を a，凸レンズから像までの距離を b，焦点距離を f とおいた場合，$\frac{1}{a}+\frac{1}{b}=\frac{1}{f}$という式が成り立つ。a ＝60，f ＝15なので$\frac{1}{60}+\frac{1}{b}=\frac{1}{15}$　よって，b ＝20　したがって，20cm

5　凸レンズの下半分を通して，像は結ばれるため，スクリーンに像はうつるが，凸レンズを通る光は減るため，スクリーンにうつる像が暗くなる。

4　**＜大地の変化・天気とその変化＞**

Ⅰ**3**　白っぽい火山灰に多くふくまれる鉱物は無色鉱物である。無色鉱物は長石，石英がある。輝石，カンラン石は有色鉱物である。

Ⅱ**3**，**4**　湿度〔%〕＝$\frac{1\,\mathrm{m^3}の空気にふくまれる水蒸気の質量〔\mathrm{g/m^3}〕}{その空気と同じ気温での飽和水蒸気量〔\mathrm{g/m^3}〕}$×100

露点が18℃なので，1 m^3の空気にふくまれる水蒸気の質量は，表より，15.4 g。

よって，湿度は$\frac{15.4}{19.4}\times 100 = 79.38\cdots$

したがって，79.4％

5　部屋の温度が24℃で，湿度が40％のとき，1 m^3の空気にふくまれる水蒸気の質量を x g とおくと，

$\frac{x}{21.8}\times 100 = 40$　$x = 8.72$　この部屋には1 m^3あたり15.4 gの水蒸気がふくまれているから，1 m^3あたり15.4－8.72＝6.68〔g〕の水蒸気をとりのぞけばよい。部屋全体の体積は，20×2.2＝44〔m^3〕

よって，部屋全体でとりのぞけばよい水蒸気の質量は，6.68×44＝293.92　したがって，293.9 g

5　**＜4分野総合＞**

1　カエルの発生は**図1のD→B→C→A**の順に進む。

①　**図1のB**より発生は進んでいないと考えられるから**D**が適当。

②　**図1のC**より発生は進んでいると考えられるから**A**が適当。

2②　3.2：(4.0－3.2)＝4：1

3①　$\frac{4.1+6.5+8.9}{0.3}=65$〔cm/s〕

②　表より，テープA～Eまでは一定の割合でテープの長さは長くなり，テープEからテープFはテープの長さは一定である。よって，**オ**が適当。

4②　フズリナとサンヨウチュウは古生代，アンモナイトは中生代，ビカリアとメタセコイアは新生代に生息した生物である。よって，**イ**が適当。

令和5年度　鹿児島実業高校入試問題　国　語

正答例

1　1　a　**国際**　b　**傾向**　c　**格好**
d　**ひんぱん**　e　**けっかん**
2　**イ**　3　**ウ**　4　**ア**　5　**エ**
6　**複数の情報～比べてみる**
7　**イ**　8　**ア**

2　1　a　**エ**　b　**イ**
2　(1)　Ⅰ　**自分の姿**　Ⅱ　**中途半端な存在**
(2)　Ⅲ　**ア**
3　**イ**　4　**ア**　5　**エ**
6　(1)　Ⅰ　**優しく犬の背を撫でている**
Ⅱ　**手慣れた様子で受け取っている**
(2)　**ウ**

3　1　a　**おろそか**　b　**さわいで**
2　(1)　**イ**　(2)　**ウ**
3　**なによりもまず自分の命が助かること**
4　A　**ウ**　B　**ア**　5　**ウ**

4　1　a　**実態**　b　○　c　○　d　**比較**
2　**音便**　3　**ウ**　4　**三**　5　**エ**
6　Ⅰ　**エ**　Ⅱ　**イ**

配点例

1　1，3　2点×6　他　3点×6　計30点
2　2　2点×3　他　3点×8　計30点
3　2(2)，5　3点×2　3　4点
他　2点×5　計20点
4　2点×10　計20点

解　説

1　**＜論説文＞**

2 A　空欄前後で，筆者の発想について，「大きな発想」と「小さな発想」が生まれる場面を挙げているため，**並立の接続詞「また」**が適当。

B　空欄前に「苛めの問題～医療の問題など」が「一時的に話題になってピックアップされ」ているとあるが，空欄後ではこれらが「本当にそんな事態になっているのかどうかはわからない」と疑っているので，**逆接の接続詞「しかし」**が適当。

3　**四苦八苦**＝思うようにいかず，苦労していること。
十中八九＝十のうち八か九の割合。おおかた。
七転八起＝何度失敗しても，諦めず努力すること。
三寒四温＝寒い日が三日続いた後には，四日ほど温暖な日が来るという冬の天候のこと。

4　［ Ⅰ ］の次の段落で，「思考を長時間続けたあと，突然なにも考えない空白の場に置かれたときに，発想は生まれる」とある。つまり，集中していないときに発想は生まれるのである。

5　「格好良い言葉にすれば」とあるため，――部②は直前の内容を言い換えたものである。――部②の直前に，問題を解決するために「別の道はないか」と「きょろきょろ辺りを見回す」思考を続けたあと，「突然なに

も考えない空白の場」に置かれるとある。

6　——部③以降の段落で，「宣伝」や「ニュース」などの情報を例に挙げて，第十三段落で「情報の多くは～確かめたわけではない」ため，「**複数の情報源**に当たって～**見比べてみる**のが一番無難」としている。

7　言葉で「自分の商売～組織の運営をやりやすく」しているものを選ぶ。よって，「スマートフォンの普及」について根拠となる数字を挙げていないイが適当。

8　筆者は，自分の経験をもとに「分散思考」という思考法を述べ，「観察すること」の大切さと情報を「鵜呑みにしない」という注意点を伝えている。イは後半が不適。ウは「情報があふれる社会を生き抜くための方法」，エは「数字の信頼性に～訴えている」が不適。

2　＜小説文＞

1 a　「小気味よい」はリズミカルで爽快な様子。「指で紙を弾いていた」音であることもヒントになる。

2(1) Ⅰ　優花が「子どもではないが～できないわけでもない」と思ったのは，窓ガラスに映る**自分の姿**を見たときである。

Ⅱ　「自分もコーシローも」とあるので，優花とコーシローのどこが共通しているかを探すとよい。

(2)　「言葉が口をついて出る」とは，思わず言葉が口に出ること。コーシローと自分を重ねて発言したら「全員の視線が集まり，優花は言葉に詰ま」ったが，自分の思いを伝えているのでアが適当。

3　優花が自分の思いを伝えた後，「皆が黙った」ため，優花は「沈黙に耐えきれ」なくなった。そして「言いすぎた～言ってしまった」と自分の言動を悔やんでいるため，イが適当。アは「困惑」が不適。ウ，エは，優花の意見が正しいわけではないため不適。

4　早瀬は——部②の前までの生徒会と校長の間での議論に加わっていなかった。優花の思いを聞いて，「拍手のような音」を鳴らし，この音に優花は「勇気づけられ」た。また早瀬が——部②の後に初めて話し始めていることから，皆の意識を自分に向けようとしたと考えられる。ウは「議論に加えてほしいと主張」が不適。

5　美術教師の五十嵐が「美術部の部室の一角を提供してもいい」と言ったのを受けて，校長が「飼い主が現れるまで飼育を許可する」と言ったことに着目する。つまり校長は，コーシローに美術部の部室の一角（居場所）を提供してくれたのだと読み取ることができる。

6(1) Ⅰ　コーシローが早瀬の肩に前脚を置いたとき，早瀬は「愛着はないと言うわりに，**優しくその背を撫で**」たのである。

Ⅱ　早瀬が校長にコーシローを差し出したときの様子に着目すると，校長は「**意外にも手慣れた様子**」でコーシローを受け取ったと描かれている。

(2)　校長は「責任とは何か」と「命を預かるというのはどういうことか」を考えるように生徒に話しており，命を預かることの責任を感じているといえる。

3　＜古文＞

（口語訳） ある女猿が，一度に二匹子どもを産んだ。だから，自分の胎内から同じように子どもを産みながら，一匹を深く愛し，一匹をa冷たく扱った。この憎まれる子は，どうしようもなくて月日を送った。（女猿は）自分の愛する子を前に抱き，憎む子を背中に置いていた。

ある時，後ろから荒々しい犬が来る事があった。この（女）猿はあわててbさわいで逃げる際に，抱いている子を片脇に挟んで走るせいで，①速く逃げることができない。しつこくこの犬が近づいてきたので，②まず命は助かるだろうと思い，片手で脇に挟んでいた子を捨てて逃げ延びた。そういうわけで，つねに憎んで，背中に置いた憎まれる子は，無事に母猿の背中にすがりついて来た。あのA かわいがっていた子 は，犬に食い殺されてしまった。何度も悔やんでもどうにもならないと思って，ついにあのB 憎んでいた子 を育てあげて，前の（かわいがっていた）子のようにかわいがった。

1　「**ゐ・ゑ・を**」は「**い・え・お**」に直し，語頭以外の**ハ行はワ行**に直す。

2(1)　「すみやか」は漢字で「速やか」と表記する。

(2)　——部①のようになった理由は，直前の「抱く子をかたわきに挟みて走るほどに」である。

3　——部②の場面で，「まづ命を助からん」と考えて，「片手にて～子を捨てて逃げ延び」たことから，子どもの命より自分の命を優先した様子が読み取れる。

4 A　「犬に食ひ殺され」たのは，女猿が逃げる際に捨てた「片手にてわき挟みたる子」，つまり前に抱いていた「愛する子」だとわかる。

B　ここには，犬から逃げることができた子が入る。「背中に置ける憎まれ子は，つつがもなく取り付ききたれり」とあり，命が助かったことがわかる。

5　「いくたび悔やめども～前の子のごとくに寵愛せり」がウと一致する。アは「女猿からの愛情表現」が，イは「苦しみながらその後の生活を送った」が不適。エは子猿が信じていた内容は描かれていないため不適。

4　＜国語事項＞

2　五段活用動詞の連用形が「タ」「テ」などにつく時に，活用語尾が変化することを**音便**という。活用語尾の「い」を**イ音便**，「ん」を**撥音便**，「っ」を**促音便**という。また，形容詞の連用形が「ございます」などに続くとき，活用語尾の「う」を**ウ音便**という。

3　══線部㋑とウは「ととのえる」という意味で用いられている。アは「ようす」，イは「しらべる」，エは「音楽のしらべ」という意味で用いられている。

4　

5　空欄直後に「男女それぞれへの配膳の量を調整すればある程度は解決できる」とあるので，男女の給食の量に対する不満に関して述べたエが適当。ウは，読み取りは合っているが，解決する内容ではないため不適。

6 Ⅰ　**【グラフ1】**から給食の量が「やや多すぎる」「多すぎる」と答えた女子は約6割いることが，**【グラフ2】**から給食時間が短いと答えた女子が5割いることがわかる。この二つを踏まえると，給食時間に対して量が多すぎると言える。

Ⅱ　「時間」と「量」が問題になっているので，「食べる速さ」への配慮が問題解決につながるといえる。

鹿児島実業高校

令和５年度　鹿児島実業高校入試問題　数　学

正答例

1　(1)　**31**　(2)　$-\frac{5}{9}$　(3)　$\frac{5}{2}x-\frac{1}{2}y$
(4)　$-\frac{2}{3}a^2b$　(5)　$7+\sqrt{3}$
(6)　$6x^2+xy-2y^2$　(7)　$3(x-1)(x-4)$

2　(1)　$x=-1,\ y=-4$　(2)　∠ＡＯＢ＝80°
(3)　$n=6$　(4)　**４：３**　(5)　$\frac{5}{9}$
(6)　**102**(個)　(7)　**12**(km)

3　(1)(ア)　**625**
(イ)　$625+125a=250a$
(ウ)　**5**
(2)　右図
(3)　**７分30秒後**

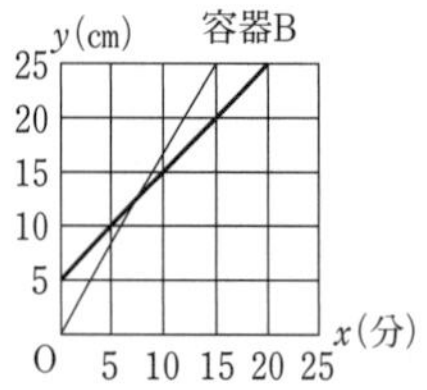

4　(1)　$a=\frac{1}{2}$　(2)　**12**
(3)　Ｐ(－２，２)　(4)　$16\sqrt{2}\pi$

5　(1)　$9\sqrt{3}$　(2)　$18\sqrt{3}$　(3)　**３：２**　(4)　$\frac{42\sqrt{3}}{5}$

配点例

1，2，3　４点×19　　4，5　３点×８　　計100点

解　説

1　＜計算問題＞

(1)　$3+7\times4=3+28=31$

(2)　$\frac{1}{3}-\frac{4}{5}\div\frac{9}{10}=\frac{1}{3}-\frac{4}{5}\times\frac{10}{9}=\frac{1}{3}-\frac{8}{9}=\frac{3}{9}-\frac{8}{9}=-\frac{5}{9}$

(3)　$3x-2y-\frac{x-3y}{2}$
$=\frac{6}{2}x-\frac{4}{2}y-\frac{1}{2}x+\frac{3}{2}y=\frac{5}{2}x-\frac{1}{2}y$

(4)　$4ab^2\div(-12a^2b^3)\times2a^3b^2$
$=-\frac{4ab^2\times2a^3b^2}{12a^2b^3}=-\frac{8a^4b^4}{12a^2b^3}=-\frac{2}{3}a^2b$

(5)　$(\sqrt{3}+2)(3\sqrt{3}-1)-\frac{12}{\sqrt{3}}$
$=9-\sqrt{3}+6\sqrt{3}-2-\frac{12\times\sqrt{3}}{\sqrt{3}\times\sqrt{3}}$
$=7+5\sqrt{3}-\frac{12\sqrt{3}}{3}=7+5\sqrt{3}-4\sqrt{3}=7+\sqrt{3}$

(6)　$(2x-y)(3x+2y)$
$=6x^2+4xy-3xy-2y^2=6x^2+xy-2y^2$

(7)　$3x^2-15x+12=3(x^2-5x+4)=3(x-1)(x-4)$

2　＜小問集合＞

(1)　$y=2x-2$…①，$x-3y=11$…②
①を②に代入し，$x-3(2x-2)=11$，$x-6x+6=11$
$-5x=5$，$x=-1$…③
③を①に代入し，$y=2\times(-1)-2=-4$
よって，$x=-1$，$y=-4$

(2)　**接線は接点を通る円の半径と垂直に交わる**から，
∠ＯＡＢ＝90°－40°＝50°
ＯＡ＝ＯＢより，△ＯＡＢは**二等辺三角形**だから，
∠ＯＢＡ＝∠ＯＡＢ＝50°
∠ＡＯＢ＝180°－50°×２＝80°

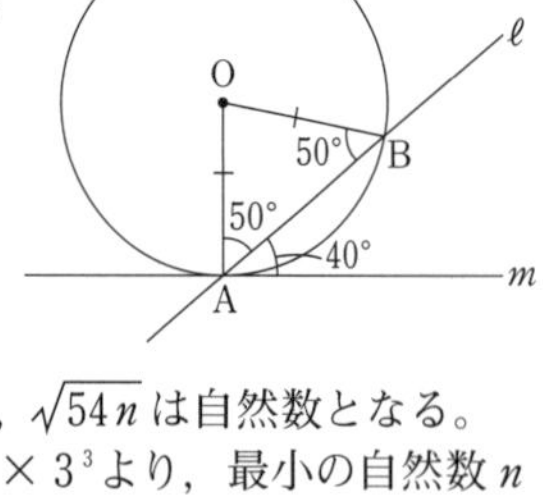

(3)　$54n$が自然数の２乗となるとき，$\sqrt{54n}$は自然数となる。
54を素因数分解すると，$54=2\times3^3$より，最小の自然数nは，$n=2\times3=6$

(4)　**(円すいの体積)＝$\frac{1}{3}$×(底面積)×(高さ)**
円すいＡの体積は，$\frac{1}{3}\times6^2\pi\times8=96\pi$ (cm³)
円すいＢについて，底面の半径は$6\times\frac{1}{2}=3$ (cm)
高さは$8\times3=24$(cm)である。
円すいＢの体積は，$\frac{1}{3}\times3^2\pi\times24=72\pi$ (cm³)
よって，体積比は，$96\pi:72\pi=4:3$

(5)　右の表より，すべての場合は36通り。
出る目の積が３の倍数になる場合は○で囲んだ20通り。
よって，確率は，$\frac{20}{36}=\frac{5}{9}$

大＼小	1	2	3	4	5	6
1	1	2	③	4	5	⑥
2	2	4	⑥	8	10	⑫
3	③	⑥	⑨	⑫	⑮	⑱
4	4	8	⑫	16	20	㉔
5	5	10	⑮	20	25	㉚
6	⑥	⑫	⑱	㉔	㉚	㊱

(6)　**(平均)＝(基準)＋(基準との差の平均)**
基準との差の平均は，
$\frac{+12-7-3+1-9+7+13}{7}$
$=\frac{14}{7}=2$ (個)　　よって，平均は，$100+2=102$(個)

(7)　ＡＢ間の距離を$x$kmとし，行きと帰りにそれぞれかかった時間の合計について立式する。
$\frac{x}{6}+\frac{x}{4}=5$　両辺を12倍し，$2x+3x=60$，$5x=60$
$x=12$　よって，ＡＢ間の距離は，12km

3　＜方程式・関数＞

(1)(ア)　**(体積)＝(底面積)×(高さ)**
$125\times5=625$ (cm³)
(イ)　a分後の容器の水の量はそれぞれ，
容器Ａが$625+125\times a=625+125a$ (cm³)
容器Ｂが$250\times a=250a$ (cm³)より，$625+125a=250a$
(ウ)　$625+125a=250a$，$125a=625$，$a=5$より，５分後。

(2)　容器Ａには，はじめに５cmの高さまで水が入っている。容器Ａの底面積は125cm²，毎分125cm³の水を入れるから，$125\div125=1$より，グラフの傾きは１で，水面の高さは１分間に１cmずつ高くなる。よって，
(０，５)，(５，10)，(10，15)，(15，20)，(20，25)
を通るグラフをかけばよい。

(3)　容器Ａについて，グラフの式は(2)より，傾きが１，切片が５だから，$y=x+5$
容器Ｂについて，容器Ｂの底面積は150cm²，毎分250cm³の水を入れるから，$250\div150=\frac{5}{3}$より，グラフの傾きは$\frac{5}{3}$である。また，グラフは原点を通るから，
グラフの式は，$y=\frac{5}{3}x$
Ａ，Ｂ２つの容器の水面の高さが等しくなるのは，
$\frac{5}{3}x=x+5$，$\frac{2}{3}x=5$，$x=\frac{15}{2}=7\frac{1}{2}$
よって，７分30秒後。

4　＜関数＞

(1)　$y=ax^2$にＢ(２，２)の座標を代入し，
$2=a\times2^2$，$2=4a$，$a=\frac{1}{2}$

(2)　直線ℓの式を$y=mx+n$とおき，２点Ａ，Ｂの座標をそれぞれ代入すると，
$8=-4m+n$…①
$2=2m+n$…②
①－②より，
$6=-6m$
$m=-1$…③
③を②に代入し，
$2=-2+n$，$n=4$
直線ℓの式は，$y=-x+4$
直線ℓとy軸との交点をＣとすると，
点Ｃは切片だから，Ｃ(０，４)
△ＡＯＢ＝△ＡＯＣ＋△ＣＯＢ
$=\frac{1}{2}\times4\times4+\frac{1}{2}\times4\times2=8+4=12$

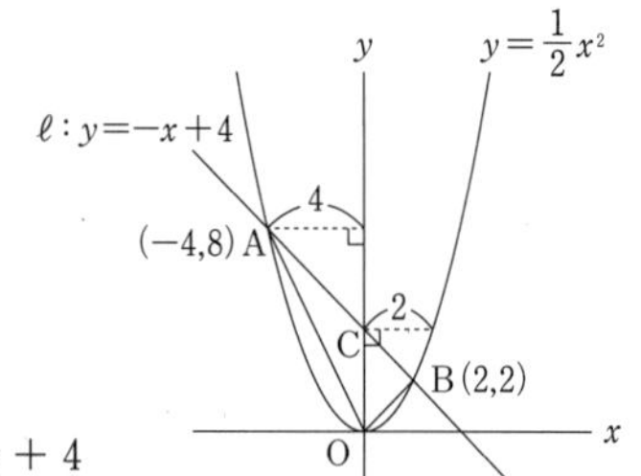

(3)　**平行線と面積の関係**より，
ＡＢ//ＰＯとなるとき，△ＡＰＢと△ＡＯＢの面積は等しくなる。
つまり，直線ℓと直線ＯＰの傾きは等しいから，
直線ＯＰの式は，$y=-x$である。
点Ｐは$y=\frac{1}{2}x^2$と直線ＯＰとの交点だから，
$\frac{1}{2}x^2=-x$，$x^2+2x=0$，$x(x+2)=0$，$x=0$，-2
これより，点Ｐのx座標は-2
点Ｐのy座標は，$y=-(-2)=2$
よって，Ｐ(－２，２)

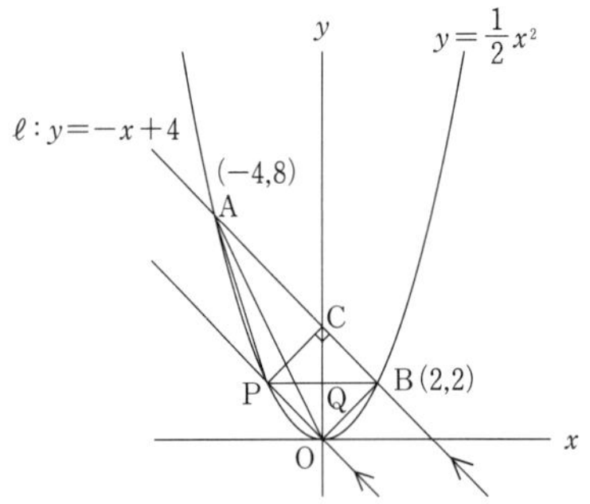

(4) 上図において，線分ＰＢとy軸との交点をＱとすると，△ＰＱＣ，△ＢＱＣは直角をはさむ２辺の長さが２，斜辺の長さ(ＰＣ，ＢＣ)は$\sqrt{2}\times2=2\sqrt{2}$の**直角二等辺三角形**である。∠ＢＣＰ＝90°より，求める立体の体積は，底面の半径がＰＣ，高さがＡＣの円錐の体積と底面の半径がＰＣ，高さがＢＣの円錐の体積の和である。

２点間の距離より，$AB=\sqrt{6^2+6^2}=\sqrt{72}=6\sqrt{2}$

$\frac{1}{3}\times(2\sqrt{2})^2\pi\times AC+\frac{1}{3}\times(2\sqrt{2})^2\pi\times BC$

$=\frac{1}{3}\times8\pi\times(AC+BC)$

$=\frac{1}{3}\times8\pi\times AB=\frac{1}{3}\times8\pi\times6\sqrt{2}=16\sqrt{2}\pi$

5 ＜空間図形＞

(1) △ＡＢＤは**直角二等辺三角形**だから，

$BD=\sqrt{2}AB=\sqrt{2}\times3\sqrt{2}=6$

右下図において，△ＯＢＤは**正三角形**，△ＯＢＨは**30°，60°，90°の三角形**だから，$OH=\sqrt{3}BH=3\sqrt{3}$

$\triangle OBD=\frac{1}{2}\times6\times3\sqrt{3}=9\sqrt{3}$

(2) **(角すいの体積)＝$\frac{1}{3}$×(底面積)×(高さ)**

正四角すいＯ－ＡＢＣＤの高さは(1)で求めたＯＨだから，

$\frac{1}{3}\times3\sqrt{2}\times3\sqrt{2}\times3\sqrt{3}=18\sqrt{3}$

(3) 問題の図において，△ＯＤＥ≡△ＯＢＥ(２組の辺とその間の角がそれぞれ等しい)，**高さが等しい三角形の面積比は，底辺の長さの比に等しい**から，

△ＯＤＥ：△ＯＦＥ

＝△ＯＢＥ：△ＯＦＥ

＝ＯＢ：ＯＦ＝６：４＝３：２

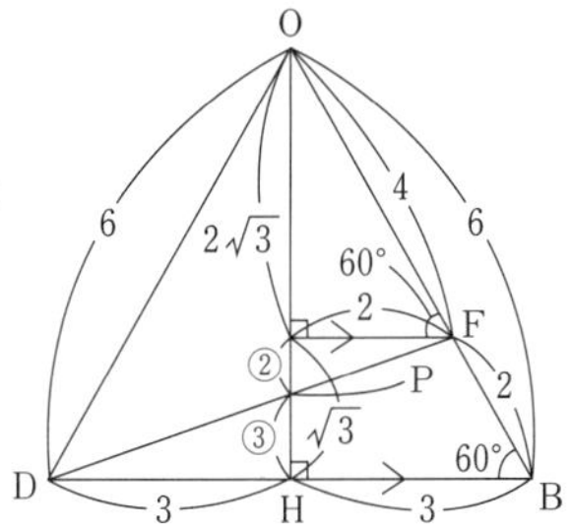

(4) 求める立体は面ＢＤＦで体積の等しい２つの立体ＤＢＣＧＦ，ＤＢＡＥＦにわけられる。

△ＯＢＤにおいて，

面ＤＥＦＧと線分ＯＨの交点をＰとすると，

$OP=2\sqrt{3}+\sqrt{3}\times\frac{2}{5}$

$=\frac{12\sqrt{3}}{5}$

$PH=\sqrt{3}\times\frac{3}{5}=\frac{3\sqrt{3}}{5}$

ＯＰ：ＰＨ

$=\frac{12\sqrt{3}}{5}:\frac{3\sqrt{3}}{5}$

＝４：１

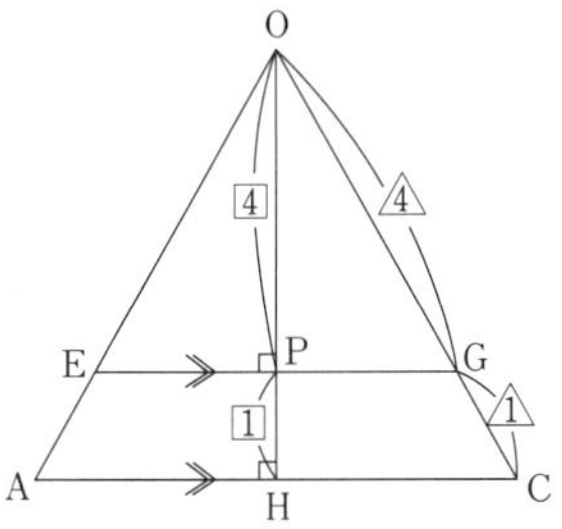

△ＯＡＣにおいて，

平行線と線分の比から，

ＯＧ：ＧＣ＝ＯＰ：ＰＨ＝４：１

また，△ＯＢＣにおいて，

四角形ＢＣＧＦは

△ＯＢＣの$\frac{7}{15}$倍。

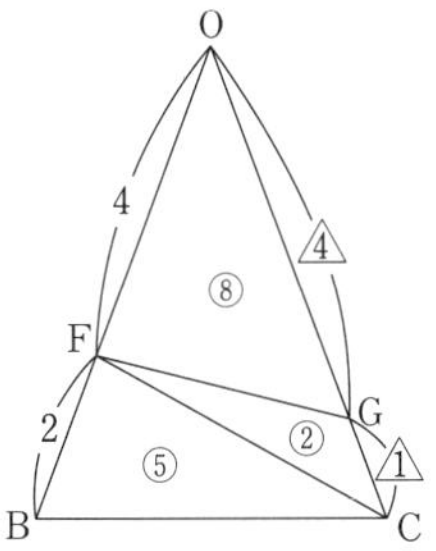

これより，求める立体の体積は，

正四角すいＯ－ＡＢＣＤの体積の

$\frac{1}{2}\times\frac{7}{15}\times2=\frac{7}{15}$(倍)

よって，$18\sqrt{3}\times\frac{7}{15}=\frac{42\sqrt{3}}{5}$

令和５年度　鹿児島実業高校入試問題　英　語

正答例

1　1 イ　2 エ　3 Friday
　4 イ→ア→ウ　5 (1) イ　(2) エ
　6 (例) I'm going to visit my uncle this Saturday.
　　(例) I will go to the library to study English.

2　1 イ　2 エ　3 イ　4 ウ　5 ア

3　1 エ，イ　2 イ，キ
　3 キ，ア　4 ア，キ　(各完答)

4　① ア　② エ

5　1① ア　② ウ　③ イ
　2(1) ア　(2) ウ　(3) イ
　(4) ④ イ　⑤ エ　⑥ オ　(完答)

6　1 ア→ウ→イ
　2 除草剤を使えば楽になるのに人々の健康のために佐藤さんは手作業で米を作っていたから。
　3 children / family
　4 エ　5 イ　6 ア
　7 (例) to make people happy
　　(例) that I make people happy

配点例

1　6　4点　他　3点×6	計22点
2～4　3点×11	計33点
5　2(4)　4点　他　3点×6	計22点
6　2，7　4点×2　他　3点×5	計23点

解　説

1 ＜聞き取りテスト＞

1　*Saki :* Mike, what do you like to do in your free time? *Mike :* I like to walk my dogs. *Saki :* Oh, do you have dogs? How many dogs do you have? *Mike :* I have two. I often take them for a walk in the park.

Ｓ：マイク，あなたはひまな時間に何をするのが好きなの？　Ｍ：僕は僕の犬を散歩させるのが好きだよ。　Ｓ：まあ，あなたは犬を飼っているの？　何匹の犬を飼っているの？　Ｍ：２匹飼っているよ。僕はよく彼らを公園に散歩をしに連れて行くよ。

2　*Haruto :* Hi, Meg. What are you doing? *Meg :* Hi, Haruto. I'm looking for my notebook. *Haruto :* What color is it? *Meg :* It's yellow. I need it for our math class.

Ｈ：やあ，メグ。何をしているの？　Ｍ：こんにちは，春斗。私は私のノートを探しているのよ。　Ｈ：それは何色なの？　Ｍ：黄色よ。私は数学の授業にそれが必要なの。

3　*Shota :* Anne, can you help me with my English homework? *Anne :* Sure. But I'm busy today. I can help you tomorrow. *Shota :* Tomorrow is Thursday, right? Sorry, I have soccer practice on Thursday. How about the day after tomorrow? *Anne :* That's fine.

Ｓ：アン，僕の英語の宿題を手伝ってくれる？　Ａ：もちろんよ。でも私は今日は忙しいの。明日はあなたを手伝うことができるわ。　Ｓ：明日は木曜日だよね？　ごめん，僕は毎週木曜日はサッカーの練習があるんだ。明後日はどうかな？　Ａ：大丈夫よ。

4　Last month, I visited my grandparents who live in a small village. This is a picture of their house. There are

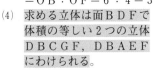

mountains and forests around the village. It's a beautiful place. But the young people of the village have left to work in the big cities, so half of the people in the village are now over 60. They want to tell lots of people about their village, so they made a website. The website shows the beautiful nature around the village. I hope that many people will visit the website.

先月，私は小さな村に住んでいる私の祖父母を訪ねました。これは彼らの家の写真です。村の周りには山と森があります。それは美しい場所です。しかし，その村の若者たちは大きな都市で働くために出て行ったので，村の人々の半分が今 60 歳を超えています。彼らは多くの人に彼らの村について伝えたいので，ウェブサイトを作りました。そのウェブサイトは村の周りの美しい自然を見せます。私はたくさんの人々がそのウェブサイトを訪れることを願っています。

5　Today, I'd like to talk about a restaurant near my house. The restaurant opens only on Friday evenings. It's a special restaurant for children who don't get enough to eat at home. Ms. Yamada cooks meals for the children. My mother often helps her too, so I started working there as a volunteer. At first, I was nervous because I didn't know what to do. Ms. Yamada said, "Akito, don't worry. Just sit down and talk with the children." Every Friday, I go to the restaurant and have a meal with them. Now I feel we are like a big family. I hope more people will open places like this.

今日，私は私の家の近くのレストランについて話したいと思います。そのレストランは金曜日の夕方だけ開きます。それは家で十分に食べられない子どもたちのためのレストランです。山田さんが子どもたちのために食事を作ります。私の母もよく彼女を手伝うので，私はボランティアとしてそこで働き始めました。初めは，私は何をすべきかわからなかったので緊張しました。山田さんは「明人，心配しないで。ただ座って子どもたちと話をして」と言いました。毎週金曜日，私はそのレストランに行って彼らと食事をします。今，私は私たちは大家族のように感じます。私はより多くの人々がこのような場所を開くことを願っています。

Question (1)：How often does the restaurant open?
（どのくらいの頻度でそのレストランは開きますか？）

Question (2)：Why was Akito nervous at first?
（なぜ明人は初め緊張したのですか？）

6　*Alex :* Sakura, why don't we go to a movie this Saturday? *Sakara :* I'd love to, but I can't. *Alex :* Oh, do you have plans? What are you going to do this Saturday? *Sakura :* (　　　　　　　　　　)

A：さくら，今度の土曜日に映画に行くのはどう？　S：とても行きたいけれど，行けないの。　A：おお，君は予定があるの？　今度の土曜日は何をする予定なの？　S：(正答例の訳) **私は今度の土曜日におじを訪ねる予定よ。**

2 ＜適語補充＞

1　純は今朝は朝食を食べ**ませんでした**。

2　これは店の中で**一番高価な**かばんです。
※ the + 最上級（～ est)：一番～
「expensive」のように比較的つづりの長い形容詞の場合，「the most ～」となる。

3　もし私がイルカ**だった**なら，海に住むのに。
※ If+ 主語 + 動詞の過去形，主語 + 助動詞の過去形 + 動詞の原形：もし～なら…するのに　【仮定法】

4　そのかばんは彼女にはあまりにも重すぎたので**持つことができなかった**。
※ too ～ to …：～すぎて…できない

5　A：何か飲むものはいかがですか？
B：**ありがとうございます**。

3 ＜並べかえ＞

1　**What kind of music do you like?**

2　**I'll do anything to make you smile.**

3　**It was surprising that he got angry about it.**

4　**Could you tell me the way to the post office?**

4 ＜適文選択＞

R：こんにちは，サム。私たちは明日音楽コンクールがあるわ。①**私は私たちがより上手に歌えることを願っているわ**。　S：うん，僕たちは最善を尽くすよ。　R：私たちのクラスはそのコンクールで一番目に歌うから，私は少し緊張しているの。　S：わかるよ。僕のクラスは君のクラスのすぐ後に歌うよ。　R：昨日，音楽の授業で，私たちの音楽の先生が「あなたたちは今では上手に歌うことができるよ」と言ったわ。そして今日，私たちは放課後の４時に教室で練習するつもりよ。　S：そうなんだね。僕たちは今朝音楽の授業があったよ。僕たちはそこで練習ができたよ。　R：あなたにとって日本語の歌を歌うのは難しい？　S：いいや，②**楽勝だよ**。僕はそれらを毎日聴いているよ。だから，僕はそれらをとても速く習得することができるんだ。今，僕はクラスメイトとそれらを歌うことが本当に好きだよ。　R：わかったわ。明日はコンクールを楽しみましょう。

5 ＜英文読解＞

1　いくらかの人々は友達を作ることは簡単ではないと感じている。いくらかの人々は他の人とうまくやっていけないのではないかとためらっている。友達を作る良い方法は何か？私たちはどうやって他の人たちと仲の良い友達になれるのか？　以下の助言は役に立つかもしれない。

まず，人々にあいさつをするとき，①**友好的で，いつもほほえんでいなさい**。笑顔は他の人と友達になるために最も大切なことだ。そして，礼儀正しくしなさい。他の人に頼みごとをするとき，「すみません」や「よろしければ」のような言葉であなたの頼みごとを始めなさい。彼らがあなたの頼みごとを受け入れた後に「ありがとう」と言うことを忘れてはいけません。②**他の人のために何かしなさい**。例えば，あなたが困っている人を見るとき，助けの手を貸してあげなさい。ほんの小さなことが彼らを幸せにするでしょう。

名前を覚えなさい。あなたが誰かを紹介されたとき，その人の名前を覚えるようにしなさい。多くの人々は彼らの耳に心地良い音楽は彼ら自身の名前の音だと言う。

③**他の人が言うことを注意深く聞きなさい**。彼らの考えや興味を理解しようとしなさい。あなたは彼らから何か大切なことを学ぶことができる。あなたが覚えておかなくてはならないもう一つの大切なことがある。あなたが他の人が言うことを聞くとき，彼らの目を見なさい。それは「私は注意深く聞

いています。私はあなたの言葉に興味があります」ということを意味する。

さあ，もっと多くの友達を作って，私たちの生活を楽しもう。

2 J：みんなは君に彼らの春休みについて伝えた？　M：①**ええ，伝えたわ**。私は彼ら全員に何をしたのかをたずねて，このグラフを作ったの。　J：それはおもしろいね。60人の生徒が勉強することを計画していたけれど，彼らのたった半数だけがそれを実際にしたね。　M：そうよ。それは旅行も同じだけれど，30人の生徒だけがもともと旅行の計画を持っていたの。　J：そして30人が慈善のために働く計画も立てたけれど，勉強や旅行のようではなく，それらの生徒の半数以上が彼らの計画を実行したね。　M：ええ。その生徒のほとんどが数学を学ぶ子どもたちを助ける慈善団体のために働いたのよ。そして，私はたくさんの生徒が春休みの間に道路を清掃することを手伝ったことに驚いたわ。ほんの15人の生徒だけが手伝う計画を立てていたけれど，50人の生徒が清掃計画のために集まったわ。　J：僕もそこにいたよ！　②**最も人気のあった活動は何？**　M：110人の生徒が彼らの家族と一緒の時間を過ごしたわ。　J：それは驚くことではないね。スポーツはどう？　M：それは多くの他の活動よりも人気がなかったわ。でもスポーツをして時間を過ごす計画をしたみんなが実際にしたわ。

(2) **ア**　何のスポーツが最も人気がありましたか？
イ　なぜ多くの生徒が彼らの家族との時間を過ごしたのですか？
エ　いつ生徒たちは彼らの友達との時間を過ごしましたか？

(3) **ア**　あなたは春休みの間にいくつの活動を計画しましたか？
ウ　あなたは春休みの間に何をしたいですか？
エ　あなたはいつ春休みの計画を立てましたか？

6 ＜長文読解＞

私は7月に私の学校の職場体験学習に参加した。私は，食べ物に興味があったので，農家を選んだ。私の友人の美穂もそれを選んだ。彼女は何の農業体験もしたことがなかったので，少し緊張していた。

私たちは農場に行き，佐藤夫妻と会った。彼らはとても親切で，3人の子どもがいた。彼らはとてもすてきな家族だった。私たちは彼らと彼らの田んぼの一つに向かった。佐藤さんは「私たちは米を育てるためにいろいろなことをしなければならない。今日は，私は君たちに簡単なことに挑戦してほしいんだ。ここにいくつかの雑草がある。私は君たちの手を使ってそれらを取り除く方法を見せるよ」と言った。雑草は稲穂と似ていたので，私たちには雑草を見つけることはとても難しかった。数時間働いた後，私たちはとても疲れて，佐藤さんに「雑草を取り除くもっと簡単な方法はあるのですか？」とたずねた。彼は「あるよ。私たちは除草剤を使うことができるよ」と言った。美穂は「それなら，なぜあなたは手を使って雑草を取り除くのですか？」とたずねた。彼は「それはより多くの時間がかかるけれど，私はこの方法が人々の健康のためにより良いと思うんだ」と答えた。①**私は彼の考えはすばらしいと思った**。佐藤夫人は「私たちはそれの世話をすることを楽しんでいたのよ。私はそれは私たちの②**子ども**のようだと思うの。お米でさえどれだけ私たちが愛しているか知っているわ。私はこれを信じているの」と言った。私は彼らは農業をとても愛しているのだと感じた。

翌日，私たちは渡辺さんを訪ねた。彼はたくさんの種類の野菜を育てている。私は彼が私の祖母の古い友人だと聞いて驚いた。私の祖母もまたいくらかの野菜を育てていて，私が中学生だったとき，彼女の仕事を手伝うのを楽しんだ。職場体験学習で，彼は「君たちのクラスで何人の生徒が農家になりたいかい？」とたずねた。「だぶん，数人の生徒がいます」と私は答えた。彼は「農家になりたい若者は多くはないことを知っている。だから今日は私は君たちに農業はすばらしい仕事だと伝えたいんだ」と言った。彼はほほえんで，「私が育てる野菜は店に行って，最終的に君たちの家に行くんだ。君たちの何人かはそれらを食べるかもしれない」と言った。彼は彼の仕事について話し続けた。「私は外国に私の野菜を輸出もしているんだ。③**私は他の国の人々も日本からの野菜を食べることを楽しんでいること**を誇りに思うよ。他の国からの人々がときどき野菜の育て方を学びに私のところに来るんだ。彼らはよく私に『おいしい野菜を育てるために大切なことは何ですか？』とたずねる。私はいつも温かい心が最も大切だと答えるよ。もし温かい心で君たちの野菜の世話をしたら，それらは美しくおいしくなるよ。野菜を育てるためには多くの時間と努力を要する。しかし，君たちの野菜がとてもよく育ったとき，君たちはうれしくなるだろう。」職場体験学習の最後に，彼は「私の野菜は私がどれだけ彼らのことを愛しているか知っているよ」と言った。私はその言葉を聞いたときに驚いた。私は④**佐藤夫人**が同じことを言ったことを思い出した。そして彼は「私は野菜を育てる多くの人に会い，君のおばあさんのような良い友達になったよ。私たちはいつもおたがいに助け合い，話すことを楽しんでいるよ」と言った。私もそう思った。そして，彼は私たちに「農家にならないかい？　君たちは，自分で育てた野菜を人々が食べるのを楽しむとき，幸せに感じるだろう」と言った。私は農業はおもしろいと思った。そして，私は将来農家になることを決めた。

1 **ア**　本文1～3行目　→　**ウ**　本文4，5行目　→**イ**　本文17～19行目

2 本文訳波線部参照。

4 **ア**　日本からの野菜はあまりにも高くて外国の人々は買えない
イ　日本の人々は多くの種類の野菜を食べることが好きだ
ウ　外国からの野菜は日本でとても人気がある

6 **ア**　**由美はおいしい野菜を育てることは大変なだけではなく，おもしろいということを学んだ。**
イ　由美は学校の職場体験学習に参加する前に農家になりたいと思った。
ウ　由美は渡辺さんが店に行って彼の野菜を売っていることを知った。
エ　由美は渡辺さんを訪ねて，彼女の祖母についてたくさん学んだ。

7 職場体験学習を通して，私はすばらしい農家の方たちから農業について本当に学びました。今，私は，農業は私たちの生活にとってとても重要で，それはすばらしい仕事だと思います。将来，私は彼らがするように野菜を育てるつもりです。私はたくさんの人が私の野菜で幸せになることを願っています。

鹿児島実業高校

令和５年度　鹿児島実業高校入試問題　社　会

正答例

[1] 問1　イ　問2　イ　問3　6℃
問4　イ
問5　（言語）エ　（系統名）ラテン系（完答）
問6　**英語**　問7　**華人**
問8　**モノカルチャー**　問9　**白豪主義**

[2] 問1　**紀伊**山地
問2　①　**海溝**　②　**液状化現象**
問3　③　**島根**　④　**韓国**（完答）
問4　カ　問5　オ　問6　イ
問7　**ヒートアイランド**現象
問8　（都市）**地方中枢都市**　（記号）ウ（完答）

[3] 問1　**安土桃山**
問2　ア　**宋書倭国伝**　イ　**ワカタケル**
問3　ア　**口分田**　イ　**公地公民**　問4　エ
問5　**奉公**　問6　**国司**　問7　ウ
問8　（人物名）**井原西鶴**　（時期）Ａ（完答）

[4] 問1(1)　Ｃ
(2)　**政府の収入を安定させるため。**（14字）
問2　ア　Ｂ　イ　**（第一次）護憲運動**（完答）
問3　ア　**平和主義**　イ　**教育基本法**

[5] 問1　エ　問2　**オンブズマン**制度
問3　イ
問4(1)　**イギリス，フランス，中国**（完答）
(2)　エ
問5　エ　問6　ア　問7　ウ　問8　エ
問9　**象徴**　問10　イ　問11　イ
問12　**再審**
問13　Ａ党　**3**　Ｂ党　**2**　Ｃ党　**1**（完答）
問14　イ　問15　**循環型社会**
問16　**マイナンバーカード**

配点例

[1]～[5]　各２点×50　計100点

解　説

[1] **＜世界地理＞**

問1　**ア**－オーストラリア，**ウ**－インドネシア，**エ**－日本。日本やインドネシアは，島国で離島も多いため，国土面積と比べて排他的経済水域の面積が広い。

問2　**イ**－**Ｂ**は乾燥帯の砂漠気候で見られる住居。砂漠気候の気温は場所によって大きく異なるが，日較差が非常に大きい。**ア**－熱帯の熱帯雨林気候，**ウ**－温帯の地中海性気候，**エ**－冷帯（亜寒帯）の地域で見られる。

問3　100 ｍ上がるごとに気温は0.6℃下がることから，標高０ｍの地点で30℃の場合，標高4,000 ｍの地点では30－（0.6×40）＝6℃になる。

問4　小麦の自給率が高い**ウ**が，世界有数の小麦の産地である**Ｇ**のフランス，野菜類や牛乳・乳製品の自給率が高い**イ**が，酪農が盛んな**Ｆ**のオランダ，野菜類や果実類の自給率が高い**エ**が，地中海式農業が行われている**Ｈ**のスペイン，残る**ア**が**Ｅ**のイギリス。

問5　**ア**～**ウ**はゲルマン系，**エ**はラテン系。ロシア語やポーランド語はスラブ系に分類される。

問6　インドは，ＩＣＴ関連産業が発達しているアメリカと，標準時が約半日ずれた位置にあるので，アメリカが夜間の間に，アメリカの企業の仕事を請け負うことでインドのＩＣＴ関連産業は大きく成長した。

問8　アフリカなどの工業化の進んでいない国々は貿易相手国からより安い価格で農産物を売るよう求められることがあったため，適正な価格で取引を行うことで生産者の生活と自立を支える**フェアトレード**という取り組みが世界で広がっている。

問9　現在は，イギリス以外のヨーロッパやアジア各地から移民が増加したことによって，多様な人々が共存し，それぞれの文化を尊重する**多文化社会**を築こうとしている。

[2] **＜日本地理＞**

問2　日本は，太平洋を囲む環太平洋地域の**変動帯**に位置しており，火山の活動が活発で地震の発生か多い。

問3　日本は，**Ｂ**の竹島の他に，沖縄県にある**尖閣諸島**の領有権を中国や台湾が主張しており，北海道にある**北方領土**（歯舞群島，色丹島，国後島，択捉島）をロシアに不法占拠されている。

問4　冬の季節風の影響で冬の降水量が多く，気温が低い⑦が日本海側の**Ｐ**，夏の季節風の影響で，温暖で雨の多い⑤が太平洋側の**Ｒ**，夏の暑さと冬の冷え込みが厳しく，降水量も比較的少ない⑥が中央部の**Ｑ**。

問5　**Ｘ**の鹿児島県では畜産が盛んであることから⑩は畜産，**Ｙ**の高知県では野菜の促成栽培が盛んであることから⑧は野菜，**Ｚ**の山梨県は果実の生産が盛んであることから⑨は果実。

問6　年間販売額が下がっている**イ**がデパート，**ア**－大型スーパーマーケット，**ウ**－コンビニエンスストア，**エ**－消費者向け電子商取引。

問8　地方中枢都市には他に，札幌，広島，福岡などがある。**ア**，**イ**，**エ**－政府によって指定を受けた人口50万人以上の都市である**政令指定都市**。

[3] **＜古代～近世まで＞**

問1　安土桃山時代に栄えた，豪華で壮大な文化を**桃山文化**という。

問2　倭の五王は，たびたび中国の南朝に朝貢し，国内での地位をより確かなものにするとともに，朝鮮半島の国々に対しても有利な立場に立とうとした。

問3　奈良時代，律令によって戸籍に登録された６歳以上の男女には口分田が与えられ，その人が死ぬと国に返すことになっていた（**班田収授法**）。しかし，人口増加とともに口分田が足りなくなり，朝廷は**墾田永年私財法**を出して，新しく開墾した土地の私有を認めた。これにより，土地と人々を国家が直接支配する**公地・公民**の原則はくずれ始めた。

問４　藤原氏によって，幼い天皇のかわりに政治を行う**摂政**や，成長した天皇を補佐する**関白**として政治を行う**摂関政治**が栄えたころ，唐風の文化をもとにしながら，日本の風土や生活，日本人の感情に合った**国風文化**が発展した。**ア**は**紀貫之**らがまとめ，**イ**には**紫式部**の「**源氏物語**」や**清少納言**の「**枕草子**」などがある。**エ**－**聖武天皇**のころ栄えた**天平文化**。

問５　鎌倉幕府の将軍は，武士に対して，以前から所有していた領地を保護したり，新しい領地をあたえたりした（**御恩**）。

問６　室町幕府第８代将軍足利義政のあとつぎをめぐって起きた**応仁の乱**後，家来が主人に打ち勝つ**下剋上**の状況が広がり，守護大名の家来が大名の地位をうばったり，守護大名が幕府から独立したりして，国を統一して支配する**戦国大名**が各地に登場した。

問７　豊臣秀吉が行った**太閤検地**や**刀狩**によって，武士と農民の身分の区別が明確になった（**兵農分離**）。**ウ**－五人組は江戸時代の制度であり，江戸幕府が犯罪の防止や年貢を安定的に取り立てるために行った。

問８　井原西鶴が活躍したのは17世紀後半から18世紀初めの**元禄文化**のころ。元禄文化は社会の安定と都市の繁栄を背景に，上方を中心に町人をにない手とする文化として栄えた。また，19世紀前半に庶民をにない手として江戸で栄えた文化を**化政文化**という。享保の改革は1716～45年。寛政の改革は1787～93年。天保の改革は1841～43年。

４　＜近代以降＞

問１⑴　明治政府は，江戸時代の年貢から収入を減らさない方針を採ったため，人々の税の負担は変わらず，各地で地租改正反対の一揆が起こり，1877年に地租を地価の３％から2.5％に引き下げた。

問２　藩閥をたおし，憲法に基づく政治をすることをスローガンとする運動を**護憲運動**という。**Ａ**－**五・一五事件**で暗殺された首相であり，これにより政党政治が終わった。**Ｃ**－明治時代に首相になっており，**立憲改進党**を結成した。**Ｄ**－陸軍・海軍・外務以外の大臣を立憲政友会の党員で構成する本格的な**政党内閣**を組織した。

問３　教育基本法によって，教育の機会均等，男女共学，義務教育などが定められた。

５　＜公民総合＞

問１　**エ**－条約を結ぶのは内閣。国会は内閣の結んだ条約の承認を行う。国会は，国権の**最高機関**であり，国の唯一の**立法機関**である。法律の制定や予算の審議・議決が主な仕事である。

問２　オンブズマンは，教育や福祉，環境，道路，交番など地方公共団体の取り組みについての，住民からのさまざまな苦情をしっかり調査して，改善すべき点を地方公共団体に勧告する。

問３　**イ**－日本のＧＤＰに占める国防費の割合は，**資料２**中で最も低い。**ア**－防衛関係費は1955年に比べて大幅に増加しているが，減少しているときもある。**ウ**－予算に占める防衛関係費の割合は戦後に近い頃のほうが高い。**エ**－日本の国防費は**資料１**中の他の国に比べて低く，対ＧＤＰ比も低い。

問４⑵　**エ**－国連加盟国は，総会の決定に従う義務はないが，安全保障理事会の決定には従う義務がある。**ア**－非常任理事国の任期は２年。**イ**－常任理事国は１か国でも反対すると決定できない**拒否権**を持っている。**ウ**－非常任理事国は10か国で構成。

問５　**ア**－利潤が増える見通しの企業の株式を買う人が増えると，株価は上がる。**イ**－株価は常に変動する。**ウ**－**エ**のため，その企業の利潤に関係なく，大きく上下する例も見られる。

問６　不景気のときに行う公開市場操作によって，生産が活発になって，景気は回復する。好景気のときには反対に，日本銀行が一般の銀行に国債などを売り，一般の銀行の資金量を減らすことで，銀行の企業への貸し出しの金利を上げ，企業はお金を借りにくくなり，生産が縮小されて，景気は後退する。

問７　**再生可能エネルギー**は，資源を確保する必要がなく，二酸化炭素を排出しないという利点があるが，現在の技術では発電費用が高い点や，太陽光発電や風力発電は電力の供給が自然条件に左右される点，地熱発電は周辺の自然や観光施設との共存といった点が課題である。

問８　**資料３**では，資格を男性に限定している点において，雇用の面での女性への差別を禁止した**男女雇用機会均等法**に違反している。**ア**－**団結権**，**団体交渉権**，**団体行動権**の**労働三権**を具体的に保障した法律。**イ**－労働条件についての最低基準を定めた法律。**ウ**－労働者と使用者の対立を調整し，両者の関係を正常にするための法律。**ア**～**ウ**を合わせて**労働三法**という。

問９　天皇は，国の政治についての権限を持たず，憲法に定められた**国事行為**だけを行う。天皇が国事行為を行うときは，内閣の助言と承認が必要で，国事行為の責任は内閣が担う。

問12　一つの内容について３回まで裁判を受けられることを**三審制**といい，裁判を慎重に行って間違った判決を防ぎ，人権を守るための仕組みである。

問13　ドント式では，各政党の得票数を１，２，３…の整数で割り，その数字の大きな順に定数まで各政党に配分する。

問14　国務大臣のすべてではなく過半数は必ず国会議員から選ばれる。**エ**の仕組みを**議院内閣制**という。

問16　マイナンバー（個人番号）制度とは，行政手続等における特定の個人を識別するための制度である。

令和５年度　鹿児島実業高校入試問題　理　科

正答例

[1] 問１　(入射角)　＜　(屈折角)　　問２　**1.5**(km)
問３　a　**節足**　　b　**甲殻**　　問４　**頭胸部**
問５　**北極星**(漢字指定)
問６　**地球の地軸の延長線上にあるため。**
問７　**CO_2**　　問８　**ア**

[2] Ⅰ　問１　**酢酸カーミンまたは酢酸オルセイン**
問２　**細胞同士の重なりを防ぐため。**
問３　**オ**　　問４　**③**
Ⅱ　問１　**ウ**　　問２　**エ**
問３ a　**えら**　　b　**皮ふ**
問４　**生活する環境に適応するように進化した。**

[3] Ⅰ　問１ a　**風化**　　b　**侵食(浸食)**
問２　**断層**　　問３　**ア**　　問４　**D**
問５　**イ**
Ⅱ　問１　**C**　　問２　**エ**　　問３　**1012**(hPa)
問４(1)　**80.1**(%)　　(2)　**4.5**(g)

[4] Ⅰ　問１　**融点**
問２(1)　**激しく**　　(2)　**広がる**
問３　**0.9**(g/cm³)　　問４　**ウ**
Ⅱ　問１　**イ，エ**(順不同・完答)　　問２　**⑤**
問３　$H_2SO_4 + Ba(OH)_2$
$\rightarrow BaSO_4 + 2H_2O$
問４　**ウ**

[5] Ⅰ　問１ a　**反対**　　b　**作用・反作用**
問２　**エ**　　問３　**0.7**(倍)
Ⅱ　問１　**ウ**
問２　(数値)**40**　(単位)Ω(完答)
問３　**イ**　　問４　**エ**
問５　**電磁誘導**(漢字指定)

配点例

[1]	問２，問６　３点×２	他２点×７	計20点
[2]	Ⅰ問２，Ⅱ問４　３点×２	他２点×７	計20点
[3]	Ⅰ問１　１点×２	他２点×９	計20点
[4]	Ⅱ問３，問４　３点×２	他２点×７	計20点
[5]	Ⅰ問２，問３　３点×２	他２点×７	計20点

解　説

[1]　**＜４分野総合＞**

問１　右図のように，小石で反射した光は，水面で屈折して観察者に届くので，観察者から小石は実際の位置より浅く見える。

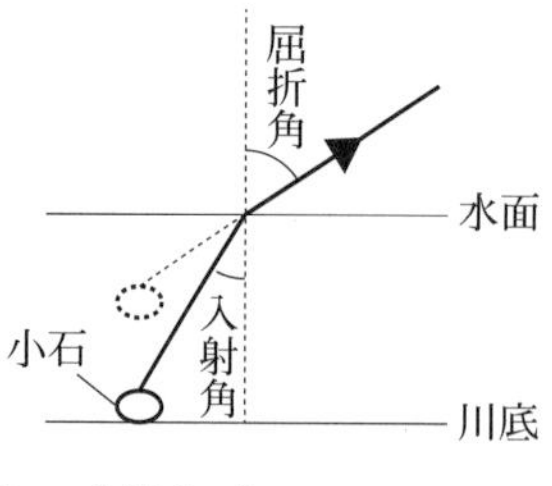

問２　**道のり〔km〕＝速さ〔km/s〕×時間〔s〕**
340×4.5＝1530〔m〕　1530〔m〕＝1.53〔km〕
よって，1.5 km

問７　炭(炭素)が完全燃焼したときの化学反応式は次のように表される。　$C + O_2 \rightarrow CO_2$

問８　炭が燃焼したときと**ア**は酸化，**イ**と**エ**は状態変化，**ウ**は再結晶。

[2]　**＜生命の連続性・いろいろな生物とその共通点＞**

Ⅰ問３　**図２のC部分はア→ウ→オ→イ→エの順で細胞分裂は進む。**

Ⅱ問１　**A**にはすべてのグループがその特徴をもつので**エ**，**D**にはホニュウ類のみ，その特徴をもつので**ア**が入る。「肺で呼吸をする」特徴から③には両生類，④には魚類が入る。魚類は「体表のほとんどがうろこでおおわれている」特徴をもつので，**C**には**ウ**が入る。よって，**B**には**イ**が入る。

問２　①にはハチュウ類が入る。カエル，イモリは両生類，カメ，ヤモリはハチュウ類，ハト，ニワトリは鳥類である。よって，**エ**が適当。

[3]　**＜大地の変化・天気の変化＞**

Ⅰ問４　石灰岩は，貝殻やサンゴなどが堆積してできた岩石で，うすい塩酸をかけると二酸化炭素が発生する。チャートは，海水中をただよっている小さな生物の殻が堆積してできた岩石，鉄のハンマーでたたくと鉄がけずれて火花が出るほどかたく，うすい塩酸をかけてもとけない。

問５　れき，砂，泥は，粒の大きさで分類されており，粒の大きいれきは海岸に近いところに堆積し，粒の小さい泥は海岸から遠いところ(沖)に堆積する。

Ⅱ問１，２　春と秋によく見られる移動する高気圧を，特に移動性高気圧という。**図のA**は，西高東低の気圧配置なので冬，**B**は，日本列島付近に停滞前線があるのでつゆ，**D**は，太平洋高気圧が北に勢力を広げているので夏の天気図とわかる。

問３　等圧線は，1000hPaを基準に，4hPaごとに実線で引かれ，20hPaごとに太線で引かれる。

問４(1)　**湿度〔%〕＝$\dfrac{1\,m^3\text{の空気にふくまれる水蒸気の質量〔}g/m^3\text{〕}}{\text{その空気と同じ気温での飽和水蒸気量〔}g/m^3\text{〕}}$×100**
露点が24℃なので，1 m³の空気にふくまれる水蒸気の質量は，**表**より，21.8 g。よって，湿度は$\dfrac{21.8}{27.2}\times 100 = 80.14\cdots$　したがって，80.1%
(2)　21.8−17.3＝4.5〔g〕

[4]　**＜身のまわりの現象・化学変化とイオン＞**

Ⅰ問１　液体が沸騰し始めるときの温度を沸点という。

問２　この変化によってロウの体積は大きくなる。ただし，ロウの粒子の数は変わらないので，質量は変わらない。

問３　**物質の密度〔g/cm³〕＝$\dfrac{\text{物質の質量〔}g\text{〕}}{\text{物質の体積〔}cm^3\text{〕}}$**
固体のロウの質量は，130.0−60＝70〔g〕
固体のロウの体積は，87.5−10.5＝77〔cm³〕
よって，固体のロウの密度は，$\dfrac{70}{77} = 0.90\cdots$
したがって，0.9 g/cm³

問４　固体のロウの密度は，液体のロウの密度より大きく，水の密度より小さいので，固体のロウは液体のロウにはしずむが，水には浮く。よって，**ウ**が適当。

Ⅱ問1　親指と人さし指でゴム球をおして，ピペットの先を液体に入れるのが正しいので**イ**は不適。液体が入ったままピペットの先を上に向けてはいけないので**エ**は不適。

問2　うすい硫酸は酸性，うすい水酸化バリウム水溶液はアルカリ性である。ＢＴＢ溶液は，酸性では黄色，中性では緑色，アルカリ性では青色を示す。

問4　硫酸に水酸化バリウム水溶液を加えていくと，ビーカー内に存在している水素イオンは，水酸化物イオンと結びついて水分子になり，硫酸イオンとバリウムイオンが結びついて硫酸バリウムになる。よって，水溶液中のすべてのイオンの数は減っていき，水溶液が中性になったとき，0となる。中性になった後，さらに水酸化バリウム水溶液を加えていくと，バリウムイオンと水酸化物イオンの数がふえていくので，水溶液中のすべてのイオンの数は，ふえていく。したがって，**ウ**が適当。

5　**＜運動とエネルギー・電気の世界＞**

Ⅰ問2　運動エネルギーと位置エネルギーを合わせた総量を力学的エネルギーといい，力学的エネルギーの総量は一定に保たれる。よって，**エ**が適当。

問3　点**A**での位置エネルギーを10，運動エネルギーを0とする。力学的エネルギーは保存されるので，点**B**での位置エネルギーは0，運動エネルギーは10と表せる。点**C**は最下点からの高さが0.30 mであり，点**A**の最下点からの高さの$\frac{0.30}{1.0}=0.3$〔倍〕であるから，点**C**での位置エネルギーは3，運動エネルギーは7と表せる。

よって，$\frac{7}{10}=0.7$〔倍〕

Ⅱ問1　電流の大きさが予想できないときは，一番大きい電流がはかれる5Aの－端子につなぐ。

問2　**抵抗〔Ω〕＝$\frac{\text{電圧〔V〕}}{\text{電流〔A〕}}$**

$\frac{4}{0.1}=40$〔Ω〕

問3　コイルに流れる電流の大きさが大きくなるとコイルのふれも大きくなる。よって，コイルに流れる電流の大きさが最も大きいもの，つまり回路全体の抵抗の大きさが最も小さくなるものを選べばよい。電熱線**A**の抵抗の大きさは，**図2**より，

$\frac{2}{0.1}=20$〔Ω〕　電熱線**A**を電熱線**B**にとりかえると抵抗の大きさが大きくなるので**ア**は不適。電熱線を直列につないだとき，回路全体の抵抗の大きさは各電熱線の抵抗の大きさの和に等しくなり，抵抗の大きさが大きくなるので**ウ**は不適。抵抗の大きさが変わらない**エ**も不適。よって，**イ**が適当。いっぱんに，並列回路全体の抵抗の大きさは，ひとつひとつの抵抗の大きさよりも小さくなる。

問4　発電機は磁界の中をコイルが回転することで電磁誘導により起電力が発生する装置である。

問5　電磁誘導のときに流れる電流を誘導電流という。

令和5年度　樟南高校入試問題　国　語

正答例

一　問一　a　**影響**　b　**採用**
　　　　c　**拒否**　d　**膨大**
問二　A　**イ**　B　**エ**
問三　Ⅰ　**時間の余裕**　Ⅱ　**相手の様子を読む**
問四　**イ**　問五　**ア**　問六　**Ⅲ**　問七　**ウ**

二　問一　a　**ちゅうざい**　b　**ぶなん**
　　　　c　**なまり**　d　**こうみょう**
問二　A　**エ**　B　**ア**　C　**カ**　D　**イ**
問三　(1)　**穴を埋めること**　(2)　**ウ**
問四　**イ**　問五　**エ**　問六　**若者（彼）**
問七　**自業自得**

三　問一　**女房**
問二　②　**わらいて**　⑥　**はじて**
問三　**エ**　問四　1　**下**　2　**上**
問五　**イ**　問六　**イ**　問七　**着たる**

四　問一　**こざとへん**　問二　**ウ**
問三　**イ**　問四　**エ**
問五　(1)　A　**お迎えになった（迎えられた）**
　　　　B　**お尋ねしたら（うかがったら）**
　(2)　**年齢**
　(3)　Ⅱ　**犬**　Ⅲ　**虎**　Ⅳ　**馬**

配点例

一	問一，問二　2点×6　他　3点×6	計30点
二	問三(1)，問七　3点×2　他　2点×12	計30点
三	問五，問七　3点×2　他　2点×7	計20点
四	2点×10	計20点

解　説

一　**＜論説文＞**

問二A　空欄前で，「電子メールは便利」で「これがなくてはビジネスは前に進まない」と述べているが，空欄後で「便利な社会になったとも思えない」とあるので，**逆接の接続詞「しかし」**が適当。

B　空欄前の「舞台上で役者が～引き寄せられる感じになる」を，「役者と～繰り返すことになる」と言い換えているため**言い換えの「つまり」**が適当。

問三　ネット社会の影響は，第二段落と第三段落で，電子メールを例に挙げて述べられている。

Ⅰ　第二段落に，「**時間の余裕**のあるとき」にメールを書いたり，読んだりすればよくなり，「自分の都合，相手の都合，双方に利益がある」とある。

Ⅱ　相手の都合を考えなくなった結果，「機会が減」ったことを探すと，「**相手の様子を読む**トレーニングを積まなくなる」とある。

問四　――部②の物言いはアルバイトの面接で見られる例である。このような物言いをする人は，「そこから延々と自分の興味を～困るばかり，ということがわかっていない」とあるので，相手が求めているもの

を読み取れないことに触れた**イ**が適当。

問五　――部③直前の指示語「これ」の内容を探す。指示語の内容は直前にあることが多く，ここでは第十六段落の「舞台上で～引き寄せられる感じになる」を指す。第十四段落の志ん生さんの喋りも踏まえる。

問六　「プロの場合～才能の世界というほかない」は，台詞術が簡単でないことを伝えている。そのことが本文中の「自在に心地よい～何万人に一人もいない」で表現されているため，これにつづく[Ⅲ]が適当。

問七　第二十段落に「間は～参加する時間」とあることから，本文の「間」は「時間」を意味する。**ア**は「空間」，**イ**は「隔たり」，**エ**は「距離」を意味する。

[二]　＜小説文＞

問二A　社が流されたのを受けて，すぐに建てなおさなければならないと考えているのである。

B　直前の「おーい，でてこーい」の叫びに「なんの反響もなかった」のと同様に，石に対しても「反響がなかった」ので，前と変わらないことを意味する「やはり」が適当。

C　「木を切って～まわりを囲った」あと，「村にひきあげた」ので，**添加の接続詞「そして」**が適当。

D　直前で「学者がやってきた」のをうけて，「もの好きなやじうまたちが現われ」たのである。

問三(1)　学者たちが穴について調べていたが，深さも反響についてもわからず「埋めてしまいなさい」と言ったことから考える。

(2)　**能ある鷹は爪を隠す**＝実力のある者ほど，それを表面に表さないということのたとえ。

触らぬ神に祟りなし＝面倒なことに余計な手出しをするな，というたとえ。

頭隠して尻隠さず＝悪事・欠点の一部を隠して全て隠したつもりでいる愚かさをあざける言葉。

問四　穴に原子炉のカスを捨てることについて，「数千年は絶対に地上に害は出ないと説明され」てなっとくしたことから，安全性を心配していたと考えられる。

問五　役人や作業員は「機密書類箱を捨て」る仕事をしに来たが，「ゴルフ」や「パチンコ」など仕事以外の話をしていることから，緊張感がないと読み取れる。

問六　――部④の前に，「**『おーい，でてこーい』と叫ぶ声を聞いた**」とあることから，この叫び声は，社が流されたあとにできた穴に向けたものであり，作業員は穴の底の世界にいると考えられる。

[三]　＜古文＞

（口語訳）ここ最近のことである，最勝光院が梅盛りである春に，特別な事情のある女性が一人，釣殿の辺りにたたずんで，花を見ていたが，男法師たちが，群れあって入ってきたので，風流心がないと思ったのだろうか，①帰ろうと出ていくのを，（女性が）着ている薄衣が，ことのほかに，黄ばみすすけているのを（男法師たちが）②笑って，

　花を見捨てて帰る③さるのこと

と④連歌をしかけたので，すぐさま，

　⑤里を見つめる犬が吠えるのに驚いて

と（上の句を）付けた。人々は⑥恥ずかしがって逃げて行った。この女性は，俊成卿の娘で⑦すばらしい歌人であったのだが，⑧目立たないように姿をみすぼらしくしていたのだ。

問一　男法師たちが入ってきたのを，風流心がないと思って帰ろうと出たのは，花を見ていた女房である。

問二②　語頭以外の**ハ行**は**ワ行**に直す。

⑥　「**ぢ・づ**」は「**じ・ず**」に直す。

問三③　「着たるうすぎぬの～黄ばみすすけたる」は女房の服装のことである。これを笑って，男法師が連歌をしかけたことをもとに考えるとよい。

⑤　――部⑤を含む句を付けたのは女房で，「打ち群れて」入ってきた男法師の様子を詠んでいる。

問四　「花を見捨てて（七音）／帰るさるまろ（七音）」「里守る（五音）／犬のほゆるに（七音）／驚きて（五音）」となる。

問五　――部⑥直前の「人人」は男法師のことである。男法師は女房のことを「さる」と馬鹿にして連歌をしかけたが，女房から自分のことを「犬」に例えたすばらしい返歌が来たため，恥ずかしくなったのだ。

問六　「いみじ」には，「はなはだしい，すばらしい，ひどい」の意味がある。

問七　みすぼらしい様子が描かれている箇所に着目すると，「着たるうすぎぬの～黄ばみすすけたる」とある。

[四]　＜雑問集合＞

問二　「ように」という語を用いてたとえているので，**直喩**が適当。

擬人法＝人でないものを人であるかのように表す表現技法。

倒置法＝主語と述語などを，普通の順序とは逆にする表現技法。

隠喩＝「～のような」などを用いないでたとえる表現技法。

問三　――部③と**イ**は上の漢字が動作で，下の漢字が目的語の関係にあるもの。**ア**，**エ**は上の漢字が下の漢字を修飾するもの。**ウ**は上に下の内容を否定する語がつくもの。

問四　――部④と**エ**は**打ち消しの助動詞**「ない」。「**ぬ**」に置き換えることができる。**ア**は形容詞「はかない」の一部，**イ**は形容詞，**ウ**は補助形容詞である。

問五(1)　**丁寧語**＝話し手が聞き手に対し敬意を表して，丁寧にいう言い方。現代語では「ます」「です」などの助動詞をつけていう。

尊敬語＝話し手が聞き手や話題の主の動作や状態などを高めて言い表すもの。

謙譲語＝話し手が自分または自分の側にあると判断されるものに関して，へりくだった表現をすることにより，相手や話中の人に対して敬意を表すもの。

(2)　文章の八，九行目の「年齢を重ねて初めて～たくさんあるのだ」に着目する。

令和５年度　樟南高校入試問題　数　学

正答例

1 (1) **13**　(2) **−4**　(3) $\mathbf{\frac{2}{3}}$
(4) **11.6**　(5) $\mathbf{\frac{5x+y}{12}}$　(6) $\mathbf{x^2+3x+4}$
(7) $\mathbf{8ab^2}$　(8) $\mathbf{4\sqrt{2}}$

2 (1) $\mathbf{x=-6}$　(2) $\mathbf{2(x-2y)^2}$
(3) $\mathbf{x=3,\ y=-1}$　(4) $\mathbf{x=-2,\ 6}$
(5) **1300**(円)　(6) **5，20**　(7) $\mathbf{y=\frac{5}{3}}$
(8) $\mathbf{\angle x=46^\circ}$　(9) **イ**

3 (1) $\mathbf{a=\frac{1}{4}}$　(2) $\mathbf{y=\frac{3}{2}x+10}$
(3) $\mathbf{\frac{1000}{3}\pi}$　(4) **7：3**

4 (1) **3**(cm)　(2) **2**(cm)
(3) **5：1**　(4) $\mathbf{\frac{3}{5}}$(cm²)

5 (1) $\mathbf{\frac{1}{3}}$　(2) $\mathbf{\frac{2}{3}}$　(3) $\mathbf{\frac{2}{9}}$

配点例

1，3，4　4点×16　　2，5　3点×12　　計100点

解　説

1 **＜計算問題＞**

(1) $17-9+5=8+5=13$

(2) $3-42\div6=3-7=-4$

(3) $\frac{3}{8}\div\frac{1}{4}-\frac{5}{6}$
$=\frac{3}{8}\times\frac{4}{1}-\frac{5}{6}=\frac{3}{2}-\frac{5}{6}=\frac{9}{6}-\frac{5}{6}=\frac{4}{6}=\frac{2}{3}$

(4) $4.7\times3-2.5=14.1-2.5=11.6$

(5) (与式)$=\frac{4(2x-5y)-3(x-7y)}{12}$
$=\frac{8x-20y-3x+21y}{12}=\frac{5x+y}{12}$

(6) (与式)$=2x^2+6x-(x^2+3x-4)$
$=2x^2+6x-x^2-3x+4=x^2+3x+4$

(7) (与式)$=6ab\times4a^2b^2\div3a^2b=\frac{24a^3b^3}{3a^2b}=8ab^2$

(8) (与式)$=\sqrt{2^2\times2}+\frac{10\times\sqrt{2}}{\sqrt{2}\times\sqrt{2}}-\sqrt{3^2\times2}$
$=2\sqrt{2}+\frac{10\sqrt{2}}{2}-3\sqrt{2}$
$=2\sqrt{2}+5\sqrt{2}-3\sqrt{2}=4\sqrt{2}$

2 **＜小問集合＞**

(1) $6x-15=8x-3$，$-2x=12$，$x=-6$

(2) (与式)$=2(x^2-4xy+4y^2)=2(x-2y)^2$

(3) $x-2y=5$…①，$3x-y=10$…②
①−②×2より，$-5x=-15$，$x=3$…③
③を①に代入し，$3-2y=5$，$2y=-2$，$y=-1$
よって，$x=3$，$y=-1$

(4) 和が−4，積が−12となる2数は2と−6
$x^2-4x-12=0$，$(x+2)(x-6)=0$
$x=-2,\ 6$

(5) 商品の定価をx円とすると，定価の7％引きは91円であることが読み取れるから，$\frac{7}{100}x=91$，$x=1300$
よって，商品の定価は，1300円
※商品の購入代金について，
$x+x=x+\frac{93}{100}x+91$と立式してもよい。

(6) $500-20n=20(25-n)=2^2\times\underline{5\times(25-n)}$
nは自然数であることと，下線部より，
$500-2n$がある自然数の2乗となるのは，
$25-n=5$または$25-n=5\times2^2$のときである。
よって，$n=5,\ 20$

(7) 反比例より，$xy=a$（aは比例定数）
$a=-5\times3=-15$より，$y=-\frac{15}{x}$
これに$x=-9$を代入し，$y=\frac{-15}{-9}=\frac{5}{3}$

(8) BC//DEより，

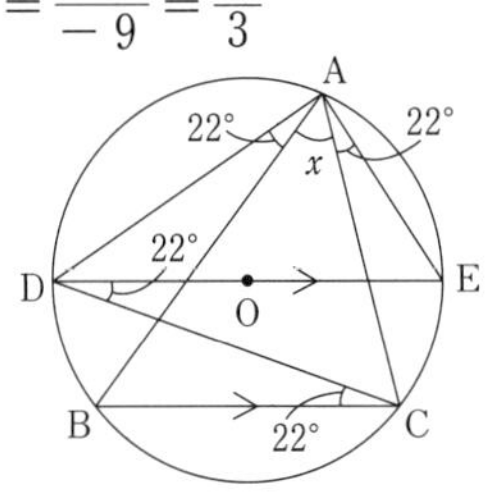

平行線の錯角は等しいから，
∠BCD＝∠EDC＝22°
等しい弧に対する円周角は等しいから，
∠BAD＝∠BCD＝22°
∠EAC＝∠EDC＝22°
半円の弧に対する円周角は90°より，∠EAD＝90°
$\angle x=90^\circ-22^\circ-22^\circ=46^\circ$

(9) **平均値＝$\frac{\text{データの値の合計}}{\text{データの総数}}$**より，
$\frac{5+5+8+10+10+11+11+11+13+16}{10}$
$=\frac{100}{10}=10$(本)
中央値…データを値の大きさの順に並べたとき，真ん中にくる値。データの数が偶数のときは真ん中の２つの値の平均値。
中央値は，データの値の小さい方から5番目と6番目の値の平均値だから，$\frac{10+11}{2}=10.5$(回)
最頻値…データの中で最も多く出てくる値。
最頻値は，11回
(平均値)＜(中央値)＜(最頻値)より，答えはイ

3 **＜関数＞**

(1) $y=ax^2$に点Aの座標を代入し，
$4=a\times(-4)^2$，$4=16a$，$a=\frac{1}{4}$

(2) 直線ABの式を$y=mx+n$とおき，2点A，Bの座標をそれぞれ代入すると，
$4=-4m+n$…①，$25=10m+n$…②
②−①より，$21=14m$，$m=\frac{3}{2}$…③
③を①に代入し，$4=-4\times\frac{3}{2}+n$，$4=-6+n$
$n=10$　よって，直線ABの式は，$y=\frac{3}{2}x+10$

(3) 右下図において，点Bからy軸に下ろした垂線との交点をHとすると，求める立体の体積は，底面の半径がBH＝10，高さがOH＝25の円錐の体積から底面の半径がBH＝10，高さがEH＝15の円錐の体積をひけばよい。
$\frac{1}{3}\times10^2\pi\times25-\frac{1}{2}\times10^2\pi\times15$
$=\frac{1}{3}\times10^2\pi\times(25-15)=\frac{1}{3}\times10^2\pi\times10=\frac{1000}{3}\pi$
よって，求める立体の体積は，$\frac{1000}{3}\pi$

(4) △AOD＝△BDCより，
△AOD＋△OCD
＝△BDC＋△OCD
△AOC＝△BOC
平行線と面積の関係より，
AB//OCだから，
直線OCの式は，$y=\frac{3}{2}x$
点Cは関数$y=\frac{1}{4}x^2$と
直線OCとの交点だから，
$\frac{1}{4}x^2=\frac{3}{2}x$が成り立ち，
条件より，C(6，9)

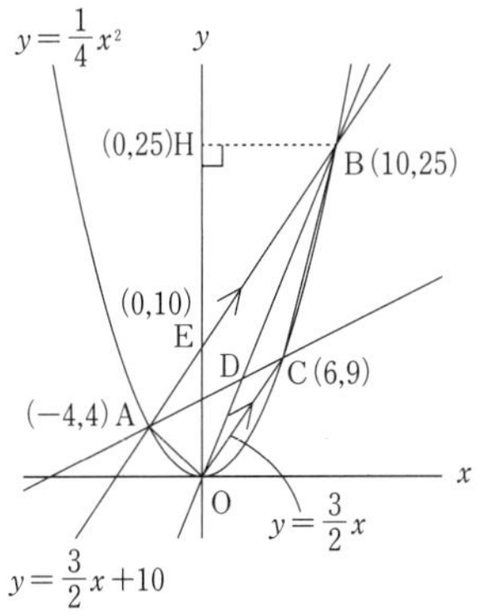

△ADB∽△CDO（2組の角がそれぞれ等しい）より，
AB：CO＝AD：CD…①

高さが等しい三角形の面積比は，底辺の長さの比に等しいから，△ＢＡＤ：△ＢＤＣ＝ＡＤ：ＣＤ…②
①，②より，△ＢＡＤ：△ＢＤＣ＝ＡＢ：ＣＯ
２点間の距離より，
$AB=\sqrt{(10+4)^2+(25-4)^2}=\sqrt{637}=7\sqrt{13}$
$CO=\sqrt{6^2+9^2}=\sqrt{117}=3\sqrt{13}$
△ＢＡＤ：△ＢＤＣ＝$7\sqrt{13}:3\sqrt{13}=7:3$

4 ＜平面図形＞
(1) △ＡＢＣにおいて，**三平方の定理**より，
$AC=\sqrt{BC^2-AB^2}=\sqrt{5^2-3^2}=\sqrt{9}=3$ (cm)
(2) △ＡＤＥ≡△ＡＢＣより，ＡＤ＝ＡＢ＝４ (cm)
ＡＥ∥ＢＣより，**平行線の同位角は等しい**から，
∠ＥＡＤ＝∠ＡＦＢ＝90°
また，△ＡＢＣ∽△ＦＡＣ（２組の角がそれぞれ等しい），
ＡＣ：ＡＢ：ＢＣ＝３：４：５より，

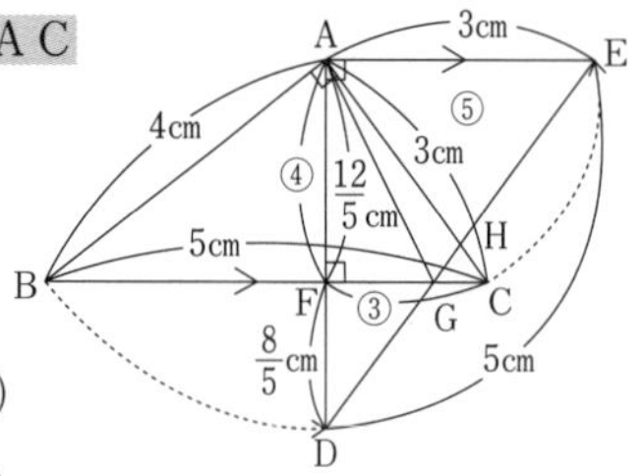

$AF=3\times\frac{4}{5}=\frac{12}{5}$ (cm)
$FC=3\times\frac{3}{5}=\frac{9}{5}$ (cm)
$DF=AD-AF=4-\frac{12}{5}=\frac{8}{5}$ (cm)
平行線と線分の比から，
$DG:DE=DF:DA=\frac{8}{5}:4=2:5$
$DG=5\times\frac{2}{5}=2$ (cm)
(3) △ＦＤＧ∽△ＡＤＥ（２組の角がそれぞれ等しい）より，
$FG:AE=2:5$，$FG:3=2:5$，$FG=\frac{6}{5}$ (cm)
$CG=FC-FG=\frac{9}{5}-\frac{6}{5}=\frac{3}{5}$ (cm)
△ＡＨＥ∽△ＣＨＧ（２組の角がそれぞれ等しい）より，
$AH:CH=AE:CG=3:\frac{3}{5}=5:1$
(4) (3)より，ＡＨ：ＨＣ＝５：１，ＡＨ：ＡＣ＝５：６
高さが等しい三角形の面積比は，底辺の長さの比に等しいから，
$\triangle AGH=\frac{5}{6}\triangle AGC=\frac{5}{6}\times\frac{1}{2}\times\frac{3}{5}\times\frac{12}{5}=\frac{3}{5}$ (cm^2)

5 ＜確率＞
(1) １秒後→２秒後とすると，すべての場合は Ｂ→Ａ，Ｂ→Ｃ，Ｂ→Ｆ，Ｄ→Ａ，Ｄ→Ｃ，Ｄ→Ｈ，Ｅ→Ａ，Ｅ→Ｆ，Ｅ→Ｈの９通りで，条件を満たすのは，下線部の３通り。よって，確率は，$\frac{3}{9}=\frac{1}{3}$
(2) すべての場合は３×３×３＝27(通り)
三角形とならない(線分となる)のは，１秒後→２秒後→３秒後とすると，Ｂ→Ａ→Ｂ，Ｂ→Ｃ→Ｂ，Ｂ→Ｆ→Ｂ，Ｄ→Ａ→Ｄ，Ｄ→Ｃ→Ｄ，Ｄ→Ｈ→Ｄ，Ｅ→Ａ→Ｅ，Ｅ→Ｆ→Ｅ，Ｅ→Ｈ→Ｅの９通り。よって，確率は，$1-\frac{9}{27}=\frac{18}{27}=\frac{2}{3}$
(3) すべての場合は３×３×３×３＝81(通り)
図形が三角すいとなるのは，結んだ４つの点がすべて異なり，かつ，４つの点のうちいずれか１つの点が他の３点を含む平面上にない場合である。例えば，１秒後に頂点Ｂにある場合，三角すいとなるのは，１秒後→２秒後→３秒後→４秒後とすると，Ｂ→Ａ→Ｄ→Ｈ，Ｂ→Ａ→Ｅ→Ｈ，Ｂ→Ｃ→Ｄ→Ｈ，Ｂ→Ｃ→Ｇ→Ｈ，Ｂ→Ｆ→Ｅ→Ｈ，Ｂ→Ｆ→Ｇ→Ｈの６通り。同様に，１秒後に頂点Ｄ，Ｅにある場合も６通りずつあるから，求める確率は，$\frac{6\times3}{81}=\frac{18}{81}=\frac{2}{9}$

令和５年度　樟南高校入試問題　英　語

正答例

1 1 エ　2 イ　3 ウ　4 ウ　5 ア
2 1 オ，ウ　2 ア，カ　3 オ，エ
4 イ，オ　5 オ，カ　(各完答)
3 1 have to　2 so that
3 There are　4 when born
5 didn't anything　(各完答)
4 【A】問1 イ　問2 ア　問3 ウ
【B】問1 ア　問2 ウ　問3 イ
5 1 エ　2 イ　3 カ
4 ア　5 ウ
6 問1 ウ　問2 in　問3 ウ
問4 different　問5 B
問6 誕生日の前日に，徹夜で話をすること。
問7 ア，ウ　(完答)
問8 best friends
7 問1 エ
問2 何かお祝いの品をもらったら，感謝の意を込めてお返しをおくること。
問3 (3) for　(5) makes / helps
問4 Japanese summer kimonos
問5 they eat (get / have) Agnes' pumpkin pies (homemade sweets)
問6 イ，オ　(順不同)

配点例

1～5	2点×26	計52点
6，7	3点×16	計48点

解　説

1 ＜適語選択＞
1 私の父は今北海道にいます。
2 彼女は何歳ですか？ — 彼女は15歳です。
3 桜島はあなたの教室から見られます。
※ be動詞＋動詞の過去分詞：受け身
4 彼女は彼女のクラスの他のどの生徒より上手にピアノを弾きます。
5 山崎先生は私たちに明日は昼食を持ってくるように言いました。
※ tell ＋人＋ to ～：人に～するように言う

2 ＜並べかえ＞
1 I go to school by bus every morning.
※ by ～：(移動手段)で
2 I know the lady who is reading a book
※ who：関係代名詞の主格
3 I stayed home to take care of my dog.
※ take care of ～：～の世話をする
4 Eating too much isn't good for your health.
5 The picture taken by my brother is on the wall.
※過去分詞の後置修飾

3 ＜適語補充＞
1 ・私はこの高校に入るために熱心に勉強しなくてはいけません。
※ must ～＝ have to ～：～しなければならない
2 ・彼はあまりにも若すぎて車の運転ができない。
・彼はとても若いので車の運転ができない。
※ too ～ to …：～すぎて…できない
※ so ～ that …：とても～なので…
3 ・１週間には７日間ある。

※ There are (is) ～：～がある／いる

4 ・あなたは彼の誕生日を知っていますか？

・あなたは彼の誕生日が**いつなのか**知っていますか？

※ 疑問文が別の文の中に入ると，語順は「疑問詞＋主語＋動詞」になる。 【間接疑問文】

5 ・私の兄はそれについて**何も**理解**しませんでした**。

※ nothing：何も～ない

※ not ～ anything：何も～ない

4 ＜英文読解＞

【A】 たくみは読書が好きだ。彼は猫についての本を読む。彼らは高い木に登ることができる。彼は犬についての本を読む。彼らはうれしいときにしっぽを振る。彼は魚についての本を読む。彼らは海で泳ぐ。たくみは多くの本を読む。

問1 たくみは何をすることが好きですか？

ア 魚釣りをすること

イ **読書をすること**

ウ 遊ぶこと

問2 たくみは何について読みますか？

ア **動物** イ おもちゃ ウ 学校

問3 この話に良いタイトルは何ですか？

ア ペットにとって良い家

イ 猫とネズミゲーム

ウ **たくみが読む本**

【B】 今までにウサギを見たことがありますか？ ウサギは色がたくさんあります。彼らの毛は茶，黒，白，または灰色の場合があります。ウサギは遠くからの音を聞くのを助けるための長い耳を持っています。ウサギは野生動物，もしくはペットになる場合があります。野生のウサギは地面の穴に住んでいます。ペットのウサギは人々と一緒に家の中で暮らしています。

問1 ウサギの長い耳はそれ（ウサギ）が何をすることを助けるか？

ア **遠くの音を聞くこと**

イ 地面に穴を掘ること

ウ 遠くのものを見ること

問2 ウサギが住むことができる２つの場所はどこか？

ア 陸上と海中

イ 人々の家の中と木の上

ウ **地面の穴の中と人々と一緒の家の中**

問3 この話に良いタイトルは何か？

ア 色 イ **ウサギ** ウ 野生動物

5 ＜対話文表現＞

里香はベッドにいる。彼女の夫は出張中だ。彼女は家に一人でいる。

P：警察です。 R：（小声で話している）もしもし，私は樟南通り 2900 番地に住んでいます…。 P：[1]**大きな声で話してくれませんか？** R：あまり大きな声では話せないんです。誰かが私の家の中にいて，台所を歩き回っているんです。 P：[2]**あなたはどこに住んでいると言いましたか？** R：樟南通り 2900 番地です。 P：誰かがすぐにそこに行きます。電話を切らないで。 R：なんてこと！ [3]**誰かが私の部屋の前に来ています**。 P：奥さん？ K：里香？ R：まあ，健。あなたなのね！ P：奥さん？ R：（電話に話している）まあ，本当にごめんなさい。それは私の夫でした。つまり，それが夫でよかったです。迷惑をかけてすみません。 P：[4]**問題ありませんよ**，奥さん。おやすみなさい。 K：もし君をこわがらせてしまったなら，すまない。 R：あなたは本当に私をこわがらせたわ。あなたは明日帰ってくる予定だと言ったじゃない。 K：ええと，僕は一日早く仕事が終わったんだ。 R：[5]**なぜ電話しなかったの？** K：君を驚かせたかったんだ。

オ どういたしまして。

キ あなたは何をしたのですか？

6 ＜長文読解＞

ケイティとアリスは双子だった。彼女たちはとても似ていた。彼女たちはほとんど鏡を見ている一人の人を見ているようだった。彼女たちは話し方でさえも同じだった。彼女たちは親友だった。

しかし，その双子の性格は違っていた。アリスはスポーツを好み，サッカーのスター選手だった。ケイティは外国語を好み，英語とフランス語の二つの言語を使えた。ケイティはフランスでのサマーキャンプに参加することを決めた。アリスはフランス語**に**(1)興味がなかったので行かなかった。しかし，ケイティが彼女から離れて夏を過ごしたがったので，(2)**彼女は怒っていた**。

２か月後，ケイティが戻ってきた。アリスは彼女の姉妹に会いに空港に行った。しかし，アリスがケイティを見たとき，彼女は驚いた。ケイティは今ではフランス語を話し，とても(3)**違って**見えた！ 彼女はすばらしい服を着て，背がもっと高く見えた。アリスは彼女の隣でとても小汚く感じた。彼女はただ古いＴシャツを着ていて，彼女の髪はボサボサに見えた。

アリスがケイティにフランスについてたずねたとき，ケイティは多くを語らなかった。過去には，彼女たちはいつもおたがいにすべて話したものだった。今，彼女たちの間には大きな隔たりがあった。B**１週間以上，その姉妹は全く話さなかった**。

１か月後，双子の誕生日だった。彼女たちの人生ではずっと，一つの(4)**ルール**があった。彼女たちの誕生日の前に，彼女たちは一晩中話をした。その夜，アリスはケイティの寝室に入ってきた。

「最近あなたとあまり話さなくてごめんなさい」とケイティが言った。

「わかっているわ。あなたは今新しい友達がいるのね」とアリスは怒って言った。

ケイティは「私のフランス人の友達は今はあまり私に手紙を書かないの。初めは，私は彼らは私の故郷の友達より，もっとわくわくすると思っていたわ。でも私は間違っていた。あなたは私の姉妹で，いつも私の親友だわ」と言った。

アリスは「私もごめんなさい。私は私たちの関係が永遠に同じであってほしかったの。でも(5)**双子が違った興味を持つことはあたりまえだわ**。私たちはいつでも一緒にいなくても親友だわ」と言った。

問1 ア 彼女たちは同じように話した。

イ 彼女たちはおたがいの親友だった。

ウ **彼女たちは同じ興味を持っていた。**

問2 be interested in ～：～に興味がある

問3 ア ケイティがスポーツが好きではなかったから。

イ ケイティが彼女をフランスに招待しなかったから。

ウ **ケイティが夏に出かけたから。**

エ ケイティがフランス語を話し始めたから。

問6 本文訳波線部参照。

7 ＜長文読解＞

日本は贈り物が日々の習慣の国です。誰かをたずねるとき，私たちは招待された感謝を示すため，もしくは私たちが彼らに会えて(1)**どれだけ**うれしいかを示すために，小さな贈り物であるお土産を持って行く必要があります。私たちが外国に行くとき，その経験を共有するために仕事や家のみんなのために小さな贈り物を持って帰ることは当たり前です。

夏には，たくさんの人が一年の中間の贈り物であるお中元を送り，年末には年末の贈り物であるお歳暮を私たちの祖父母や両親，友人に送ります。日本は女性が男性にチョコレートを贈るバレンタインデーと，そして男性がお返しに女性に小さな贈り物をするホワイトデーも祝います。母の日は母親に花を送るための大事な日で，父の日には父親はしばしば小さな贈り物をもらいます。

あなたがある地域に引っ越すとき，「こんにちは」と言うためにあなたの近所の人に小さな贈り物をあげるのは当たり前です。結婚式のために，日本人はそのカップルを祝うために贈り物かお金をあげ，そのカップルはお返しに感謝の品を送ります。出産祝いにも(2)**同じこと**が言えます。もし誰かあなたの赤ちゃんに贈り物をしたら，あなたは感謝を示すために何かをお返しする必要があります。

私は自分がいつも贈り物(3)**を**探していることに気づきます。私が中国とアメリカに旅行するとき，私の友人や家族のための贈り物を見つけることはいつも大きな問題です。ときどき，私のかばんは日本を出発するときに贈り物で半分が埋まります。私が日本に帰ってくるときにも，同じことが起こります。私は，いろいろな人々と小さな異なる文化を共有することで，一緒に文化を運んでいるように感じます。もしあなたが外国に住む友人や日本を訪れる誰かに日本の贈り物を持って行かなくてはならないなら，2，3の提案があります：中国人へは，抹茶が含まれているものならなんでもたくさんの笑顔をもたらします。抹茶チョコレート，抹茶ケーキ，そして抹茶の粉。アメリカ人はホワイトチョコレートのクッキー，ソフトキャンディー，そしてお米のクラッカーであるせんべいが好きです。

ある夏，私は私の息子の友人に日本の夏の着物を日本からの贈り物としてあげました。彼らはそれらをとても気に入り，いまだに(4)**それら**を持っています。要は，彼らに何か日本のことを思い出させるものをあげることです。彼らがそれを見るとき，それは良い思い出を思い出(5)**させる**でしょう。

私の周りの友人は，私が彼らに手作りのお菓子をあげるときに一番私に感謝します。私が毎年感謝祭であげるかぼちゃパイはとても人気で，それを食べたみんながそれをもっとほしがります！　毎年，私は10個以上のパイを焼きます。

私は贈り物をあげることは私たちの愛と感謝を示すことだと思います。私たちが誰かに何かをあげるとき，私たちは幸せに感じます。大切なことはお金ではなく，その贈り物の裏側にある気持ちです。それはとてもすてきな習慣で，私はそれを一生続けるつもりです。

問5　質問　感謝祭でいつアグネスの友人はとても喜びますか？

答え　彼らは**アグネスのかぼちゃパイを食べる**ときにとても喜びます。

問6　ア　アグネスは中国の人々はホワイトチョコレートクッキーやせんべいのような贈り物をもらうことが大好きだと知っている。

イ　**アグネスが外国から日本に帰ってくるとき，彼女はいつも彼女の友人や家族のためにたくさんの贈り物を買う。**

ウ　アグネスは，私たちは他の人に何かをあげるときよりも何かをもらうときの方がより幸せに感じると思っている。

エ　アグネスはあなたの感謝を示すために何かをお返しする必要があるとは思っていない。

オ　**感謝祭で，アグネスは毎年彼女の友人たちのためにかぼちゃパイを焼く。**

令和５年度　樟南高校入試問題　社　会

正答例

1　問1　イギリス　問2　サヘル
問3　い　問4　**北大西洋海流**
問5　く　問6(1)　ＩＣＴ　(2)　え
問7　う　問8　**世界保健機関**
問9　お　問10　え　問11　か

2　問1　え　問2　やませ　問3　**冷害**
問4　あ　問5　え

3　問1　い　問2　**外様大名**
問3　**征夷大将軍**　問4　**禁中並公家中諸法度**
問5　**徳川家光**　問6　お
問7　**参勤交代を軽減する**
問8　**株仲間**　問9　え　問10　a

4　問1　1　**犬養毅**　2　**人権**　3　**南北**
問2　**殷**　問3　**五・一五事件**
問4　**フランス革命**　問5　え

5　Ⅰ　問1　1　**解散**　2　6　問2　お
問3　う　問4　え
Ⅱ　問5　あ　問6　**天然ガス**　問7　い

6　Ⅰ　問1　**独占禁止**　問2　あ　問3　い
Ⅱ　問4　**消費者契約**　問5　え
Ⅲ　問6　い　問7　う
問8　**円安の下，円でもらった賃金をドルに換算すると目減りするから。**（30字）

配点例

1～6　2点×50　計100点

解　説

1　<世界地理>

問1　イギリスは，0度の経線である**本初子午線**が通っていることから，経度15度ごとに1時間の時差が生じるので，日本との時差は135 ÷ 15 ＝ 9時間。首都のロンドンの人口が最も多く，暖流の**北大西洋海流**とその上をふく**偏西風**の影響を受け，同緯度の地域に比べて比較的温暖。インドの首都のデリーや，エジプトの首都カイロは偏西風の影響を受けない。アメリカは，日本との時差が10時間以上で，人口が最も多い都市はニューヨーク。

問3　インドやアメリカは綿花の生産が盛ん。小麦はインドでは北部，アメリカでは中部から北部，茶は中国やインドの北東部，ケニアなど，カカオはアフリカや南アメリカ，インドネシアで生産が盛ん。

問5　年間を通して気温が高く，雨が少ない**Ⅳ**が，乾燥帯に属するエジプトの首都カイロ，年間を通して気温が高く，雨季と乾季が見られる**Ⅲ**が，熱帯に属するインドの首都デリー，アメリカとイギリスは温帯に属するが，冬の気温が高い**Ⅱ**がイギリスの首都ロンドン，**Ⅰ**がアメリカの首都ワシントン。

問6(2)　**え**ーインターネットはアメリカ発祥。

問7　第1次産業の割合が高く，米や小麦の生産が多い

Ⅲがインド，第３次産業の割合が高く，トウモロコシや小麦の生産が多いⅡがアメリカ，第３次産業の割合が高く，小麦以外の生産が見られないⅠがイギリス，残るⅣがエジプト。

問９　機械類や自動車が多いⅠとⅡはアメリカかイギリスであるが，より輸出額が大きいⅠがアメリカ，金があるⅡがイギリス，野菜，果実の輸出が多いⅢがエジプト，ダイヤモンドの輸出が多いⅣがインド。

問10　イギリスはＥＵに加盟している間もユーロを導入していなかった。イギリスの共通通貨はポンド。

問11　ルピーから**A**はインド，ドルから**B**がアメリカ，**C**と**D**はポンドであるが，チャーチル元首相から**C**がイギリス，ピラミッドなどから**D**がエジプト。

2　**＜日本地理＞**

問１　**え**－徳島県の阿波おどり。**あ**－青森ねぶた祭（青森県），**い**－山形花笠まつり（山形県），**う**－仙台七夕まつり（宮城県）。そのほかに東北地方の代表的な祭りとしては，盛岡さんさ踊り（岩手県），秋田竿燈まつり（秋田県），福島わらじまつり（福島県）などがある。

問２　**やませ**とは東北地方の太平洋側でふく，冷たくしめった北東の風のこと。

問３　やませがもたらす冷気や，霧による日照不足のため，夏でも気温が上がらない日が続く冷夏が起き，米の収穫量に大きな影響が出る（**冷害**）。

問４　半導体の生産には大量の水が必要。また，半導体は小さくて軽いことから，自動車による輸送がしやすい高速道路沿いに工場が多くつくられる。

問５　第三次産業の割合が最も高く，工業出荷額，海面漁業漁獲量が最も多い**え**が宮城県，農業出荷額が多く，海面漁業漁獲量も多い**あ**が青森県，海面漁業漁獲量の少ない**う**が山形県，残る**い**が岩手県。

3　**＜歴史総合＞**

問１　**刀狩令**は1588年に**豊臣秀吉**によって出された。**あ**－1615年の大阪夏の陣。**う**－1612年，**え**－1609年。

問２　**大名**とは将軍から１万石以上の領地を与えられた武士のことで，大名の領地とそれを支配する組織のことを**藩**といい，徳川家の一族である**親藩**，古くから徳川家の家臣であった**譜代大名**，関ヶ原の戦いのころから従うようになった**外様大名**に区別された。このように，将軍を中心として，幕府と藩が全国の土地と民衆を支配する仕組みを**幕藩体制**という。

問４　江戸幕府は，**武家諸法度**という法律を定め，大名を統制し，京都所司代を置いて朝廷を監視し，**禁中並公家中諸法度**という法律で，天皇の役割や，朝廷の運営方針を定め，朝廷を統制した。

問５　**参勤交代**によって，大名は原則，１年おきに領地と江戸を往復することが義務付けられ，江戸での生活費や領地との往復の費用が，藩の財政を圧迫した。

問６　江戸幕府が，キリスト教を禁止したことで，キリスト教信者への迫害や厳しい年貢の取り立てに苦しんだ島原や天草の人々は**天草四郎**を大将にして，1637年に一揆を起こした→これを鎮圧した幕府は，1639年にポルトガル船の来航を禁止し，1641年にオランダ商館を**出島**に移した→17世紀後半の第５代将軍**徳川綱吉**によって，極端な動物愛護の政策が採られるなど，社会の秩序を重視する政策が採られた→18世紀初めには，第６，７代将軍に仕えた儒学者の**新井白石**の意見が政治に取り入れられた（正徳の治）。

問７　**享保の改革**を行ったのは第８代将軍**徳川吉宗**。上げ米の制のほか，新田開発を進めるなど年貢を増やす政策を採った。また，**公事方御定書**という裁判の基準となる法律を定め，民衆の意見を聞く目安箱を設置した。

問８　**株仲間**は，幕府や藩に税を納めるかわりに営業を独占する特権を認められ，大きな利益を得た。田沼意次の政治は，経済は発展したが，その一方で，地位や特権を求めてわいろが横行し，批判が高まった。

問９　**寛政の改革**を行ったのは老中の**松平定信**。朱子学を奨励したほか，江戸に出てきていた農民を故郷に帰し，商品作物の栽培を制限して，米をたくわえさせたり，旗本や御家人の借金を帳消しにしたりした。しかし，政治批判を禁じたり，出版を厳しく統制したりしたため，人々の反感を買った。**あ**，**い**－享保の改革，**う**－田沼意次の政治。

問10　根室に来航したロシアの使節ラクスマンは，通商を求め，幕府から長崎に来航する許可を得た。**b**－函館，**c**－浦賀。アメリカの軍人**ペリー**が来航し，日本に開国を要求した。**d**－長崎。ロシアの使節レザノフ，イギリスの軍艦フェートン号が来航した。

4　**＜歴史総合＞**

問１　2　人間としての自由，法と権利における平等，国民主権，私有財産の不可侵などを唱えていた。

3　リンカンは，ゲティスバーグでの演説で，「人民の，人民による，人民のための政治」を訴えた。

問３　五・一五事件によって，政党内閣の時代が終わり，軍人が首相になることが多くなった。また，1936年に，陸軍の青年将校が起こした**二・二六事件**以降，軍部は政治的な発言力を強め，軍備の増強を推し進めた。

問５　紀元前16世紀ごろ→1789年→1861～65年→1932年。

5　**＜公民（政治と憲法）＞**

Ⅰ問１　衆議院の任期は４年で，解散がある。参議院の任期は６年で解散はない。

問２　**A**－両院協議会が必ず開かれるのは予算の議決や条約の承認，内閣総理大臣の指名。法律案の議決は必要に応じて開かれる。**B**－内閣不信任の決議は，衆議院のみ行うことができる。**B**や**C**のように，いくつかの議決では，衆議院が参議院より優先される**衆議院の優越**が認められている。これは，衆議院は任期が短く解散もあるため，国民の意見と強く結びついているからである。

問3　**う**－弾劾裁判所は，裁判官としての務めを果たさなかったり，ふさわしくない行いをしたりした裁判官を辞めさせるかどうか判断するために国会が設置する。

問4　**あ**－行政裁判所は，行政事件に関する裁判をするために，司法裁判所とは別に設けられた特別裁判所。大日本帝国憲法においては設置されていたが，日本国憲法ではこれを認めず，住民が行政を訴える行政裁判（行政訴訟）は司法裁判所で取り扱う。**い**－裁判員は刑罰の内容も決める。**え**－控訴した第二審の判決についても不服であれば，第三審の裁判所へ上告できる。

Ⅱ問5　**総会**は，国連のすべての加盟国で構成され，総会の決定にはすべての加盟国が加わり，主権平等の原則によって平等に１票をもっている。国連の**安全保障理事会**は，アメリカ，ロシア，イギリス，フランス，中国の**常任理事国**５か国と，総会で選ばれる任期２年の**非常任理事国**10か国で構成され，常任理事国は**拒否権**をもち，１か国でも反対すると決定できない。**ＥＵはヨーロッパ連合**，**ＡＳＥＡＮは東南アジア諸国連合**の略称。

問7　**あ**－中学校や高校に就学している生徒も対象，**う**－日本も批准しており，難民を受け入れたことがある。**え**－日本も批准している。

6　**＜公民（経済）＞**

Ⅰ問2　需要量と供給量が一致し，市場の均衡が取れた価格を，**均衡価格**という。

問3　所得が上昇したこと（価格以外の要因が変化したこと）で，同じ価格でも需要量が増加するため需要曲線は右に移動する。反対に価格以外の要因が変化したことで，同じ価格でも需要量が減少するということが起これば需要曲線は左に移動する。

Ⅱ問4　消費者契約法において，契約から５年以内で違法と気付いてから１年以内であれば契約を取り消せる。また，契約の内容に不当な項目があった場合は，その部分が無効になる。

問5　**Ａ－クーリング・オフ制度**，**Ｂ－消費者契約法**。消費者保護基本法は，2004年に改正されて**消費者基本法**になった。

Ⅲ問6　**産業の空洞化**とは，企業が工場などの生産拠点を海外に移すことで，国内産業が衰退すること。

問7　**あ**－2020年以降，消費税は増税していない，**い**－テレワークは進んだが，人口減少に歯止めはかかっていない，**え**－自己負担はある。

問8　グラフから，外国通貨に対して円の価値が低くなる**円安**が進んだことが読み取れ，ドルに交換するのに多くの円が必要になる。

令和５年度　樟南高校入試問題　　理　科

正答例

1　(1)　イ　**A**　　エ　**D**
(2)　イネ　②　　スギナ　④　　(3)　**合弁花類**
(4)　**b，c，d**(順不同・完答)　　(5)　**b**

2　(1)　**対立形質**　　(2)　**A a**
(3)　赤：ピンク：白＝**1：2：1**
(4)　**ウ**　　(5)　**エ**

3　(1)　**C**　　(2)　**火山噴出物**
(3)　**双眼実体**(顕微鏡)
(4)　**ウ**　　(5)　**かぎ層**
(6)　右図

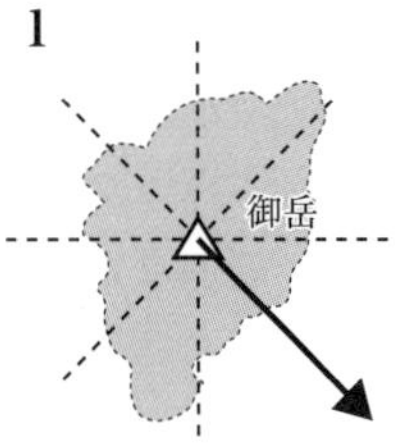

4　(1)　**恒星**(漢字指定)　　(2)　**イ**　　(3)　**エ**
(4)　**プロミネンス**　　(5)　(約)**2.2**(倍)

5　(1)　**エ**　　(2)　**250**(g)　　(3)　**2.5**(%)
(4)　**オ**
(5)　**25**(g)
(6)　右図

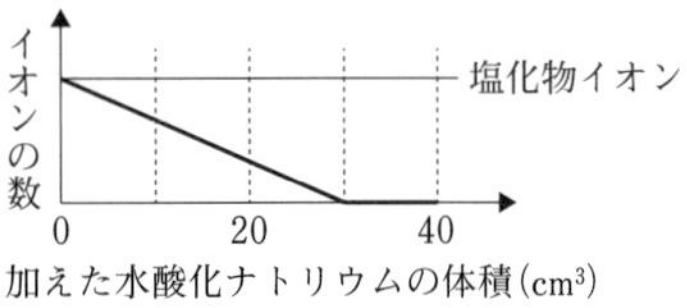

6　(1)　**Fe**
(2)　**Cu**
(3)　$\mathrm{Zn \rightarrow Zn^{2+} + 2e^{-}}$
(4)　$\mathrm{Ag^{+} + e^{-} \rightarrow Ag}$
(5)　$\mathrm{2Mg + O_2 \rightarrow 2MgO}$　　(6)　**イ**

7　(1)　右図　　(2)　**虚像**
(3)　**ア**
(4)　(弦が)**1秒間に振動する回数**
(5)①　**イ**　　②　**エ**

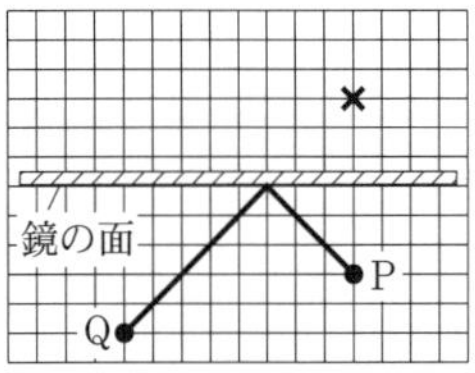

8　(1)　**並列**(回路)(漢字指定)　　(2)　**0.6**(A)
(3)　**ウ**　　(4)　**864**(J)　　(5)　$\frac{1}{9}$(分数指定)
(6)　**オ**

配点例

1	2点×7		計14点
2	(3)　3点	他　2点×4	計11点
3	(6)　3点	他　2点×5	計13点
4	(4)，(5)　3点×2	他　2点×3	計12点
5	(6)　3点	他　2点×5	計13点
6	2点×6		計12点
7	(1)　3点	他　2点×5	計13点
8	2点×6		計12点

解　説

1　**＜いろいろな生物とその共通点＞**

イネは被子植物の単子葉類，スギゴケはコケ植物，スギナはシダ植物，タンポポは被子植物の双子葉類の合弁花類，アブラナは被子植物の双子葉類の離弁花類，イチョウは裸子植物である。

(1)　アの特徴で，１種類の植物だけが分けられるので，アにはＢが入ることに注意する。ウにはＥ，オにはＣが入る。

(2)　①にはスギゴケ，③にはタンポポが入る。

(4)　図２のＹはひげ根で，単子葉類がもつ特徴である。

ダイコンとナズナは双子葉類である。

(5) ピーナッツ，エンドウ(グリンピース)，ギンナン，イネ(米)の私たちが食べている部分は種子(胚珠が変化したもの)である。

2 **＜生命の連続性＞**

(2) 子の遺伝子の組み合わせは右の表の通りで，すべてＡａの遺伝子型になる。

	a	a
A	Aa	Aa
A	Aa	Aa

(3) 孫の遺伝子の組み合わせは右の表の通りで，ＡＡ：Ａａ：ａａ＝１：２：１となる。

	A	a
A	AA	Aa
a	Aa	aa

(4) 孫から白色花を全てとり除くので，ＡＡ：Ａａ＝１：２である。ＡＡを自家受粉すると，次の世代の遺伝子の組み合わせは上の表の通りで，すべてＡＡの遺伝子型になる。よって，ＡＡ：Ａａ：ａａ＝(４＋１＋１)：(０＋２＋２)：(０＋１＋１)＝３：２：１　よって，**ウ**が適当。

	A	A
A	AA	AA
A	AA	AA

(5) 子は親の形質は受け継ぐが，経験は受け継がないので，**エ**が適当。

3 **＜大地の変化＞**

(4) **ア**は長石，**イ**は黒雲母，**エ**は輝石の特徴である。

(6) 「北西の風」とは北西の方向からふいてくる風なので，噴煙は南東の方向に流れると考えられる。

4 **＜地球と宇宙＞**

(2) 望遠鏡の倍率は，対物レンズの焦点距離を接眼レンズの焦点距離で割ることで求められるので**イ**が不適。

(5) 直径10cm(100mm)の円を書いた記録用紙に対して，黒点の像の直径は２mmなので，黒点の像の直径は，太陽の直径に対して $\frac{2}{100}=\frac{1}{50}$〔倍〕である。太陽の直径は地球の直径の109倍なので，黒点の実際の直径は，地球の直径の $109\times\frac{1}{50}=\frac{109}{50}=2.18\cdots$　よって，2.2倍。

5 **＜化学変化とイオン＞**

(1) **質量パーセント濃度〔%〕**＝ $\frac{\text{溶質の質量〔g〕}}{\text{溶質の質量〔g〕＋溶媒の質量}}\times100$

水の密度は1.0 g/cm³で，**ア**，**イ**はそれぞれ水溶液が152g，153gとなるので不適。

ウ　$\frac{2}{2+148}\times100=\frac{2}{150}\times100=1.33\cdots$

エ　$\frac{3}{3+147}\times100=\frac{3}{150}\times100=2$

よって，**エ**が適当。

(2) 水酸化ナトリウム水溶液の質量を x gとおくと，

$\frac{5}{x}\times100=2$　$x=250$　よって，250g

(3) 結果２より，４gの水酸化ナトリウム水溶液Ｂは２gの塩酸Ｃで中和することがわかる。結果１と比較すると，２gの塩酸Ｃを中和するのに必要な水酸化ナトリウム水溶液Ｂの質量は水酸化ナトリウム水溶液Ａの質量の $\frac{4}{5}$ 倍。よって，水酸化ナトリウム水溶液Ｂの濃度は水酸化ナトリウム水溶液Ａの濃度の $\frac{5}{4}$ 倍。したがって，$2\times\frac{5}{4}=2.5$〔%〕

(4) 結果３より，$\frac{5}{4}$(1.25)gの水酸化ナトリウム水溶液Ｂは１gの塩酸Ｄで中和することがわかる。よって，$\frac{5}{4}\times\frac{5}{4}=\frac{25}{16}$(1.5625)gの水酸化ナトリウム水溶液Ａは１gの塩酸Ｄで中和することがわかる。水溶液は酸性となるので，**オ**が適当。

(5) $\frac{25}{16}\times16=25$〔g〕

(6) **図**より，加えた水酸化ナトリウムの体積が30 cm³のときに，ナトリウムイオンと塩化物イオンの数が等しくなっているので，完全に中和したことがわかる。塩酸に水酸化ナトリウム水溶液を加えていくと，水素イオンは，水酸化物イオンと結びついて水分子になるため，水素イオンの数は減っていき，完全に中和されたとき０となる。それ以降は水酸化ナトリウム水溶液を加えても水素イオンの数は０のままである。

6 **＜化学変化とイオン＞**

陽イオンへのなりやすさは，マグネシウム＞亜鉛＞鉄＞銅＞銀である。実験結果より，金属Ａは鉄，Ｂは銀，Ｃはマグネシウム，Ｄは銅，Ｅは亜鉛。

(6) 炭素はイオンにならないため，炭素に比べアルミニウムの方が陽イオンへのなりやすさは大きく，－極でアルミニウム原子が電子を失い，アルミニウムイオンとなる。よって，**イ**が適当。

7 **＜身のまわりの現象＞**

(5)① 弦の張りを強くすると音は高くなり，弱くはじくと音は小さくなる。よって，振動数がふえ，振幅が小さくなっている**イ**が適当。

② 弦の振動する部分を短くすると音は高くなり，強くはじくと音は大きくなる。よって，振動数がふえ，振幅が大きくなっている**エ**が適当。

8 **＜電気の世界＞**

(2) **電流〔A〕**＝ $\frac{\text{電圧〔V〕}}{\text{抵抗〔Ω〕}}$

$\frac{6}{10}=0.6$〔A〕

(4) **電力〔W〕＝電圧〔V〕×電流〔A〕**

熱量〔J〕＝電力〔W〕×時間〔s〕

電熱線に流れる電流の大きさは，$\frac{6}{5}=1.2$〔A〕

よって，電熱線での消費電力は $6\times1.2=7.2$〔W〕

したがって，電熱線で発生する熱量は

$7.2\times120=864$〔J〕

(5) **図２**の回路全体の抵抗の大きさは，$10+5=15$〔Ω〕

回路全体に流れる電流の大きさは，$\frac{6}{15}=0.4$〔A〕

よって，電熱線に流れる電流の大きさも0.4A。電熱線に加わる電圧の大きさは，$5\times0.4=2$〔V〕

図２の電熱線での消費電力は $2\times0.4=0.8$〔W〕

したがって，$\frac{0.8}{7.2}=\frac{1}{9}$〔倍〕

(6) 抵抗器Ｙの抵抗の大きさを20Ωとする。回路全体の抵抗の大きさは $10+20=30$〔Ω〕となり，回路全体に流れる電流の大きさは，$\frac{6}{30}=0.2$〔A〕　抵抗器Ｘに加わる電圧の大きさは，$\frac{10}{0.2}=2$〔V〕

よって，抵抗器Ｘに加わる電圧と流れる電流の大きさはどちらも**図２**の状態と比べて小さくなる。したがって，**オ**が適当。

令和５年度　鹿児島情報高校入試問題　国　語

正答例

1　問１　ア　**提供**　　イ　**いど**
　問２　**ウ**　　問３　**エ**
　問４　１　**ふと思いついてやったこと**
　　　　２　**自然との関係**
　　　　３　**自然と結んできた歴史との関係**
　問５　**他者**　　問６　**イ**
　問７　**幸せとは，自分が感じるもので，誰しもに共有されるわけではなく，他者との関係で発生するものだから。**
　問８　**エ**

2　問１　ア　**ひんぱん**　　イ　**距離**
　問２　**暗い顔**　　問３　**理想の形**
　問４　**ア**　　問５　**ア**
　問６　１　**汗ばんだ腕**　　２　**濃いピンク色**
　　　　３　**ふかふかになった**
　問７　**夕子が普通の考えを持ち，普通に幸せになるのを願うので，ＣＭには出てほしくないという気持ち。**
　問８　**イ**

3　問１　ア　**かたわら**　　イ　**いうよう**
　問２　**志**　　問３　**エ**　　問４　**ウ**
　問５　**イ**　　問６　**ア**

4　問１　**a**　　問２　**ウ**　　問３　**三**（画目）
　問４　**エ**　　問５　**イ**　　問６　**ア**　　問７　**ウ**

配　点

1　問１　２点×２　　問４　４点×３　　問７　５点
　他　３点×５　　計36点
2　問１　２点×２　　問６　４点×３　　問７　５点
　他　３点×５　　計36点
3　２点×７　　計14点
4　２点×７　　計14点

解　説

1　＜論説文＞

問２　傍線部①直前に「つまり」とあるので，「自分の考えの入り口と出口で本は重要」は第二段落の内容を端的に言い換えたものだとわかる。「本に慣れること」が考えの「入り口」，「自分の考え方を整理するとき，似た分野の他の人の考え方を利用」することが，考えの「出口」となる。

問３　**付和雷同**＝自分にしっかりした考えがなく，むやみに他人の意見に同調すること。
　朝令暮改＝命令や政令などが頻繁に変更されて，一定しないこと。
　優柔不断＝ぐずぐずして決断しないこと。
　傍若無人＝人前をはばからず勝手に振る舞うこと。

問４１　第五段落に，「ふと思いついてやったことが～**新しい考え方**をぼくに提供してくれる」とある。

２　魚釣りを通して結んだものを探すと，第八段落に「川や海との関係を結んでいる」とある。「川や海との関係」と同じ内容を指定字数で抜き出す。

３　魚釣りを通した地域の人びととの関わりに着目すると，第八段落に「地域の人びとが**自然と結んできた歴史との関係**～身をおくことが大好き」とある。

問５　結びつくと，新しい考え方ができるものについて第五段落以前で探すと，第四段落に「ふと何かをやってみたい～**他者**と関係を結ぼうとしてい」て，「そこで結んだ関係を通して，自分の考えはでてくる」とある。

問６　空欄直後の「幸せとは何かを見つけ出すこと」について，「たくさんの人がその問いに挑」んでいるが，「答えを出せてい」ないことから，哲学にとっての「課題」と考えることができる。

問７　「それはなぜか」で始まっている第八段落以降で，傍線部④の理由に触れているとわかる。「**幸せとは～他者との関係で発生する**」「幸せは，**誰しもに共有されているわけではありません**」という内容をもとにまとめる。

問８　傍線部⑤直後に「幸せに優先順位があるとしても，それもまた人それぞれ」とあることから，「人それぞれ違っている」ことを認めていると読み取れる。

2　＜小説文＞

問２　冒頭にあるように，「トーマ」は夕子がＣＭに出ることに対して，「うれしそうでなかった」のである。その気持ちを感じさせる「トーマ」の様子を指定字数で探す。

問３　「契約書に半永久に，と書いてあったのが気がかり」と「トーマ」が言ったのに対して，「祖父」は「あくまで**理想の形**なんだろう，半永久にというのは」と答えていることに着目する。

問４　「契約書に～気がかり」「でも書類に判を～取り消そうとしたら訴えられるかもしれない」という箇所に，「トーマ」がＣＭ出演の契約について心配している様子が描かれている。

問５　傍線部③直前の「おじいちゃんの酔っぱらった笑い声～音のうるさい壁掛けの振り子時計」が，夕子が「嫌になっ」たものである。また，傍線部⑤の「聞いていると眠くなった」は，父親（＝「トーマ」）の「たしかに～思わないんだ」という声を聞き，夕子が安心している様子が描かれている。

問６１　空欄後の「季節は夏」に着目する。夏の特徴が表れている描写を指定字数で探すとよい。

２　「色彩」「花の様子」とあるので，花の色に関する描写を探すと，「**濃いピンク色**のおしろい花」とある。

３　空欄後に「触覚を連想させる」とあることから，触れたときの様子を表す言葉を探す。

問７　傍線部④の夕子の問いかけに対し，「トーマ」は「パパは日本のいろんな人たちに**ゆうを知ってもらいたいとは思わない**」「普通の女の子として生きてほしい」「**普通の考えを持ち，普通に幸せになってほしい**」と言っている。この内容をふまえて指定語を用いてまとめる。

問８　「パパはゆうに～仕事はしてほしくない」と言ったあと，「父が何を言っているのか分から」ず，「ほとんど聞かずに」いた夕子の様子を見て，「こんなことを話すのは早かったな」と夕子を気遣っているのである。

3 **＜古文＞**

（口語訳） ア隣に①高齢の人がいた。直衣に薄色の指貫，紅の下袴を着て，くしゃくしゃになった烏帽子をかぶり，烏帽子は後ろのほうが，とても高くなっていて，普通の様子ではなかった。左の手に紙を持ち，右の手に墨のついた筆を持ち，②ものを考えている様子であった。③不思議で「誰だろう」と思っていると，この人がイ言うには，「長年，柿本人麻呂のことを思っていらっしゃる，その志が深いので，姿形を見せに参りました」とだけ言って，かき消すように④いなくなった。

夢が覚めたあと，朝に絵師を呼んで，この様子を説明し，（絵を）描かせたが，似ていないので，何度も描かせて似たものを，宝にして，いつも拝んだところ，その効能だろうか，以前よりも上手な歌が，よめるようになった。

問１ア　語頭以外の**ハ行**は**ワ行**に直す。

　イ　語頭以外の**ハ行**は**ワ行**に直し，「**ア段＋う**」は「**オ段＋う**」に直す。

問２　「年高き人」が話している内容に着目する。兼房が「たれ人にか」と思ったときに，「年ごろ，人麻呂を心に～形を見え奉る」と発言したのが，「年高き人」の現れた理由である。

問３　「案ずる」は，「考える」「心配する」という意味。傍線部②直前の「左の手に紙をもて，右の手に筆を染めて」から，何か物事を考えていると判断できる。

問４　「あやし」には「不思議だ」「不都合だ」という意味がある。ここでは，突然現れた「年高き人」に対し，「『たれ人にか』と思ふ」とあることから，ウが適当。

問５　主語の判別には，人物と話の流れをおさえることが大事。「年ごろ～形を見え奉る」と現れた理由を言って，姿を消したので，「年高き人」が主語である。

問６　第二段落の内容とアが一致している。「つねに礼しければ」が，「絵を常に礼拝していた」という内容にあたる。イは「夢で言われたお告げの通り」「その絵を楽しんでいた」が不適。ウは「多くの美しいもの」「絵に関する歌」，エは「知らない国の様子」「その国に関する歌を～称賛を得る」が不適。

4 **＜国語事項＞**

問１　ａは**連体詞**。他は**副詞**。

問２　傍線部①とウは上の漢字が下の漢字を修飾するもの。アは上の漢字が主語，下の漢字が述語の関係にあるもの。イは意味が似た漢字を，エは意味が対等な漢字を組み合わせたもの。

問３　「ノ→メ→区→凶」

問４　**赤恥をかく**＝人前でひどく恥ずかしい思いをすること。

白羽の矢がたつ＝多くの中から選び出されること。

腹が黒い＝心の中で悪いことをたくらんでいること。

青二才＝若くて物事に未熟なこと。

問５　「空想」「空論」の「空」は，根拠がないという意味。

問６　傍線部⑤は受け身の助動詞「れる」の連用形。

問７　「何げなく使っているが，**字面**だけ見ると，ちょっと変」な言葉について，具体例を挙げながら述べているので，ウが適当。

令和５年度　鹿児島情報高校入試問題　数　学

正答例

1　1(1)　-4　(2)　$\frac{1}{12}$　(3)　$3ab^2$

(4)　2　(5)　$11\sqrt{3}$　(6)　$x=-6,\ 2$

2　$20x+13y<300$　3　$x=-4$　4　$\frac{8}{15}$

5　4π (cm)　6　140(度)　7　$12\sqrt{7}$ (cm^3)

2　1　13(冊)　2　12(冊)

3ア　13(人)　イ　12(人)　ウ　1(組)

3　1ア　$x-4$　イ　150　ウ　120

2　中学生　14(人)　高校生　4(人)

4　1　5　2　$y=-2x+3$

3　(4，2)　4　14　5　$\frac{17}{2}$

5　1　△ＡＦＥ，△ＤＢＡ(順不同・完答)

2　2(cm)　3　1：6　4　$\frac{9}{7}$(倍)

配　点

1	4点×12	計48点
2	1，2　3点×2　　3　2点×3	計12点
3	1　3点×3　　2　2点×2	計13点
4	3点×5	計15点
5	3点×4	計12点

解　説

1 **＜計算問題・小問集合＞**

1(1)　$8-3\times4=8-12=-4$

(2)　$\frac{1}{3}-\frac{3}{10}\div\frac{6}{5}=\frac{1}{3}-\frac{3}{10}\times\frac{5}{6}=\frac{1}{3}-\frac{1}{4}=\frac{4}{12}-\frac{3}{12}=\frac{1}{12}$

(3)　$6a^2b\div(-2a)^2\times2ab=\frac{6a^2b\times2ab}{4a^2}=\frac{12a^3b^2}{4a^2}=3ab^2$

(4)　$3(a-1)-(5a-4)=3a-3-5a+4=-2a+1$

これに，$a=-\frac{1}{2}$を代入し，$-2\times\left(-\frac{1}{2}\right)+1=1+1=2$

(5)　$\sqrt{27}+\sqrt{6}\times4\sqrt{2}$

$=\sqrt{3^2\times3}+4\sqrt{12}=3\sqrt{3}+4\times\sqrt{2^2\times3}$

$=3\sqrt{3}+8\sqrt{3}=11\sqrt{3}$

(6)　$x^2+4x-12=0$，$(x+6)(x-2)=0$　よって，$x=-6,\ 2$

2　受取金額の合計は，$x\times20+y\times13=20x+13y$（円）

これが300円未満だから，$20x+13y<300$

3　反比例だから，$a=xy$（aは比例定数）である。

$2\times(-6)=x\times3$，$3x=-12$，$x=-4$

4　赤玉２個をＡ，Ｂ，白玉４個をＣ，Ｄ，Ｅ，Ｆとすると，すべての場合の数は，ＡとＢ，ＡとＣ，ＡとＤ，ＡとＥ，ＡとＦ，ＢとＣ，ＢとＤ，ＢとＥ，ＢとＦ，ＣとＤ，ＣとＥ，ＣとＦ，ＤとＥ，ＤとＦ，ＥとＦの15通り。異なる色の玉を取り出す場合は，下線をひいた８通りだから，求める確率は，$\frac{8}{15}$

5　**１つの弧に対する中心角は，その弧に対する円周角の２倍**より，おうぎ形の中心角は，$72°\times2=144°$

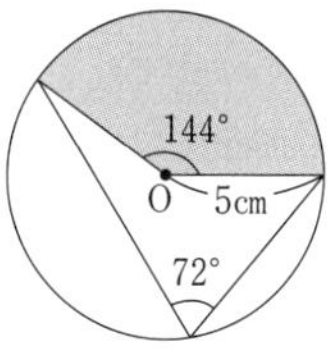

半径ｒcm，中心角ａ°のおうぎ形について，弧の長さをℓcm，面積をＳcm^2とすると，$\ell=2\pi r\times\frac{a}{360}$，$S=\pi r^2\times\frac{a}{360}$

よって，$2\pi\times5\times\frac{144}{360}=10\pi\times\frac{2}{5}=4\pi$ (cm)

6　**多角形の外角の和は360°**より，

正九角形の１つの外角の大きさは，$\frac{360°}{9}=40°$

よって，正九角形の１つの内角の大きさは，$180°-40°=140°$

7　右図において，△ＢＣＤは**直角二等辺三角形**だから，

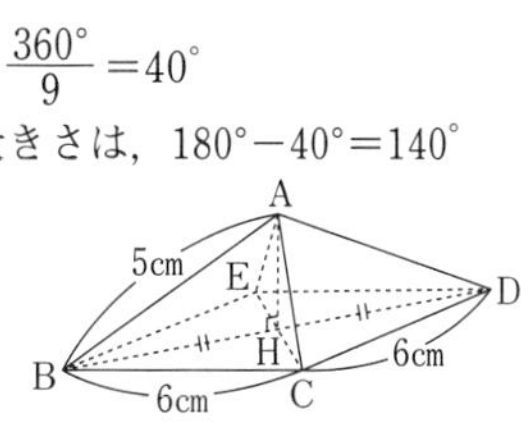

$BD=\sqrt{2}BC=6\sqrt{2}$ (cm)

正方形ＢＣＤＥの対角線の交点をＨとすると，$BH=\frac{1}{2}BD=3\sqrt{2}$ (cm)

△ABHにおいて，**三平方の定理**より，

$AH=\sqrt{AB^2-BH^2}=\sqrt{5^2-(3\sqrt{2})^2}=\sqrt{7}$ (cm)

(角すいの体積)＝$\frac{1}{3}$×(底面積)×(高さ)

よって，求める体積は，$\frac{1}{3}\times6\times6\times\sqrt{7}=12\sqrt{7}$ (cm³)

[2] **＜データの活用＞**

1　第１四分位数は，箱ひげ図の箱の部分の左端の値だから，13冊。

2　**(範囲)＝(最大値)－(最小値)**より，21－９＝12(冊)

3　**中央値…データを値の大きさの順に並べたとき，真ん中にくる値。**

１組，２組ともに生徒数は25人だから，中央値は記録の小さい方から13番目。よって，[ア]…13，[イ]…13－１＝12より，[ウ]…１

[3] **＜連立方程式＞**

1　４月の参加者の人数は，中学生，高校生，大学生合わせて28人で，このうち大学生の人数は中学生の人数よりも４人少なかったから，$x+y+(x-4)=28$…①が成り立つ。

よって，[ア]…$x-4$

５月の中学生と高校生を合わせた人数は４月の中学生と高校生を合わせた人数よりも50％増え，大学生の人数は４月の大学生の人数よりも20％増え，５月の参加者の人数は，中学生，高校生，大学生合わせて39人だったから，

$\frac{150}{100}(x+y)+\frac{120}{100}(x-4)=39$…②が成り立つ。

よって，[イ]…150，[ウ]…120

2　①より，$2x+y=32$…①′

②×10より，$15(x+y)+12(x-4)=390$

$27x+15y=438$…②′

①′×15　　$30x+15y=480$

②′　　$-)\ 27x+15y=438$

$3x=42$

$x=14$…③

③を①′に代入し，$28+y=32$，$y=4$

よって，４月の参加者のうち，中学生の人数は14人，高校生の人数は４人である。

[4] **＜関数＞**

1　**変化の割合＝$\frac{y\text{の増加量}}{x\text{の増加量}}$**

$y=x^2$に$x=1$を代入し，$y=1^2=1$

$y=x^2$に$x=4$を代入し，$y=4^2=16$

よって，変化の割合は，$\frac{16-1}{4-1}=\frac{15}{3}=5$

2　$y=x^2$に$x=-3$を代入し，$y=(-3)^2=9$

$y=x^2$に$x=1$を代入し，$y=1^2=1$

A(－３，９)，B(１，１)

２点A，Bを通る直線の式を$y=mx+n$とおき，２点A，Bの座標をそれぞれ代入すると，

$9=-3m+n$…①，$1=m+n$…②

①－②より，$8=-4m$，$m=-2$…③

③を②に代入し，$1=-2+n$，$n=3$

よって，直線ABの式は，$y=-2x+3$

3　平行四辺形ABDCだから，

AB∥CDより，

直線ABと直線CDの傾きは等しい。

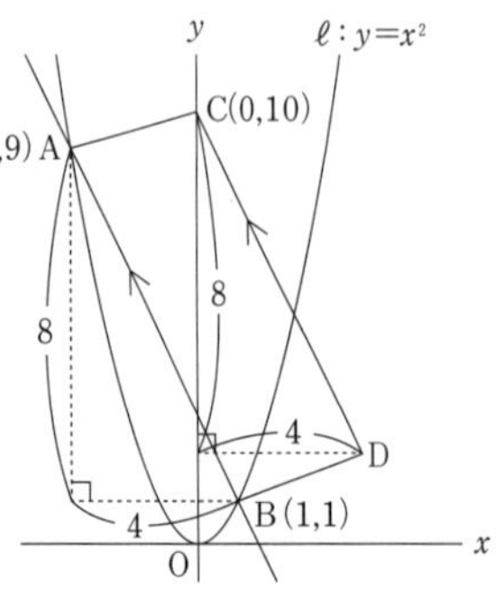

点Bは点Aを，x軸方向に$1-(-3)=4$，y軸方向に$1-9=-8$移動させた点だから，点Dは点Cを，x軸方向に４，y軸方向に－８移動させた点である。

よって，点Dのx座標は$0+4=4$，y座標は$10-8=2$だから，D(４，２)

4　直線ABとy軸との交点をPとすると，

△ABC

＝△APC＋△CPB

$=\frac{1}{2}\times7\times3$

$+\frac{1}{2}\times7\times1$

$=\frac{21}{2}+\frac{7}{2}$

$=\frac{28}{2}$

＝14

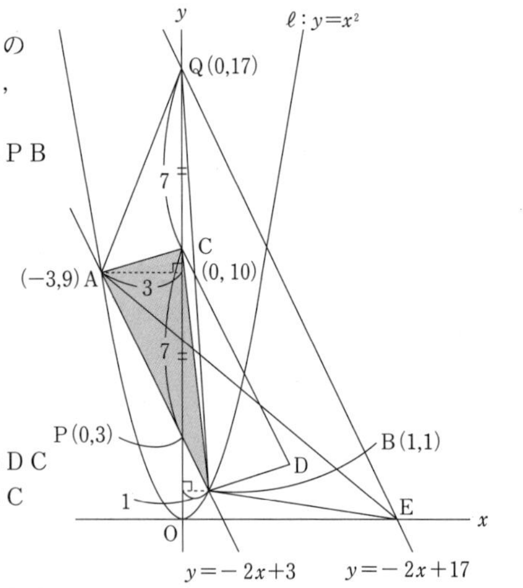

5　△ABE

＝平行四辺形ABDC

平行四辺形ABDC

＝２△ABC

これより，

△ABE＝２△ABC

また，y軸上に，点Cのy座標より大きく，CP＝CQとなる点Qをとると，△ABQ＝２△ABC

下線部より，△ABE＝△ABQだから，

平行線と面積の関係より，AB∥QEとなる。

つまり，関数$y=-2x+17$とx軸との交点が点Eだから，

$0=-2x+17$，$2x=17$，$x=\frac{17}{2}$

よって，点Eのx座標は$\frac{17}{2}$

[5] **＜平面図形＞**

1　△ABCと△AFEにおいて，

EF∥BCより，**平行線の錯角は等しい**から，

∠ABC＝∠AFE…①，∠BCA＝∠FEA…②

①，②より，２組の角がそれぞれ等しいから，

△ABC∽△AFE

△ABCと△DBAにおいて，

仮定より，∠BCA＝∠BAD…①

共通な角より，∠ABC＝∠DBA…②

①，②より，２組の角がそれぞれ等しいから，

△ABC∽△DBA

2　１より，△ABC∽△DBA

BA：BD＝BC：BA，４：BD＝８：４

８BD＝16，BD＝２(cm)

3　EA＝x (cm)とすると，

△BAEにおいて，

三平方の定理より，

$BE=\sqrt{BA^2-EA^2}$

$=\sqrt{4^2-x^2}$

$=\sqrt{16-x^2}$ (cm)

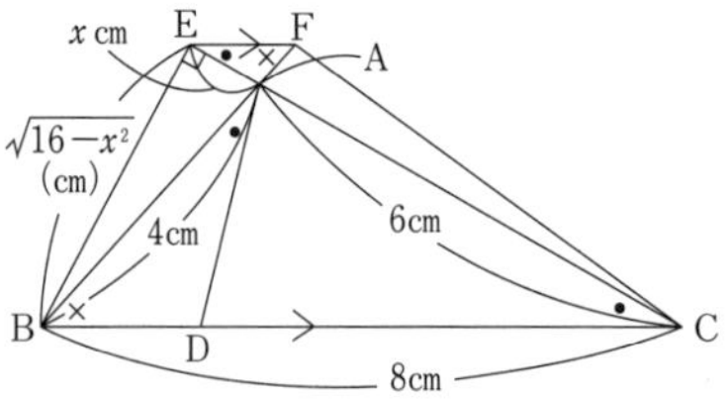

△BCEにおいて，

三平方の定理より，

$BC^2=CE^2+EB^2$

$8^2=(6+x)^2+(\sqrt{16-x^2})^2$，$64=36+12x+x^2+16-x^2$

$12x=12$，$x=1$　よって，EA：AC＝１：６

4　１より，△ABC∽△DBA

BC：BA＝AC：DA

８：４＝６：DA

８DA＝24

DA＝３(cm)

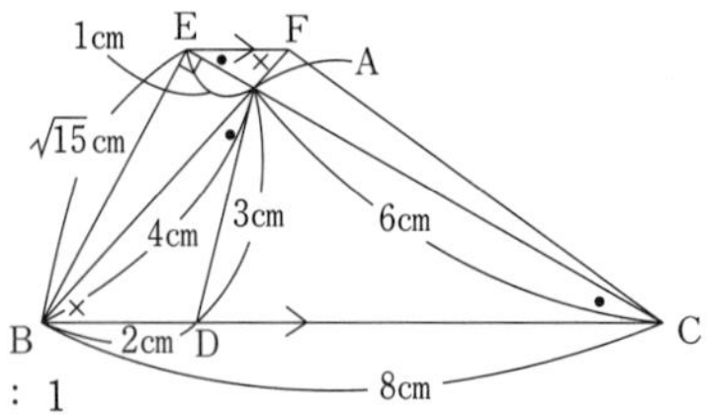

１の下線部より，

△DBA∽△AFEで，

相似比はDA：AE＝３：１

相似な図形の面積比は，

相似比の２乗に等しいから，

△DBA：△AFE＝3^2：1^2＝９：１

また，高さが等しい三角形の面積比は，底辺の長さの比に等しいから，△CFE：△AFE＝CE：AE＝７：１

よって，△DBAの面積は△CFEの面積の$9\div7=\frac{9}{7}$(倍)

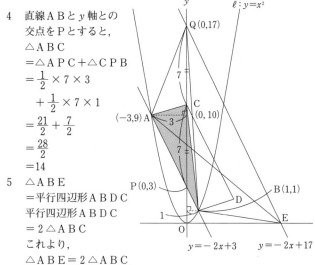

令和５年度　鹿児島情報高校入試問題　英　語

正答例

1　1　Q１　ウ　　Q２　に
　2　Q１　イ　　Q２　エ
　3　Q１　エ　　Q２　ア

2　(例)　**I'm going to visit Tokyo Tower.**

3　1　(1)　イ　　(2)　ウ　　(3)　エ
　　　(4)　ア　　(5)　エ
　2　(1)　イ　　(2)　ア　　(3)　ウ
　　　(4)　ア　　(5)　イ

4　①　カ　②　ウ　③　ア　④　エ　⑤　オ

5　1　①　room　　②　with
　2　③　(例)　save money　　3　④　650

6　1　How long　　2　武器（凶器）　　3　イ

7　1　ア　　2　learning
　3　(例)　価値が高すぎて（私たちが）値段を決めることができないキャンディ（お菓子）
　4　舌（した）　　5　イ　　6　ア

配　点

1	3点×6	計18点
2	5点	計 5点
3, 4	2点×15	計30点
5	1　3点×2　　2　4点　　3　5点	計15点
6	1　5点　　2　4点　　3　3点	計12点
7	3　5点　　他　3点×5	計20点

解　説

1　<聞き取りテスト>

（放送した英文）

1　M : Hi, Bill. What are you doing here?　B : Oh, hi, Mina. Actually, I'm going to meet my friend, Ken, in front of the city library at 10a.m, but I'm not sure where it is. Can you help me?　M : Sure. We are on the bridge, right?　B : Right.　M : First, you cross this bridge and go another two blocks along the street. When you see a flower shop, turn right and go one block.　B : Go two blocks, turn right, and go one more block.　M : That's right. Then you'll see a small park on your left. The building next to the park is the city library.　B : Got it. By the way, it's nine thirty. How long will it take me to get there?　M : It will take about fifteen minutes from here.　B : I see. Thanks, Mina.　M : No problem.

M : こんにちは，ビル。あなたはここで何をしているの？　B : おお，やあ，ミナ。実は僕は友達のケンに午前10時に市立図書館の前で会う予定なんだけれど，僕はそれがどこにあるのかよくわからないんだ。助けてくれないかい？　M : いいわよ。私たちは橋の上にいるわよね？　B : そうだね。　M : まず，この橋を渡って，道に沿ってもう２ブロック進んで。花屋が見えたとき，右に曲がって１ブロック進んで。　B : ２ブロック進んで，右に曲がって，そしてもう１ブロック進む。　M : その通りよ。そうしたらあなたは左に小さな公園が見えるわ。その公園の隣の建物が市立図書館よ。　B : わかった。ところで，９時30分だよ。僕はそこに着くのにどのくらいかかるかな？　M : ここから約15分かかるわ。　B : そうなんだね。ありがとう，ミナ。　M : どういたしまして。

Question 1 : Which building is the city library?
（どの建物が市立図書館ですか？）

Question 2 : What time will Bill get to the city library?
（ビルは何時に市立図書館に着きますか？）

2　No. 1　M : When does our train leave?　B : We still have ten more minutes. Let's get a cup of coffee.　M : I think we should get on the train and find our seats.

M : 私たちの電車はいつ出発するの？　B : 僕たちはまだあと10分あるよ。コーヒーを１杯買おう。　M : 私は私たちは電車に乗って席を探すべきだと思うわ。

Question 1 : What will Bill say next?
（ビルは次に何と言うでしょうか？）
ア：明日チケットを買おう。
イ：君の言う通りだね。僕たちは電車の中でもそれを買うことができるね。
ウ：僕は十分食べたよ。僕は今朝たくさん食べたよ。
エ：僕はたくさんの重たいかばんを持ってする旅は好きではないよ。

No. 2　M : Bill, are you free on Sunday afternoon?　B : Yes, I'm free. But why do you ask?　M : I'm thinking we could go and see the summer festival.

M : ビル，あなたは日曜日の午後はひまかしら？　B : うん，僕はひまだよ。でもなぜたずねるの？　M : 私は私たちが夏祭りを見に行けると思っているの。

Question 2 : What will Bill say next?
（ビルは次に何と言うでしょうか？）
ア　その通りだね。僕はそれを知っていたよ。
イ　はい，どうぞ。これはとてもおもしろいよ。
ウ　問題ないけれど，君は遅れないよ。
エ　いいね，ぜひ。

3　Hello, everyone. Today, I will make a presentation about online meetings. Recently, the Internet has been used to hold meetings in many companies. By using online meetings, people living in different places can meet and talk at the same time without going to their company. So some companies don't have to keep a place to hold meetings. As a result, a lot of time and money can be saved. However, some people are worried important information in the online meeting can be stolen through the Internet. If this problem can be solved, online meetings will become more common.

こんにちは，みなさん。今日，私はオンライン会議についての発表をします。最近，インターネットは多くの会社で会議をするために使われています。オンライン会議を使うことによって，いろいろな場所に住んでいる人々が彼らの会社に行くことなく同じ時間に会って話すことができます。だから，いくつかの会社は会議をするために場所を確保しなくてもよいのです。結果として，多くの時間とお金を節約できます。しかしながら，いくらかの人々はオンライン会議での重要な情報がインターネットを通して盗まれるかもしれないということを心配しています。もしこの問題が解決されうるなら，オンライン会議はもっと一般的になるでしょう。

Question 1 : What does Bill say about online meetings?
（ビルはオンライン会議について何と言っていますか？）
ア　オンライン会議を使っている会社の数は増加していない。
イ　労働者は重要な会議のために彼らの会社に行かなくてはならない。
ウ　多くの会社がオンライン会議のための場所を確保しなければならない。
エ　いくつかの会社はオンライン会議を使うことによって多くの時間とお金を節約することができる。

Question 2 : To make online meetings more common, what problem should be solved?

（オンライン会議をもっと一般的にするために何の問題を可決すべきか？）
ア　**誰かがオンライン会議から重要な情報を盗むかもしれない。**
イ　多くの会社が労働者の健康を心配している。
ウ　いくらかの労働者は大切な会議に遅刻する。
エ　オンライン会議を使うために多くの時間とお金が必要とされる。

2　＜自由英作文＞

①　私はあなたが今年の春に両親と一緒に東京に行くと聞いています。あなたはそこで何をする予定ですか？
②（正答例の訳）**私は東京タワーを訪れる予定です。**

3　＜並べかえ・適文補充＞

1　(1)　I'd like **something cold to** drink.
would like ～：～がほしい
something + 形容詞：なにか～なもの
(2)　I **wish it were** fine today.
wish + 主語 + 動詞の過去形：～であればいいのに
【仮定法】
※ wish のあとの動詞や助動詞は過去形になり，be 動詞は主語に関係なく，多くの場合 were が使われる。
(3)　Will you **help me carry** this desk?
help + 目的語（人など）+ 動詞の原形：
（人）が～するのを助ける【原形不定詞】
(4)　Ken cannot **swim as fast** as Takuya.
not as ～ as …：…ほど～ない
(5)　**The woman singing on the stage** is my mother.
【現在分詞の後置修飾】

2　(1)　A：私は来週の金曜日までに理科のレポートを書かなくてはいけません。あなたはもう終えましたか？
B：**いいえ，まだです**。私はそれを今週末にする予定です。
ア　はい，終わりました。　　ウ　もちろん，そうです。
(2)　A：あなたのお父さんはどのくらいの頻度で海外に行きますか？
B：彼は**ひと月に一度**海外に行きます。
イ　1か月間　　ウ　仕事で
(3)　A：私にこのパソコンの使い方を教えてくれませんか？
B：いいですよ。**私はすぐにあなたを手伝います**。私は宿題をしていて，それを10分以内に終えるつもりです。
ア　明日まで待って。　　イ　私は十分に食べました。
(4)　A：ジェーン，あれらはあなたのお姉さんの靴です。あなたはそれらを履くべきではありません。
B：**心配しないで**。彼女は私がそれらを借りることができると言いました。
イ　どういたしまして。
ウ　もちろん，あなたの言う通りです。
(5)　A：あなたは美香が今夜パーティーに来るつもりだと思いますか？
B：**私は彼女は来るつもりだと確信しています**。彼女はそのために新しいドレスを買ったと言っていました。
ア　彼女は忙しすぎます。
ウ　私は彼女は来ないのではないかと思います。

4　＜対話文読解・適文補充＞

香織は高校生で，マイクはアメリカからの交換留学生だ。放課後，彼らは学校の図書室で話をしている。

M：君は何をしているの，香織？　K：こんにちは，マイク。私はインターネットでボディーランゲージについてのウェブサイトを①**見ている**ところよ。　M：ボディーランゲージ？　②**君はそれに興味があるの？**　M：実は，そうよ。私はこれを以前に読んだことがあるんだけれど，数ある人間の意思疎通の中で，ジェスチャーやボディーランゲージのような話すこと以外の意思疎通は60から70％なの。　M：本当に？　③**僕はそれを知らなかったよ**。　K：だから，話すこと以外の意思疎通の方法を知ることは私たちにとってとても大切よ。　M：僕はもしかしたら異なる文化では同じジェスチャーが異なる意味を持つのではないかと思うよ。　K：ええと，そうよ。④**一つあなたに教えるわ**。「ＯＫ」の手のジェスチャーはいい例よ。　M：それを知っているよ。それは親指と人差し指を円形につなげて，その他の指をこのようにまっすぐな状態にすることで作られるね。アメリカでは，僕たちはたいていこのジェスチャーを了解や「わかった」を伝えるときに使うよ。　K：その通りね。でも，フランスやポルトガルなどのいくつかの国では，⑤**それは「ゼロ」や「何もない」を意味するのよ**。ここ日本では，ほとんど同じジェスチャーが「お金」を意味するの。　M：ボディーランゲージはときどき異なる文化で異なる意味を与えるんだね？　今，僕は世界中で使われているボディーランゲージについてもっと知りたいよ。

5　＜対話文読解・資料読解＞

M：このイングリッシュ・サマーキャンプ・プログラムには2つのコースがあるわ。私が2週間コースを受けるのは可能かしら？　F：ええと，私たちは8月8日に君のおじいちゃんとおばあちゃんを訪ねなければいけない。だから残念だけど君は参加できないよ。M：わかったわ。私は1週間コースを受けるわ。　F：君の①**部屋**に関して私たちはどうしようか？　君はどちらがいいかい？　M：私はそのコースの間にもっと友達を作りたいから，二人部屋を使いたいわ。　F：問題ないよ，舞。私も君に②**賛成だ**よ。　M：もし私たちが6月末までに料金を全額で支払ったら，私たちは10％の割引をもらえるわ。私たちは③**お金を節約**できるわ。　F：君の言う通りだね。そうしよう。　M：ええと，私たちはそのプログラムに合計でいくら払うべきかしら？　F：④**650** ドルだと思うよ。

6　＜対話文読解＞

入国審査場にて

O：あなたのパスポートを見てもいいですか？　S：はい。どうぞ。O：あなたの訪問の目的は何ですか？　あなたはここに仕事か娯楽でいるのですか？　S：娯楽です，観光のためです。そして，私はロングアイランドの都市に住んでいる私のおじと彼の家族を訪ねるつもりです。　O：わかりました。ロングアイランドにはどのくらい滞在するつもりですか？　S：1週間です。　O：どこに滞在する予定ですか？　S：ええと，今日は一晩おじのところに滞在して，そしてロングアイランドホテルに滞在する予定です。　O：あなたは一人で旅行しているのですか？　S：いいえ，私の両親と一緒です。

税関にて

O：あなたは何か申告するものを持っていますか？　S：私はお土産のための日本の漬物を持っています。私はそれらを申告する必要がありますか？　O：その漬物の材料は何ですか？　S：日本の大根です。　O：魚，肉，卵は不使用ですか？　S：そうです。野菜のみです。　O：わかりました。問題ありません。ええと，これは何ですか？　それはハンマー，武器，もしくは何かそのようなものに見えます。　S：すみません。あなたは「武器」と言いましたか？O：ええ。武器（weapon）とは誰かと戦ったり誰かを攻撃したりするために使うものです。　S：戦ったり攻撃したり？　まさか。それは日本語で「けん玉」と呼ばれます。けん玉は伝統的な日本のおもちゃの一種です。　O：これは日本のおもちゃですか？　よくわかりません…。　S：「けん」は持ち手で，たいてい木でできた持ち手で，「玉」はボールを意味します。それらはひもによって一つにつなげられています。けん玉には3つのカップと持ち手に一つの突起があります。　O：わかりました。それはカップアンドボールのようなものですね？　S：カップアンドボールですか？　O：はい。そのゲームは空中にボールを投げ上げて，カップでそれを捕ろうとすることで遊ぶゲームです。私はおそらくけん玉は日本版のカップアンドボールだと思います。　S：はい，職員さん！　けん玉はそのようなもので，武器ではありません。それをどのようにするかお見せしましょうか？　O：わかりました。やってみてください。　（聡はその職員にけん玉の仕方を見せる）　O：すごい。わかりました。あなたの滞在を楽しんでください。　S：ありがとうございます，職員さん。やれやれほっとした！

7　＜長文読解＞

私は田中美咲で，鹿児島の高校生です。私には台湾で日本語を教えているおばがいます。１年前，私は家族と一緒に彼女を訪ねました。私は外国で使われている日本語の教科書に興味がありました。だから，私はそれらの一つを見つけるために本屋に入りました。そこにはたくさんの教科書がありました。私は日本語を学ぶことが台湾で人気なことを知りませんでした。私は一つ選び，それに目を通しました。そのとき，会話の様子を述べているある場面で私の目は止まりました。私がそれを読んだとき，大きな声で笑いました。私はあなたに「奇妙」で「おかしな」日本語をお見せしましょう。

（対話文省略）

さて，上記の会話を読んだとき，あなたは何を考えましたか？　それは奇妙だと思いませんでしたか？　ところで，日本にも多くの「奇妙」で「おかしな」英語があります。これは私のいとこのスティーブが鹿児島でしたいくつかの経験です。スティーブはアメリカ出身で，日本の漫画とアニメにとても興味があります。今，彼は鹿児島に住んでいて，大学で日本の文化について３年間①**学んで**いるところです。スティーブは私に彼が鹿児島で見たいくつかの「奇妙」で「おかしな」英語について教えてくれました。

ある日，スティーブが通りを歩いていたとき，彼は「人材募集中　私たちはキッチンのものを雇っています」と書いている看板を見ました。その看板にはスペルの間違いがありました。あなたはそれがわかりましたか？　そうです，「stuff（もの）」は「staff（職員）」でなければいけません。また，別の日に，彼は昼食をとるために中華レストランに入りました。そこで彼はテーブルの上のかごに入ったたくさんのキャンディを見つけました。テーブルの上にはり紙があり，それには「無料　Priceless（貴重）」と書いてありました。「priceless」という言葉は「とても価値がある」という意味なので，彼がそれを見たとき，少し混乱しました。言いかえると，「priceless candies」とは②**とても価値があるので私たちには値段を付けることができないキャンディ**を意味します。私は彼らはおそらく「これらを無料でとることができます」というメッセージを届けたかったのだと思います。同じレストランから別の話があります。スティーブが席についてメニューを見たとき，彼はそこに「本日の特別料理」を見つけました。それは「自家製胸のハム」と書いてありました。スティーブはそれを見たとき，笑いました。それは「鶏むね肉の自家製ハム」と書いてあるべきでした。同じ日，その中華レストランで昼食をとった後，彼はパン屋でいくつかのパンを買いました。そのパン屋にも「PLEASE USE ③**TONGUE**.」というおかしな看板がありました。何が間違いかわかりますか？　さて，「tongue」はあなたの口の中の柔らかい部分を意味しており，それを使ってあなたは食べたり話したりすることができます。それは「tongs」と書いてあるべきでした。

私は言語は文化の最も重要な部分だと思います。外国の言語を学ぶことはその文化を理解することです。私たちにとって私たちのメッセージを誤解なく届けることは簡単ではありません，特に私たちとは異なる文化を持つ人々との意思疎通の中では。この理由から，まず，私たちは誤解なく外国の言語をB**使う方法を学ぼう**としなければなりません。私たちが外国の言語を勉強するとき，それぞれの状況でより良い言葉を使う方法を学ぶことが最も大切です。

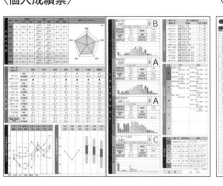

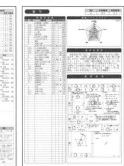